闡義昭鑑

천의소감

闡義昭鑑

박헌순 남지만 오세옥 옮김

한국고전번역원

일러두기

1. 이 책은 서울대학교 규장각한국학연구원에서 제공한 《천의소감(闡義昭鑑)》(奎1545)을 저본으로 하여 교감표점(校勘標點)한 정본(定本)을 바탕으로 번역하였으며, 서명은 《천의소감》으로 하였다.
2. 내용이 간단한 역주는 간주(間註)로, 긴 역주는 각주(脚註)로 처리하였다.
3. 한자는 필요한 경우 이해를 돕기 위하여 넣었다.
4. 맞춤법과 띄어쓰기는 한글 맞춤법과 표준어 규정을 따르는 것을 원칙으로 하였다.
5. 이 책에서 사용한 부호는 다음과 같다.

   ( ) : 번역문과 음이 같은 한자를 묶는다.

   〔 〕 : 번역문과 뜻은 같으나 음이 다른 한자를 묶는다.

   " " : 대화 등의 인용문을 묶는다.

   ' ' : " " 안의 재인용 또는 강조 부분을 묶는다.

   「 」 : ' ' 안의 재인용을 묶는다.

   《 》 : 책명 및 각주의 전거(典據)를 묶는다.

   〈 〉 : 책의 편명 및 운문 · 산문의 제목을 묶는다.

차례

해제

《천의소감》의 서사 구조와 명분론

김백철(金伯哲) | 계명대학교 인문국제학대학 사학과 조교수

1. 의리명변서의 탄생

1. 편찬 배경

18세기에는 문물제도(文物制度)의 정비가 대대적으로 이루어졌다.[1] 이 시기 국가 주도하에 방대한 분량의 서적이 편찬되었다. 이때 국왕이 직접 쓴 어제서(御製書)도 상당수 간행되었으며,[2] 심지어 영조는 경연에서 자신의 책을 진강(進講) 책자로 사용할 정도였다.[3] 이 외에도 역도(逆徒)를 단죄한 이후 국왕의 처분을 정당화하는 의리명변서(義理明辯書)도

1 영조대 문물제도 정비 과정은 다음 참조. 박광용, 〈영조대 탕평정국과 왕정 체제의 정비〉, 《한국사 32: 조선후기의 정치》, 국사편찬위원회, 1997; 이태진·김백철 편, 《조선후기 탕평정치의 재조명》 하, 태학사, 2011; 김백철, 《조선후기 영조의 탕평정치: 《속대전》의 편찬과 백성의 재인식》, 태학사, 2010; 이근호, 《조선후기 탕평파와 국정운영》, 민속원, 2016.

2 영조 연간 어제서(御製書) 간행은 다음 참조. 우경섭, 〈영조 전반기의 서적정책〉, 《규장각》 24, 서울대학교 규장각, 2001; 이정민, 〈영조 御製書의 편찬과 의의〉, 《한국사론》 51, 서울대학교 국사학과, 2005; 김백철, 〈영조대 국왕의리명변서의 편찬과 의미〉, 《규장각소장 왕실자료 해제 해설집》 4, 서울대학교 규장각, 2005; 김백철, 〈英祖의 義理明辯書 《闡義昭鑑》 편찬과 정국변화: 堯舜의 두 가지 얼굴, 탕평군주와 전제군주의 경계〉, 《정신문화연구》 33~34, 한국학중앙연구원, 2010; 이근호, 〈영조대 중반 《어제훈서》의 간행 양상과 의의: 《어제대훈》과 《어제상훈》을 중심으로〉, 《장서각》 26, 한국학중앙연구원, 2011; 김문식, 〈영조 帝王學과 御製自省編〉, 《장서각》 27, 한국학중앙연구원, 2012; 김백철, 《두 얼굴의 영조: 18세기 탕평군주상의 재검토》, 태학사, 2014.

3 《英祖實錄》 22年 3月 28日, 32年 1月 9日, 51年 11月 20日.

편찬되었는데, 《감란록(勘亂錄)》(1728, 영조4)과 《천의소감(闡義昭鑑)》이 대표적이다. 특히 《천의소감》은 국왕이 직접 필삭(筆削)하였으며, 치죄(治罪) 경과를 언해본(諺解本)으로 엮어서 중앙과 외방의 사족(士族)뿐 아니라 일반 서민에까지 널리 알렸다. 이것이 조선 말까지 후왕(後王)에게 왕실의 크고 작은 윤음(綸音)을 언해해서 함께 반포하는 전통으로 굳어졌다. 18세기에 이르러 국왕도 혈통의 신성함만으로 통치하지 못하였고, 자신의 정통성을 모든 신민(臣民)을 대상으로 명확히 밝혀서 설득해야 하는 시대가 도래하였다.

영조는 즉위 초에 을사환국(乙巳換局, 1725), 정미환국(丁未換局, 1727), 무신란(戊申亂, 1728) 등을 연이어 경험하였다. 그 근본 원인은 정통성을 제대로 인정받지 못했기 때문이다. 이러한 논쟁을 벗어나기 위해서 요순(堯舜)과 같은 어진 군주가 되어 새로운 경지에서 국왕의 위상을 정립함으로써 모든 신민의 심복(心服)을 받고자 노력하였다. 약 30여 년간 고도의 인내심을 발휘하고 관료들을 설득하여 대경장(大更張)을 추진함으로써 민심을 어루만지고 신료들의 지지를 얻는 데 일정한 성과를 거두었다.

하지만 영조의 탕평은 각 붕당의 격렬한 당론을 배척하는 방식으로 추진되었다. 이는 경종 연간 신축(辛丑, 1721)·임인(壬寅, 1722) 옥사(獄事)와 영조 초반 무신란으로 많은 사람이 희생되었기 때문이다. 각 붕당은 겉으로는 의리를 명확히 밝혀야 한다고 주장했으나, 실제 한쪽 붕당의 의리를 밝히게 되면 다른 쪽은 역신(逆臣)으로 규정되어 피의 숙청으로 이어질 수밖에 없는 구조였다. 이것은 정조 연간 의리탕평의 의미와는 전혀 다른 상황이었다. 영조 치세 약 반백 년간 살육전을 엄단했기 때문에 비로소 정조 연간 다른 주장을 펴도 역신으로 처벌받지 않는 정치 풍토가 형성된 것이다. 그러나 경종~영조 초반 의리의 시시비비(是是非非)는 충역(忠逆)과 직결되는 문제였다. 실제로 경종대에는 노론 사대신(老論四大臣)을 필두로 다수가 처벌받았고, 영조대에는 그들을 처벌했던 소론급진파〔急少〕가 동일한 상황에 처했다. 영조 연간 정치적 쟁점에 바로 노론과 소론급진파 처분 문제가 잠재해 있었다. 국왕은 이러한 틀에서 벗어나기 위해 탕평 군주를 자임하면서 요순 정치론을 천명하며 민생 현안에 매달렸다.

영조는 60대가 되기 전에 법제 정비, 균역법 등 주요 개혁안을 마무리하는 데 성공했다. 하지만 그동안 억눌러 왔던 각 붕당 간 정치 명분 문제가 드디어 곪아 터졌는데, 이것이 바로 1755년(영조31) 을해옥사(乙亥獄事)로 나타났다. 그동안 1729년 기유대처분(己酉大處分)을 단행하여 환국 시대를 종식하고 탕평 정국을 열었으며, 1741년 《대훈(大訓)》을 통해서 절충적 형태의 국시(國是)를 선포함으로써, 각 붕당의 온건파〔緩論〕를 중심으로 제도 개혁에 매진할 수 있었다. 그러나 각 붕당의 강경파〔峻論〕는 여전히 만족하지 않았다. 국왕과 붕당 간 의리 명분 논쟁은 잠시 수면 아래로 가라앉아 있었을 뿐이다. 영조의 바람과 달리, 을해옥사는 그동안 미루어 온 정치 명분을 확정 짓지 않을 수 없게 만들었다.

2. 편찬 방식

을해옥사가 마무리되자 집의 서명응(徐命膺)과 지평 원인손(元仁孫) 등이 연명 차자(聯名箚子)를 올려 역적을 토벌한 전말을 기록하기를 청하였다.[4] 김재로(金在魯), 이천보(李天輔), 조재호(趙載浩) 등이 천의리편감찬수청 도제조(闡義理編鑑纂修廳都提調)가 되었다.[5] 곧 의리를 천명함

4 《英祖實錄》 31年 5月 29日, 6月 1日.

5 본책의 명칭은 처음에는 《천의리편감(闡義理編鑑)》으로 하였다가 7월 25일 찬집청 당상, 편차인 등과 논의하여 《천의소감(闡義昭鑑)》으로 확정하였다. 《承政院日記 英祖 31年 5月 29日, 7月 25日》

으로써 국시를 확정하고 차후 시비(是非)를 종식시키기 위해서 《천의소감》 편찬을 주창한 것이다.[6]

《천의소감》은 활자본으로 간행되었고, 정족산성(鼎足山城) 사고(史庫), 태백산(太白山) 사고, 예문관(藝文館) 등에 보관되었다.[7] 이듬해인 1756년(영조32)에는 광주부(廣州府)에서 복각하여 목판으로 재간행하였으며,[8] 또한 언해본(諺解本)도 간행하였다. 이것이 효시가 되어 정조대에는 《명의록(明義錄)》, 《속명의록(續明義錄)》을 간행할 때 언해본을 만들어 중앙과 외방에 반포하였다. 목판본은 대량 인쇄가 용이하고, 언해본은 반포 대상을 사족 이외에 일반 백성으로까지 넓힐 수 있었기 때문이다. 간행 과정은 의궤(儀軌)로 편찬되어 기록으로 남아 있다.[9]

《천의소감》은 1755년 을해옥사의 치죄(治罪) 경과를 국왕의 입장에서 다루고 있다. 그동안 해당 서적 편찬 시 정치적 배경이나 전후 영향 관계에 대해서는 검토가 이루어져 왔으나,[10] 책 전반의 서사 구조를 종합적으로 살펴보는 데는 일정한 한계가 있었다. 《천의소감》은 권수(卷首), 권1~권4 등으로 구성되어 있다. 권수에는 영조의 〈차자에 대해 손수 쓰신 비답〔手書箚批〕〉과 신만(申晩)이 받아쓴 〈어제(御製)〉, 남유용(南有

• • • • •

6 이하 《천의소감》 판본 및 체재는 다음 참조. 김백철, 〈영조대 국왕의리명변서의 편찬과 의미〉, 2005, 381~383쪽; 김백철, 〈英祖의 義理明辯書 《闡義昭鑑》 편찬과 정국변화〉, 2010, 19~22쪽.

7 《英祖實錄》 31年 11月 26日; 《闡義昭鑑》, 서울대학교 규장각한국학연구원 소장(奎1177), (奎1863), (奎3789).

8 《闡義昭鑑》, 서울대학교 규장각한국학연구원 소장(奎1545).

9 《闡義昭鑑纂修廳儀軌》, 서울대학교 규장각한국학연구원 소장(奎14206).

10 이은순, 〈18세기 老論 一黨專制의 成立過程: 辛壬士禍와 闡義昭鑑의 論理를 중심으로〉, 《역사학보》 110, 역사학회, 1986; 김백철, 〈英祖의 義理明辯書 《闡義昭鑑》 편찬과 정국변화〉, 2010; 허태용, 〈英祖代 蕩平政局下 國家義理書 편찬과 戊申亂 해석: 《勘亂錄》, 《御製大訓》, 《闡義昭鑑》의 비교 검토〉, 《사학연구》 116, 한국사학회, 2014.

容)이 받아쓴 〈윤음(綸音)〉, 〈천의소감을 올리는 차자〔進闡義昭鑑箚子〕〉, 김재로의 〈천의소감을 바치는 전문〔進闡義昭鑑箋〕〉, 〈범례(凡例)〉 등이 수록되어 있는데, 대체로 《천의소감》의 간행 경위를 밝혔다.

권1에서는 경종 연간 왕세제 책봉 및 대리청정 문제와 신축·임인 옥사 등을 다루었다. 권2에는 영조 즉위부터 노론 집권 과정을 상세히 기록하였다. 반면에 권3은 무신란에서 을해옥사 이전까지의 각종 모역 사건을 간략히 기술하였다. 그 사이 《감란록》과 《대훈》이 편찬되어 중복 서술을 최대한 피한 듯하다. 권4는 당시 본 사건에 해당하는 을해옥사의 경과를 상세히 다루고 있다. 권말(卷末)에는 남유용의 〈천의소감 발문〔闡義昭鑑跋〕〉, '교문을 받들어 찬수에 참여한 제신〔奉教纂修諸臣〕'이 실려 있어 편찬에 참여한 신료들을 확인할 수 있다.

《천의소감》 편찬 이전에, 이미 국왕의 의리명변서로 《감란록》과 《대훈》이 편찬되었다. 《감란록》은 무신란 토역의 정당성을, 《대훈》은 신임의리(辛壬義理)를 밝히는 성격이 짙었다. 《천의소감》은 이 양자의 성격을 복합적으로 지녔다. 이전의 국왕 의리명변서가 해당 사건만을 다룬 데 비해서, 《천의소감》은 약 40여 년간 전사(前史)가 실려 있는 점이 특징이다. 그래서 《천의소감》의 내용은 을해옥사에 국한되지 않고, 그 기원이 되는 신축옥사, 임인옥사 전후부터 기술되었다. 《감란록》이 단순히 무신란의 사건 일지와 그 공초 기록을 위주로 재정리하였던 반면에, 《천의소감》은 을해옥사를 다룬 권4 외에도 권수에서 권3에 이르기까지 경종과의 관계 설정과 즉위 과정의 합법성에 대해 체계적으로 서술하여 국왕의 정치 명분을 명확히 대변하였다. 다만, 사건의 맥락을 보여 주는 전후 서술은 을해옥사를 계기로 소론 명분의 붕괴라는 후대의 상황이 반영되어 실제 영조 초반과는 상당히 변화된 시각을 보여 주고 있으므로 이 부분에 대한 고려가 필요하다.

2. 《천의소감》의 사건 개요

1. 경종 연간 왕세제 책봉, 대리청정

《천의소감》 권1은 영조의 즉위 과정과 관련한 경종 연간의 여러 사건을 체계적으로 서술하였는데, 내용은 다음과 같다.

첫째, 1721년(경종1) 8월 왕세제 책봉 사건이다. 당시 노론 측에서는 이정소(李廷熽)를 필두로 김창집(金昌集), 조태채(趙泰采), 이건명(李健命), 민진원(閔鎭遠), 이만성(李晩成), 이의현(李宜顯), 임륙(任陸), 이홍술(李弘述), 홍석보(洪錫輔) 등이 상소하였고, 소론 측에서는 조태구(趙泰耈)가 나서서 반대하였다. 결국 경종의 전광석화와 같은 윤허로 일사천리로 책봉이 이루어졌다. 특히 《천의소감》에서는 이에 대한 명분을 삼종혈맥론(三宗血脈論)과 인원왕후(仁元王后)의 언문 교지인 자교(慈教)로써 뒷받침하고 있다.

둘째, 1721년 10월 대리청정 주청 및 신축옥사이다. 노론 조성복(趙聖復)이 먼저 대리의 필요성을 주창했고, 노론 사대신이 야밤에 주청하였다. 소론 측은 1차로 조태구가 강력히 반대하였고, 2차로 한세량(韓世良), 3차로 김일경(金一鏡), 박필몽(朴弼夢), 이진유(李眞儒), 이명의(李明誼), 정해(鄭楷), 윤성시(尹聖時), 서종하(徐宗廈) 등이 연명 상소를 올리고, 삼사(三司)에서도 반대했다. 이로 인해 1721년 신축옥사가 일어났고, 노론 사대신은 사사(賜死)되었다.

셋째, 1721년 12월 동궁(東宮) 모해 사건이다. 환관(宦官) 박상검(朴尙儉)·문유도(文有道), 내비(內婢) 석렬(石烈)·필정(必貞)이 가담해서 연잉군(延礽君)을 해치려고 한 사건이다. 당시의 연잉군, 즉 영조는 인원왕후에게 간신히 도망쳐서 목숨을 건졌고, 인원왕후가 경종에게 데리고 가서 생명을 보장받은 이후에 비로소 동궁 보호 조치가 시작되었다. 일반에는 정조의 범궐(犯闕) 사건이 알려져 있으나 실제로는 모의 수준이었던 반면에 영조는 실제로 겪었다.

넷째, 1722년 임인옥사이다. 청(淸)에 보낸 세제 책봉 주청사(奏請使)가 승인을 받아 오자, 소론급진파〔急少〕가 정세를 바꾸기 위해서 일으킨 사건이다. 1722년 목호룡(睦虎龍)이 삼수역변(三手逆變)을 고변하고, 김일경이 이어서 상소하였다. 삼수(三手)는 칼을 쓰는 것, 약을 쓰는 것, 국상을 틈타 교지를 위조하는 것이다.[11] 추후 목호룡은 단독으로 훈신(勳臣)이 되었고, 김일경은 이 사건을 중외에 공표하는 교문(敎文)까지 대찬(代撰)하였다. 이 때문에 목호룡의 고변서, 김일경의 상소와 교문이 향후 지탄 대상이 되었다. 김일경은 임인옥사를 배후에서 조정한 인물로 인식되었다. 더욱이 임인옥사로 청에 진주사(陳奏使)를 파견할 때 유봉휘(柳鳳輝)가 주문(奏文)을 작성하여 향후 두 인물과 연루되었다.

한편, 이 사건은 소론급진파와 국왕의 입장이 갈리는 계기가 되었다. 경종은 노론 축출에는 동의했으나, 소론급진파가 노론 역모 배후로 연잉군을 지목하여 왕세제 제거에 나서는 것까지 용인하지는 않았다. 이 사건을 계기로 경종의 동궁 보호 조치가 더욱 강화되었다.

2. 영조 즉위 초 소론급진파 축출

《천의소감》 권2는 영조 즉위 초를 다루고 있다. 주요 사건은 다음 몇 가지로 구분된다.

첫째, 영조의 즉위 직후 경종을 모시던 의약인(議藥人) 이공윤(李公胤)이 유배되었다. 통상 선왕의 훙서(薨逝) 이후 어의가 처벌받는 것은 일반적이다. 하지만 《천의소감》에 많은 지면을 할애하면서 그 처방이 부적절했다고 상세히 기록한 것은 영조가 올렸다고 알려진 게장과 당시

11 《闡義昭鑑》 卷2 今上 元年 8月.

처방이 상극을 이루어 급서했다는 세간의 소문을 잠재우기 위해서였다. 소론 측이 편찬한 《경종실록》에서조차 강한 약재를 사용하는 공격적인 처방을 한 이공윤의 행위를 문제로 지적할 정도였다.[12] 영조 즉위 초 소론 정권하에서 이공윤에 대한 처벌이 이루어졌다.

둘째, 소론 정권하 목호룡과 김일경 숙청이다. 1724년(영조 즉위년) 11월 소론 이거원(李巨源)이 조태구, 유봉휘, 김일경을 옹호하는 상소를 올리자 영조는 비망기를 내려서 이거원과 김일경의 삭출을 명했다. 이어서 재야 노론의 공세가 이어졌다. 노론 이봉명(李鳳鳴)이 응지상소(應旨上疏)를 핑계로 조태구, 유봉휘, 김일경 등을 공격하였고, 소론 이명언(李明彦)이 노론 사대신을 공격하였다. 영조는 다시 비망기를 내려서 김일경의 교문을 비판하고, 그를 절도에 위리안치하였다. 12월에 목호룡과 김일경이 복주(伏誅)되었다.

셋째, 이천해(李天海)의 흉언 사건이다. 김일경과 목호룡이 복주되고 을사환국으로 노론 정권이 들어서자, 불안해진 소론급진파는 흉언을 퍼뜨렸다. 1725년 1월 16일 행차길에 이천해가 상언 형태로 경종독살설을 올렸다. 이유익(李有翼)과 박필현(朴弼顯)이 사주하고 심유현(沈維賢)이 지었으며, 이익관(李翼觀) 형제, 민관효(閔觀孝), 이세홍(李世弘), 이일좌(李日佐) 등이 퍼뜨렸다고 한다. 이 흉언은 1728년 무신란을 비롯하여 각종 괘서에 등장하였고, 급기야 1755년 을해옥사 당시 신치운(申致雲)의 입으로 옮겨졌다. 경종독살설은 영조뿐 아니라 인원왕후에게까지 누명을 씌우는 형태로 발전하였다. 인원왕후가 동궁과 짜고 게장을 보냈다는 식의 풍문이 돈 것이다. 이것이 《천의소감》 서두에서 양성(兩聖 인원왕후와 영조)의 무고(無辜)를 주장하는 이유이다.

•••••

12 《景宗實錄》3年 6月 19日, 4年 8月 2日.

넷째, 노론 정권하 노론 사대신의 복관이다. 1725년 1월부터 갑자기 언관(言官)들이 일제히 소론을 공격하기 시작하였다. 이는 을사환국으로 노론 정권이 들어섰기 때문이다. 실록을 살펴보면 1월 7일 신축년(1721, 경종1) 이후 찬적된 이들을 석방하였고, 12일 민진원을 비롯한 다수의 노론 신료들이 서용되었다.[13] 노론은 이를 계기로 임인옥사를 재조사하여, 당시 동원된 의금부 하례(下隷)를 문초하여 초사(招辭)를 받는 과정의 불법성을 적발하여 무옥(誣獄)으로 규정해 냈다. 고변으로 공신이 된 목호룡의 훈적(勳籍) 삭제와 이를 기념하는 교문을 쓴 김일경의 단죄는 하나로 연결되었다. 심지어 박상검 사건까지 재조사하여 김일경과 목호룡의 소행으로 규정하였다. 따라서 박상검의 동궁 모해 사건, 목호룡의 고변, 김일경의 상소와 교문은 하나로 규정되었고, 이러한 사실을 바탕으로 노론 사대신이 억울하게 희생되었으므로 복관한다고 명분을 세웠다.

3. 무신란～을해옥사 이전

《천의소감》 권3은 무신란에서 을해옥사 이전까지의 크고 작은 반역 사건을 다루고 있지만 분량은 매우 적은 편이다. 총 일곱 가지 기사가 실려 있는데 실제 사안별로 살펴보면 크게 두 가지로 구분된다.

첫째, 소론 대신의 처벌 경과이다. 표면적으로는 1728년(영조4) 무신란을 다루고 있으나 실질적으로 의미하는 바는 다소 다르다. 무신란은 이유익(李有翼)과 박필현(朴弼顯)이 심유현(沈維賢)을 사주하여 흉언을 짓고, 이인좌(李麟佐), 정희량(鄭希亮), 박필몽(朴弼夢) 등이 거병한 사건이다. 경종의 인척인 심유현, 남인의 잔당, 김일경 사건으로 유배 중이

• • • • •

13 《英祖實錄》1年 1月 7日, 12日.

던 박필몽 등이 가담하였다. 도성에 괘서를 붙였고 밀풍군(密豊君) 이탄(李坦)을 추대하였다. 정희량과 이웅보(李熊輔)가 영남에서 거병하였고, 평안 병사 이사성(李思晟)이 평안도에서, 금군 별장 남태징(南泰徵)이 서울에서 호응하기로 약조하였다고 소개하였다.

실제 중요한 것은 덧붙인 서술이다. 무신란의 원흉을 세 가지로 지적하였다. ① 경종대 유봉휘의 상소(세제책봉 반대), 조태구의 차자(중국 사신 종친 접견 반대) ② 경종대 목호룡의 고변(노론의 역모설), 김일경 상소(임인옥사) ③ 영조대 이천해의 변(경종독살설) 등이다. 곧 유봉휘와 조태구를 목호룡, 김일경, 이천해 등과 하나로 연결 지은 것이다. 이것은 영조 전반기 약 30년간 소론 대신 유봉휘와 조태구의 역률 추시를 엄격히 금지해 온 정책이 무너졌음을 의미한다. 실제로 을해옥사에서 두 사람에 대한 처분이 바뀌었다. 이것이 무신란의 서술이 추가되어야 했던 이유이다. 이 때문에 《천의소감》 권3에는 별도의 기사 형식으로 1740년 유봉휘 및 조태억(趙泰億)의 관작 추탈과 이광좌(李光佐) 파직을 계청하였던 사실, 1746년 조태구 및 최석항(崔錫恒)을 실제로 삭탈한 사실이 추가되었다. 이 같은 맥락 속에서 을해옥사 당시 소론 2대신의 역률 추시, 3대신의 관작 추탈 및 직첩 회수가 자연스럽게 연결되기 때문이다.

둘째, 종친과 연루된 모역 사건이다. 먼저 1730년 여흥군(驪興君) 이해(李垓), 여릉군(驪陵君) 이기(李圻), 나홍언(羅弘彦)이 연결된 사건이다. 나홍언은 무신란의 역적 나숭곤(羅崇坤), 나숭대(羅崇大), 나만치(羅晩致)의 지친이다. 그 아들 나계태(羅啓泰)를 수색하자 대역무도한 책자가 발견되었다. 나두동(羅斗冬), 나숭의(羅崇誼), 나숭열(羅崇說), 나두추(羅斗秋), 이천해(李天海), 김이로(金履輅) 등이 연루되었다. 다음으로, 이해와 이기는 은자를 제공하여 교형에 처해졌다. 이 사건으로 김일경 상소에 연명한 유배 죄인 이진유(李眞儒), 윤성시(尹聖時), 서종하

(徐宗廈) 등도 금부로 압송되었다가 장폐(杖斃)되었다. 아울러 1745년 이익관(李翼觀), 이순관(李順觀), 이색(李嗇) 등이 조정을 무망(誣罔)하다가 장폐되었다. 이어서 1746년 권익관(權益寬)은 관작이 추탈되었고, 김일경 및 목호룡의 역모에 관여하였으며 무신란 당시에도 함경도 관찰사로서 역적과 내통했다고 공격받았다. 또한 1748년 권집(權緝 권익관의 족속)과 권혜(權嵇 권집의 종질)가 물고(物故)되었다. 여천군(驪川君) 이증(李增)이 동생 여선군(驪善君) 이학(李壆), 이관(李爟), 이당(李爣)과 요서를 함께 보다가 발각되었다. 숙부 권집, 권혜, 권선 등이 모의한 정황이 드러났다.

이 역시 역대 종친 연루자를 모두 기록했는데, 을해옥사 당시 대규모 처벌이 일어난 이유에 대해서 무신란 이래 밀풍군 이탄 등에 대한 엄격한 처벌이 이루어지지 않아서 반복되고 있음을 설명하기 위한 장치이다.

4. 을해옥사

《천의소감》 권4는 1755년(영조31) 을해옥사를 본격적으로 다루고 있다. 하지만 실록이나 《승정원일기》 등과 비교해 보면, 《천의소감》의 공초 기록은 대단히 간추려져 있다. 각종 자료를 상호 비교하여 한 해 동안 발생한 각 사건에 대해 역률을 적용한 사례를 살펴보면 〈표1〉과 같다.

〈표1〉 을해옥사 사건별 역률 시행 (단, 역률 추시 제외)

사건명	일자	역률 시행	《천의소감》 수록 여부
나주괘서 사건	2. 25.~ 3. 14.	윤지(尹志), 이하징(李夏徵), 윤광철(尹光哲), 김호(金浩)	
거병 모의	3. 17.~ 4. 18.	윤상백(尹尙白), 조동정(趙東鼎), 박찬신(朴纘新), 김주천(金柱天), 박천우(朴天遇)	일부 누락

사건명	일자	역률 시행	《천의소감》 수록 여부
과장난언 사건	5. 2.~ 8.	심정연(沈鼎衍), 윤혜(尹惠), 강몽상(姜夢相), 강몽협(姜夢協)	
이준·이전 사건	5. 11.~17.	김도성(金道成), 이준(李埈), 이전(李佺), 김인제(金寅濟)	
게장난언 사건	5. 21.~29.	신치운(申致雲), 여광학(呂光學), 조륜(趙綸), 송수악(宋秀岳), 박사즙(朴師緝), 유봉성(柳鳳星), 유수원(柳壽垣), 김성(金渻), 심확(沈鑊), 김정관(金正觀), 김홍석(金弘錫)	일부 누락
이주 사건	7. 10.~24.	이주(李澍), 윤봉환(尹鳳煥), 김정리(金正履), 이명조(李明祚)	일부 누락
익명서 사건	10. 27.~29.	권소(權邵), 이목성(李木盛), 박세검(朴世儉)	미수록

나주괘서 사건은 지방에 유배 중이던 소론급진파가 일으킨 것이다. 거병 모의 사건은 중앙의 무신이나 공신까지 깊숙이 연결된 거병 계획으로 확대된 사건이다. 과장난언 사건은 윤지(尹志)의 거사가 실패하자 중앙의 소론급진파가 다시 여론을 선동할 목적으로 벌인 것이다. 이준·이전 사건에서는 종친 및 김일경 일가가 연루된 정황이 드러났다. 게장난언 사건은 조정에 불만을 품은 소론강경파까지 동조하여 충격을 주었다. 이주 사건은 비기(秘記)를 통해서 혹세무민(惑世誣民)하여 난을 조장하려고 했다. 익명서 사건은 혼란을 틈타 대담하게도 다시 익명서를 투서하였다. 을해옥사 초기에 나주괘서 사건과 거병 모의 가담자를 치죄하는 선에서 종료하고자 하였으나 조정을 농락하듯이 버젓이 과장난언 사건과 이준·이전 사건이 연속해서 일어났다. 이주 사건과 익명서 사건은 《천의소감》에 제대로 반영되지 못하였다.[14]

• • • • •

14 김백철, 《두 얼굴의 영조》, 2014, 113쪽, 주121 참조.

한편, 《천의소감》에는 시간 순서에 따라서 나주괘서 사건과 과장난언 사건으로 크게 나누어서 서술하였다. 이를 위의 역모 가담층을 고려하여 다시 살펴보고자 한다.

나주괘서 사건 첫째, 소론급진파의 지방 거사이다. 소론계 전라 감사 조운규(趙雲逵)가 나주(羅州)의 객사에 흉서(凶書)가 걸린 변고를 치달(馳達)하여 윤지 등의 죄인을 나국(拿鞫)하여 복주하였다. 나주에서 흉언이 내걸린 사건을 주도한 인물이 윤지이다. 윤지는 윤취상(尹就商)의 아들이다. 무신인 윤취상은 처음에는 단순히 김일경의 일파로 분류되어 유배형에 처해졌다가 왕세제 즉 연잉군을 범하려고 했던 박상검 사건에까지 연루된 사실이 밝혀져서 물고되었다. 그 여파로 아들인 윤지가 유배 중이었다. 그들은 정치 성향이 소론급진파로 분류되었고, 영조에 반대하고 조정을 원망하였다.

윤지는 거사에 필요한 재력은 창고 관리를 맡은 아전이 빼돌리게 하였고, 군기(軍器)도 불이 났다고 하여 확보하려고 하였다. 실제 실록에 따르면 나주괘서 사건 직전에 유사한 보고가 올라오고 있다.[15] 그는 나주를 중심으로 교우 관계를 이용해서 30여 명을 포섭하였고, 아들 윤광철(尹光哲)을 동원하여 다른 지방을 오가면서 사람을 모으게 했다. 특히 계(契)를 조직하여 상계(上契)에 사족을, 하계(下契)에 서민을 각각 늘려 나갔으므로 다양한 하층민이 참여하였다.

주요 가담자 중에는 김일경의 당여나 혹은 무신란에 참여했다가 처벌받은 이들의 후손이 많았다. 윤지의 아들 윤광철은 조부 윤취상의 상소를 지니고 있었다. 아울러 윤상백(尹尙白)도 주요 인물로 활동하였다.

•••••

15 《英祖實錄》1年 1月 14日.

그는 나주 영장으로 괘서를 즉각 보고하지 않았다. 윤상백은 무신란에 연루된 윤연(尹綖)의 아들인데 윤광철과 교류하면서 역모에 가담했다. 윤광철은 호남에서는 초적(草賊)과도 체결하였고, 서울은 윤상백, 윤득정(尹得貞), 이수경(李修敬) 등이 관리하고, 윤상백은 500냥 전답을 내놓기로 하여 재정을 담당했다. 이 외에도 이수범(李修範) 역시 김일경의 당여로 처형당한 이사상(李師尙)의 손자인데, 윤광철, 윤희철(尹希哲) 등과 교류하였다가 국문 중에 물고되었다.

둘째, 관군을 포섭한 1차 거병 계획이다. 그동안 비교적 당론에 중립적이었던 무장 세력이 역모에 가담하였는데 이하징(李夏徵)이 중심에 있었다. 윤취상이 본래 무변(武弁)이었기 때문에, 그 아들 윤지도 무장인 이하징과 가깝게 지내는 것이 어렵지 않았다. 이하징은 초사(招辭)에서조차 윤지를 두둔하고 윤취상을 역적이 아니라고 하였으며 김일경의 상소를 신하의 절개가 있다고 칭송하였다. 전형적인 소론급진파의 정치 성향을 보였다. 이 역시 이하징 본인이 김일경 삭출 시 반대했던 이명의(李明誼)의 지친이기 때문이다. 윤지가 윤취상의 아들로서 역모를 꾀한 것과 유사하다.

이하징이 가담하면서 옥사는 전혀 다른 방향으로 전개되었다. 단순한 괘서 사건은 영조 연간에 수차례 있었고, 흉언에 대한 대응은 지나치지 않은 선에서 마무리 짓는 게 일반적이었다. 그러나 거병 계획이 탄로 나면서 사태는 걷잡을 수 없이 변하였다. 윤지는 통제사 김윤(金潤), 전(前) 전라 좌수사 박재하(朴載河)와 나주 영장 윤상백, 박찬신(朴纘新), 북병사 조동하(趙東夏), 민후기(閔厚基), 민효달(閔孝達), 김주천(金柱天), 이시희(李時熙), 이명조(李明祚), 이양조(李陽祚) 등과 교류하면서 군량과 군기를 모았다. 윤지의 아들 윤광철이 우두머리이고, 이하징은 군기를 맡았다. 훈련도감 중군(訓鍊都監中軍) 조동정(趙東鼎)은 이하징과 교류하다가 포섭되었는데, 당심(黨心)을 자복했다. 그는 물고되었고 역률까지 적용되었다. 훈련도감 장교 신경훈(申景勳)도 정형(正刑)되었고, 그 아비까지 목을 매어 자결하였다. 김윤의 아들 김주태(金柱泰)는 장배(杖配)되었으며, 김윤 본인은 장폐되었다. 이 외에도 흥덕 현감 민후기는 윤상백과 교류하면서 장정 50명을 모집하여 이미 1732년(영조8)부터 이듬해까지 거사를 모의하였으나 실패했다고 자복하였다.

특히 무신란을 진압한 공신 박찬신의 가담 사실이 드러났다. 그는 윤상백, 윤지, 윤광철 등과 결탁하고, 조보(朝報)까지 빌려주었다. 연대기에는 엄청난 부정 축재까지 일삼은 것으로 확인된다. 권력과 재력까지 갖춘 공신이면서 오히려 폐고(廢錮)되어 조정에 불만을 품은 세력과 손을 잡은 것이다. 이에 영조는 남문 밖에서 무신란 당시 남태징(南泰徵)의 예로 효시하게 하였다. 신치운(申致雲) 역시 영조 초반 시종신(侍從臣) 출신으로 거병에까지 간여했음이 밝혀졌다. 이 둘은 영조 초반 출사하여 국왕을 가까이에서 보필한 인물이다.

셋째, 신임옥사 관련자에 대한 소급 처벌이다. 이른바 소론급진파의 명분을 소멸시키는 작업이다. 김일경 상소에 연명했던 이들에 대한 처벌도 가시화되었다. 이하징을 국문한 이후 조태구, 유봉휘, 윤취상, 이사상, 김일경의 소하(疏下) 모두에게 역률을 추시하였다. 삼사에서는 김일경의 소하가 역적이고 이하징 흉언의 근거이며, 이사상과 윤취상은 윤지의 뿌리라며 이광좌와 최석항까지 처벌할 것을 요구했다. 이에 영조는 우선 유봉휘, 조태구, 윤취상, 이사상 등에게 역률을 추시하는 데 동의하고, 김일경의 상소에 연명한 이진유(李眞儒), 이명의(李明誼), 정해(鄭楷), 윤성시(尹聖時), 서종하(徐宗廈)에게도 역률을 추가로 시행하라고 하교하였다.

더욱이 이 여파로 이하택(李夏宅)도 신문을 받아서, 절도 유배 중에 이색(李嗇), 이렴(李濂)과 더불어 반역을 도모한 사실이 드러나서 경폐(徑斃)되거나 노륙(孥戮)되었다. 이하택은 노론 사대신을 공격하는 상소를 올린 이명언의 아들이다. 이 때문에 이명언에게까지 역률이 추시되었다. 아울러 양사에서는 한세량(韓世良)의 상소 중 사자 흉언(四字凶言)이 조태구와 유봉휘 상소와 일치한다고 하여 역률 추시를 청했다. 이에 또한 유봉휘, 조태구, 윤취상, 이사상, 이진유, 이명의, 정해, 윤성시, 서종하 등의 가족에 대한 노륙을 윤허하였다.

넷째, 역모에 연루된 종친 처벌이다. 우선 여천군(驪川君) 이증(李增), 이관(李爟), 이당(李爣) 등이 권혜(權嵇)와 권집(權緝) 형제와 모의하다가 유배형에 처해졌다. 또다시 여천군 이증과 여선군(驪善君) 이학(李壆)이 함께 요서(妖書)를 보았는데, 심지어 이증은 역적에게 추대되었다. 그는 해도(海島)에 경폐되었다가 역률이 추시되었다. 이학 역시 권혜과 권집을 애석하게 여기는 발언을 일삼다가 이해 및 이기의 예에 따라 교형에 처해지고 노적(孥籍)되었다. 이후 이관과 이당도 교형에 처해졌다. 아울러 무신란 당시 추대된 밀풍군(密豐君) 이탄(李坦)의 처자(妻子) 역시 이때 노적되었고, 이탄의 아우와 조카도 절도에 안치되었다. 영조가 30여 년간 미루어 온 종친 처벌을 대대적으로 행한 것이다.

과장난언 사건 첫째, 소론급진파의 서울 거사이다. 토역 종료를 기념하여 과거를 열었는데, 심정연(沈鼎衍)이 과장에 난언(亂言)이 적힌 시권(試券)을 제출하였다. 심정연은 무신란에 연루되어 장폐된 심성연(沈成衍)과 유배당한 심익연(沈益衍)의 아우이다. 김일경의 종손인 김도성(金道成)이 와주(窩主)가 되었고, 윤지의 친척인 윤혜(尹惠)와 함께 흉언을 작성하여 심정연에게 올리게 하였다. 영조는 대로하여 헌괵례(獻馘禮)로 처벌하였다. 윤혜로 인해 윤취상의 서종자(庶從子) 윤경(尹憼)도 장폐되었다. 이 여파로 김상집(金商楫 강몽협의 매부), 유봉성(柳鳳星), 변서오(卞瑞五) 등도 모두 주벌되었다. 경종의 어의 이공윤(李公胤)도 당초 유배형에 그쳤으나 이때 역률이 시행되었다. 윤지의 거사 계획이 사전에 발각되어 수포로 돌아가자, 다시 한번 유사한 소동을 일으켜서 반역을 도모한 것이다.

둘째, 명화적(明火賊)으로 위장한 2차 거병 계획이다. 일반적으로 괘서나 익명서 사건을 계속 일으켜도 효과가 없을 것으로 보이지만, 거병 계획이 이어져 있을 때는 상황이 전혀 달라진다. 무신란이 실제 그렇게 발생했으며, 앞서 나주괘서 사건뿐 아니라 과장난언 사건도 마찬가지였다. 강몽협(姜夢恊)은 심정연과 교류하면서 거병을 계획하였다. 이준(李埈)의 집에 모여서 심정연이 대장이 되고 강몽협이 부장이 되기로 하였고, 군병에 노속(奴屬)을 포함시키고 60여 명을 모아서 서울로 가려고 하였다. 8월에 명화적 차림으로 심정연, 강몽협, 강몽상(姜夢相) 등이 춘천부를 공격하여 군기를 탈취하고 김화(金化), 낭천(狼川), 철원(鐵原)을 차례로 공격하기로 하였다. 결국 실패하여 강몽협은 정형(正刑)되었고, 아들 강학수(姜鶴壽)는 장폐되고 종제 강몽상은 정형되었다. 심지어 북병사 조동하까지 연루되었다. 1차 거병 계획에도 초적(草賊)을 활용하는 방식이 논의되었고 2차에도 북병사가 연루되었으므로, 양자 모두 유사한 방식으로 추진되었다. 다만, 1차 사건에서 무신이 일망타진되었기에 2차에서는 명화적 형태의 봉기가 주로 언급된 것이다.

셋째, 김일경 후손의 적극 가담이다. 김도성은 흉언을 작성하여 심정연에게 올리게 하였는데, 여기에는 이준을 중심으로 하는 연락망이 작동되고 있었다. 여선여(呂善餘)는 이준의 복심이고, 부친 여광학(呂光學)은 김일경의 외종사촌이다. 여광학은 경폐되었고, 여선여 본인은 정법(正法)되었다. 아울러 송수악(宋秀岳)은 이준의 집에서 기숙했고, 조륜(趙綸)은 김일경 일가인 김천주의 집에서 기숙하면서 정권(鄭權), 이세현(李世鉉), 김인제(金寅濟) 등과 수작하는 가운데 김일경의 상소를 칭송한 사실이 드러났다. 이에 김일경의 종자(從子) 김유제(金有濟)·김인제·김덕제(金德濟)·김홍제(金弘濟)·김대재(金大再)·김우해(金佑海),

종손 김천주·김요백(金耀白)·김요채(金耀采)·김요옥(金耀玉)·김요덕(金耀德) 등이 모두 죽음을 당하였다.

넷째, 재야 소론강경파의 동조이다. 신치운을 중심으로 하는 인간 관계망이 일망타진되었다. 《천의소감》 권수에 게장 사건의 진상을 밝힌 것도 신치운의 언급 때문이었다. 실록에서는 《천의소감》에 실리지 못한, 경종 홍서 이후 게장을 먹지 않았다는 발언이 확인된다. 특히 조정에 아직 남아 있던 소론온건파〔緩少〕를 연루시키고자 하여 왕의 노여움을 샀다. 이것이 과격해진 소론강경파를 일망타진한 계기였다. 신치운은 초기에는 윤상백과 김도성 초사에서 고발당하여 유배형에 처해졌다가, 국청에서 심정연 흉서를 자기가 주장했으며, 유봉휘와 마음이 같다고 자복하였다. 더욱이 그는 박필몽(朴弼夢)이 사관으로 추천한 인물이고, 노론 권상하(權尙夏)를 공격한 전적이 있어서, 김일경과 박필몽의 심복이자 이유익(李有翼) 및 심유현(沈維賢)의 친구로 평가되어 처벌받았다.

유수원(柳壽垣) 역시 신치운의 벗으로 영조의 시종신 출신임에도 불구하고, 경종대 유봉휘 지휘하에 상소를 필사한 전력이 있고 조제(調劑 탕평)를 비판하고 자신을 준론(峻論)으로 칭하다가 정형되었다.[16] 심확(沈鑊)도 신치운과 교류했는데, 조태구와 유봉휘가 이하징과 윤지의 근본이고, 대처분 뒤에도 절교하지 못하였다고 자복하였다. 그리고 유수원을 역절(逆節)이 아니라고 두둔한 것도 자복하였다. 특히 유수원과 한가지로 돌아가니 죽어도 즐겁다고 고하여서 영조의 분노를 샀다. 김광수(金光秀)도 유봉휘의 상소가 역(逆)이면 역률을 받겠다고 해서 부대시 정형(不待時正刑)을 당하였다. 이거원(李巨源) 역시 신치운과 교류

16 무신란 추안이나 을해옥사 당시 실록 기사 등에도 '峻論'으로 표현되는 경우가 많으나, 실제로는 대부분 소론급진파〔急少〕 계열을 지칭하며, 때때로 소론강경파〔峻少〕를 포괄하여 중의적으로 사용하기도 한다.

했는데, 목호룡의 교서로 죄를 준다면 복주를 받겠다고 하였다. 그는 목호룡의 위훈교서(僞勳敎書)를 지었고, 옥당일 때 조태구, 유봉휘, 김일경, 한세량을 신구(伸救)하고 김일경 교문을 옹호하여 정의현(旌義縣)에 위리안치되었다가 이때 수구문(水口門) 밖에 효시되었다.

한편, 박사즙(朴師緝)은 박필현 및 박필몽의 종질(從姪)이고, 남태징의 외종사촌이며 신치운의 친구였다. 그는 신치운이 조태구, 유봉휘, 소하(疏下) 모두 역적이 아니라고 했으며, 목호룡, 박필몽의 흉언을 했고, 준론 중 이광좌가 거두(巨頭)이며, 이거원을 칭송하였다고 증언하였다. 김성(金渻)은 김호(金浩)의 사촌 동생이자 신치운의 친족이고, 박사즙의 과거 동접(同接)이다. 그는 신치운이 좋은 벼슬을 얻지 못해 원망하였고, 박사즙이 심유현의 흉언을 언급하였다고 증언했으나 결국 수구문 밖에 효시되고, 사지가 잘려 강원도에 회시(回示)되었다. 김정관(金正觀)은 조부 김홍석(金弘錫), 유수원, 심확, 신치운 등이 김일경을 역적이 아니라고 했으며, 이하징 일가인 이하집(李夏集), 이지항(李址恒) 등과 교류하면서 김일경이 억울하다고 주장하는 것을 들었다고 하였다. 이로 인해서 조부 김홍석까지 역률이 시행되었다.

이세현(李世鉉)은 신치운과 교류하여 정형되었다. 이거원의 아들 이우화(李宇和)와 이세화(李世和)는 장폐되었고, 이운화(李運和)는 교형에 처해졌다. 김정리(金正履)는 박사즙과 교류했고, 이거원, 박사즙, 신치운, 이우화, 이명조(李明祚)에 동조하였으며, 윤지의 거병을 알고 있어서 대역부도(大逆不道)로 정형되었다. 이명조는 윤지의 아들 윤광철에게 연설(筵說)을 보냈는데, 처음에는 부친에게 죄를 미루어 유배형으로 빠져나갔다가, 윤상백 및 김정리 초사에도 언급되어서 잡혀왔다. 그는 김정리, 신치운, 박사즙과 교류하면서 윤지의 아들 윤광철이 내응을 요구하였다고 자복하여 정형되었다.

결국, 영조는 소론 중 아직도 임인옥사를 무옥(誣獄)으로 인정하지 않는 자들이 광범위하게 있으며, 소론급진파뿐 아니라 소론강경파까지 동조하고 있었음을 확인하였다. 이에 강경한 처분을 내리지 않을 수 없었다. 죄인의 머리를 장대에 꽂아서 조리를 돌리는 헌괵례(獻馘禮)는 괘서 사건을 추국하는 과정에서는 이루어지지 않았다. 모두 과장난언 사건 이후에 벌어진 것이다. 이는 국왕의 분노와 충격이 얼마나 컸는지를 보여 준다. 그래서 《천의소감》 권4의 말미에는 왕세제 책봉과 대리청정에 대해서 조태구, 유봉휘, 김일경, 박필몽, 윤상백, 한세량 등이 무옥을 조작하였고, 김일경, 목호룡의 불측한 말이 빌미가 되어서 이천해, 이순관, 심유현, 이유익의 선봉이 되었으며, 나홍언, 이색, 권혜, 권집에게서 뻗어 나가고, 박사즙, 김성, 유수원, 심확에게 닿았고, 신치운에서 맺어졌다고 최종 평하였다.

3. 명분론 제고 방식

1. 왕실 권위의 통합

《천의소감》이 시간을 거슬러 올라가서 경종 연간부터 서술되는 이유는 을해옥사의 원인이 바로 거기서 싹텄기 때문이다. 실제로 책의 서사는 권1의 경종 연간 사건과 권4의 을해옥사 당시로 초점이 맞추어져 있다. 당시 영조는 그동안 온건한 처벌이 미봉책에 불과하여서 반란이 지속된다고 보았다. 국왕의 입장에서는 무신란 당시 특지(特旨)를 내려서 국법을 초월하면서까지 연좌제를 최소화하여서 인명을 살려 주었는데도, 오히려 역도의 후손들은 하나같이 출사(出仕) 제한을 이유로 조정을 비방하면서 차별받는 현실을 바꾸겠다며 역모를 꾀하였다.[17]

17 《闡義昭鑑》卷4 今上 31年 3月, 《英祖實錄》31年 2月 20日, 3月 5日·18日, 5月 13日.

18세기에는 이렇듯 연좌제에 대한 인식이 과거와는 사뭇 달라지고 있었다. 국왕은 관용을 내세워 직접 연루자 외에 연좌 적용을 최소화하는 정책을 폈으나, 수십 년 후 역도의 후손은 이보다 한층 더 나아가 연좌제의 현실을 비판하였다. 왕정(王廷)의 입장에서 국왕의 은전(恩典)은 파격적이었으나, 폐고된 이들은 여전히 불만을 품고 선조를 치죄한 왕의 정통성을 부정하는 각종 반왕운동을 전개하였다. 이에 영조는 반복되는 흉언, 괘서, 역모에서 제기된 모든 사안을 전부 해명하기 위해서 문제의 시작점부터 하나하나 항목을 설정해서 설명하는 방식을 취하였다. 백성을 제대로 설득하지 않고는 왕정의 존립 자체가 어려운 시대가 도래하였다. 그래서 권수(卷首)를 비롯하여 전체 논지 중 주요 해명은 왕실 권위를 획득하는 방식을 통해서 정당화하는 것이었다.

첫째, 부왕(父王) 숙종(肅宗)의 권위를 빌리는 방식이다. 1701년(숙종27) 신사처분(辛巳處分)과 1716년(숙종42) 병신처분(丙申處分)으로 각각 남인과 소론이 조정에서 힘을 잃었다.[18] 《천의소감》에는 두 사건을 대행 대왕(大行大王 숙종)의 분명한 판단으로 명시하고 있다.[19] 이것은 무신란 당시 조정에서 퇴출된 남인과 소론급진파가 가담한 것을 염두에 둔 표현이다. 특히 대리청정에 대해 정유년(1717) 절목(節目)을 거듭 강조하는 방식도 숙종의 권위와 경종의 전례를 통해서 명분을 가져온 것이다.[20] 이것은 마치 노론 계열에서 은연중에 숙종과 독대로 연잉군(延礽君)에게 후사를 맡기려고 했다는 듯한 분위기를 조성한 것과 비슷한 맥락으로 보인다.

• • • • •

18 《闡義昭鑑》卷2 今上 元年 8月.

19 《闡義昭鑑》卷2 今上 元年 2月.

20 《闡義昭鑑》卷首 進闡義昭鑑箋, 卷1 景宗大王 元年 10月 戊午, 卷2 今上 元年 7月.

둘째, 황형(皇兄) 경종(景宗)의 공고한 우위를 과시하였다.[21] 일반적으로 왕위 계승 경쟁 중 서로 반대 정파를 이끌었던 형제간 갈등 관계를 상정하기 십상인데, 영조는 한 번도 이것을 인정하지 않았다. 오히려 "요순(堯舜)의 도(道)는 효제(孝悌)일 뿐이다."라는 어구를 인용해서 숙종에 대한 효(孝)와 경종에 대한 제(悌)를 동시에 천명하였다.[22] 최근 연구에서 경종의 영조 보호 조치는 여러 차례 언급되고 있다.[23] 실제로 왕세제 책봉을 가장 신속히 실현시킨 것도 경종 본인이었고, 신임옥사 중에 영조를 지킨 것도 황형이었다. 형제간 우애를 바탕으로 왕위 계승을 정당화하고자 하였다.

더욱이 영조가 세자나 세손의 대리청정 근거로 삼는 구절도 "좌우(左右)가 하는 것이 옳은가, 세제(世弟)가 하는 것이 옳은가?"라는 경종의 말이었고[24] 대리청정의 모든 규식 또한 숙종 후반 경종의 왕세자 시절 대리청정을 모범으로 삼았다.[25] 곧 대리청정은 부왕(숙종)-황형(경종)-본인(영조)에게로 이어진 왕실 전통이며, 이를 다시 세자(사도세자)-세손(정조)으로 연결하고자 하였으므로 자신의 정통성을 공고히 할 필요가 있었다.

반면에, 그동안 왕실 존엄을 위해서 경종이 몸이 불편했음을 뜻하는 '위예(違豫)'와 노론이 강력히 주장해 왔던 임금의 병환을 직접 적시하는 '유질(有疾)' 사이에서 수십 년간 논쟁이 지속되었다. 영조는 황형의 질병 기록에 난색을 표했으나 을해옥사를 계기로 더 이상 물리칠 수 없

• • • • •

21 《闡義昭鑑》 卷首 手書簕批.

22 《闡義昭鑑》 卷首 綸音.

23 경종의 동궁 보호는 다음 참조. JaHyun Kim Haboush, *A Heritage of Kings*, Columbia Uni. Press, 1988, 117~125쪽; 김백철, 《두 얼굴의 영조》, 2014, 92~96쪽.

24 《闡義昭鑑》 卷1 景宗大王 元年 10月 戊午.

25 《闡義昭鑑》 卷1 景宗大王 元年 10月 戊午.

었다. 그동안 노론이 주장해 온, 경종이 질병이 있어서 세제 책봉과 대리청정을 했으니, 선왕의 질병을 공표하자는 요구는 《천의소감》 단계에서 수용되었다.[26]

셋째, 인원왕후(仁元王后)와의 관계이다. 세제 책봉을 정당화하기 위한 근거는 법통상 모후(母后)인 숙종 계비 인원왕후의 언문 하교(諺文下敎)였다. 삼종(三宗)의 혈맥(血脈)은 연잉군뿐이라는 것이다.[27] 이것은 한편으로는 왕위 계승의 정당성을 천명한 것일 뿐 아니라, 다른 한편으로는 노론의 택군설(擇君說)을 비롯한 과도한 과실(果實) 요구를 막는 데도 사용되었다.[28] 아울러 인원왕후 역시 후사가 없었고, 영조 역시 생모인 숙빈(淑嬪) 최씨(崔氏)가 일찍이 별세한 상황이었다. 왕세제로 책봉된 이후에도 환관 박상검(朴尙儉) 일당이 동궁에 난입하여 생명이 위태로웠을 때 인원왕후에게로 도망쳤고, 왕후는 영조를 데리고 경종에게 가서 목숨을 보장받았다. 이에 영조는 즉위 후 30여 년 이상 인원왕후를 모후로 극진히 봉양하였고, 그동안 사친(私親 숙빈 최씨)에 대한 추숭도 거의 시도하지 않았다. 사실상 인원왕후는 영조의 생모처럼 인식되었다.

하지만 이 때문에 경종에 대한 게장 독살설이 나돌 때, 심지어 인원왕후와 영조를 묶어서 공범 혐의를 제기하는 흉언이 을해년(1755, 영조 31)에 나타났다. 소론이 편찬한 《경종실록》과 노론이 고친 《경종수정실록》 모두에서 게장을 올린 사실 자체만 확인될 뿐 주체는 알 수 없다. 다만 실록에는, 경종의 병세가 악화되어 왕세제가 긴급히 인삼과 부자를 처방하자 이공윤(李公胤)과 다투었고 얼마 뒤 선왕이 훙서한 사실이

• • • • •

26 《闡義昭鑑》卷1 景宗大王 元年 8月 己未·10月 戊午, 卷2 今上 元年 1月.

27 《闡義昭鑑》卷首 進闡義昭鑑箋, 卷1 景宗大王 元年 8月 己未.

28 《英祖實錄》9年 1月 19日, 13年 8月 5日·9日.

기록되어 있다. 실제 왕세제가 공개적으로 처방한 것은 인삼과 부자였으나, 이미 병환이 악화된 상태여서 동궁의 책임으로 여기지 않았다.[29] 오히려 영조와 소론온건파에서는 평소 지나치게 독한 약을 처방한 이공윤의 책임으로 보았다. 반면에 소론급진파는 며칠 전 올린 게장 탓으로 돌리고자 하였다. 양립할 수 없는 시각 차이가 발생했고, 이 때문에 경종독살설이 만들어진 것이다. 이에 영조는 《천의소감》에서 인원왕후는 물론이거니와 자신은 게장과 무관하며, 수라간에서 바친 것으로 변론하였다.[30] 특히 경종 사후 이공윤의 약 처방이 잘못되어서 유배형에 처한 사실을 상세히 수록하였고,[31] 을해옥사 중에는 화근(禍根)으로 지목되어 역률이 시행되었다.[32] 이것이 《천의소감》에서 게장 사건이나 이공윤 사건을 상당한 지면을 할애해서 기록한 이유이다.

넷째, 인현왕후(仁顯王后)의 상징성이다. 《천의소감》에는 '인현성모(仁顯聖母)'로 언급하면서 황형과의 관계를 자모(慈母)와 효자(孝子)로 설정하였다.[33] 이것은 남인의 지지를 받던 희빈(禧嬪) 장씨(張氏)의 아들로 경종을 이해하는 것과 전혀 다른 방식이다. 마치 노론의 지원을 받은 영조 자신을 소론과 적대 관계로 상정하는 것을 막는 것과 유사한 입론이다. 영조도 여러 문헌에서 인현왕후와 자신의 관계를 언급하고자 노력하였다.[34] 이것은 갑술환국(甲戌換局) 이후 정치 명분의 계승자로 자신을 자리매김하는 것과 연결된다. 주지하다시피 인현왕후 복위에 숙빈

•••••

29 《景宗實錄》 4年 8月 24日.

30 《闡義昭鑑》 卷首 手書簽批.

31 《闡義昭鑑》 卷2 今上 4年 8月.

32 《闡義昭鑑》 卷4 今上 31年 3月.

33 《闡義昭鑑》 卷2 今上 元年 1月.

34 徐命膺, 《元陵誌》〈行狀〉, (英祖) 52年 7月 27日.

최씨가 가장 큰 공을 세웠고 영조는 바로 그 아들이다. 더욱이 노론 민진원(閔鎭遠)은 인현왕후의 동기(同氣)이므로 인현왕후의 재조명은 노론 측의 협조를 얻어 내는 것과 무관하지 않았다.

다섯째, 대비 선의왕후(宣懿王后) 어씨(魚氏)와의 관계이다. 경종의 계비(繼妃)는 경종만큼이나 영조와 관계 설정이 중요하였다. 특히 1728년(영조4) 무신란이 일어날 당시 흉언으로 독살설이 돌았던 만큼, 세간의 관심을 받았다. 이 흉언에 경종의 정비(正妃) 단의왕후(端懿王后) 심씨(沈氏)의 일가붙이인 심유현(沈維賢)이 가담한 사실이 드러났다.[35] 이에 무신란 진압 후 편찬한 《감란록》을 선의왕후가 직접 살펴보고 역적의 무도함에 통분했다는 사실을 《천의소감》에 수록하였다.[36] 이 역시 그동안 양자 사이에 모종의 불화가 있다고 세간에 알려졌기 때문이다. 이를 불식하고자 갑자기 선의왕후의 발언을 수록한 것이다.

결과적으로 영조는 왕실의 권위를 통합하여 자신의 정통성을 공고히 하였다. 왕실의 권위가 모두 국왕에게 귀속되면서 노론의 공로는 상대적으로 약화될 수밖에 없었고, 다른 한편으로 경종 및 경종 비와 우호적인 관계임을 드러내어 소론을 어느 정도 끌어안고자 하였다.

2. 소론 명분의 퇴조

영조 즉위 초 소론의 공로 누락 영조의 바람과 달리, 옥사는 원하지 않던 방향으로 흘러갔다. 그동안 봉합해 왔던 소론과 노론의 명분은 재격돌하기에 이르렀다. 이에 《천의소감》에는 연대기의 실제 상황과 다소 다른 맥락으로 편집되었다. 우선 《천의소감》 권2는 노론 사대신의 복권으로 마

• • • • •

35 《闡義昭鑑》卷2 今上 元年 1月, 卷3 今上 4年 3月.

36 《闡義昭鑑》卷3 今上 4年 3月.

무리하였다. 이것은 1725년(영조1) 을사환국까지만 다룰 경우에 타당한 설명 방식이다. 실제 경종 연간 영조가 즉위할 때까지 신축환국으로 노론은 조정에서 축출되어 재야에 있었으므로 아무런 도움도 줄 수 없는 상황이었다. 따라서 영조의 즉위 과정을 검토해 볼 필요가 있다.

경종은 노론을 견제하는 데 소론급진파〔急少〕가 필요했지만, 온전히 같은 생각을 품고 있지는 않았다. 노론이 조정에서 축출되자 불과 한 해 동안 다섯 차례나 과거를 시행하여 새로이 연소한 소론이 대거 노론이 비운 관직을 채웠다. 이들은 관례대로 국왕의 시종신(侍從臣)과 동궁의 속료(屬僚 춘방관(春坊官))를 겸하면서 경종과 영조의 친위 세력으로 자리매김하였다. 경종은 희빈 장씨의 사사(賜死)에 노론과 소론이 모두 가담하였으므로 선왕 때부터 출사한 소론과는 연대 의식이 별로 강하지 못하였다. 오히려 경종 본인이 전시(殿試)를 통해 직접 뽑은 소론〔緩少〕을 자신의 우익(羽翼)으로 삼았고, 이들에게 동궁 보호를 당부하였다. 그러나 이들은 아직 연소했기 때문에 정국 주도권을 지니지 못하였다. 이에 경종은 명망이 높던 이광좌를 전격적으로 기용하여 소론강경파〔峻少〕가 정국을 주도할 수 있도록 조치를 취하였다.

경종은 소론급진파를 통해서 노론을 견제하고, 급진파의 극단적인 행동은 온건파와 강경파를 통해서 다시 제어하였다. 경종이 갑작스럽게 홍서(薨逝)하자 조정에는 소론밖에 없었다. 당시 소론급진파는 동궁에게 적대적이었고, 경종의 그늘 속에서 성장한 온건파와 소수의 강경파만이 왕명을 받들어 왕세제를 보위하였다. 이러한 상황에서 영조의 큰 울타리였던 경종의 홍서는 기회라기보다는 위기였다. 경종이 홍서하기 얼마 전에 소론의 영수를 강경파 이광좌로 전격적으로 교체하여 동궁을 부탁하지 않았다면, 영조는 즉위하기는커녕 목숨이 위태로운 상황이었다. 곧 영조는 소론 정권하에서 즉위에 성공한 것이다. 더욱이 소론 내 강경파와 온건파는 선왕의 유지를 받들어서 동궁의 즉위를 도왔을 뿐 아니라, 신왕(新王 영조)에게 적대적인 세력 즉 소론급진파까지 숙청하였다. 하지만 소론급진파가 제거되자, 노론의 상소가 빗발치면서 소론 전체로 화살이 돌아갔다. 영조의 즉위를 도왔던 나머지 소론은 경종의 국장(國葬)이 대체로 마무리되자, 노론 정권으로 환국하는 것을 받아들였다. 따라서 영조는 이러한 행보를 보인 소론을 노론의 요구대로 도저히 처벌할 수 없었다.

반면에 《천의소감》 권2에는 바로 소론급진파의 축출과 을사환국을 하나의 맥락에서 서술하였다. 전자는 소론 정권하에서 이루어진 일이고, 후자는 노론 정권 출범으로 빚어진 일로서 주체가 전혀 다르다. 그럼에도 마치 영조 즉위 초부터 신왕과 노론의 명분을 세우는 일련의 과정 속에서 소론급진파가 제거된 듯한 어조로 서술되어 있다. 노론 측은 김일경의 교문과 상소에 사용된 어구를 영조가 찬탈을 시도하려 했다고 몰아가는 음해라고 보았으며, 목호룡의 삼수역변(三手逆變) 자체가 무고였다고 주장하였다. 이에 소론 및 노론의 여러 상소에서 문구에 문제를 제기하며 논쟁이 커져서 김일경은 마침내 1차 삭출, 2차 절도 위리안치, 3차 추문을 통해서 복주되었다.

하지만 《천의소감》에는 이것이 소론 정권인지 구분하기 어려워 소론 강경파와 온건파의 친왕적 행보를 의도적으로 드러내지 않았다. 1724년(영조 즉위년) 12월 아직 소론이 정권을 잡고 있던 상황에서 김일경과 목호룡은 복주되었다. 더욱이 실록을 살펴보면 당초 발단은 소론 정권하에서 노론 이의연(李義淵)이 응지상소(應旨上疏)를 핑계로 소론의 토역(討逆)을 주장한 데에서 원인을 찾고 있다. 국왕은 당론을 비호했다는 이유로 노론 이의연을 도배(徒配)하고 소론 김일경도 삭출하였다.[37] 11월

37 《英祖實錄》卽位年 11月 6日, 8日.

이의연이 먼저 국문 중에 옥에서 죽었고,[38] 김일경도 12월에 부대시 처참(不待時處斬)되었다.[39] 실제로는 노론과 소론이 동시에 처벌되었는데, 《천의소감》에는 노론에게 불리한 처벌 사실은 누락되었다. 을해옥사 이후 노론의 입장에서 다시 서술되었기 때문이다.

정미환국 이후 소론 활약상 지우기 《천의소감》 권2는 노론 사대신의 복관으로 끝을 맺고 있다. 1725년(영조1) 을사환국 이후의 정국 변동, 1727년 정미환국, 1728년 무신란, 1729년 기유처분 등 소론 주도의 활약상이나 탕평 정책을 모두 제외한 서술 방식이다. 《천의소감》 권3부터 무신란을 다루고 있으나 소론온건파가 전국 반란을 진압했다는 사실보다 소론급진파의 악행을 서술하는 방식으로 서술되었다.

영조 초반 상황은 전혀 달랐다. 신임옥사는 1721년(경종1) 대리청정 주청에 대한 신축옥사, 1722년 삼수역변을 고변한 임인옥사로 구분된다. 영조와 소론강경파·소론온건파는 두 사건을 전혀 다른 시각에서 이해하였다. 영조 초반 신축옥사는 경종에 대한 충의(忠義)로 오랫동안 인식되었으나 임인옥사는 소론급진파의 무리한 무옥(誣獄)으로 규정되었다.[40] 영조가 이 시각에 동의하면서 소론 정권하에서 임인옥사를 주도한 인물에 대해 처벌이 이루어졌다.

노론의 입장에서는 신축옥사와 임인옥사 모두 억울한 일이었으므로 왕세제 책봉과 대리청정 자체의 명분론을 높이 세워서 국왕과 일체감을 높이고자 하였다. 을사환국으로 노론이 집권하고 거의 10개월 이상 소론에 대한 완전한 토역을 주창하였다. 연좌 시위에 해당하는 정청(庭請)

38 《英祖實錄》 卽位年 12月 5日.

39 《英祖實錄》 卽位年 12月 8日.

40 김백철, 〈英祖의 義理明辯書 《闡義昭鑑》 편찬과 정국변화〉, 2010, 11쪽.

도 장기간 이루어졌다.

영조는 노론의 요구를 받아들일 수 없었다. 김일경이나 목호룡에 대해서만 반감을 가졌을 뿐, 자신을 지켜 준 황형(皇兄 경종), 소론급진파를 숙청한 소론강경파 이광좌, 동궁 시절에 국정의 청사진을 함께 마련한 소론온건파를 역신으로 규정하는 것은 상식 밖의 일이었다. 겉으로는 노론 당론으로 지지를 받았으나, 실제로 즉위할 때는 소론의 도움을 매우 크게 입었다. 이것이 영조와 노론의 동상이몽의 시작이었다. 영조는 일개 노론의 영수가 되기를 거부하고 마침내 1727년 정미환국을 단행해 다시 소론 정권을 세웠다. 환국의 최대 수혜자는 국왕이었다. 얼마 뒤 일어난 무신란에서도 소론의 활약으로 이인좌(李麟佐)를 비롯한 역적의 수괴를 약 1주일 만에 격파하였고, 불과 약 1개월 만에 전국 반란을 진압하였다.[41] 이것이 소론탕평파의 출사 명분이자 영조 초반기 소론이 권력을 얻었던 이유이다.

《천의소감》 권3에는 소론의 명분을 강화할 수 있는 어떠한 서술도 포함되지 않아서 실록과 기록 방식이 전혀 다르다. 을해옥사 당시 영조를 초기에 보좌했던 소론강경파가 조정에서 멀어지자 점차 소론급진파와 어울려서 참람한 언사를 표현한 것이 확인되었기 때문이다. 이로써 소론 명분을 부식(扶植)하는 서술은 객관적인 사실조차 더 이상 책에 남기기 어려워졌다. 이는 그동안 힘겹게 보존했던 소론 명분을 제거했다는 점에서 주요하다. 영조는 어느 한 붕당의 일방적인 승리를 허용하지 않았으나, 을해옥사 당시 소론온건파를 지키는 대신에, 역모에 가담한 소론강경파와 소론급진파를 처벌하기 위해 노론을 지원하지 않을 수 없었다.

• • • • •

41 김백철, 《박문수, 18세기 탕평관료의 이상과 현실》, 한국학중앙연구원출판부, 2014, 40~45쪽.

소론 5대신 처벌과 보호론 영조 초반 소론 측은 노론에 대해서는 토역을 주장하되, 영조에 대해서는 입장이 갈렸다. 소론온건파〔緩少〕와 소론강경파〔峻少〕는 영조를 정당한 왕위 계승자로 보는 반면에, 소론급진파〔急少〕는 찬탈자로 인식하였다. 영조 초반 소론온건파와 소론강경파는 소론급진파의 공세로부터 국왕을 보위하여 영조의 신임을 얻었다.

한편 노론 측은 실질적인 대신급 인사로 소론 조태구와 유봉휘가 관련되어 있다고 지속적으로 주장하였다. 신임의리를 둘러싼 본질적인 문제는 노론 사대신은 소론이 주관한 신임옥사 이후 사사되었으나, 소론 5대신(조태구, 유봉휘, 최석항, 이광좌, 조태억)은 아직 처벌받은 적이 없는 데 있었다. 유봉휘는 세제 책봉에 반대하는 상소를 올렸다가 당시 국문을 당할 위기에 처했는데, 조태구가 신구(伸救)하였다. 더욱이 조태구는 청(淸)의 사신이 종친(세제)을 만나는 것을 반대하였고, 한밤중에 경종이 혼자 있을 때 노론 사대신이 찾아가서 대리청정 하교를 받아 낸 것을 전해 듣고, 단신으로 입궐하여 대리청정 비망기를 환수하게 만든 장본인이다. 이 사건으로 노론 사대신은 중외에서 비난을 받았고 신축환국이 일어나 급기야 사사되었다. 곧 유봉휘와 조태구 두 사람은 세제 책봉과 대리청정을 반대한 상징적인 인물이었으며, 노론이 복수하고자 하는 핵심 인물이었다.[42]

연대기를 살펴보면, 소론 5대신 중 조태구는 1723년(경종3) 병사했고, 최석항 역시 1724년에 병사하였다. 영조 즉위 후 이광좌는 영의정, 유봉휘는 좌의정, 조태억은 우의정에 각각 올랐다.[43] 노론 측의 끈질긴 요구에도 불구하고 국왕은 소론 대신을 처벌할 의사가 없었다. 그래서 유봉

42 사실, 유봉휘는 친족인 유수원(柳壽垣)을 동원해 조태구를 공격하는 상소를 올리도록 하였을 정도로 양자는 긴밀하지 않은 관계였다.

43 《英祖實錄》 卽位年 10月 3日.

휘는 1725년(영조1) 7월에 가서야 비로소 유배되었다가 1728년 배소에서 죽었다. 이광좌와 조태억도 삭탈되는 선에서 그쳤다. 심지어 1727년 정미환국으로 소론이 재집권하자 노론 대신의 관작이 다시 추탈되었는데, 이러한 내용은《천의소감》에 누락되었다.

오히려《천의소감》권3에는 1740년 삼사에서 유봉휘와 조태구의 관작을 추탈하고 이광좌를 파직하라는 계청을 수록하여 명분을 강화하려고 했으나, 실록에서는 오히려 국왕이 삼사 관원을 처벌한 것이 확인된다.[44] 1741년《대훈》반포 이후 소론강경파의 입지마저 무너지면서 노론의 대대적인 조정 출사를 계기로 온건파와 강경파의 처지가 극명하게 갈렸다. 노론을 용납할 수 없었던 소론강경파는 재야로 물러났고, 소론온건파만이 자리를 보전하였다. 1746년에 가서야 비로소 조태구와 최석항을 삭탈하였다.

《천의소감》권4에는 1755년에 이르러 을해옥사 이후 반복되는 모역사건에서 소론 명분론이 급진파는 물론이고 소론강경파까지 연루시키고 있다고 판단한 영조가 재위 전반기 금기시해 왔던 소론강경파 처벌을 단행한 사실을 수록하였다. 조태구와 유봉휘에게 역률이 추시되었고, 조태억에 대한 직첩 회수, 이광좌와 최석항에 대한 관작 추탈만 윤허하였다. 이를 '대처분(大處分)'이라고 칭하였다.

이러한 분위기는《천의소감》권1에도 반영되었다. 임인옥사 이후 소론 대신 조태구와 최석항이 목호룡의 훈신 책봉을 청했다고 기록하여 소론 대신의 처벌 명분을 세우려고 하였다. 그럼에도 불구하고 바로 앞 기사에 목호룡의 고변 당시 이들(조태구·최석항)이 동궁(영조)을 옹호했음을 추가로 기록하였다. 이것은 한편으로는 국왕의 정통성에 호의적

44 《英祖實錄》16年 5月 19日.

인 기록이지만, 다른 한편으로는 영조가 재위 전반기 약 30여 년 동안 지녔던 소론급진파와 대신을 구분하는 시각을 반영한 것이다. 비록 《천의소감》 권1 말미에 사평(史評)의 형식으로 최석항을 비난하는 문장이 수록되어 있으나, 영조가 허용한 한계는 여기까지였고 역률 추시도 엄격히 금지하였다. 단지 관작을 추탈하고 비판하는 것과 역률을 적용하여 역신으로 만드는 것은 전혀 다른 수준의 처벌이었다.

결과적으로, 소론 5대신 중 왕세제 책봉 반대 상소를 올린 유봉휘와 대리청정 반대 상소를 올린 조태구에게만 역률 추시를 윤허하였다. 소론 3대신에 대한 처분은 영조가 만년에 가장 후회하고 되돌리려고 했던 하교였다. 이 전교를 환수하는 데는 무려 20여 년이 소요되었다.[45] 이들은 국왕과 개인적인 친분이 있었을 뿐 아니라, 즉위 초 어려운 시절을 보좌했던 신료들이었기 때문이다. 이것은 을해옥사 당시의 판부가 모두 영조의 진심에서 우러나온 것이 아니었음을 시사한다. 이에 대한 노론 청류(淸流)의 불만은 정조가 선왕(영조)의 처분을 번복하여 소론 대신을 모두 처벌한 이후에야 비로소 해소되었다.[46]

3. 노론 견제와 '건극建極'

영조는 소론 명분 붕괴 후 살육전(殺戮戰)으로 치닫는 상황을 용인할 수 없었다. 첫째, 조정에 출사하여 임금을 보필했던 소론온건파와 소론강경파 보존에 힘썼다. 초사(招辭)에 연달아 이종성(李宗城), 박문수(朴文秀), 이철보(李喆輔) 등이 거론되었으나, 영조는 끝내 고한 자를 엄형

45 김백철, 《두 얼굴의 영조》, 2014, 165~171쪽.

46 김백철, 〈정조 초반 《명의록》과 왕권의 위상〉, 《대동문화연구》 95, 성균관대학교 대동문화연구원, 2016, 176~177쪽.

하여 무복(誣服)을 받아 냈다.[47] 영조는 이광좌, 최석항, 조태억 등은 관작을 추탈하거나 직첩만 회수하였을 뿐, 역률 추시는 여러 차례의 상소에도 불구하고 강경하게 반대하였다.[48] 그는 "대간(大諫)의 글을 보니, 그 말이 어찌 그리 매서운가. 오늘 한 가지를 더 청하고, 내일 한 가지를 더 청하니, 언제 그칠 것이며 율(律)인들 어찌 감당하겠는가."라고 하였다.[49] 괘서 사건의 원인이 된 호남을 별도로 진정시키라고 전교하였고,[50] 익명서를 발견하면 즉시 태워 버리도록 명하였다.[51]

둘째, 옥사의 종료 방식을 고민하였다. 실록에는 세 차례나 종묘에 토역을 고하면서 옥사를 조기에 마무리하려고 노력했음이 확인된다.[52] 그러나 사건이 꼬리에 꼬리를 물면서 좀처럼 종결되지 못하자, 최후 수단으로 《천의소감》을 편찬하여서 명분 논쟁을 완결 짓고자 한 것이다. 이때 을해옥사의 경과를 정리하는 《천의소감》의 찬술 방식에도 골몰하였다. 국왕은 김재로의 서문(序文)이 노론의 당론을 확립하는 데 목적이 있다고 보고, 서문을 지어 살육을 자행하려 한다고 비판하였다. 이어 자신은 노론이 당론을 하지 않은 연후에야 눈을 감을 수 있으며, 노론 진신(搢紳)들이 다시는 당론을 하지 않겠다고 진소(陳疏)하여 스스로

• • • • •

47 《英祖實錄》 31年 5月 23日, 27日 ; 김백철, 〈英祖의 義理明辯書 《闡義昭鑑》 편찬과 정국변화〉, 2010, 18쪽.

48 《英祖實錄》 31年 6月 15日·19日, 7月 1日.

49 《英祖實錄》 31年 6月 11日 ; 김백철, 〈英祖의 義理明辯書 《闡義昭鑑》 편찬과 정국변화〉, 2010, 19쪽.

50 《英祖實錄》 31年 7月 23日.

51 《英祖實錄》 31年 8月 1日.

52 토역 사실을 종묘에 고하는 절차[告廟]를 기준으로 살펴보면 ① 영조 31년(1755) 2월 4일~3월 5일 1차 고묘, ② 3월 7일~4월 13일 2차 고묘, ③ 5월 2일~5월 13일 3차 고묘, ④ 5월 16일~10월 9일 《천의소감》의 반포 시기로 구분이 가능하다. 김백철, 위 논문, 2010, 16쪽, 주42.

고백해야 한다고 역설하였다.[53] 영조는 이미 노론에 대해 수차례 불만을 표명하였다.[54] 특히 숙종의 어제(御製)를 조작했던 위시(僞詩) 사건 노론 측 가담자를 거론하면서 이들이 역도가 아닌지 반문하고는, 당(黨)에서 생겨난 역도라고 강도 높게 비난하였다.[55] 이어 영조는 "영수(領袖)만 알고 군부(君父)는 알지 못한다."라고 하면서 "60세 늘그막에 태아검(太阿劍)이 손에 있다."라고 진노하였다. 또한 "새벽에 진전(眞殿)에 고하고 대처분이 있을 것이니 백관 이하는 홍화문(弘化門) 밖에 모이라."라고 선전포고하였다.[56] 이에 직접 연루된 영부사(領府事) 김재로가 금오문(金吾門) 밖에서 대명(待命)하고 있음을 중추부 녹사, 금부 도사 등이 연이어 고하였다. 이에 영조가 사관을 보내 대명하지 말라고 하였으나 김재로는 감히 물러날 수 없다고 엎드려 죄를 비는 상소를 올렸다.[57]

불과 하루 만에 영의정 이천보(李天輔)를 필두로 '노론 신료 70여 명'이 상소하여 다시는 당론을 하지 않겠다는 진소를 올렸다.[58] 이것은 나주괘서 사건 초반에 '소론 신료 70여 명'이 대규모 합사를 연이어 올린 것과 유사한 상황이었다.[59] 을해옥사는 노론의 일방적인 승리가 아니라 양당(兩黨) 모두에 대한 임금의 강도 높은 경고였다. 다음 날 영조가, 어제 하교한 뒤 대신 가운데 진소하지 않은 자가 있다는 이유로 동영(東營)의 입직군(入直軍)에게 홍화문 호위(扈衛)까지 명하니 신료들은 두려

• • • • •

53 《英祖實錄》31年 9月 21日; 김백철, 위 논문, 2010, 23쪽.

54 《英祖實錄》5年 9月 4日, 9年 1月 19日, 11年 2月 10日, 13年 8月 5日, 14年 5月 3日, 31年 2月 25日.

55 《承政院日記》英祖 31年 9月 21日.

56 上同.

57 上同.

58 《承政院日記》英祖 31年 9月 22日.

59 《承政院日記》英祖 31年 3月 2日, 3日.

워하지 않을 수 없었다. 곧이어 진전에서 신령께 고하고는 명정전 월대(月臺)에 나아가 신하들에게 붕당 자체가 문제라고 말하고 연좌를 적용한 역률 추시 행위를 일절 금한다고 반교(頒教)하였다.[60] 이후 노론은 신임옥사와 관련해서는 더이상 당론을 주장할 수 없었다.

셋째, 탕평 대신을 현창(顯彰)하는 데도 힘을 기울였다.[61] 먼저, 영조는 "오광운(吳光運, 남인), 홍경보(洪景輔, 남인)는 지금 조정에서 마음에 들어 임용한 신하들과 달라 무신년(1728, 영조4)에 대의를 지켰으니, 지금까지 더욱 그 사람들 생각이 난다."라고 하면서 두 사람에게 사제(賜祭)하고 그 자손은 승서(陞敍)하도록 하교하였다.[62] 아울러 고(故) 상신(相臣) 홍치중(洪致中, 노론), 이집(李㙫, 노론), 조문명(趙文命, 소론), 송인명(宋寅明, 소론), 조현명(趙顯命, 소론), 김약로(金若魯, 노론), 정우량(鄭羽良, 소론), 이태좌(李台佐, 소론) 등에게도 모두 치제하라고 명하였다.[63] 더욱이 홍치중, 조현명, 박사수(朴師洙, 소론) 등을 증직(贈職)하도록 하였다.[64] 이들은 남인, 노론, 소론을 막론하고 초기 탕평 정국을 주도한 인사들이었다. 을해옥사를 노론의 대의명분을 확립하는 계기가 아니라, 국왕 자신이 주도하는 탕평 정국의 최종 완결로 마무리 짓고자 하는 의도가 있었다.

또한 노론 사대신의 사당 복설을 윤허하였지만, 같은 날 탕평을 이끌던 송인명에게도 치제하도록 하였고, 영중추부사 김재로(金在魯, 노론)

60 《英祖實錄》31年 9月 22日.

61 김백철, 〈英祖의 義理明辯書《闡義昭鑑》편찬과 정국변화〉, 2010, 18쪽, 24~25쪽.

62 《英祖實錄》31年 5月 23日.

63 《英祖實錄》31年 12月 4日.

64 《英祖實錄》31年 12月 8日.

에게는 수서(手書)를 내려 포장(褒奬)하였다.[65] 성균관 유생들이 노론 사대신을 정려(旌閭)하기를 요구하자[66] 문정공 송시열, 문정공 송준길의 문묘 종사를 명하는 선에서 타협하였다.[67] 그러나 같은 날 도승지를 보내어 기자전(箕子殿)에 치제를 올리는 것도 잊지 않았다. 영조는 을해옥사 직후 탕평을 실천하였다는 뜻의 '건극(建極)'이라는 존호를 받고 감격한 일을 기념하기 위해서라고 말하였지만, 사실은 노론 명분만 세우지 못하도록 한 조치였다.[68] 탕평의 근원이 기자의 홍범구주(洪範九疇)였기 때문이다. 을해옥사를 계기로 영조는 노론 대 소론의 명분을 논하는 종래의 정국 운영에서 벗어나 군주의 탕평에 귀일하도록 정치 지형을 재편해 냈다.

당대 사관(史官)은 을해옥사는 당습의 결과이며, 군주의 권위보다 당론을 우선시하는 폐단 때문이라고 평하였다.[69] 이러한 붕당의 극단적인 경쟁을 해소하는 것이 당시의 시급한 과제였다. 을해옥사는 붕당을 타파하고 황극(皇極)을 세워 탕평의 경지로 끌어올리기 위한 기나긴 고심의 결과였다. 엄청난 비극의 재현을 막기 위해서는 붕당 간 의리(義理)를 초월하는 국왕 주도의 의리가 공고히 자리 잡혀야만 하였다.[70]

• • • • •

65 《英祖實錄》 31年 12月 14日.

66 《英祖實錄》 32年 1月 29日.

67 《英祖實錄》 32年 2月 1日, 15日, 23日.

68 《英祖實錄》 32年 2月 1日; 김백철, 〈英祖의 義理明辯書 《闡義昭鑑》 편찬과 정국변화〉, 2010, 25쪽; 김백철, 〈영조의 존호가상과 정국변화〉 《규장각》 39, 서울대학교 규장각한국학연구원, 2011, 50~52쪽.

69 《英祖實錄》 31年 7月 23日.

70 김백철, 〈英祖의 義理明辯書 《闡義昭鑑》 편찬과 정국변화〉, 2010, 19쪽.

4. 맺음말

1755년(영조31) 을해옥사는 정치사적으로 주요한 전환점이었다. 대개 《당의통략(黨議通略)》을 비롯한 주요 당론서(黨論書)가 다루는 사건 범위도 여기까지이다. 이는 선조(宣祖) 이래 공인된 붕당의 시대가 공식적으로 막을 내렸음을 의미한다. 이후 크고 작은 당론 간 경쟁은 간헐적으로 나타나지만, 적어도 19세기 사람들은 이때 국시(國是) 논쟁이 종지부를 찍었다고 평가한 것이다. 따라서 《천의소감》은 붕당에서 탕평으로 이행되는 과정을 담은 조정의 공식 기록에 해당한다.

더욱이 이 사건을 전후하여 영조 당대에도 정치 세력의 세대교체가 이루어졌다. 국왕의 즉위를 돕고 무신란을 진압하는 데 공을 세웠던 소론은 이미 연로하여 잇달아 죽었고, 그들의 출사 명분까지 무너지면서 후학 양성에도 뜻을 이룰 수 없었다. 반면에 노론은 정치 명분을 일정하게 회복하는 듯이 보였지만, 국왕은 일당(一黨)의 독주를 허용하지 않았다. 영조는 노론 당론의 승리가 아니라, 궁극적으로 탕평의 승리가 되기를 바랐다. 노론 가문의 후예는 많이 출사했으나 정작 당론을 일삼을 수는 없었다. 심지어 영조 후반 당론 주장은 역모와 동일시되어 처벌받았다.

을해옥사를 계기로 노론과 소론의 경쟁 구도가 깨져 버렸다. 이것을 당론서는 당론의 소멸로 이해한 것이다. 그리고 탕평당과 청명(淸名) 간 경쟁 구도로 재편되었다. 영조 즉위 초에는 청류(淸流)가 어려운 정치 여건 속에서 왕을 도와 탕평파의 주축을 이루었다면, 탕평 정국이 안정된 이후에는 이해관계에 밝은 권귀(權貴)가 탕평당을 자처하였다. 도리어 청류는 변질된 탕평에 비판적 입장을 취하였다. 다만 이들은 모두 스스로 붕당을 칭할 수 없는 미약한 세력이었다.

정조의 왕세손 시절을 보좌한 동궁 속료는 노론 청류였다. 이들이 의리에 투철한 준론 탕평을 뒷받침한 것이다. 기존의 통념과 달리, 노론이 정조를 지원한 핵심 세력이다. 이는 노론 대 소론의 구도만으로는 결코 이해하기 어려운 사실이다. 이러한 정국 구도의 급격한 재편은 바로 을해옥사 직후에 본격적으로 이루어졌다. 그러므로 영조 후반~정조 초반 탕평 정국의 변동을 제대로 이해하기 위해서는 《천의소감》의 검토가 필수적이라 하겠다.

참고문헌

1. 원전자료

《景宗實錄》, 국사편찬위원회 영인본, 1970

《英祖實錄》, 국사편찬위원회 영인본, 1970

《承政院日記》, 서울대학교 규장각한국학연구원 소장(奎12788)

《元陵誌》, 한국학중앙연구원 장서각 소장(K2-4457)

《闡義昭鑑》, 서울대학교 규장각한국학연구원 소장(奎1545)

《闡義昭鑑諺解》, 서울대학교 규장각한국학연구원 소장(奎5437)

《闡義昭鑑纂修廳儀軌》, 서울대학교 규장각한국학연구원 소장(奎14206)

《黨議通略》, 李建昌 撰, 1912, 서울대학교 규장각한국학연구원 소장(奎12788)

2. 연구논저

김문식, 〈영조 帝王學과 御製自省編〉, 《장서각》 27, 한국학중앙연구원, 2012

김백철, 〈영조대 국왕의리명변서의 편찬과 의미〉, 《규장각 소장 왕실 자료 해제·해설집》 4, 서울대학교 규장각, 2005

———, 〈英祖의 義理明辯書 《闡義昭鑑》 편찬과 정국변화 : 堯舜의 두 가지 얼굴, 탕평

군주와 전제군주의 경계〉, 《정신문화연구》 33~34, 한국학중앙연구원, 2010
———, 《조선후기 영조의 탕평정치 : 《속대전》의 편찬과 백성의 재인식》, 태학사, 2010
———, 《두 얼굴의 영조 : 18세기 탕평군주상의 재검토》, 태학사, 2014
———, 《박문수, 18세기 탕평관료의 이상과 현실》, 한국학중앙연구원출판부, 2014
———, 〈정조초반 《명의록》과 왕권의 위상〉, 《대동문화연구》 95, 성균관대학교 대동문화연구원, 2016
박광용, 〈영조대 탕평정국과 왕정 체제의 정비〉, 《한국사 32 : 조선후기의 정치》, 국사편찬위원회, 1997
우경섭, 〈영조 전반기의 서적 정책〉, 《규장각》 24, 서울대학교 규장각, 2001
이근호, 〈영조대 중반 《어제훈서》의 간행 양상과 의의 : 《어제대훈》과 《어제상훈》을 중심으로〉, 《장서각》 26, 한국학중앙연구원, 2011
———, 《조선후기 탕평파와 국정운영》, 민속원, 2016
이은순, 〈18세기 老論 一黨專制의 成立過程 : 辛壬士禍와 闡義昭鑑의 論理를 중심으로〉, 《역사학보》 110, 역사학회, 1986
이정민, 〈영조 御製書의 편찬과 의의〉, 《한국사론》 51, 서울대학교 국사학과, 2005
허태용, 〈英祖代 蕩平政局下 國家義理書 편찬과 戊申亂 해석 : 《勘亂錄》, 《御製大訓》, 《闡義昭鑑》의 비교 검토〉, 《사학연구》 116, 한국사학회, 2014.
JaHyun Kim Haboush, *A Heritage of Kings : One Man's Monarchy in the Confucian Worlds*, Columbia Uni. Press, 1988

차자에 대해 손수 쓰신 비답
手書箚批

답하기를,

"경들의 차자(箚子)를 잘 보았다. 아, 내가 여러 해 동안 마음에 품고 있던 것을 이미 찬수청(纂修廳)에 하유했는데, 이제《천의소감(闡義昭鑑)》을 보니, 이제부터는 자성(慈聖)[1]을 받들어 얼굴을 들 수 있게 되었고 황형(皇兄)[2]을 배알할 면목이 있게 되었다. 더욱 오늘 이러한 마음이 갑절이나 더하다. 아, 경들의 정성이 아니었다면 어찌 이 일을 할 수 있었겠는가. 그 충성을 매우 가상히 여긴다."

하였다.

1 자성(慈聖) : 숙종의 두 번째 계비인 인원왕후(仁元王后, 1687~1757) 김씨(金氏)이다.

2 황형(皇兄) : 경종(景宗, 1688~1724)이다.

어제
御製

찬수(纂修)를 맡은 신하들에게 하유하노라.

아, 여러 역적이 망측하게도 나를 핍박한 말은, 푸른 하늘이 환히 밝혀 주고 선대의 신령들께서 내려다보고 황형(皇兄)이 굽어살피시니, 비록 마음은 애통하더라도 나에게야 무슨 대수이겠는가. 다만 동조(東朝)[3]를 핍박한 말에 대해서는 자식 된 자로서 통분스러워 죽어 버려서 아예 아무것도 모르게 되었으면 좋겠고, 지극히 효성스럽고 지극히 우애로운 황형의 덕에 누를 끼친 것에 대해서는 자제가 된 자로서 마땅히 눈을 부릅뜨고 분변해야 한다. 이 두 가지 일은 마땅히 스스로 수집하여 엮어 이루어야지 어찌 신하들이 하기를 기다리겠는가. 생각이 여기에 미치니 마음이 무너지고 목이 멘다. 대략(大略)을 조목별로 아래에 나열하여 찬수하는 신하에게 주노라.

아, 효성이 지극한 우리 황형은 7세에 성후(聖后)[4]를 섬겨 이른 아침부터 늦은 밤까지 곁을 떠나지 않으셨으니, 성후께서 고(故) 판서 민진후(閔鎭厚)[5] 형제가 입시했을 때 "세자가 나를 섬기는 것이 친자식보다

• • • • •

3 동조(東朝) : 대비(大妃)를 뜻한다. 한(漢)나라 때 장락궁(長樂宮)이 미앙궁(未央宮) 동쪽에 있어 동조라 일컬었는데, 이곳에 태후(太后)가 거처하였으므로 후대에는 태후의 거처, 또는 태후를 가리키는 말로 쓰였다. 우리나라에서는 주로 왕대비, 대왕대비를 가리키는데, 여기서는 숙종의 두 번째 계비 인원왕후(仁元王后)이다.

4 성후(聖后) : 숙종의 첫 번째 계비인 인현왕후(仁顯王后, 1667~1701) 민씨(閔氏)이다.

5 민진후(閔鎭厚) : 1659~1720. 본관은 여흥(驪興), 자는 정순(靜純), 호는 지재(趾齋)이다. 아버지는 민유중(閔維重)이며, 어머니는 송준길(宋浚吉)의 딸이다. 숙종의 계비인 인현왕후의 오빠이다. 1686년(숙종12) 별시 문과에 급제하였다. 정언, 부교리, 집의를 거쳐 충청도 관찰사, 대사간, 형조 참의, 한성 판윤, 예조 판서, 공조 판서, 개성 유수 등을 지냈다.

낫다."라고까지 하교하셨다. 임오년(1702, 숙종28)에 이르러서는 이러한 지극한 효성으로 자성(慈聖)을 섬겼다. 자성의 지극한 사랑과 황형의 지극한 효성으로 화기(和氣)가 금중(禁中)에 가득하여 좌우에서 모시는 사람들이 공경하며 칭송하지 아니하는 이가 없었으니, 이것이 바로, 사람들이 틈을 벌리는 말을 하는 이가 없었다[6]는 것이다.

그런데 아아, 통분스럽게도 역적 김일경(金一鏡)이 태양을 쏘겠다는 마음으로 교문(敎文)에다가 감히 음험하고 망측한 '행배(行盃)' 등의 말을 넣음으로써 무신년(1728, 영조4)의 역란(逆亂)을 빚어냈다.[7] 이것은 이미 만고에 없던 대역(大逆)이다. 그리고 이번에 게장〔蟹醬〕 운운한 역적 신치운(申致雲)의 공초[8]에 이르면 더욱 마음이 서늘하고 뼈가 시려서

・・・・・

6 사람들이……없었다 : 《논어》 〈선진(先進)〉에 "효성스럽도다, 민자건이여! 사람들이 그 부모 형제의 말에 이의를 달지 못하였구나.〔孝哉, 閔子騫! 人不間於其父母昆弟之言.〕"라고 하였다. 민자건이 효성스러워서, 가족들이 그의 효성을 말함에 타인이 다른 말을 하지 않았다는 뜻이다. 여기서는 인현왕후와 인원왕후에 대한 경종의 효성을 비유하는 말로 쓰였다.

7 김일경(金一鏡)이……빚어냈다 : 무신란은 1728년(영조4) 소론(少論)과 남인(南人)의 주도로 영조(英祖)와 노론을 제거하기 위해 밀풍군(密豊君) 이탄(李坦)을 추대하여 일으킨 역란이다. 이인좌(李麟佐), 정희량(鄭希亮), 박필현(朴弼顯), 권서봉(權瑞鳳) 등이 주도하였다. 그 이전, 1722년(경종2) 목호룡(睦虎龍)의 고변으로 노론 사대신(老論四大臣)을 비롯한 노론 일파가 대거 사약을 받거나 숙청되었다. 그 사실을 반포하는 교문(敎文)을 김일경이 지었는데 "곽현(霍顯)은 술잔에 독약을 넣었다.〔行盃〕"라는 등의 말이 들어 있었다. 교문에 나타난 선동적 언사가 무신란의 뿌리가 되었다는 뜻이다.

8 신치운(申致雲)의 공초 : 《영조실록》에 의하면, 1755년(영조31) 5월 신치운이 복주(伏誅)되었는데, 그 전에 신치운을 심문했을 때 그의 공초에 "신은 갑진년(1724, 경종4) 이후로는 게장을 먹지 않습니다."라고 하였다. 갑진년은 경종이 승하한 해이다. 《경종실록》에 의하면, 경종은 1724년 8월 20일 게장으로 수라를 들고 이어서 생감〔生柹〕을 먹었는데, 이를 먹고 심한 복통이 일어나고 설사를 하였다. 의원들이 이를 중화하는 약을 지어 올렸으며, 이어 24일에는 증세가 심해지자 부자(附子)를 넣은 인삼탕을 지어 올렸다. 경종은 다음 날 8월 25일 승하하였다. 이 일로 나중에 경종 독살설이 나오게 되었다.

차마 들을 수가 없다. 아아, 통분스럽구나. 이것은 역적 김일경의 교문에 견줄 바가 아니다. 이 일은 전혀 아는 바가 없었기 때문에, 신치운을 국법대로 처단한 뒤에 울면서 들어가 우리 자성께 아뢰었고, 자성의 하교를 듣고서야 당시에 황형께서 드신 게장이 동조에서 보낸 것이 아니라 바로 어주(御廚)에서 올린 것임을 알았다. 우리 황형께서 그 닷새 뒤에 세상을 뜨자, 잘못 올렸다는 무식한 시인(侍人)의 말을 가지고, 올빼미와 승냥이 같은 흉악한 무리가 고의로 일의 실상을 숨긴 채 변경하고 조작해서, 감히 말해서는 안 되는 분까지 언급하였다. 이천해(李天海)가 앞에서 창수하고 신치운이 뒤에서 매듭지었으니, 이번이 아니었으면 어찌 이것을 알았겠는가. 아, 내 마음만 원통할 뿐 아니라, 우리 황형도 지하에서 반드시 송구하고 마음 아파하실 것이다. 지금 분명하게 말하지 않으면 어찌 사람의 아들 된 도리라 하겠으며 사람의 아우 된 도리라 하겠는가.

아, 우리 황형이 어찌 한갓 우리 두 성후(聖后)[9]를 섬기는 일만 지극한 효성으로 하셨겠는가. 계술(繼述)한 효성은 백왕(百王)보다 훌륭하시다. 아, 경자년(1720, 숙종46) 이전에는 불령(不逞)한 무리가 소인의 속셈으로 성인의 마음을 헤아려 감히 "절로 그 때가 있을 것이다."라고 하였는데, 경자년 이후에 우리 황형이 선왕의 뜻을 잇고 선왕의 일을 이어, 정사와 명령에 한 가지도 고쳐 바꾼 것이 없었다. 지극하시고 위대하시다.

그리고 초년에 세초(歲抄)에 찌를 붙인 것은 황형이 의도를 둔 것이 아니다. 이전 해에도 이런 일이 있었고 그때에는 쟁집하는 일이 있었으므로 감히 역적 박상검(朴尙儉)을 통해 "속히 멈추어, 번거롭게 하지 말

-----

9 두 성후(聖后) : 숙종의 계비(繼妃)인 인현왕후와 인원왕후이다.

라."라는 하교를 받아 내고자 해서였다. 이 일이 박상검과 필정(必貞)이 교결(交結)하기 이전에 있었기 때문에 그 계획을 이루지 못하였다. 이것은 바로 공자께서 말씀하신 "서리를 밟으면 단단한 얼음이 곧 언다."[10] 라는 것이며, 바로 내가 역적 박상검에게서 직접 들은 말이다. 이 무리들이 흉악한 마음을 참지 못하고 남몰래 박상검, 필정과 교결하여 먼저 윤지술(尹志述)을 제거하였다. 아, 지극히 인자하고 성대한 덕성을 갖춘 우리 황형께서는 결코 이러한 일을 하지 않으셨을 것이니, 이는 바로 명나라 가정황제(嘉靖皇帝)가 "황형의 뜻이 아니다."라고 말씀하신 것[11]과 같은 일이다.

계획을 이루지 못했는데 황형이 돌아가시니, 못 하는 짓이 없는 흉악한 마음으로 은밀히 우리 황형의 계지술사(繼志述事)의 큰 효성을 가리고는, 감히 우리 자성께서 언문 하교로 정책(定策)한 일을 원망하여 망측한 말을 지어내서 전하고 또 전하여, 신치운은 부도한 말을 뱉어 냈고 심확(沈鑊)은 부도한 마음을 드러냈다. 통분함을 이길 수 있겠는가. 통분함을 이길 수 있겠는가. 불러 쓰게 하여 여기에 이르니, 심장이 내려앉는 것 같다.

이 두 조항은 30년 동안이나 하유하고 싶어도 차마 못 하던 일이다. 신하들이 나를 위하여 통렬히 분변하고자 하니, 내가 만약 한갓 차마 못 하는 마음만 지키면서, 찬수하는 일을 마치기 전에 하유하지 않는다

• • • • •

10 서리를……언다 : 《주역》 〈곤괘(坤卦)〉에 "서리를 밟고 나면 조만간 단단한 얼음이 언다.〔履霜, 堅氷至.〕"라고 하였다. 소인은 처음에는 미미하지만 자라게 내버려 두면 차츰 왕성해지므로 초기에 경계해야 함을 비유한 것이다.

11 명나라……것 : 가정황제(嘉靖皇帝)는 명나라 세종(世宗)이고, 황형은 무종(武宗)을 가리킨다. 무종이 후사가 없이 죽자 사촌 동생이 뒤를 이었는데 이 사람이 세종이다. 양정화(楊廷和)가 지은 세종의 등극 조서 〈가정등극조초(嘉靖登極詔草)〉에 "황형은……중간에 권간(權奸)들이 정권을 농단하였는데, 짐은 예전에 번저(藩邸)에 있을 때에도 이미 황형의 뜻이 아님을 알고 있었다."라고 하였다.

면, 장차 무슨 얼굴로 우리 자성을 세 번 문안하겠으며 또한 장차 무슨 낯으로 우리 황형께 돌아가 배알하겠는가. 지금 이 하유는 간략하지만 곡진한 것이니, 아, 찬수하는 신하들은 윤문하여 완성하도록 하라.

보국숭록대부(輔國崇祿大夫) 행 지중추부사 겸 이조판서 지춘추관사(行知中樞府事兼吏曹判書知春秋館事) 신(臣) 신만(申晩)[12]이 교지를 받들어서 쓰다.

12 신만(申晩) : 1703~1765. 본관은 평산(平山), 자는 여성(汝成)·성백(成伯)이다. 1726년(영조2) 알성 문과에 급제하였고, 지평, 정언, 대사성, 부제학, 도승지, 경기 관찰사, 예조 판서, 이조 판서, 병조 판서 등을 지내고, 영의정에 이르렀다. 《영조실록》 41년 3월 30일 기사에 그의 졸기가 있다.

윤음
編音

아, 요순(堯舜)의 도는 효제(孝悌)일 따름이다. 왕공(王公)이든 필서(匹庶)든 사람의 자제라면 차마 말할 수 없는 것에 대해서는 남들이 비록 말을 하더라도 차마 듣지 못하는데, 내가 어찌 차마 말로 표현하며 전교에 올리겠는가. 그럼에도 찬집청에 하유한 것은 오로지 마음이 통분하기 때문에 그리한 것이니, 그리하지 않으면 오늘날 찬집하는 뜻이 아니다. 어제 도제조가 아뢰는 바를 들으니, 이 하유를 권(卷) 머리에 편집했다고 한다. 지금부터는 의리(義理)가 장차 드러나고 흉악한 마음이 움츠러들게 될 것이고, 이 뒤로는 체단(體段)이 더욱 엄해질 것이니, 금석(金石) 같은 결안(結案)이라 이를 만하다.

무릇 일이란 본래 규모가 있고 또 본말이 있다. 이른바 규모란, 이것으로 인하여 가지와 줄기가 뻗어서는 아니 됨이니, 지금 편록(編錄)에 단지 전후로 국법에 따라 처단된 자만 들어 기록한 것이다. 이른바 본말이란, 역적들의 결안을 이미 조지(朝紙)에 반포하였으니, 의리를 드러내 밝힌 것이 그 근본이고 그 일을 기록한 것이 그 지엽이다. 저들이 비록 음험하고 흉참하여 스스로 국법에 의한 처단을 재촉하였으나 올해에 국법대로 처단한 자와 연좌시킨 자가 기백 명이 아닌가. 이 어찌 내가 즐겨서 행한 바이겠는가. 이 책을 반포한 뒤에, 혹시라도 불만을 품은 자가 여전히 크게 깨닫지 못하거나 그 억울하게 연루된 자가 또한 느껴서 깨닫지 못한다면 이는 더욱 만고에 없는 난역이니, 나오는 대로 법을 적용하는 데는 저대로 나라의 형법이 있다. 그리고 만일 이 《천의소감》을 보고 자구(字句)를 따내고 다른 데에서 탐색하여 '이 사람은 이름이 이 책에 들었으니 적용하는 형률을 동일하게 하지 않아서는 아니

되며 이 사람은 응당 들어가야 하는데도 들어가지 않았으니 추급하여 형률을 적용해야 마땅하다.'라고 하여, 분분하게 갈등을 일으켜 사람을 구렁텅이에 빠뜨린다면, 이것은 이 《천의소감》으로 인하여 장차 살육이 일어나게 하는 것이다. 이것이 어찌 나의 뜻이겠는가. 이것이 어찌 나의 뜻이겠는가.

왜 이런 말을 하는가 하면 이렇다. 대신(臺臣)의 홀기(笏記)로 인해 30년이 지난 뒤에 큰 소란이 한번 일어날 뻔하였다. 홀기도 오히려 그러한데, 하물며 금석 같은 결안임에랴. 한밤중이 되어서야 들어가 생각이 여기에 미치니 누워 잠을 이룰 수 없었다. 이것이 어찌 지나친 걱정이겠는가. 한 사람을 추급해서 처벌하면, 뒤따라 형률을 적용해야 할 자가 몇 명이겠으며, 연좌시켜야 할 자가 또한 몇 명이겠는가.

아, 머리 허연 늙은 나이에 흉악한 자들의 농간이 그치지 아니하여 1년 안에 장전(帳殿)에 임한 것이 거의 열에 여덟아홉에 가까운데, 의리를 밝히고자 하다가 또 살육의 길을 열면 되겠는가. 형극(荊棘)을 여는 것도 오히려 삼가야 하거늘 하물며 이보다 더한 것이겠는가. 앞으로 이것을 빙자하고 지난 일을 제기하여 소란을 일으키는 자가 있다면, 이는 나라를 위하는 것이 아니라 바로 협잡(挾雜)하는 것이다. 협잡이라는 것은 무엇인가? 지난날 미워한 것이 바로 협잡이고, 지난날 미워하지 아니한 것 또한 협잡이다. 사정(私情)이 공도(公道)를 이기는 것이 협잡이 아니고 무엇인가.

누고(漏鼓)가 그치기 전에, 승정원과 약원(藥院)에 입시하라 명하여, 그들에게 이 책을 가지고 함께 들어오게 하여, 맑은 정신으로 아침이 되기를 기다렸다가 윤음을 불러 주어 쓰게 하고 이 책을 이름하여 《천의소감》이라 하고, 첨가할 것은 첨가하고 산삭할 것은 산삭하여 내리는 바이다. 첨가하고 산삭했다는 것이 무슨 말인가 하면, 의리를 천명하는 막중한 곳은 응당 첨가하고, 긴요치 아니한 말과 긴요치 아니한 이름은 응당 산삭한 것이다.

아, 찬수(纂修)하는 당상과 낭청은, 이 고심(苦心)을 깊이 유념하라. 이 고심을 깊이 유념하라. 아, 대소 신료들 또한 이 하유를 깊이 유념하라. 한결같이 공도(公道)로 스스로를 가다듬어, 국법을 범하지 말도록 하라.

가선대부(嘉善大夫) 행 용양위 부사직(行龍驤衛副司直) 신 남유용(南有容)[13]이 교서를 받들어 쓰다.

13 남유용(南有容) : 1698~1773. 본관은 의령(宜寧), 자는 덕재(德哉), 호는 뇌연(雷淵)·소화(小華)이다. 대제학 남용익(南龍翼)의 증손이자 대사헌 남정중(南正重)의 손자이다. 1740년(영조16) 알성 문과에 급제하였고, 정언, 부교리, 필선, 사간, 장령, 대사성, 홍문관 제학, 원손보양관(元孫輔養官), 원손사부(元孫師傅), 형조 판서 등을 지냈다. 《영조실록》 49년 7월 13일 기사에 그의 졸기가 있다.

천의소감을 올리는 차자[14]

進闡義昭鑑箚子

대광보국숭록대부 영중추부사 신 김재로(金在魯),[15] 대광보국숭록대부 의정부영의정 겸 영경연홍문관예문관춘추관관상감사 세자사(世子師) 신 이천보(李天輔)[16] 등은 삼가 아룁니다.

신들이 외람히, 《천의소감》을 찬집하라는 왕명을 받들고 처음에는 매우 슬펐고 중간에는 매우 두려웠고 나중에는 또 머리를 맞대고 서로 매우 기뻐하였습니다. 대개 신들이 전하를 섬긴 지가 여러 해인데 의리(義理)를 밝게 펴서 흉적의 계획을 막지 못하여, 난역(亂逆)이 앞에서 창도하고 뒤에서 호응하여 자취를 이어서 일어나게 하였으니, 이것은 참으로 신들의 죄입니다. 그래서 슬퍼하는 것입니다. 이제 사헌부 신하가 올린 차자로 인하여 다행히 의리를 드러내 밝힐 기회를 만났으나 식견이 부족하고 문장이 졸렬하여, 난역의 근원을 쪼개고 부수어 후세에 드리워 보이지 못할까 염려가 됩니다. 그래서 두려워하는 것입니다. 비록 그

• • • • •

14 천의소감을 올리는 차자 : 이 차자(箚子)는 한국문집총간 218집에 수록된 이천보(李天輔)의 《진암집(晉菴集)》 권5에 〈찬진천의소감(撰進闡義昭鑑)〉이라는 제목으로 실려 있다.

15 김재로(金在魯) : 1682~1759. 본관은 청풍(淸風), 자는 중례(仲禮), 호는 청사(淸沙)·허주자(虛舟子)이다. 1710년(숙종36) 춘당대 문과(春塘臺文科)에 급제하였고, 지평, 전라도 관찰사, 대사성, 부제학, 대사간, 병조 판서 등을 거쳐 영의정에 올랐다. 《영조실록》 35년 10월 15일 기사에 그의 졸기가 있다.

16 이천보(李天輔) : 1698~1761. 본관은 연안(延安), 자는 의숙(宜叔), 호는 진암(晉菴)이다. 1739년(영조15) 알성 문과에 급제하였고, 이조 판서, 좌의정을 지내고 1759년 영의정에 올랐다. 《영조실록》 37년 1월 5일 기사에 그의 졸기가 있다.

러하나 삼성(三聖)[17]의 성덕(盛德)을 드러내고 만세(萬世)의 강상(綱常)을 붙들어 세워, 난신과 적자로 하여금 그 진실을 숨기지 못하게 하고 천경(天經 하늘의 법)과 민이(民彝 백성의 도리)를 한 세상의 이목(耳目)에 환히 보고 들을 수 있게 한다면, 또한 어찌 신들이 다 함께 기뻐할 바가 아니겠습니까.

아아, 300년 종묘사직에 오늘날이 있게 된 것이 누구의 덕분입니까. 우리 동조(東朝)께서는 임사(妊姒)[18]의 부덕(婦德)을 지니고 영고(寧考 숙종)의 유지(遺旨)를 받들어 우리 전하를 보살펴 도우셨고, 우리 경묘(景廟)께서는 천성에서 나온 효성과 마음에서 우러난 우애로 우리 전하를 보호하셨습니다. 우리 전하께서는 효도하고 공경하는 지극한 행실이 신명(神明)에 통하여, 어려운 상황을 겪으면서 더욱 빛나고 위태한 상황을 거쳐 더욱 드러나, 두 분 성인께서 맡기신 중책을 잘 체행하셨습니다. 맹자가 말하기를 "성인은 인륜의 지극함이다."라고 하였으니,[19] 오직 우리 세 성인 같은 분들을 두고 이른 말입니다. 우리나라의 모든 생명이 있는 족속이라면 대저 누군들 흠송(欽頌)하고 감읍(感泣)하지 아니하겠습니까.

그런데 오직 저 일종의 흉얼(凶孽)들은 신임(辛壬)[20] 이래로 온갖 방법으로 무함하여 못 하는 짓이 없었습니다. 대통(大統)을 주고받은 정대

• • • • •

17 삼성(三聖) : 인원왕후, 경종, 영조이다.

18 임사(妊姒) : 임사(姙姒)로도 쓴다. 중국 주(周)나라 문왕(文王)의 어머니인 태임(太妊)과 무왕(武王)의 어머니인 태사(太姒)를 말하는데, 부덕(婦德)을 갖춘 왕모(王母)를 비유하는 말로 쓰였다.

19 맹자가……하였으니 : 《맹자》 〈이루 상(離婁上)〉에 "규구는 모난 것과 둥근 것의 지극함이고, 성인은 인륜의 지극함이다.[規矩, 方員之至也; 聖人, 人倫之至也.]"라고 하였다.

20 신임(辛壬) : 경종의 즉위 초에 해당하는 신축년(1721)과 임인년(1722)이다.

(正大)함이 하늘과 땅에 당당히 세우고 해와 달 아래 비춰 보듯이 환한 데도, 감히 덮어 가릴 계교를 부려 그 음흉한 역심을 비밀스럽게 전하고 남몰래 통하였습니다. 우리 전하의 30년 깊이 있는 포용과 드넓은 양육으로도 오히려 올빼미 같은 천성을 교화하지 못해서 지난봄의 역변[21]에 이르러서는 갈수록 더욱 치성해지더니, 하늘과 조종의 영령들께서 묵묵히 성상의 마음을 열어 군주로서 결단을 내리게 해서, 징토가 서둘러 시행되고 처분이 크게 정해졌습니다. 이미 어두워진 데에서 천리(天理)를 밝히고 장래에 역적이 나오지 못하도록 미리 간담을 깨뜨리셨습니다. 그러고도 미진하다고 여기시어 책을 편찬하라는 왕명을 내리셨습니다.

혹자는 말하기를 "예로부터 난역이 일어나면 오직 잡아 죽일〔誅殛〕 따름이니, 글은 지어서 무엇을 하려는가." 합니다만, 신들은 답하기를 "그렇지 아니하다. 이른바 잡아 죽인다는 것은, 국가의 떳떳한 법전을 거행하고 신령과 사람이 다 같이 통분해하는 바를 푸는 것일 뿐이다. 그 길러 온 지 오래고 뿌리가 견고하여 하루아침에 생긴 일이 아닌 경우에는, 정말이지 이 글이 없으면, 삼가 염려하건대 천대(千代) 백대(百代) 뒤에 시대가 바뀌고 일이 흘러가 버려서 듣고 봄이 차츰 멀어지면 장차 무엇으로써 진안(眞案)을 살피고 실적(實迹)을 징험하여 흉악한 것들의 정상을 알 수 있겠는가. 하물며 그 흉언(凶言)에 떠벌린 말이 단지 우리 전하만 무함하였을 뿐 아니라 위로 두 분 성인(聖人)을 핍박하였으니, 전하께서 또 어찌 일이 성상 자신에 관련된다고 하여 두 분 성인을 위해 변파하지 아니할 수 있겠는가. 이에 전하께서는 차마 말할 수

21 지난봄의 역변 : 1755년(영조31) 소론 일파가 당시의 기득권 세력이던 노론을 제거할 목적으로 일으킨 나주괘서(羅州掛書) 사건이다. 윤취상(尹就商)의 아들 윤지(尹志)가 유배지 나주에서 흉서를 내걸고 동지를 규합하여 역모를 꾀하였는데, 전라 감사에게 체포되어 서울로 압송되어 와 국문(鞫問)을 당하던 중에 형장을 맞고 죽었고, 이 사건과 관련된 소론 인물들이 다수 처형되었다.

없다고 하여 말을 아니하지 못하시고, 신들은 감히 차마 쓸 수 없다고 하여 쓰지 아니하지 못하여, 전하께서는 눈물을 흘리며 말씀하시고 신들은 피를 토하며 썼으니, 실로 절실한 통분에서 나왔고 먼 장래를 근심하는 마음에서 나왔다. 그리하여 반드시 이 글에 힘입어 거의 기강을 바로잡고 화란을 막을 것이니, 글로 적기를 어찌 그만둘 수 있겠는가."라고 하겠습니다. 아아, 그 또한 슬프고 고통스럽습니다.

신들이 왕명을 받은 뒤로 밤낮으로 분주히 국안(鞫案) 및 《정원일기》를 두루 상고하여, 그 큰 것을 뽑아 모아 어떤 것은 남겨 두고 어떤 것은 삭제하되 한결같이 예제(睿製)를 따르고, 강(綱)을 세우고 목(目)을 나누어 배치하고 결단하는 논설을 붙였습니다. 흉악한 주동자로서 국법에 따라 처단된 자 이외에는 생략하고 기록하지 아니하였으니, 대개 상설(霜雪)의 위엄과 우로(雨露)의 은택이 그 사이에 함께 행해지게 한 것입니다. 세상에서 이 글을 읽고서도 슬퍼하고 통분하며 주먹을 불끈 쥐고 눈을 부릅뜨지 아니하는 자가 있다면, 그는 인인(仁人)이 아니고 의사(義士)가 아닙니다. 은혜에 감사하고 덕에 승복하며 환히 깨닫고 마음을 가다듬지 아니하는 이가 있다면 이는 신하의 절개가 없고 사람의 마음이 없는 것입니다. 사람의 마음이 없으면 난(亂)이고 신하의 절개가 없으면 역(逆)이니, 사람의 무리에 있으면서 다 같이 하늘이 부여한 마음을 얻은 자가 어찌 이러할 수 있겠습니까. 어찌 이러할 수 있겠습니까.

국(局)을 설치한 지 다섯 달 만에 비로소 일을 마치니, 책이 모두 네 편(編)입니다. 신들이 삼가 손 모아 머리를 조아려 절하고 봉진합니다. 살펴 주소서. 수서비답(手書批答)은 앞에 있다.

천의소감을 바치는 전문

進闡義昭鑑箋

대광보국숭록대부 영중추부사 신 김재로(金在魯), 대광보국숭록대부 의정부영의정 겸 영경연홍문관예문관춘추관관상감사 세자사 신 이천보(李天輔), 대광보국숭록대부 의정부우의정 겸 영경연사 감춘추관사 풍은군(豐恩君) 신 조재호(趙載浩)[22] 등은 참으로 황공하고 황공한 마음으로 머리를 조아리고 조아리며 상언(上言)합니다.

삼가 아뢲니다. 군신 간의 분수는 병이(秉彝)에서 나오고, 의리를 밝히는 것은 근본을 찾아가는 데에 귀함이 있습니다. 천년 불변의 감계(鑑戒)를 만드니 한 편(編)의 공역을 마쳤습니다. 크게 생각건대 세제(世弟)를 세우고 대리(代理)시킨 광명정대함은 실로 성모(聖母)와 경묘(景廟)의 훌륭한 덕과 지극한 우애에서 말미암은 것입니다. 삼종(三宗)의 혈맥(血脈)[23]을 이에 의탁하니 누가 감히 그 사이에서 다른 의론을 내겠습니까. 정유년(1717, 숙종43)의 절목(節目)[24]이 아직 있으니 또한 가까운 사례에 의거해야 마땅합니다. 윤음과 언찰(諺札)을 부여잡고도 눈물을 흘리지 않는다면 필시 지사도 충신도 아닐 것입니다. 귀신에게 질정해도 의심이 없을 수 있으니 모두들 큰 계책과 멀리 보는 염려를 우러릅니다.

자성(慈聖)의 교화가 크게 덮었으니 아름다워라, 나라를 태산 반석

• • • • •

22 조재호(趙載浩) : 1702~1762. 본관은 풍양(豐壤), 자는 경대(景大), 호는 손재(損齋)이다. 경상도 관찰사, 이조 판서, 우의정 등을 지냈다. 사도세자 편에 섰다가 역모로 몰려 1762년(영조38) 6월 사사(賜死)되었다.

23 삼종(三宗)의 혈맥(血脈) : 효종, 현종, 숙종을 잇는 정통 왕족 혈통을 말한다.

24 정유년의 절목(節目) : 1717년(숙종43) 숙종은 당시 세자이던 경종에게 대리청정을 시켰는데, 그때의 절목이다.

에 두었고, 성상의 마음이 지극히 공변되시니 진실로 일이 간책(簡冊)에 빛납니다. 하물며 이 대책(大策)을 속히 결단한 것은 대개 영고(寧考)의 유언을 따르신 것입니다. 후세를 위한 모책을 남겨 주셨으니 나라에는 그 나라에 맞는 제도가 있음을 알겠고,[25] 후사를 둘 가망이 없었으니 참으로 아우가 잇는 예법을 따르는 것이 마땅하였습니다.[26] 어찌 생각이나 하였겠습니까, 큰 보록(寶籙)이 바야흐로 열릴 때에 악독한 종자가 옆에서 멋대로 설칠 줄을! 선조(先朝) 때로부터 뜻을 잃고 위를 원망하니 실로 그 무리가 많았고, 이심(異心)을 길러 하늘과 땅에 맹서하니 국본(國本)을 위태롭게 하려고 도모하였습니다. 말이 이에 미치니, 뼈에 사무침이 어떠합니까.

조태구(趙泰耉)[27]와 유봉휘(柳鳳輝)[28]가 차자(箚子)와 장주(章奏)로 재앙을 먼저 부추기니 차츰 요망한 박상검(朴尙儉)이 난역을 빚어내게 되었고, 김일경과 박필몽(朴弼夢)이 상소와 교문(教文)에 역심을 멋대로 드러내니 이어 역적 목호룡(睦虎龍)이 흉계를 부리게 되었습니다. 무함

• • • • •

25 후세를……알겠고 : 숙종이 계책을 남겨, 경종을 이어서 영조가 왕위에 오르도록 하였는데, 이는 우리나라의 당시 상황에 맞는 계책이었다는 말이다.

26 후사를……마땅하였습니다 : 경종에게 후사가 없었으니 영조를 세제(世弟)로 삼아 왕위를 물려준 것이 옳았다는 말이다.

27 조태구(趙泰耉) : 1660~1723. 본관은 양주(楊州), 자는 덕수(德叟), 호는 소헌(素軒)·하곡(霞谷)이다. 1686년(숙종12) 별시 문과에 급제하였고, 문학, 충청도 관찰사, 대사성, 우참찬, 우의정을 거쳐 영의정에 올랐다. 소론의 영수로서, 연잉군(延礽君)의 대리청정을 반대하였다. 영조가 즉위하자, 신임사화의 주도 인물로 탄핵을 받고 관작이 추탈되었다. 《경종실록》 3년 6월 6일 기사에 그의 졸기가 있다.

28 유봉휘(柳鳳輝) : 1659~1727. 본관은 문화(文化), 자는 계창(季昌), 호는 만암(晩菴)이다. 1697년(숙종23) 정시 문과에 급제하였고, 수찬, 부제학, 이조 판서, 좌의정 등을 지냈다. 왕세제 연잉군의 대리청정을 극력 반대하였다. 영조가 즉위한 뒤에 노론의 공척을 받아 경원부(慶源府)에 안치되었다가 1727년(영조3) 4월 유배지에서 죽었다.

의 핍박이 감히 저궁(儲宮)에까지 침범하였으니 나머지야 말해 무엇 하겠습니까. 원망이 자성(慈聖)에까지 미쳤으니 차마 말할 수 없는 바입니다. 재앙의 기틀이 차츰 깊어지니 종묘사직은 터럭 같은 형세가 위태하였고, 촘촘한 그물이 남몰래 설치되니 충성스럽고 선량한 사람들이 머리를 나란히 하여 억울하게 걸려들었습니다. 세상의 변고가 거의 하늘에 닿았으니, 슬프게도 기강이 장차 땅에 떨어지게 되었습니다. 처음에는 선성(先聖)의 질병을 남몰래 감추어 천총(天聰)을 가리는 간계를 멋대로 행하였고, 마침내 흉악한 무함을 선동하여 칭병(稱兵)하는 역란을 일으키기에 이르렀습니다. 연로(輦路)에 패란(悖亂)한 말을 방자히 하였으니 누가 저들로 하여금 그리하도록 한 것입니까. 형신(刑訊)하는 궐정(闕庭)에서 날조한 형상이 드러났으니 주도한 자가 있었습니다. 다만 일찍 징토하지 못하였기 때문에 뿌리를 제거하지 못하였습니다. 비록 성상께서는 마음이 매우 어질어 전후로 이미 오래전에 용서하셨으나, 시랑(豺狼)은 은밀히 이빨을 갈아 안팎에서 더욱 깊이 빚어냈습니다. 이인좌(李麟佐),[29] 이웅보(李熊輔), 정희량(鄭希亮), 이사성(李思晟)의 고혈(膏血)이 겨우 말랐는데 신치운(申致雲), 심확(沈鑊), 이하징(李夏徵), 박사즙(朴師緝)의 속마음이 더욱 결속하였습니다. 일종의 예측 못할 정상은 이전의 역사에 없던 바였고, 만고에 매우 흉악한 실정은 뒤에 나온 것이 더욱 참혹하였습니다. 종래에 난적이 일어나고 소멸한 것은 한때의 귀신불에 불과하였는데, 이번에 이 무리들이 얽히고 연결된 것은 30년 동안에 토끼굴을 이루었습니다.

29 이인좌(李麟佐) : ?~1728. 본관은 전주(全州)이고, 관찰사 이운징(李雲徵)의 손자이자 윤휴(尹鑴)의 손서(孫壻)이다. 영조의 즉위로 소론이 몰락하자, 정희량(鄭希亮), 이유익(李有翼), 심유현(沈維賢), 박필현(朴弼顯) 등 소론 세력 및 남인들과 함께 밀풍군(密豐君) 이탄(李坦)을 추대하고 역모를 꾀하였는데, 관군에게 패하여 처형되었다.

제방(隄防)이 이미 높으니 진실로 명의(名義)가 더없이 준엄한 줄을 알겠지만, 세월이 차츰 흐르니 혹 마음가짐이 조금 느슨해질까 염려됩니다. 대간(臺諫)의 차자에 따라 부서를 설치하고, 성상의 재결을 받들어 책을 나누어 엮었습니다. 신축년(1721, 경종1) 중추(中秋)에 시작하여 대의(大義)의 핵심을 통렬히 나열했고, 올해(1755, 영조31) 7월로 마무리를 하니 한 시대의 혼몽함을 통쾌히 열어 젖혔습니다. 필법이 환히 드리워지니 도올(檮杌)[30]의 실제 자취가 스스로 드러나고, 무지개 기운이 깨끗이 사라지니 해와 달의 온전한 모습이 더욱 빛납니다. 신령한 구정(九鼎)[31]을 만드니 도깨비가 도망해 숨지 못하였고, 무쇠 같은 결안(結案)을 확정하니 형정(刑政)이 다 거행되었습니다. 요령(要領)을 반드시 드는 범례를 따르니 오직 그 수괴들만 모두 써넣었고, 협종(脅從)을 다스리지 아니하는 어짊을 체득하여 지엽적인 자들은 모두 제외하였습니다. 이로써 성인에 대한 무함을 변파하여 나라의 기강을 세우고, 이로써 하늘의 이치를 밝혀 사람의 마음을 바루었습니다. 어찌 다만 현재에 알려 깨우칠 뿐이겠습니까. 대개 후세에 전하여 보이기 위해서입니다.

삼가 생각건대, 지행순덕영모의열장의홍륜광인돈희(至行純德英謨毅烈章義弘倫光仁敦禧)[32]하신 주상 전하께서는 하늘로부터 온전한 부탁

30 도올(檮杌) : 중국 전설상의 악수(惡獸) 이름이라 하기도 하고, 요순 시대의 네 흉인(凶人) 가운데 한 사람이라 하기도 한다. 중국 고대 초(楚)나라의 역사서를 '도올'이라 일컬었는데, 악(惡)을 징계한다는 뜻을 담은 것이라고 한다. 우리나라 고전에서는 대개 악인(惡人)을 비유하는 말로 쓰였다.

31 구정(九鼎) : 중국 하(夏)나라 우(禹) 임금이 9주(州)에서 쇠를 거두어 아홉 개의 솥을 만들고 각종 맹수와 괴물의 형태를 새겨 놓으니, 사람들이 괴물들을 잘 분간할 수 있게 되었고, 나중에는 이 구정이 하·은·주 시대에 전수되며 황위(皇位)의 상징이 되었다고 한다.

32 지행순덕영모의열장의홍륜광인돈희(至行純德英謨毅烈章義弘倫光仁敦禧) : 지행순덕영모의열(至行純德英謨毅烈)은 1740년(영조16) 7월에 받은 존호이고, 장의홍륜광인돈희(章義弘倫光仁敦禧)는 1752년 5월에 받은 존호이다.

을 받으시고, 바야흐로 형통한 운수를 만났습니다. 효도와 공경을 몸소 실천하여 정치의 근원을 삼으시니 인심(仁心)과 인문(仁聞)[33]이 절로 흡족하고, 신무(神武)를 잡고 호생(好生)의 덕을 행하시니 천명(天命)과 천토(天討)가 각각 합당하였습니다. 험난한 고생을 두루 다 거치시어 순수한 행실이 더욱 드러났고, 동심인성(動心忍性)을 하시어 예지(睿智)가 더욱 전일해졌습니다. 우뚝하시도다, 성학(聖學)의 공부여! 크시도다, 인륜(人倫)의 지극함이여!

이러므로 의리를 밝히는 책(策)으로 인하여 특별히 선유(宣諭)하는 교문을 내리셨습니다. 장락(長樂)[34]의 보익(保翼)하신 자애로움을 밝히시니 형용함이 이에 극진하였고, 의릉(懿陵)[35]의 효성스럽고 우애로운 실상을 드러내니 오르내리시는 신령이 하늘에 밝으셨습니다.[36] 뿌리를 뽑고 근원을 막으니 흉도의 소굴이 이미 격파되었고, 앞을 징계하고 뒤를 삼가게 하니 황왕(皇王)의 전칙(典則)이 길이 드리워졌습니다. 규제(奎製)를 외우니 누군들 마음이 내려앉지 않겠습니까. 임금의 말씀을

• • • • •

33 인심(仁心)과 인문(仁聞) : 인심은 '사람을 사랑하는 마음'이고 인문은 '사람을 사랑한다는 명성이 사람들에게 소문나는 것'이다. 《맹자》 〈이루 상(離婁上)〉에 "이제 인심과 인문이 있으면서도 백성이 그 은택을 입지 못하여 후세에 본보기가 되지 못하는 것은, 선왕의 도를 행하지 아니하기 때문이다.〔今有仁心仁聞, 而民不被其澤, 不可法於後世者, 不行先王之道也.〕"라고 하였다.

34 장락(長樂) : 장락궁으로, 한나라 때에 모후(母后)가 거처하던 궁전 이름이다. 후세에는 대개 왕대비 또는 대왕대비의 거처를 가리키는 말로 쓰였다. 여기서는 숙종의 계비로서 영조의 왕위 계승에 적극적으로 기여한 인원왕후(仁元王后)이다.

35 의릉(懿陵) : 경종(景宗)의 능이다. 여기서는 경종을 가리킨다. 1730년(영조6) 경종의 계비 선의왕후(宣懿王后)를 부장(祔葬)하였다.

36 오르내리시는……밝으셨습니다 : 원문은 '척강오소(陟降於昭)'인데, 경종의 신령이 하늘에 있어서 환히 밝으며 상제 곁에 있으면서 오르내리며 후손을 보우해 주신다는 뜻이다. 《시경》 〈문왕(文王)〉에 "문왕에 위에 계시어, 아, 하늘에서 밝으시니……문왕이 오르내리시며 상제의 좌우에 계시니라.〔文王在上, 於昭于天.……文王陟降, 在帝左右.〕"라고 한 데에서 나왔다.

전파하여 모두 황극(皇極)[37]으로 돌아가게 하였습니다.

삼가 생각건대, 신들은 모두 노둔하고 열등한 자질로 외람히 편찬하는 소임을 맡았습니다. 두 분 성인(聖人)의 빛나는 큰 덕은 이미 군왕의 묵적(墨跡)으로 밝게 게시되어 우러릅니다만, 우리 성후(聖后)의 아름다운 지극한 행실은 감히 거친 글솜씨로 제대로 드러냈다고 하겠습니까. 강목(綱目)을 들어 펼치니 삼간 바는 춘추필법의 올바른 명분이고, 쇠가 녹고 돌이 닳아 없어져도 민멸하지 아니할 것은 충역(忠逆) 시비(是非)의 진실입니다. 짧은 차자로 완성을 보고하니 천명(闡明)하는 큰 뜻을 거칠게나마 진술하였습니다만, 손수 쓰신 비답을 반포하시니 어찌 해야 장려하시는 성상의 마음에 부응할 수 있겠습니까. 성상께 올리는 때에, 황감한 마음이 그치지 않습니다.

찬수한 《천의소감》 4권을 삼가 전문(箋文)에 이어 아뢰며 지극히 간절하고 두려운 마음을 이길 수 없습니다. 신 김재로 등은 참으로 황공하고 황공하여 머리를 거듭 조아리며 삼가 말씀을 올립니다.

건륭 20년(1755, 영조31) 11월 아무 날에, 대광보국숭록대부 영중추부사 신 김재로 등이 삼가 전문을 올리다.

37 황극(皇極) : 황(皇)은 군주이고 극(極)은 표준(標準)이니, 통치의 준칙이다. 《서경》 〈홍범(洪範)〉에 나온다.

천의소감 범례

闡義昭鑑凡例

1. 이제 이 《소감(昭鑑)》을 찬수하는 것은, 실로 삼성(三聖)의 지극한 어짊과 성대한 덕성을 드러내고 저사(儲嗣)를 세워 대리(代理)하게 한 의리(義理)를 천명하여, 천하와 후세에 환히 보이려는 뜻에서 나온 것이다. 전후의 경연 하교 및 《정원일기》에 실려 있는 내용에서 요긴한 것을 뽑아서 삼가 적었다.
2. 상소와 계사와 경연 상주〔筵奏〕와 추국 결안〔鞫案〕의 내용을 가져올 때에는 버리거나 취하거나 그대로 두거나 깎아 버리는 것을 한결같이 성상께 재결을 여쭈었고, 성상께서 손수 써서 내리신 것과 성상께서 하교를 부르고 받아쓰게 한 곳은 아래에 주(註)를 달았다.
3. 사실(事實)을 기록하여 실은 것 이외에도 문단별로 논지를 세워 의리를 천명하고 난적을 징토하는 법을 나타냈다.
4. 의리에 크게 관계되는 중요한 곳은 따로 강(綱)을 세우고 특별히 달과 날짜와 간지(干支)를 써서 근엄한 체단(體段)을 보존하였다.
5. 앞뒤 흉역(凶逆)의 근저와 맥락을 일일이 환히 밝혀 기록하되, 국법으로 처단된 자 이외에는, 성상의 하교를 따라 모두 쓰지 않았다.
6. 무신년(1728, 영조4) 흉역은 이미 《감란록(勘亂錄)》[38]이 있으므로 성상의 하교를 따라 단지 총론(總論)만 세웠고, 경술년(1730)과 무진년(1748)의 여러 역적은 그 일이 변파(辨破)에 관계된 자만 취하여 줄거리를 대략 썼다. 이 책의 찬집(纂輯)이 올해의 역변(逆變)에서 말미

38 감란록(勘亂錄) : 1728년(영조4) 무신년에 일어났던 이인좌(李麟佐)의 난에 대해 기록한 책이다.

암았기 때문에 올해의 여러 역적은 전말을 갖추 기록하였다.

7. 무릇 결단하는 의론은 일을 기록한 것 아래에 한 글자를 낮추어 써서 구별하였다.

천의소감

제 1 권

신축년 (1721, 경종1)
辛丑

경종대왕(景宗大王) 1년(1721) 8월 초하루가 기미일이다. 무인일(20일). 상이 자성(慈聖)의 하교를 받아 명하시어, 왕세제(王世弟)를 책봉하여 세우셨다.

당시에 성상의 체후가 미령하여 아들을 얻는 경사를 바랄 수 없었고 저위(儲位)를 세우지 못하였으므로 조야가 매우 근심하였다. 대신(大臣)과 제신(諸臣)이 미처 청원을 진달하지 못하고 있었는데, 정언 이정소(李廷熽)[1]가 상소하여 아뢰기를,

"저위를 미리 세우는 것은 나라를 위하는 큰 근본이고 종묘사직을 위하는 지극한 계책입니다. 지금 우리 주상 전하께서는 하늘이 맡겨 주신 중책을 받고 선왕이 물려주신 어렵고 큰 왕업을 이었는데, 춘추가 한창인데도 오히려 뒤를 이을 아들이 없으시니, 한갓 중외(中外)의 신민들만 걱정하고 근심하며 길이 탄식할 뿐만이 아닙니다. 삼가 생각건대 우리 자성께서도 대상(大喪)에 애통해하는 중에도 필시 이 때문에 근심과 염려를 더하실 것이고, 하늘에 계시는 우리 선왕의 영령께서도 또한 필시 안타깝게 돌아보고 답답하게 여기실 것입니다. 하물며 우리 조종(祖宗)께서 일찍이 시행했던 전례(典例)가 있으니, 어찌 오늘날 마땅히 준행하여 받들어야 할 바가 아니겠습니까.

바야흐로 지금은 나라의 형세가 위태하고 민심이 흩어졌으니 더욱

•••••

1 이정소(李廷熽) : 1674~1736. 본관은 전주(全州), 자는 여장(汝章), 호는 춘파(春坡)이다. 1714년(숙종40) 증광 문과에 장원급제하였고, 지평, 정언, 병조 참판 등을 지냈다.

마땅히 국가의 큰 근본을 염려하고 종묘사직의 지극한 계책을 세워야 하거늘, 대신(大臣)의 반열에 있는 자들이 아직도 건의를 하지 아니하니, 신은 삼가 개탄스럽습니다. 삼가 원하건대 전하께서는 속히 이 일을 위로는 자성께 여쭈고 아래로는 대신들에게 의논하여, 종묘사직의 큰 계책을 정하여 억조 백성의 간절한 소망이 의지할 수 있게 하소서."

하니, 상이 즉시 비답을 내려, 대신들에게 의논하여 품의해서 처리하라고 명하였다.

영의정 김창집(金昌集),[2] 판중추부사 조태채(趙泰采),[3] 좌의정 이건명(李健命),[4] 호조 판서 민진원(閔鎭遠),[5] 공조 판서 이관명(李觀命),[6] 병조

• • • • •

2 김창집(金昌集) : 1648~1722. 본관은 안동(安東), 자는 여성(汝成), 호는 몽와(夢窩)이다. 김상헌(金尙憲)의 증손이자 김수항(金壽恒)의 아들이다. 1684년(숙종10) 문과에 급제하였고, 정언, 철원 부사, 강화 유수, 개성 유수, 이조 판서, 좌의정 등을 거쳐 영의정에 올랐다. 경종이 즉위하자, 노론 사대신으로서, 연잉군을 왕세제로 세울 것을 적극 주장하여 시행하였고, 왕세제 대리청정을 주장하였다. 소론의 탄핵을 받아 거제도(巨濟島)로 귀양 갔다가 1722년(경종2) 4월 29일 성주(星州)에서 사사되었다.

3 조태채(趙泰采) : 1660~1722. 본관은 양주(楊州), 자는 유량(幼亮), 호는 이우당(二憂堂)이다. 소론 조태구(趙泰耉)와는 종형제 간이다. 1686년(숙종12) 별시 문과에 급제하였고, 지평, 대사헌, 대사간, 교리, 동부승지, 평안 감사, 좌참찬, 좌의정을 거쳐 판중추부사가 되었다. 소론에 의해 축출되어 진도(珍島)에 유배되었다가 1722년 11월 사사되었다.

4 이건명(李健命) : 1663~1722. 본관은 전주(全州), 자는 중강(仲剛), 호는 한포재(寒圃齋)이다. 1686년 문과에 급제하였고, 수찬, 교리, 응교, 대사간, 이조 판서, 우의정을 지내고 좌의정에 올랐다. 소론의 공척을 받아 전라도 흥양(興陽)에 위리안치(圍籬安置)되었다가 나로도(羅老島)로 이배되어 1722년 8월 참형을 당하였다.

5 민진원(閔鎭遠) : 1664~1736. 본관은 여흥(驪興), 자는 성유(聖猷), 호는 단암(丹巖)이다. 송준길(宋浚吉)의 외손이고 인현왕후의 오빠이다. 1691년(숙종17) 증광 문과에 급제하였고, 예문관 검열, 지평, 집의, 전라도 관찰사, 대사성, 이조 판서 등을 지냈으며, 신임사화 때 성주(星州)에 유배되었다가 영조가 즉위하자 풀려나 우의정을 거쳐 좌의정이 되었다. 《영조실록》 12년 11월 28일 기사에 그의 졸기가 있다.

6 이관명(李觀命) : 1661~1733. 본관은 전주(全州), 자는 자빈(子賓), 호는 병산(屛山)이다. 1698년(숙종24) 알성 문과에 급제하였고, 이조 참판을 거쳐 양관 대제학

판서 이만성(李晩成),[7] 형조 판서 이의현(李宜顯),[8] 우참찬 임방(任埅),[9] 판윤 이홍술(李弘述),[10] 대사헌 홍계적(洪啓迪),[11] 대사간 홍석보(洪錫輔)[12] 등이 청대(請對)하여 입시하였다.

김창집이 아뢰기를,

"지금 나라의 형세가 위태하고 민심이 요동치는데 성상께서 춘추가 한창인데도 오히려 뒤를 이을 아들이 없으시니 종묘사직의 근심이 이보다 큰 것이 없습니다만, 일의 체모가 중대한지라 지금까지 망설이

•••••

을 지냈다. 신임사화 때 이건명이 극형을 당하자 이에 연좌되어 덕천(德川)에 유배되었다가, 영조가 즉위하자 풀려나 좌의정에 이르렀다.

7 이만성(李晩成) : 1659~1722. 본관은 우봉(牛峯), 자는 사추(士秋), 호는 귀락당(歸樂堂)이다. 1696년(숙종22) 정시 문과에 장원급제하였고, 지평, 응교, 대사성, 이조 참판, 형조 판서, 이조 판서 등을 지냈다. 신임사화에 연루되어 옥사하였다.

8 이의현(李宜顯) : 1669~1745. 본관은 용인(龍仁), 자는 덕재(德哉), 호는 도곡(陶谷)이다. 1694년(숙종20) 별시 문과에 급제하였고, 검열, 정언, 이조 정랑, 대사간, 황해도 관찰사, 이조 판서 등을 지냈으며, 소론의 공척을 받아 벼슬에서 물러났다. 영조가 즉위하자 형조 판서, 이조 판서, 판의금부사, 양관 대제학 등을 거쳐 영의정에 올랐다. 노론의 영수가 되어 노론 사대신의 신원에 힘썼다. 《영조실록》 21년 4월 8일 기사에 그의 졸기가 있다.

9 임방(任埅) : 1640~1724. 본관은 풍천(豐川), 자는 대중(大仲), 호는 수촌(水村)·우졸옹(愚拙翁)이다. 1701년 알성 문과에 급제하였고, 장령, 공조 판서 등을 지냈다. 신임사화 때 귀양지에서 죽었다. 《영조실록》 1년 6월 10일 기사에 졸기가 있다.

10 이홍술(李弘述) : 1647~1722. 노론계 무인으로서 김창집 등과 가까웠다. 총융사, 평안 병사, 포도대장, 훈련대장, 형조 판서, 판윤 등을 지냈고, 신임사화 때 옥사하였다.

11 홍계적(洪啓迪) : 1680~1722. 본관은 남양(南陽), 자는 혜백(惠伯), 호는 수허재(守虛齋)이다. 1702년(숙종28) 진사시에 장원급제하였고, 이듬해 4월 관학 유생 180명과 연명하여 송시열(宋時烈)을 옹호하고 박세당(朴世堂)을 배척하는 상소를 올렸다. 1708년 문과에 급제하여 검열, 정언, 교리, 이조 정랑, 대사성, 부제학, 대사헌 등을 지냈다. 신임사화에 연루되어 옥사하였다.

12 홍석보(洪錫輔) : 1672~1729. 본관은 풍산(豐山), 자는 양신(良臣), 호는 수은(睡隱)이다. 김창협(金昌協)의 문인이다. 1706년 문과에 급제하였고, 정언, 전라도 관찰사, 대사간, 동부승지 등을 지냈다. 신임사화 때 유배되었다가 영조가 즉위하자 풀려나 대사성, 대사헌, 도승지 등을 지냈다.

고 있었습니다. 대간의 말이 지극히 마땅하니, 누가 감히 다른 뜻이 있겠습니까."

하고, 조태채가 아뢰기를,

"예로부터 임금이 만약 아들을 두는 경사가 없을 경우에 아래에서 세자 세우기를 청한 자가 있었습니다. 송 인종(宋仁宗)은 춘추가 늦은 때가 아니었는데도 간신(諫臣) 범진(范鎭)이 여러 번 상소하여 청하고 대신(大臣) 문언박(文彦博) 등이 힘써 도와 국책(國策)을 확정하였습니다. 속히 처분을 내리소서."

하고, 이건명이 아뢰기를,

"저위(儲位)를 세우는 일은 나라의 중대사여서 일찍 확정한 뒤라야 민심을 수습할 수 있으니 일각도 늦추어서는 아니 됩니다. 그래서 밤이 깊은 것도 헤아리지 않고 서로들 나와서 우러러 청합니다. 성상께서 생각을 깊이 더 하시어 일찍 큰 계책을 정하시면 매우 다행이겠습니다."

하였다. 여러 신하도 서로 이어 진달하여 청하니, 상이 즉시 그 말을 따랐다. 대신과 제신이 한목소리로 하례하여 아뢰기를,

"이번 일은 종묘사직의 무궁한 복입니다."

하였다. 김창집이 이어, 자전께 품지할 것을 우러러 청하니, 상이 윤허하였다. 신하들이 물러나 합문 바깥에 앉아서 기다렸다. 상이 입시하라고 다시 명하고, 봉서(封書) 한 통을 내려 주었다. 김창집이 나아가 받아서 받들어 열어 보니, 봉투 안에 두 장의 종이가 있었는데, 하나는 당저(當宁)께서 잠저(潛邸)에 계실 때의 작호(爵號)인 '연잉군(延礽君)'이라는 세 글자를 쓴 것이고, 하나는 자전의 언문 교서(諺文敎書)였다. 김창집이 또 아뢰기를,

"이번 일은 종묘사직의 무궁한 복입니다."

하였다. 사관(史官)이 번역하여 썼다. 언문 교서에,

"다음과 같이 말씀하셨다. 효종대왕의 혈맥이자 선대왕(先大王 숙종)의 골육으로는 주상과 연잉군만 있을 뿐이니, 어찌 다른 뜻이 있겠는가. 내 뜻이 이러함을 대신에게 하교해야 마땅하다."

하였다. 여러 신하가 모두 눈물을 흘리며 아뢰기를,

"이 하교를 받드니, 비감함을 이기지 못하겠습니다."

하였다.

이건명이 청하여, 승지를 시켜 전지(傳旨)로 써내게 하였다. 승지 조영복(趙榮福)이 쓸 참에 대신을 돌아보고 말하기를,

"어떤 호칭으로 써야 합니까?"

하자, 이건명이 우선 '저사(儲嗣)'로 쓰게 하기를 청하니, 상이 알았다고 하였다. 조영복이 이에 전지에 '연잉군을 저사로 삼는다.'라고 쓰고, 이어 예조 당상을 패초하기를 청하여 절목(節目)을 거행하였다. 예조가 아뢰기를,

"정종대왕께서 태종대왕을 봉하여 '세자(世子)'로 삼으셨으니, 어쩌면 제왕가(帝王家)에서는 계서(繼序)를 중대하게 여기고 윤차(倫次)는 도리어 가볍게 여겨서 그리하신 것입니까? 아니면 그 당시에 태조대왕께서 바야흐로 상왕(上王)의 지위에 계셨으므로 지존(至尊)에게 압존되어 '세자'라는 칭호에 혐의가 없어서 그리하신 것입니까? 오늘날 일의 형세는 이것과는 조금 다르니, 또한 이것을 끌어와서 전례로 삼기는 어렵습니다. 예로부터 역대의 임금이 아우를 세워 후사를 삼을 때에는 모두 봉하여 태제(太弟)로 삼았습니다. 지금 이 명호를 '세제(世弟)'로 정하면 명의(名義)와 예절이 모두 합당할 듯합니다만, 일의 체모가 매우 중하고 크므로 신의 조(曹)에서 감히 마음대로 처리하지 못합니다. 대신에게 의논하여 품의하여 처리하게 하소서."

하니, 윤허한다고 전교하였다. 드디어 대신들의 의견을 거두어 '왕세제(王世弟)'라고 정하였다.

아아, 저위를 미리 세우는 것은 종묘사직을 중하게 하고 국가의 근본을 튼튼히 하여 신령과 사람이 의지하게 하는 것이다. 신축년(1721, 경종1)에 저위를 세운 일은 정대하고 광명하여, 지난날의 역사에서 찾아보아도 드문 일이고 백대에 드리워도 당당히 말할 수 있다. 우리 동조(東朝)께서는 임사(姙姒) 같은 지극한 인자하심으로 삼종(三宗)의 혈맥(血脈)을 위하고 성고(聖考)의 유지(遺旨)를 받드시어, 간곡한 하교가 신하들을 감읍하게 하셨다. 우리 경묘(景廟)께서는 요 임금과 순 임금 같은 지극한 공정함으로 종묘사직을 위하고 자성(慈聖)의 하교를 받들어 몸소 대책(大策)을 결단하시어 왕위를 아우에게 물려주는 은(殷)나라 법도를 따르셨다.[13] 우리 전하께서는 명릉(明陵)[14]의 아드님이자 의릉(懿陵)의 아우님으로서 종묘사직을 위하고 자성의 하교에 감동하여 경묘께 명을 받아 삼종의 큰 왕업을 이으셨다. 동조의 하교에 감동하신 것은 효성이고, 경묘의 왕명을 이어받으신 것은 공경이다. 우리 전하의 효성과 공경의 행실을 만백성이 떠받든다. 우리 삼성(三聖)의 근면하신 성덕(聖德)을 천하 후세에 드날리고자 하는 것은 조정에 있는 신하들의 간절한 마음이다. 《시경》에 이르기를 "왕자(王者)의 신뢰를 이루시니 백성들의 모범이 되셨도다. 길이 효도를 생각했으므로 효도가 모범이 되었기 때문이라네."[15] 하였고, 또 "그 형에게 우애하고 그 경사

• • • • •

13 왕위를……따르셨다 : 하(夏)·은(殷)·주(周) 삼대에 형제간에 제위(帝位)를 전수하는 경우가 많았는데, 특히 은나라에서는 양갑(陽甲), 반경(盤庚), 소신(小辛), 소을(小乙) 등 네 형제가 서로 전위(傳位)하였다.

14 명릉(明陵) : 조선의 제19대 임금 숙종(肅宗, 1661~1720)과 계비 인현왕후(仁顯王后, 1667~1701), 두 번째 계비 인원왕후(仁元王后, 1687~1757)의 능이다. 경기도 고양시 서오릉(西五陵)에 있다. 여기서는 숙종을 가리킨다.

15 왕자(王者)의……때문이라네 : 《시경》 〈하무(下武)〉에 나온다. 〈하무〉는 무왕(武王)이 태왕(太王), 왕계(王季), 문왕(文王)을 이어 천명을 받아 천하를 소유한 일을 읊은 시이다.

를 돈독히 했네."[16] 하였다. 무릇 신하와 백성이라면 주아(周雅)[17]를 읊으며 찬탄할 것이니, 누군들 우리 전하의 지극한 효제(孝悌)의 행실과 순정한 덕성을 공경하여 칭송하지 아니하겠는가. 오호라, 아름답도다!

왕세제가 상소하여 저위를 사양하니, 비답하기를,

"저사(儲嗣)를 미리 세우는 것은 종묘사직을 중하게 여겨서이다. 아아, 내가 어질지 못한 자질로 이미 서른이 지났는데도 아직 뒤를 이을 아들이 없고 또 특이한 신병이 있으니, 나랏일을 생각함에 어찌할 계책이 없다. 이에 우러러 자성께 여쭙고 굽혀 아랫사람들의 요청을 따라, 세제〔儲貳〕의 중책을 맡기는 바이니, 삼가고 조심하며 부지런히 하여 나라 사람들의 소망에 부응하라."

하고, 이어 승지를 보내 유지를 전하게 하였다. 왕세제가 재차 상소하여 사양하였다.

○ 유봉휘(柳鳳輝) 사직(司直)이다.가 흉소(凶疏)를 올려, 저사를 세운 일을 공척하였다. 대신과 삼사(三司)가 유봉휘를 국문(鞫問)하기를 청하였다. 조태구(趙泰耉) 우의정이다.가 차자를 올려 두둔하였다. 유봉휘의 상소에,

"신이 삼가 들으니, 정언 이정소(李廷熽)가 저사를 세울 것을 청하니,

• • • • •

16 그 형에게……했네 : 《시경》 〈황의(皇矣)〉에 나온다. 왕계가 그의 형인 태백(太伯)과 우애가 좋았고 태백에게 양보받은 뒤에 덕을 닦아 주가(周家)의 경사를 더욱 두터이 했다는 말이다. 〈황의〉는 태왕, 태백, 왕계의 덕을 읊은 시이다. 태왕의 맏아들 태백은 부친의 뜻이 왕계 소생인 문왕에게 있음을 알고 지위를 막내아우 왕계에게 양보하고 은둔하였다. 주나라는 왕계, 문왕, 무왕을 거치면서 홍성하여 천하를 소유하였다.

17 주아(周雅) : 《시경》 〈대아(大雅)〉에 실려 있는 앞의 시들을 말한다. 이 시들은 모두 주(周)나라 조정과 종묘에서 쓰였던 음악이다.

성상께서 대신에게 의논하여 품의해서 처리하라고 비답하셨다고 하였습니다. 신은 그 말을 듣고, 놀랍고 어리둥절하며 걱정되고 의혹스러움을 이기지 못하였습니다. 이튿날 아침에 비로소 들으니, 대신이 여러 재신(宰臣)과 함께 들어가 면대하여, 속히 대간의 말을 따르시도록 청하고 이어서 우러러 자성께 품의하여 손수 쓰신 하교를 받아 내시기를 청하고 물러나 합문(閤門)에서 기다렸는데, 다시 입대할 때에는 처분이 이미 정해졌다고 하였습니다.

나라에 저사를 세우는 일은 더없이 중대한데, 졸급하고 황망하게 처리하여 조금도 나라의 체면을 돌아보고 유념하는 뜻이 없으니, 신은 이것이 무슨 거조(擧措)인지 모르겠습니다. 우리 전하께서 중전을 다시 맞이하신 지 이제 겨우 몇 해 지났고 약시중을 들며 근심하고 경황이 없다가 이어 상중(喪中)에 계시니, 대를 이을 후사의 있고 없음은 아직 논할 바가 아닙니다. 전하의 연세가 바야흐로 한창이고 중전의 연세는 겨우 계례(笄禮)를 넘겼기에, 조만간 후사를 얻는 경사가 있기를 나라의 온 신하와 백성이 바라고 있습니다. 혹시 양궁(兩宮)께 병환이 있어서 후사를 낳아 기르시기에 방해된다면, 보호할 지위에 있는 자는 본디 정성을 다해 치료하는 데 마음과 힘을 다해야 마땅하거늘, 이것을 염려하는 자가 있다는 말은 들리지 않고, 이에 즉위하신 원년(元年)에 느닷없이 이런 거조를 하시니, 이 무슨 까닭입니까.

처음에 이정소로 하여금 대략 상소를 엮어 요청하게 하여 마치 시험하는 듯이 하였다가, 품처(稟處)하라는 두 글자의 하교를 받고서는 이에 밤이 이미 깊었는데도 등대(登對)하여 힘껏 요청하여 반드시 준허(準許)를 받아 내고야 말았습니다. 자성께 우러러 품의하지 않을 수 없는 일이었다면 또한 품정해야 한다는 뜻으로 우러러 진달했어야 합니다. 그런데 이미 들어가 품의하기를 청해 놓고 다시 나와서 선포하기를 청하였고, 두 번째 계청에서는 심지어 '덮어 두고 시간을 끌어서는 안 된다.'라고 하기까지 하였으니, 바로 사람을 부리는 것과 같고 거의 닦달을 하는 것에 가까웠습니다. 이것은 참으로 신하로서의 예의가 없는 것이었다고 할 수 있습니다.

일찍이 무진년(1688, 숙종14)에 전하께서 탄생하셨을 때 인현왕후께 오래도록 대를 이을 후사가 없었습니다. 당시에 후사를 세우는 일이 급하지 않은 것이 아니었지만, 전석(前席)에서 하문하실 즈음에 여러 신하가 '우선 몇 해를 기다려 보아서, 정궁(正宮)에 득남하는 경사가 없고 왕자(王子)가 나이가 들면 유사(有司)가 응당 저사를 세우도록 건의할 것입니다.'라고 아뢰었습니다. 그때에 신하들이 어찌 다른 뜻이 있었겠습니까. 대개 나라의 근본을 중시하고 나라의 체통을 존엄하게 하기 위해서였습니다. 신하가 임금을 섬기는 도리는 마땅히 이와 같아야 합니다.

그런데 이번에는 황망하게 서둘러서, 마치 조금도 시각을 넘기면 안 되는 것처럼 하여, 막중하고 막대한 거조를 끝내 허술하게 처리하고 말았습니다. 나라의 체통이 도리어 가벼워져 거의 모양을 이루지 못하고 민심이 의혹하여 오래도록 안정되지 아니하니, 신은 참으로 어쩌다가 이 지경이 되었는지 모르겠습니다.

신이 문득 조정 거조의 비정상적인 처리를 듣자니, 비록 왕명이 이미 내린 일이라서 다시 논의할 수는 없더라도, 대신 및 입대한 여러 신하들이 우롱하고 협박한 죄는 밝혀서 바로잡지 아니할 수 없습니다. 삼가 바라건대 전하께서는 이제부터 일을 시행할 때 반드시 전하 스스로의 판단에 따라 결단해 시행하시어, 위복(威福)의 권한이 아랫사람에게로 옮겨 가는 일이 없도록 하시고, 이어 대신 이하의 죄를 처벌하여 나라 사람들에게 답하소서."

하였다.

전교하기를,

"아, 선대왕(先大王)께서 해와 달과 같은 밝음으로 나에게 후사가 없는 것을 깊이 염려하셨는데, 오늘날에 이르러 나의 질병이 더 심해져 아들을 얻을 기약이 없으니, 부탁하신 중임을 공경히 받아 낮이나 밤이나 근심하고 두려워하며 편안할 겨를이 없어서 온갖 생각을 다 하고 있었다. 접때 대간의 상소는 종묘사직을 위하여 나라의 근본을 정하려 한 것이어서, 바로 선대왕의 염려와 나의 근심하는 뜻에 맞았다. 그래서 우러러 자성(慈聖)께 여쭈었더니, 이르시기를 '효종대왕의 혈맥과 선대왕의 골육은 단지 주상과 연잉군이 여기서 벗어나지 않는다.'라고 하셨다. 자성의 하교가 지극히 간절하여 나도 모르게 눈물이 흘렀다. 아, 나에게 조금이라도 후사를 이을 가망이 있었다면 어찌 이러한 하교를 내리셨겠는가. 이미 저사를 정하였으니 실로 종묘사직의 무궁한 복이고 또한 나의 큰 소망이었다. 그런데 유봉휘의 상소가 천만뜻밖에서 나와 말이 미치광이 같고 망령되니, 이자가 어떠한 사람이며 어찌 이러한 짓을 하는 것인가. 내버려 두어서는 안 되니, 경들은 의논하여 계달하라."

하였다.

영의정과 좌의정이 삼사(三司)를 거느리고 아뢰기를,[18]

"유봉휘의 상소는 감히 국가의 큰 계책을 하찮은 데로 귀결시키고 신들의 잘못을 날조하여 망측한 곳으로 내몰았습니다. 신들은 놀랍고 두려우니, 단지 머리를 풀어 헤치고 처벌을 기다려야 할 뿐이고 개인의 사사로운 의리는 돌아볼 겨를이 없었습니다. 이에 감히 서로들 이

18 영의정과……아뢰기를: 《경종실록》 1년 8월 23일 기사에 의하면, 당시 영의정 김창집(金昌集), 좌의정 이건명(李健命), 대사헌 홍계적(洪啓迪), 대사간 유숭(兪崇), 사간 신석(申晳), 장령 송도함(宋道涵), 부교리 신방(申昉), 정언 이성룡(李聖龍) 등이 아뢰었다.

끌고 들어와서 처분을 기다렸습니다. 엎드려 성상의 비답을 받으니, 열 줄 윤음이 종묘사직을 위하고 나라의 근본을 염려하는 지극한 뜻에서 나오지 아니한 것이 없습니다. 간절하고 절박함이 단지 귀신을 울릴 뿐만 아니라 신들이 모여 읊어 보니 자신도 모르게 눈물이 줄줄 흐릅니다.

아, 대전(大殿)의 후사 문제에 대해 단지 전하께서만 근심하신 것이 아니었습니다. 이제 성상의 비답을 받아 보니, 선왕께서도 깊이 염려하신 바이고 자성께서도 하교하신 바입니다. 그러니 대간(臺諫)이 상소하여 저사를 세우라고 건의한 것과 제신(諸臣)이 도와 찬동한 것이 또한 늦었다고 하겠습니다. 무슨 황망하고 성급하게 처리한 잘못이 있겠습니까. 유봉휘의 언설은 대개 신하들의 죄를 성토하고 조정을 일망타진할 계책에서 나온 것입니다. 진실로 이 말과 같다면, 신들의 죄는 죽음으로도 용서받지 못할 것입니다.

임금의 존귀한 신분으로 아랫사람에게 우롱과 협박을 당하였다면 이것이 과연 어떠한 것입니까. 명분과 지위가 이미 확정되고 신령과 사람이 부탁한 바가 있는데, 만약 '우롱하고 협박하여 이 큰 계교를 이루었다.'라고 한다면, 우리 춘궁(春宮) 저하(邸下)의 마음이 장차 편안하시겠습니까, 편안하지 아니하시겠습니까.

왕명이 한번 내려오자 모든 백성이 목을 늘이고 나라의 모든 생명체가 너도나도 기뻐하고 경사로 여기며 보력(寶曆)의 무궁한 아름다움을 보기를 기다렸습니다. 그런데 저 유봉휘는 대체 무슨 마음으로 홀로 스스로 놀라고 경황없어 하며 근심하고 의혹하여 내심에 불만을 품어 나라의 근본을 뒤흔들 뜻을 현저히 지녔단 말입니까. 만약 엄히 징계하고 토죄하지 않는다면, 난신과 적자가 반드시 자취를 이어 일어날 것입니다. 국청을 설치하고 유봉휘를 엄히 심문하여 왕법을 바루소서."

하니, 답하기를,

"아뢴 대로 하라."

하였다.

그 뒤에, 먼 지방에 유배 보내라고 고쳐서 명하였다. 대신(大臣), 재신(宰臣), 삼사, 정원(政院), 종신(宗臣)으로부터 관학 유생(館學儒生)에 이르기까지 연달아 계사와 상소를 올려 국문하기를 청하며 여러 달 동안 쟁집하였다.

조태구가 차자를 올려 아뢰기를,

"이제 사직 유봉휘가 상소하여 진달한 일로 인하여 국청을 설치하는 거조가 있기까지 하니, 어찌 여기에까지 이르렀습니까. 그의 마음은 나라를 위하는 순수한 심정에서 나온 것으로서 진실하여 다른 뜻이 없습니다. 옛 정승 이경여(李敬輿)[19]가 효묘(孝廟)께서 저사를 이어받으시던 날에 원칙을 지켜야 한다는 의론을 힘껏 주장하였는데, 그 당시에는 비록 찬축(竄逐)을 당하였지만 효묘께서 즉위하신 뒤에는 우선 등용하였습니다. 무진년(1688, 숙종14) 때의 여러 신하가 나라를 위하여 충성을 다하지 않은 이가 없었지만 어찌 일찍이 한때의 쟁론을 트집 잡아 국문을 한 일이 있었습니까. 설령 그가 한 말이 매우 미치광이 같고 망녕되다고 하더라도 나라를 위하여 충성을 다한 사람을 갑자기 명하여 국문하여 다스린다면, 어찌 성조(聖朝)에서 간언을 용납하는 도리가 크게 손상되지 않겠습니까. 군주를 인도하여 간

•••••

19 이경여(李敬輿) : 1585~1657. 본관은 전주(全州), 자는 직부(直夫), 호는 백강(白江)·봉암(鳳巖)이다. 세종의 7대손이다. 1609년(광해군1) 문과에 급제하였고, 검열, 부제학, 전라도 관찰사, 경상도 관찰사, 대사성, 형조 판서, 우의정 등을 지내고 영의정에 올랐다. 《인조실록》에 의하면, 1645년(인조23) 윤6월 2일 인조는 정부의 당상과 육경 등을 인견하고 후사를 바꿀 일을 의논하였는데, 이 자리에서 이경여는, 원손(소현세자의 아들)이 왕권을 계승해야 한다는 원론을 주장하면서, 왕자들 중에서 가려 새로 세자를 정하려는 인조의 뜻에 반대하였다.

언 올린 자를 쳐 죽이게 하는 것은 성대한 시대의 아름다운 일이 아닐 듯합니다. 삼가 원하건대 성상께서는 특별히 거듭 생각하여서 속히 내린 명을 거두소서."

하였다.

이보다 앞서, 경자년(1720, 숙종46) 국휼 때에 조상(弔喪)하는 칙사(勅使)가 왔었는데 칙서(勅書)의 내용에 특별히 우대하는 뜻이 극진하였다. 칙서에 '치제(致祭)를 전례에 따라 하는 일 이외에 대신(大臣) 둘을 보내어 역마를 달려 가서 위문하게 하고, 이 표장(表章)을 조선 국왕과 자질(子姪)에게 고루 유시하라.'라는 등의 말이 있었다. 사신이 말하기를,

"황제의 교지를 받았으니, 세자, 아우, 아들, 조카와 만나게 해 주기를 청합니다."

하였다. 묘당의 의론이 거절하고서 따르지 않았는데, 조태구가 당시에 시골〔畿鄕〕에 있다가 상소하여 아뢰기를,

"북사(北使)가 통지해 온 글은 그 의도를 헤아릴 수가 없습니다. 상국(上國)이 열국(列國)의 군주를 조문하면서 아우와 조카까지 아울러 배신(陪臣)으로 삼는 일은 옛날에는 없었습니다. 상국이 시행하면 예법에 어긋나는 것이 되고, 배신이 받아들이면 혐의를 무릅쓰는 것이 됩니다. 오늘날 왕자(王子)와 종실들이 어찌 감히 이것을 편안히 여기겠습니까."

하였다. 왕자라고 한 것은 바로 금상(今上) 전하를 말한다. '혐의를 무릅쓴다.〔冒嫌〕'라는 두 글자는 음험하고 간특하여 말뜻이 예사롭지 않았는데, 이때에 이르러 또 유봉휘를 힘써 구제하며 역적을 치켜세워 충성스럽다고 하였으니, 그 마음이 어디에 있는지를 누가 모르겠는가.

우리 경묘(景廟)께서 내리신 비답 하교에 "이미 서른이 지났는데도 아직 대를 이을 아들이 없고 또 특별한 질병이 있다." 하고, 또 하교에,

"선대왕께서 해와 달과 같은 밝음으로써 나에게 대를 이을 아들이 없음을 깊이 염려하셨다. 이제 내 신병이 심해져서 아들을 얻을 가망이 없다." 하였다. 이상은 비답 하교에 있는 말이다.

이것이 여러 신하가 깊이 근심하고 속으로 염려하여 반드시 저사를 일찍 정하자고 요청한 까닭이다. 삼종의 혈맥은 단지 경묘와 전하가 있을 뿐이므로 경묘께서 위로 자성의 하교를 받아 전하를 책봉하여 세제로 삼았으니, 그 의리의 정대함과 주고받음의 광명함이 참으로 '천지에 세워도 어그러지지 않고 귀신에게 질정해도 의심이 없고 백세 뒤의 성인을 기다려도 의혹하지 아니할 것'이라고 할 수 있다. 그리하여 나라의 근본〔國本〕이 공고하고 종묘사직이 평안하여 큰 경사가 바야흐로 새로워져서 민심이 서로들 기뻐하고 있었다.

그런데 오직 저 유봉휘는 홀로 흉소를 올려, 첫머리부터 끝까지 칭송하고 경축하는 말은 한 구절도 없고, 분하게 여기는 기운이 말 바깥에 흘러넘쳐 마치 원한 맺힌 붓끝으로 사람을 탄핵하는 것과 같았다. 그 상소에, 신하로서의 예의가 없다느니, 초솔하여 모양을 이루지 못하였다느니, 민심이 의혹한다느니 하였으니, 역적의 마음이 드러난 것을 볼 수가 있다. 천하만고에 어찌 이 역적과 같이 극도로 패역하고 흉악한 자가 있겠는가. 천하만고에 여태껏 없었다는 것을 유봉휘라고 또한 어찌 모르겠는가. 그런데도 감히 이런 짓을 한 것은, 그가 도모하던 바를 이루지 못하여 속으로 분한 마음을 품었기 때문인데, 드디어 이에 성상이 편찮으시다는 사실을 덮고 겉으로는 아들 얻기를 소망한다는 말에 의탁하였으니, 이는 자기의 정상을 감추고 남의 이목을 현혹할 수 있는 것이라 하겠다.

그가 도모하던 바를 이루지 못했다고 하는 것은 이런 뜻이다. 그 당시에 저위가 전하께로 돌아가지 않으면 어디로 돌아가겠는가. 그런데도 그는 이러한 상소를 하였으니, 그가 다른 마음을 품었음이 이미 드러난 것이다. 무신년(1728, 영조4)과 경술년(1730)에 여러 역적들이 이탄(李坦)[20]과 이해(李垓)와 이기(李圻)[21]를 추대하고자 한 것과 무진년(1748)에 권집(權緝)과 권혜(權嵇)가 이증(李增)과 이학(李壆)을 추대하고자 한 것[22]으로 보면, 유봉휘가 속으로 품은 생각이 동일하였음을 더욱 환하게 알 수 있다. 그런데 저위가 이미 정해졌으니, 그가 도모하던 바를 이루지 못하게 된 것이다. 그렇다면 유봉휘의 뜻은 삼종의 혈맥에 있지 않았으니, 그도 대대로 국록을 받는 사람이고 또한 숙묘(肅廟)의 신하인데 무슨 연고로 그 마음이 이토록 흉악하단 말인가.

아아, 유봉휘는 유상운(柳尙運)[23]의 아들로서 정론(正論)에서 버림을 받아 오래도록 시기하고 질투하며 울분하고 유감스러워하는 마음을 품었고, 또한 성고(聖考) 때부터 유봉휘 같은 부류들 대부분이 뜻을 얻지 못하여 항상 울분으로 나라를 원망하였다. 드디어 기사년(1689, 숙종15)의 버림받은 서얼들과 투합하여 반드시 옛 신하들을 내쫓고 성고(聖考)의 정사를 변개하고자 했는데, 경묘께서 이어서 즉위하여 성고

• • • • •

20 이탄(李坦) : 1688~1729. 소현세자(昭顯世子)의 증손으로 밀풍군(密豐君)에 봉해졌다. 1723년(경종3) 사은사로, 1726년(영조2)에 사은사 겸 동지사로 청나라에 다녀왔다. 1728년 무신년에 이인좌(李麟佐) 등이 반란을 일으키고 그 일파가 이탄을 추대하고자 하였다고 자백하자, 사사되었다.

21 이해(李垓)와 이기(李圻) : 경술년(1730, 영조6) 옥사에 연루된 종친이다. 이동혁(李東赫), 박장웅(朴長雄), 정사효(鄭思孝), 정도륭(鄭道隆), 최필웅(崔必雄), 순정(順正), 박재창(朴再昌), 박도창(朴道昌) 등이 역모를 일으켜, 여흥군(驪興君) 이해와 여릉군(驪陵君) 이기를 추대하기로 했다가 경술년에 모두 복주되었다.

22 권집(權緝)과……것 : 무진년(1748, 영조24)에 권집과 권혜(權嵇)가 익명서 사건을 일으켰는데, 그 사건에 연루되어, 종친 여천군(驪川君) 이증(李增)은 1752년 유배지인 제주(濟州)에서 죽었고 아우 여선군(驪善君) 이학(李壆)은 1755년 복주되었다.

23 유상운(柳尙運) : 1636~1707. 본관은 문화(文化), 자는 유구(悠久), 호는 약재(約齋)·누실(陋室)이다. 1666년(현종7) 별시 문과에 급제하였고, 교리, 대사간, 평안도 관찰사, 이조 판서 등을 거쳐 영의정을 지냈다.

의 정사를 준수하여 계술하시니 유봉휘의 부류들이 또 그 속뜻을 펴지 못하였다. 그들이 낮이나 밤이나 도모하고 소망하는 바는 오직 경묘의 후사가 그들의 의중에 있는 종척(宗戚)에게 돌아가는 것이었고, 그것이 또 성고의 아드님이자 경묘의 아우님께 돌아가는 것을 매우 유감으로 생각하였다. 유봉휘가 올린 상소의 골자가 바로 여기에 있었으니, 이는 전하께 역신(逆臣)이 될 뿐 아니라 사실은 숙묘와 경묘께 역신이 된다.

조태구의 상소와 차자는, 앞에서 이미 흉악한 마음을 품었고 뒤에는 또 유봉휘와 마음을 함께하여, 인용한 을유년(1645, 인조23) 상신(相臣) 이경여(李敬輿)의 일과는 전연 부합하지 아니하니, 어찌 견주어 같게 여길 수 있겠는가. 조태구와 유봉휘의 상소와 차자는 실로 '얻어야겠다고 근심하고 잃을까 봐 근심하면 못 하는 짓이 없게 되는 마음'[24]에서 함께 나왔고 모두 성상의 환후를 덮는 것으로써 주의(主意)를 삼았기 때문에 여러 역적이 너도나도 답습하여, 드디어 대리하기를 차자로 요청한 신하를 역적이라고 하였다. 아아, 통분스러움을 이길 수 있겠는가. 통분스러움을 이길 수 있겠는가.

○ 왕세제가 상소하기를,

"삼가 아룁니다. 신이 염치를 무릅쓰고 있기 어려운 구구한 정상을 남김없이 다 말씀드렸으니 성자(聖慈)께서 반드시 측은하게 여겨 윤허하시리라 여겼습니다. 그런데 삼가 비답을 받아 보니 말뜻이 융중

24 얻어야겠다고……마음 : 《논어》 〈양화(陽貨)〉에 "비부는……얻기 전에는 얻으려고 근심하고 얻은 뒤에는 잃을까를 근심하니, 진실로 잃을까 근심하면 못 하는 짓이 없다.〔鄙夫……其未得之也, 患得之. 旣得之, 患失之. 苟患失之, 無所不至矣.〕"라고 하였다.

(隆重)하여 또 신이 바라던 바와 같지 아니하니, 더욱 답답하고 민망함을 이기지 못하겠습니다.

신이 재주도 없으면서 외람되이 이 자리를 함부로 차지했으니 조만간 낭패를 당하리라는 것은 이미 스스로 요량하였습니다만, 어제 유봉휘의 상소를 보니 말이 지극히 위태하고 험악한지라 신은 모골이 송연하고 간담이 떨어지는 것 같았습니다. 이것이 또 염치를 무릅쓰고 있을 수 없는 하나의 단서입니다. 비록 미관말직이더라도 이미 사람들의 말이 있으면 자신을 편안히 다스리는 도리로 보아 결코 그대로 버텨서는 안 됩니다. 하물며 저부(儲副)의 지위는 참으로 나라의 중대한 근본이니, 논란이 준엄하게 일어나는 것을 돌아보지 아니하고 엄중한 왕명을 두려워하여 염치없이 받들어 담당한다면, 신 한 몸의 수치는 참으로 생각할 것이 없겠으나 국가에는 어찌되겠습니까. 천번을 생각하고 만번을 헤아려도 결단코 왕명을 받들 형세가 없기에, 위태하고 괴로운 정상을 진달하지 아니할 수 없어서 닷새 동안 네 번이나 글을 올려 성상을 번거롭게 하였으니 신의 죄는 만번 죽어도 처벌이 가볍습니다.

삼가 바라건대 성상께서는 위로는 종묘사직의 중대함을 생각하고 아래로는 신의 불안한 실정을 살펴 호위하는 자들을 속히 혁파하여 돌려보내라 명하고 이어서 내리신 명을 거두시어, 신으로 하여금 분수를 지키게 해 주소서. 그리하시면 살아서는 성세(聖世)의 신하로서의 도리를 다할 것이고 죽어서도 눈을 감고 돌아갈 수 있을 것입니다. 신은 황공히 눈물을 흘리며 거적을 깔고 처벌을 기다립니다."

하니, 답하기를,

"나라의 막중한 일이 이미 완전히 정해졌고 유봉휘의 죄상을 밝혔으니, 미치고 망녕된 말을 마음에 둘 것이 무에 있겠는가. 이러한 때와 이러한 사람이 어느 시대엔들 없었겠는가. 조금도 불안해할 단서가 없다. 위로 종묘사직을 위안하고 아래로 나라 사람들의 소망에 부응하여, 다시는 사양하지 말고 속히 상소를 그쳐 내 마음을 편안하게 하라. 호위하는 자들은, 또한 의례(儀禮)대로 하라."

하였다.

○ 삼사(三司)가 아뢰기를,

"나라의 근본이 크게 정해져서 신령과 사람이 다들 기뻐하니, 스스로 유봉휘와 동일하게 역적의 간담을 지닌 자가 아니라면 누가 감히 이미 확정된 대책(大策)에 다른 의견을 내겠으며 누가 차마 막대한 나라의 경사에 다른 뜻을 품겠습니까. 그런데 우의정 조태구(趙泰耉)는 '목욕하고 토벌을 청하는 의리'[25]는 생각하지 아니하고 한갓 사사로운 파당을 용납하고 옹호할 계책을 품어, 한 장의 차자를 올렸는데 뜻을 헤아릴 수 없었습니다. 을유년(1645, 인조23)의 일[26]을 속여서 인용하여 성상의 총명을 기망하고 흉악한 역적을 두둔하였습니다. 아아, 통분함을 이길 수 있겠습니까.

대개 을유년의 일은 성조(聖祖)께서 하문하신 바가 실로 저위(儲位)를 세우기 전에 있었고, 대신이 진달한 바 또한 명호(名號)가 정해지기 전에 있었습니다. 이번에 여기에 끌어댄 바는 단지 당시의 대신(大臣)을 무함하는 것일 뿐 아니라 또한 성조를 무함하는 것입니다. 대개 그 비유하고 인증한 것이 오로지 현혹하고 어지럽힐 계교에서

25 목욕하고……의리 : 역적 토벌을 강력히 청하는 일을 비유하는 말이다. 《논어》 〈헌문(憲問)〉에 "진성자가 간공을 시해하니, 공자께서 목욕하고 조회에 들어가셔서 애공에게 고하기를 '진항이 그 군주를 시해하였으니 토벌하소서.'라고 하였다.〔陳成子弑簡公. 孔子沐浴而朝, 告於哀公曰: '陳恒弑其君, 請討之.'〕"라고 하였다.

26 을유년의 일 : 1645년(인조23) 을유년에 인조가 후사를 바꿀 일을 의논할 때에 이경여가 원손이 계승해야 한다고 주장했던 일이다.

나와서, 심지어는 나라를 위한 피눈물 나는 정성이라느니 나라를 위해 충성을 다했다느니 하는 말로 흉적을 부추겨, 마치 충성스러운 말과 강직한 의론을 낸 자를 칭찬하듯이 하였습니다. 이것은 역적을 비호하는 짓일 뿐이 아닙니다. 인심이 부정에 빠지고 의리가 어둡고 막힌 것이 어찌 이토록 극도에 이르렀단 말입니까. 오늘날 국가의 막중하고 막대한 거조가 저사(儲嗣)를 세우는 일보다 급한 것이 무엇이 있겠습니까. 그런데도 이에 국본(國本)을 흔드는 역적을 두고 반드시 전하께 충성을 하는 것이라 이르니, 어찌 국본을 흔들면서 유독 전하께 충성하는 경우가 있겠습니까. 대개 조태구의 지난겨울 상소 가운데 '모혐(冒嫌)'이라는 두 글자가 이미 지극히 예사롭지 않았는데, 이제 또 흉악한 역적을 구해 주려고 하면서 스스로 그 간담이 다 드러나는 것을 깨닫지 못하였습니다. 민심이 안정되지 아니하고 징토(懲討)가 한창 엄중한 시기에 무릇 앞장서서 난적을 비호해 주는 자는 그 죄를 분명히 밝혀 처벌하지 아니할 수 없습니다. 우의정 조태구를 우선 관작을 삭탈하고 궐문 밖으로 내치소서."

하였다.

○ 10월 초하루는 무오일이다. 정묘일(10일). 임금이 비망기를 내려 왕세제에게 청정(聽政)을 명하였다가 다시 중지시켰다.

저사(儲嗣)를 세운 뒤로 종묘사직이 의탁할 데가 있고 국본이 크게 정해졌는데, 이때에 성상께서 오래 편찮으시어 중외가 근심 걱정을 하였다. 집의 조성복(趙聖復)[27]이 상소하여 아뢰기를,

27 조성복(趙聖復) : 1681~1723. 본관은 풍양(豐壤), 자는 사극(士克), 호는 퇴수재(退修齋)이다. 1702년(숙종28) 별시 문과에 급제하였고, 지평, 정언, 장령, 집의 등을 지냈다. 세제(世弟)의 대리청정을 요구하는 상소를 올렸다가 소론 측의 공척을

"삼가 아룁니다. 신이 일찍이 《정원일기》를 보았더니, 지난 선조(先朝) 정축년(1697, 숙종23)에 조정 신하 가운데, 신하들을 인대(引對)할 때에 전하로 하여금 곁에서 모시면서 참여해 듣게 하여 나랏일을 가르치고 익히게 할 뜻으로 글을 올려 요청한 자가 있었는데, 곧바로 가납하는 비답을 받았습니다. 신은 삼가, 이 말을 한 자는 진실로 저군(儲君)을 가르치고 인도하는 아름다운 법도를 얻었다고 생각합니다. 전하께서 만일 신료를 인접할 때와 정령(政令)을 결재할 즈음마다 세제(世弟)에게 곁에서 모시면서 참여하여 듣게 해서, 한편으로는 가부(可否)를 강론해 확정하는 방도로 삼으시고 한편으로는 일에 따라 가르치고 연습하는 방법으로 삼으신다면, 틀림없이 여러 일을 분명하게 점검하여 처리할 수 있을 것이고 나랏일에 보탬이 될 것입니다. 삼가 원하건대 전하께서는 깊이 유념하시고 우러러 자성(慈聖)께 여쭈어 처리하소서."

하니, 비답하기를,

"진달한 바가 좋으니, 유념하지 아니할 수 있겠는가."

하고, 이어 비망기를 내렸는데, 그 내용에,

"내가 이상한 질병을 앓은 지 10여 년 이래로 나을 기약이 없으니, 이것이 바로 선조께서 염려하신 바였고, 군주가 처리할 수많은 일들에 수응하기가 참으로 어렵다. 지난 정유년(1717, 숙종43)에 청정하라는 왕명이 있었으니,[28] 조용히 조섭하시는 중이라서 그 몸조리를 편리하게 하고자 해서일 뿐이었는지라 내 몸에 대해서는 달리 돌아볼 겨

• • • • •

받고 정의(旌義)에 안치(安置)되었다. 서울로 불려 와서 추국을 받던 중에 1723년(경종3) 4월 옥중에서 독약을 먹고 자살하였다.

28 정유년에……있었으니 : 1717년(숙종43) 7월, 숙종이 오래된 안질(眼疾)로 정무를 보기 어렵게 되자 당시 왕세자였던 경종에게 청정(聽政)을 하게 하고 청정 절목을 나라에 반포하였다.

를이 없었다. 등극한 이래로는 밤낮으로 근심스럽고 두려워서 근래에는 병의 증세가 더욱 깊어지고 수응 또한 어려워서 정사가 많이 정체되고 있다. 나랏일을 생각하니 마음이 더욱 안타깝다. 이제 세제가 젊고 영민하며 총명하니 만약 청정하게 하면 나랏일을 의탁할 수 있고 내가 마음 편히 조섭할 수 있을 것이다. 크고 작은 나랏일을 세제로 하여금 재단(裁斷)하게 하라."

하였다. 이날 밤에 좌참찬 최석항(崔錫恒)[29] 및 입직 승지와 옥당이 면대를 요구하여 왕명을 중지하기를 청하니, 비망기를 도로 거두었다.

아아, 우리 경묘의 지극히 효성스럽고 지극히 우애로운 덕을, 무릇 그 신하와 백성이 된 자라면 어찌 추숭하여 드러낼 생각을 하지 않겠는가. 대저 하늘로부터 타고난 효성과 본심에 바탕을 둔 우애는 삼대(三代) 성후(聖后)의 아름다운 덕과 아름다운 행실이었는데, 우리 경묘는 효성과 우애가 백왕 중에서 탁월하여, 지극한 효성으로 우리 자성을 섬기고 지극한 우애로 우리 전하를 보호하시니, 팔도가 양양히 우리 세 분 성인을 찬송하였다. 그러니 우리 경묘의 효성스럽고 우애로운 덕을 드러내는 것은 우리 동조의 지극히 자애로운 덕을 드러내는 것이고 또한 우리 성상의 지극한 효성과 지극한 공경심을 드러내는 것이다.

아, 저사를 세워 대리하게 한 거조는 우리 경묘께서 국가의 큰 계책을 깊이 염려하여 자성의 뜻을 받들어 누차 간곡한 하교를 내린 것이니, 조정에 있는 신료들이 누군들 감동하지 아니하겠는가. 그런데 조태

•••••

29 최석항(崔錫恒) : 1654~1724. 본관은 전주(全州), 자는 여구(汝久), 호는 손와(損窩)이다. 영의정 최석정(崔錫鼎)의 아우이다. 1680년(숙종6) 별시 문과에 급제하였고, 검열, 경상도 관찰사, 병조 판서, 이조 판서, 좌의정 등을 지냈다. 소론 사대신 가운데 한 사람이다. 《경종실록》 4년 2월 24일 기사에 그의 졸기가 있다.

구, 유봉휘, 김일경, 한세량(韓世良)[30] 등 여러 역적이 전후로 날뛰어 반드시 흉악한 짓을 부리려고 하였고, 조정에 한유(韓愈)와 두보(杜甫)[31] 같은 신하가 없어서 온갖 변괴가 생겨나 종묘사직의 위태로움이 터럭 하나에 달린 듯이 아슬아슬하였다. 우리 경묘의 성대한 덕성과 지극한 선심이 아니었다면 여러 역적의 흉악하고 은밀한 음모가 어디엔들 이르지 않았겠는가. 《시경》에 이르기를 "오호라, 이전의 임금을 잊지 못하네."[32]라고 하였으니, 이것이 바로 신하와 백성이 감히 우리 경묘의 성대한 덕성과 지극한 선심을 잊지 못하는 것이다.

한세량 부사과(副司果)이다. 이 상소하여 아뢰기를,

"삼가 비망기를 보니, 크고 작은 나랏일을 모두 세제에게 재단하게 하라고 하교하셨습니다. 신은 읽다가 절반에도 미치지 못하여서 저도 모르게 간담이 떨어지는 듯하고 눈물이 줄줄 흘렀습니다. 삼가 생각건대´왕세제는 어짊과 효성스러움이 일찍 드러났고 지위와 명호가 이미 정해져서 국본이 영원히 튼튼하고 차례를 잇는 것은 때만 기다리면 되는데, 어찌 전하께서는 급급히 서둘러서 갑자기 이러한 비상한 하교를 하셨습니까. 놀라고 근심하고 또 의혹하여, 그 연유를 알지 못

30 한세량(韓世良) : 1653~1723. 본관은 청주(淸州), 자는 상오(相五)이다. 1699년(숙종25) 증광 문과에 장원급제하였다. 승지, 여주 목사, 분병조 참의, 공조 참의, 함경도 관찰사 등을 지냈다. 대사헌에 제수되었으나 부임하지 못하였다. 《경종실록》 3년 10월 27일 기사에 그의 졸기가 있다.

31 한유(韓愈)와 두보(杜甫) : 당(唐)나라 한유는 문장으로, 두보는 시로 유명한 인물이다. 여기서는 조태구와 유봉휘 등의 주장을 물리칠 만한 인물을 비유하는 듯하다.

32 오호라……못하네 : 《시경》 〈열문(烈文)〉에 "더없이 강한 이 사람을 사방에서 교훈으로 삼으며, 더없이 드러난 전왕의 덕을 온 제후들이 본보기로 삼네. 오호라, 전왕을 잊지 못하네.〔無競維人, 四方其訓之, 不顯維德, 百辟其刑之. 於乎, 前王不忘.〕"라고 하였다. 이는 주나라 성왕(成王)을 기리는 시이다.

하였습니다.

이어 조성복의 상소를 보니 '정무를 재결할 때마다 세제를 불러 참여해서 듣게 하고 가부를 의논하여 확정하소서.'라고 하였습니다. 아아, 통분스럽습니다. 하늘에는 두 태양이 없고 땅에는 두 임금이 없습니다. 전하의 조정에 북면(北面)한 자가 어찌 감히 이러한 말을 마음에 싹 틔우며 입에 올린단 말입니까. 비록 세제로 하여금 조정에 임하게 하기를 바로 청하는 말은 없더라도 '그때마다 불러 참여해 듣게 하고 가부를 의논하여 확정하소서.'라는 것은, 조정에 임하게 하자고 청하는 것이 아니고 무엇입니까. 신하 된 자로서 감히 천위(天位)를 은밀히 옮길 계책을 품었으니, 그 죄악을 보자면 어찌 하늘과 땅 사이에서 하루라도 숨을 쉬게 할 수 있는 것이겠습니까. 저번에 저위를 세우기를 청할 때에 공정대왕(恭靖大王) 때의 일[33]을 가리키는 듯이 이른 것은, 대개 아우를 저사로 삼은 것을 끌어온 뜻인데, 그 말단의 한 가지 일은 오히려 나라 사람들의 의혹을 면하지 못하였습니다. 조성복이 이어서 이 한번 시험해 보는 상소를 올릴 줄을 어찌 생각이나 하였겠습니까. 이러한데도 나라의 형법을 흔쾌히 바루지 않는다면 단지 세제의 마음을 위안할 수 없을 뿐만 아니라, 대의(大義)가 소멸하고 강상(綱常)이 막혀서 난신적자가 장차 잇달아 일어날 것입니다. 어찌 크게 두려워할 만하지 않겠습니까."

하였다.

도승지 홍계적(洪啓迪)이 아뢰기를,

"부사과 한세량이 상소 한 통을 올렸기에 그 쓰인 말들을 보니 대개 또한 조성복을 토죄하자고 청하는 말이었는데, '하늘에는 두 태양이

33 공정대왕(恭靖大王) 때의 일: 1400년(정종2) 정종이 태종을 세자로 책봉하여 군국(軍國)의 중대사를 담당하게 한 일이다.

없고 땅에는 두 임금이 없다.'라고 하기도 하고, '비록 세제로 하여금 조정에 임하게 하자고 바로 청하는 말은 없으나 그때그때 불러 참여하여 듣게 하고 가부를 의논하여 확정하라는 것이 임조(臨朝)를 청하는 것이 아니고 무엇인가.'라고 하기도 하고, '신하가 되어서 감히 천위를 은밀히 옮길 계책을 품는단 말인가.'라고도 하고, '저번에 저위를 세우자고 청할 때에 공정대왕 때의 일을 가리키는 듯이 이른 것은 대개 아우를 저사로 삼은 것을 인용하는 뜻이었는데 말단의 한 가지 일은 오히려 나라 사람들의 의혹을 면치 못하였다.'라고도 하였습니다.

'하늘에 두 태양이 없다.'라는 말을 끌어온 것이 무슨 뜻이며, '천위를 은밀히 옮기려 했다.'라는 말은 의도가 어디에 있습니까. 이러한 구절들은 모두 지극히 흉악하고 패려합니다. '말단의 한 가지 일은 나라 사람들의 의혹을 면치 못한다.'라는 등의 말에 이르면, 보자니 더욱 모골이 송연합니다. 이른바 '말단의 한 가지 일'이란 과연 무슨 일을 가리키는 것입니까. 이른바 '나라 사람들이 의혹한다.'란 과연 무슨 말이 있다는 것입니까. 위태롭게 여기고 의심하는 마음을 망녕되이 품고서 스스로 그 말뜻이 감히 말할 수 없는 영역을 침범하는 줄도 깨닫지 못하였습니다. 아, 신하 된 자로서 어찌 감히 이러한 말들을 마음에 싹 틔우고 입에 올릴 수 있단 말입니까. 신은 진실로 통분스럽게 생각하여, 전례대로 봉입하지 못하겠습니다. 구구한 소회를 황공한 마음으로 감히 아룁니다."

하였다.

양사(兩司)가 계사를 올려, 한세량을 절도(絶島)에 위리안치(圍籬安置)하기를 청하였다. 뒤에 또 잡아다 국문하여 엄히 문초하기를 청하였다. 시임 대신, 원임 대신, 삼사, 2품 이상에게 명하여 빈청(賓廳)에 와서 모이게 하고, 비망기를 내려 유시하기를,

"병환이 점점 더해지는데 수응이 많고 수라를 먹기 싫은 증세가 이전 보다 갑절이나 심하다. 일찍 저위(儲位)를 정한 것은 실로 대리(代理)를 시키고자 해서였다."

하였다. 이것을 자성께 여쭈고, 이어 한결같이 그저께의 비망기대로 거행하라고 명하였다.

대신 및 2품 이상과 삼사가 합문에 나아가 청대하기를 두 번, 말로 아뢰기를 두 번을 하였는데, 임금이 허락하지 아니하고, 소회를 써서 들이라고 명하였다.

왕세제가 상소하기를,

"삼가 아룁니다. 신은 학식도 없고 자질도 용렬한데 외람되이 왕명을 받아서 염치없이 이 자리에 있으면서 밤낮으로 근심하고 두려워하여 마치 깊은 못에 빠진 듯, 깊은 골짜기에 빠진 듯합니다. 그런데 어저께 천만뜻밖에도 갑자기 신하가 차마 들을 수 없는 하교를 내리셨습니다. 신이 놀라 어쩔 줄을 모르고 장차 피눈물을 흘리며 글을 진달하려는 즈음에, 성상께서 다시 깨달으시어 즉시 왕명을 중지하시니 삼가 기쁘고 다행스러워서 송축하는 마음을 이기지 못하였습니다. 그런데 두려움이 가시기도 전에 또 삼가 빈청에 내리신 하교를 보니 신은 간담이 떨려 차라리 죽고 싶었으나 그러지 못하였습니다.

아, 오늘날은 정유년 때[34]와는 시사(時事)가 크게 다릅니다. 전하께서는 춘추가 한창이므로 바로 정신을 가다듬어 정치에 힘써야 할 때입니다. 비록 다소 편찮으시더라도 신명(神明)이 보호해 주어 회복하실 수 있을 텐데, 갑자기 막중하고 막대한 일을 신처럼 불초한 자에게

34 정유년 때 : 1717년(숙종43) 정유년이다. 이때 숙종이 세자에게 대리(代理)를 명했는데, 《경종실록》 1년 10월 10일에 경종이 '당시에 부왕(숙종)의 신병 조섭을 위한 것이었기 때문에 부득이 받아들였다.'라는 취지로 내린 비망기가 실려 있다.

맡기려 하십니다. 신은 이미 학문이 어둡고 또한 지식도 없는데 어찌 감히 만분의 일이나마 감당하기를 바라겠습니까.

삼가 생각하건대, 전하께서 오늘 하신 하교가 비록 수고로움을 대신하게 하려는 뜻에서 나온 것이지만, 도리어 성상께 심려를 끼칠까 두렵습니다. 이에 감히 죽음을 무릅쓰고 피눈물을 흘리면서 인자하신 전하께 슬피 호소합니다. 삼가 바라건대 성상께서는 위로는 종묘사직을 생각하시고 아래로는 여러 사람들의 마음을 따라 속히 왕명을 거두소서. 그리하시면 매우 다행이겠습니다."

하니, 비답하기를,

"상소한 말을 살펴보았다. 나의 병이 깊은 줄을 이미 상세히 알고 있을 것이니, 실로 가식으로 사양하는 데 비할 바가 아니다. 지금 이렇게 나랏일이 어수선하고 걱정거리가 눈앞에 가득한 때에 나의 고질적인 신병 때문에 임금의 업무가 많이 적체되니 두렵지 아니할 수 있겠는가. 마지못하여 그대에게 명하여 대리하게 한 것이니, 바로 이것은 조종조의 고사(故事)이다. 어찌 사양하는가. 아아, 부탁이 매우 무겁고 크니 새벽부터 밤늦게까지 조심스러운 마음으로 공경하고 삼가서 경건히 받들고 다시 사양하지 말아서 나라의 온 신하와 백성의 여망에 부응하라."

하였다.

그 뒤 왕세제가 사양하는 상소를 네 번 올리고 대신과 2품 이상이 잇달아 합사(合辭)하여 비망기를 도로 거두어들이기를 청했는데, 따르지 않았다. 이것은 어필로 재정(裁定)하였다. 종반(宗班), 음관, 유생 들이 또한 계사와 상소를 올렸는데, 모두 따르지 않았다. 대신이 백관과 함께 정청(庭請)하니, 전교하기를,

"경들의 지극한 정성을 내가 이미 안다. 나의 병세가 만약 수응할 수 있는 정도라면 어찌 여기에 이르렀겠는가. 근래에 화증(火症)이 점점

올라 정신을 차리고 정무를 살필 수가 없다. 하루 동안에도 자주 발작하기 때문에 장차 좌우로 하여금 전례를 상고하여 거행하게 하는 지경에 이를 것이니, 이렇게 하지 않으면 어찌 나라를 다스릴 수 있겠는가. 이것은 내가 진심으로 하는 말이다. 좌우가 하는 것이 옳은가, 세제가 하는 것이 옳은가? 경들은 깊이 생각하여, 앞서 내린 비망기대로 거행하여 우리 형제와 더불어 고통을 분담하여, 한편으로는 내병을 편히 조리하게 하고 한편으로는 망해 가는 나라를 붙들어 세우게 하라."

하였다.

재신(宰臣) 이태좌(李台佐)[35]가 호조 판서 민진원(閔鎭遠)에게 말하기를 "돌아보건대 오늘날 나랏일에 어찌 대리하는 거조가 없을 수 있겠는가." 하였다. 이태좌의 이 말에서 많은 사람들의 심정이 같다는 것을 알 수 있다. 의(矣) 자는 어필로 써서 내렸다.

영의정 김창집(金昌集), 영중추부사 이이명(李頤命), 판중추부사 조태채(趙泰采), 좌의정 이건명(李健命)이 연명(聯名)하여 차자를 올리기를,

"신들은 모두 보잘것없는 사람으로 선조(先朝)의 천지 같은 큰 은혜를 과분하게 입어, 뼈가 가루가 되고 몸이 부서지도록 우리 전하께 보답하기를 항상 원하고 있습니다. 근일에 문득 이 비상한 거조가 있으니, 정성을 다하여 널리 구제하여 우리 백성들의 소망에 부응하고자 하는 마음이 어찌 끝이 있겠습니까. 합문에 나흘을 부복하였는데도 윤허하지 않으셨을 뿐만 아니라 면대를 청한 것이 예닐곱 차례였는데

•••••

35 이태좌(李台佐) : 1660~1739. 본관은 경주(慶州), 자는 국언(國彦), 호는 아곡(鵝谷)이다. 영의정 이항복(李恒福)의 현손이다. 1699년(숙종25)에 정시 문과에 병과로 급제하였고, 검열, 부수찬, 집의, 강원도 관찰사, 대사성, 대사간, 경기도 관찰사, 호조 판서, 이조 판서를 거쳐 좌의정을 지냈다. 《영조실록》 15년 3월 25일 기사에 그의 졸기가 있다.

도 더욱 굳게 거절하시어, 끝내 성상을 한번 뵙지도 못하였으니 단지 정성이 부족하여 성상의 마음을 감동시켜 되돌리지 못한 것이 한스러울 뿐이었습니다. 신들의 죄는 만번 죽어도 오히려 가벼우므로 엎드려 처벌을 기다려 중형을 달게 받으려고 하였습니다.

지난밤에 내리신 비지(批旨)는 신하로서 차마 들을 수 있는 바가 아닙니다. 받들어 절반도 읽기 전에 자신도 모르게 간담이 다 떨어졌습니다. 신들이 한번 죽는 것이 오히려 늦어서 이러한 망극한 상황을 만나니 놀랍고 두려워서 실로 우러러 대답할 방법을 모르겠습니다.

다만 생각건대, 당초의 비망기 가운데 '크고 작은 나랏일을 모두 재단하게 하라.'라고 하신 하교는 실로 건국 이후로 없었던 일이니, 중외의 신하와 백성들이 놀라고 의혹하고 근심하고 황망해하는 것은 바로 여기에 있습니다. 신들은 만번을 주륙(誅戮)당하더라도 결코 감히 받들 수가 없습니다. 세무(細務)를 나누어 다스리는 일이라면, 이미 정유년(1717, 숙종43)에 참작하여 결정한 바가 있고 또 구별한 절목(節目)도 있으니, '모두 재단하게 하라.'라고 하신 하교에 견주어 차이가 있을 뿐만이 아닙니다. 하물며 이번 성상의 하교는 지극히 진실하고 간절한 마음에서 나왔으니, 전하의 신하 된 자라면 또한 어찌 감히 '경솔하고 갑작스럽다.'라는 것에 구애받아 한결같이 어기고 거절하여 우리 전하의 마음을 아프게 하겠습니까. 삼가 바라건대 성상께서는 속히 유사(有司)에게 명하여 단지 정유년 절목대로 품지하여 거행하게 하소서. 그러면 천만다행이겠습니다."

하였다.

차자가 올라간 뒤에 조태구가 선인문(宣仁門)으로 들어가 청대하니, 승정원이 '대계(臺啓)가 바야흐로 한창인지라 품의할 수 없다.'라고 하여, 왕복하며 서로 고집을 부리고 있을 즈음에 사알(司謁)이 와서 성상의 하교를 전하기를,

"우의정 및 정원, 삼사는 입시하라."

하였다. 또 시임 대신, 원임 대신 및 중신과 재신들도 함께 입시하라는 왕명이 있었다. 입시하였을 때, 앞뒤로 내린 비망기 및 지난밤에 내린 비지를 모두 도로 거두어들였다.

아아, 오늘날의 청정(聽政)은 옛날의 감국(監國)[36]과 같다. 생각건대 우리 경묘께서 오래도록 편찮으시니 기무(機務)에 수응하는 것이 고요히 조섭하는 데에 방해가 되었다. 이것이 청정하라는 왕명을 내린 까닭이다. 태자(太子)가 감국한 것은 주자(朱子)가 특별히 《강목(綱目)》에 썼고 정유년(1717, 숙종43)에 대리한 일도 선조(先朝) 때에 있었던 가까운 전례이니, 청정하라는 왕명이 내렸는데 어찌 조금인들 지체한단 말인가. 그런데도 아, 저 조태구는 틈을 타서 선인문으로 들어갔고 청정 절목이 결국 도로 거두어들여졌다. 35년간을 연차(聯箚)한 안건 한 가지로 충(忠)이니 역(逆)이니 하면서 물과 불처럼 서로 다투어 그 피가 범벅이 되었다. 의리가 이로 말미암아 막히고 인심이 이로 말미암아 피폐되니[陷溺] 하늘의 법도와 땅의 법도, 백성의 윤리와 사물의 원칙이 오래도록 긴긴밤 잠기고 어두운 영역에 들어갔다. 다행히도 하늘과 조종(祖宗)이 은밀히 우리나라를 보우하시어, 군주의 결단이 통쾌하니 여러 역적이 처벌을 받았고 처분이 엄정하니 여론이 모두 승복하였다. 이에 임금이 임금답고 신하가 신하다운 의리가 바루어지고 난신적자 또한 두려워할 줄 알게 되었다.

•••••

36 감국(監國) : 임금이 도성을 비우거나 특별한 일이 있을 때 세자에게 군주의 권한을 임시로 부여하여 나랏일을 대신 다스리게 하는 것이다. 세자가 아닌 자가 대행하기도 하였다.

○ 양사(兩司)가 올린 계사에,

"근일에 삼가 듣자니 '대간의 논척으로 삭출된 죄인 조태구가 태연히 공복(公服)을 입고 선인문으로 돌입하였다.'라고 하였습니다. 비록 그 의도는 알지 못하겠으나, 대각(臺閣)이 토죄하는 이러한 때에 감히 멋대로 대궐로 들어와 조금도 돌아보지 않고 거리낌이 없었으니 고금천하에 어찌 이런 변괴가 있겠습니까. 오늘날 국가가 비록 경황이 없으나 하루라도 국가가 있다면 어찌 방자하게 패란한 짓을 하도록 그냥 내버려 두고 금지하지 아니할 수 있겠습니까. 조태구를 우선 멀리 귀양 보내소서."

하고, 사간원(司諫院)의 계사에,

"신들이 삼가 듣자니, 우의정 조태구가 선인문으로 들어와 청대(請對)하자 승정원이 대간의 논계가 한창 진행 중이므로 품달하기 어렵다고 하며 막아 말이 오고갈 즈음에, 얼마 뒤 사알(司謁)이 와서 우의정 및 승정원과 삼사는 입시하라는 성상의 하교를 전하였다고 합니다. 대저 신하를 접견하는 일은 승정원을 경유하는 것이 300년을 이어 온 법규인데, 이번에 대신이 어찌 사사로운 길을 통해 은밀하게 여쭈려고 들어왔는지 모르겠습니다. 이 길을 한번 열면 이 뒤에 혹시 북문(北門)의 변고[37]가 있더라도 막을 길이 없을 것입니다. 해당 승전색 및 사알을 모두 잡아다가 추문하여 엄하게 실상을 밝히라고 명하소서."

하니, 상이 윤허하였다.

• • • • •

37 북문(北門)의 변고 : 1519년(중종14) 기묘년에 남곤(南袞), 심정(沈貞), 홍경주(洪景舟) 등이 한밤중에 경복궁(景福宮)의 북문인 신무문(神武門)을 통해 들어가서 중종에게 고변하여, 조광조(趙光祖), 김정(金淨), 김식(金湜) 등을 체포하여 구금하였고 이후에 이들이 사사되었는데, 이를 기묘사화라고 한다. 이때 훈구 인물들이 들어간 문이 북문이므로 후세에 이 사건을 '북문지화(北門之禍)'라고 하였다.

○ 양사의 계사에,

"국본이 확정되어 신령과 사람이 서로들 기뻐하니, 자신이 유봉휘와 동일한 역적의 간담을 지닌 자가 아니라면 누가 감히 이미 확정된 대책(大策)에 불만스러운 생각을 품겠습니까. 그런데 우의정 조태구는 지난번 상소에 역적을 비호하여 의도가 헤아릴 수 없었습니다. 을유년(1645, 인조23)의 거조는 사실이 각기 다른데도 멋대로 무함하여 인용하였고 무진년(1688, 숙종14)의 일은 오늘날과는 같지 않은데도 고의로 제기하여, 몇몇 비유와 인용이 오로지 현혹하려는 데에서 나왔습니다. 충성과 진심이라고 하며 흉악한 역적을 감싸 주기까지 하였으니, 이는 그 마음 씀이 또한 단지 역적을 비호하는 것일 뿐이 아닙니다. 지난해에 '혐의를 무릅쓴다.'라고 한 말은 의도가 있었던 것이고, 지금 또 흉악한 역적을 비호하니 그 속셈이 다 드러난 것을 더욱 잘 알 수 있습니다. 합사(合辭)하여 처벌을 요청한 것은 실로 징토를 엄격하게 하고 환란이 싹트는 것을 막자는 의도에서 나왔는데, 달이 지나도록 쟁론하는데도 아직 윤허를 하지 않으시니, 그가 이에 감히 더욱 방자한 마음을 품어 조정을 이처럼 무엄하게 보는 것입니다. 어저께는 태연하게 공복을 입고 선인문을 통해 돌입하였습니다. 아, 그가 어찌 남몰래 화란을 빚는 이진검(李眞儉)에게 부화뇌동하고 국본을 위태롭게 하고 해코지하는 유봉휘를 비호하여, 죄가 왕장(王章)에 관계되어 대간의 논계가 한창인데도 면대를 요청하기에 이르렀단 말입니까. 마음대로 청대할 수 없다는 이유로 승정원이 물리쳐서, 바야흐로 실랑이를 주고받는 즈음에, 인견하겠다는 왕명이 문득 승정원에 내려왔습니다. 이는 승정원이 품의하지 아니한 일이고 보면, 조태구가 들어온 연유가 어떻게 성상께 알려져서 이러한 거조가 있게 된 것인지 모르겠습니다. 해당 승전색과 사알에 대해서는 비록 잡아다 실상을 밝히라는 교지가 이미 있었습니다만, 조태구가 평소에 환관과 서로 소통하고 있던 정상은 환히 드러나 덮을 수가 없습니다. 옛말에 이르기를 '일이 환관에 관련되면 기운을 손상하지 아니하는 것이 없다.' 라고 하였습니다. 저이도 역시 사대부인데, 또한 어찌 차마 대신의 몸으로 환시(宦寺)의 무리와 몰래 간통(干通)하는 것을 이토록 달갑게 여긴단 말입니까. 안의 말이 밖으로 나가고 밖의 말이 안으로 들어가는 것은 나라가 망하는 일입니다. 이제 이렇게 사사로운 샛길을 몰래 열어 으슥하고 은밀한 곳과 결탁한 자취가 문득 대신의 반열에서 발로되었으니, 이와 같은데도 엄히 조사하여 통렬히 징계하지 않는다면 반드시 조만간 나라가 위태롭고 혼란해질 것입니다. 우의정 조태구를 잡아다 실상을 밝혀내어 처단하소서."

하였다. 그 뒤 삼사(三司)가 합계(合啓)하여 극변에 멀리 유배보내라고 고쳐서 청하였다.

○ 12월. 김일경(金一鏡) 사직(司直)이다. 이 박필몽(朴弼夢), 이진유(李眞儒), 이명의(李明誼), 정해(鄭楷), 윤성시(尹聖時), 서종하(徐宗廈) 등과 연명으로 상소하여 아뢰기를,

"아, 아래에 간범(干犯)이 있는데 위에서 처벌하는 일이 없으면 임금이 임금 노릇을 하지 못하고 신하가 신하 노릇을 하지 못하여 난신적자가 멋대로 횡행하여 나라가 이로 인해 망하게 됩니다. 옛날에 공자께서 《춘추》를 지어 군주를 섬기는 의리를 엄하게 하였으니, 두마음을 품으면 역적이라 하였고 그런 마음만 품어도 반드시 죽였습니다. 오늘날 조성복이 앞에서 틈을 엿보았는데도 주륙하는 형법을 적용하지 않았고 네 간흉[38]이 뒤에서 멋대로 굴었는데도 목욕하고 토벌을 청

38 네 간흉 : 김창집, 이이명, 조태채, 이건명이다. 이들을 노론 사대신이라고 한다.

했다는 말은 못 들었습니다. 앞에 말한 '아래에 간범이 있는데 위에서 처벌하는 일이 없다.'라는 것은 단지 느슨한[歇後] 말입니다. 기강이 없어지고 윤리가 막혔으니 사직이 폐허가 되는 것은 단지 다음 차례일 뿐입니다.

아아, 지난번의 일은 종묘사직에도 망극한 일이고 신하와 백성에게도 망극한 일입니다. 오늘날 조정의 신하로서 진실로 조금이라도 전하를 군주로 섬기는 마음이 있다면, 모두 대궐 뜰에 엎드려 머리가 부서지고 간이 쪼개지도록 호소하여 비록 해가 바뀌더라도 차마 갑자기 물러나지 못하는 것이 천상(天常)으로 보나 민이(民彝)로 보나 그만둘 수 없는 일입니다. 그런데 합문에 엎드리고 뜰에서 청하여 억지로 책임만 때우고는 사흘 만에 그쳤으니, 그것이 차마 할 수 있는 짓이겠습니까. 하물며 또 연명하여 차자를 올려 멋대로 결정하여 말하기를 '신하가 또한 어찌 감히 가볍고 갑작스럽다는 것을 문제 삼아 한결같이 어기고 거절하겠습니까.'라고 하고, 또 '속히 유사에게 명하여 거행하게 하소서.'라고 하였습니다. 아, 이것이 어찌 신하가 감히 마음에 싹 틔워 글로 적어서 그 군주에게 보고할 말이겠습니까. 그들이 조성복과 더불어 앞뒤로 화응하여 서로 표리가 된 정상을 환하게 볼 수 있었습니다. 짧은 시간 사이에 일이 장차 헤아릴 수 없었으니, 만약 밖으로부터 새로 들어온 대신이 아니었다면 나라가 어찌 되었을지 예측할 수가 없었습니다. 기사년(1689, 숙종15)의 대신들이 한나절 동안 정청(庭請)한 죄에 대해서도 오히려 양사가 정조(鄭造),[39] 윤

39 정조(鄭造) : 1559~1623. 본관은 해주(海州), 자는 시지(始之)이다. 정언각(鄭彦慤)의 증손이다. 1605년(선조38) 정시(庭試)에 급제하였고, 호조 좌랑, 장령, 수찬, 동부승지, 부제학, 대사간, 형조 참판 등을 지냈다. 인목대비 폐모론에 적극 가담하였다가 인조반정 이후에 복주되었다.

인(尹訒),[40] 정인홍(鄭仁弘)[41]과 같은 죄과로 공척하였으니,[42] 오늘날 저 무리들은 진실로 양기(梁冀),[43] 염현(閻顯),[44] 왕망(王莽),[45] 조조(曹操)가 받았던 것과 같은 주벌을 면하기 어렵습니다. 죄가 하늘에 닿았는데 용서할 수가 있겠습니까.

아아, 함께 호소할 길은 이미 막히고 차자로 요청한 일이 장차 행해질 판이어서, 왕실을 돌아보건대 매우 위태하였습니다. 그리하여 몸

• • • • •

40 윤인(尹訒) : 1555~1623. 본관은 파평(坡平), 자는 인지(訒之)이다. 1601년(선조34) 식년시에 급제하였고, 판관, 예조 정랑, 함양 군수, 장령, 대사간, 대사헌 등을 지냈다. 인목대비 폐모론에 적극 가담하였다가 인조반정 이후에 복주되었다.

41 정인홍(鄭仁弘) : 1535~1623. 본관은 서산(瑞山), 자는 덕원(德遠), 호는 내암(來庵)이며, 남명(南冥) 조식(曺植)의 재자이다. 1573년(선조6) 학행(學行)으로 천거되어 6품직에 오르고, 장령, 대사헌, 우의정 등을 거쳐 1618년(광해군10) 영의정에 올랐다. 임진란 때에는 의병장이 되어 전공을 세웠다. 영창대군을 제거하고 인목대비를 폐출하는 데 앞장섰으며, 인조반정 이후 복주되었다.

42 기사년의……공척하였으니 : 1694년(숙종20) 대간이 합사하여, 1689년 기사년에 인현왕후를 폐위할 때 적극 나서서 막지 않은 당시의 영의정 권대운(權大運), 좌의정 목내선(睦來善), 대제학 민암(閔黯), 대사헌 목창명(睦昌明) 및 삼사의 여러 관원을 공척하며 극변에 귀양 보낼 것을 청하였다. 그 글에 "한나절의 정청(庭請)과 잠시의 복합(伏閤)은 마침내 겉치레에 따라 책망을 면할 뿐이었고……그 실정을 파헤쳐 보자면 비록 정조, 윤인, 정인홍 같은 자라도 이보다 더할 수 없을 것입니다."라고 하였다. 《승정원일기》 숙종 20년 4월 25일 기사에 실려 있다.

43 양기(梁冀) : 중국 후한 순제(後漢順帝) 때 양 황후(梁皇后)의 오빠로서 대장군이 되어 사치와 전횡을 일삼던 자이다. 자기를 발호장군(跋扈將軍)이라고 지목한 질제(質帝)를 매우 미워하여 그를 독살하고 환제(桓帝)를 세웠다. 전후 20여 년간 정권을 전횡하다가, 환제가 선초(單超) 등과 의논하여 제거하려 하자 자살하였다.

44 염현(閻顯) : 후한 안제(後漢安帝)의 황후인 염 황후(閻皇后)의 오빠이다. 안제가 죽은 뒤에 염 황후 등이 북향후(北鄕侯) 유의(劉懿)를 후사로 삼아 즉위시키고 염현을 거기장군(車騎將軍)으로 삼았다. 얼마 안 가서 북향후가 죽자, 염현 등은 궁문을 닫고 발상을 하지 않은 채 자신들이 원하는 인물을 세우려고 역모를 시도하였으나, 환관 손정(孫程) 등이 순제(順帝)를 세우고 염현을 주살하였다.

45 왕망(王莽) : 전한(前漢) 이후에 신(新)을 세운 인물이다. 한나라 애제(哀帝)를 폐하고 평제(平帝)를 독살한 뒤에 어린 영(嬰)을 세워 섭정하며 가황제(假皇帝)라고 일컫다가 마침내 제위를 찬탈하고 스스로 천자가 되어 국호를 신이라 하였다.

에 나라의 안위가 달린 대신이 단지 죽음을 향해 한 걸음 나아갔는데, 대각에 있는 자가 감히 '무슨 비밀스러운 기미가 있다.'라는 등의 말로 억지로 무거운 죄안을 만들어서 곧바로 유배 보내고 국문할 것을 청하면서, 환관과 체결했다느니 환관과 교통하였다느니 하는 말로 지목하였으니, 그 마음 씀씀이가 흉악하고도 참담합니다.

지금 이 네 흉적은 전하께 반역을 한 신하일 뿐만 아니라 실로 또한 춘궁께도 죄인입니다. 반드시 전하를 고립시키고야 말려고 하였으니, 모르겠습니다만 저들이 장차 무슨 일을 하려고 한 것입니까. 군주와 신하 사이의 분수와 의리는 지극히 엄하고 또 중대하여 잠깐 사이에 한 번이라도 차질이 있으면 악역(惡逆)의 이름과 찬시(簒弑)의 주벌을 면할 수 없습니다. 하물며 저 무리들은 죄악이 조금씩 쌓여 온 지 이미 오래고 능멸하고 간범한 죄가 또 큽니다. 신하가 되지 않겠다는 뜻이 한 통의 차자에 밝게 드러났고 군주를 업신여긴 죄악은 수많은 사람의 눈을 가리기 어렵습니다. 《춘추》의 무장(無將)의 법[46]으로도 그 죄를 다 다스릴 수 없고 한법(漢法)의 부도(不道)의 법으로도 그 형률을 맞출 수가 없습니다. 비록 전하께서 어질고 관대하시더라도 끝까지 사사로이 덮어 줄 수 없는 바가 있습니다.

삼가 바라건대 전하께서는 특별히 교지를 내려 속히 상형(常刑)을 거행하여 수악(首惡)인 역적 조성복 및 네 흉적을 한결같이 국법으로 결단하고 조금도 용서하지 마시어, 난신적자가 감히 다시는 일어나지 못하게 하고 충성스럽고 뜻있는 자들이 스스로 면려하게 하여, 위태로운 종묘사직이 이에 힘입어 다시 안정되게 하소서.

.....

46 춘추의 무장(無將)의 법 : 《춘추공양전》에 "군주와 부모에 대해서는 시해할 마음도 품어서는 안 되니, 마음만 품어도 죽인다.〔君親無將, 將而誅焉.〕"라고 하였다. '무장의 법'이란 '마음만 품어도 죽이는 형법'이라는 뜻이다.

신들이 상소문을 이미 갖추어 놓고 미처 올리지 못하였는데, 삼가 전하께서 특별히 덕음(德音)을 내려 직언을 널리 구하는 것을 보았습니다. 아아, 전하께서 은미하게 그 단서를 여셨으니, 신들이 전하를 위하여 자세히 말씀드립니다. 아아, 저 무리들은 전하와는 진실로 군주와 신하가 양쪽 모두 온전할 수 있는 형세가 없습니다. 저들이 편안하면 이쪽이 위태롭고 이쪽이 편안하면 저들이 위태합니다. 만약 전하께서 굳센 군주의 덕을 분발하시고 우레 같은 위엄을 갖추시어 통쾌히 천토(天討)를 시행하여 더럽고 흉악한 무리들을 숙청하여, 요망한 무리들이 감히 함부로 방자하게 굴지 못하고 난신적자들이 기강을 간범할 수 없게 된다면, 사방의 충성스럽고 정의로운 선비들이 어찌 다만 눈을 씻고 목을 늘여 태평 시대를 그리며 희망할 뿐이겠습니까. 추종한 자들 또한 안정되어 스스로 편안할 수 있을 것입니다."

하였다.

아, 역적 김일경의 이 상소가 나온 뒤로, 김일경과 아주 가까운 당인(黨人)이 아니라면 누군들 마음이 놀라고 뼈에 사무쳐 그 살점을 저미고 싶어 하지 않았겠는가. 통분할 만한 것은, 한 종류의 흉악하고 간흉한 무리들이 일찍이 김일경을 역적이 아니라고 하지 않으면서도 이에 김일경이 역적이 되는 까닭은 교문(教文)에 있지 이 상소에 있지 않다고 하는 점이다. 이것이 실로 이하징(李夏徵) 무리의 흉악한 역심이 발원한 곳이다. 이 상소 안에 비록 교문에 인용한 흉언은 없으나 한 편(篇)의 뜻에 어찌 일찍이 터럭만큼이라도 왕세제를 돌아보는 마음이 있었는가. 세제가 임금의 일을 대신하여 다스리는 것은 선조(先朝)에서도 이미 시행했던 일이다. 그런데 이에 봉행한 신하를 양기와 염현에 견주어 이미 '찬시의 주벌을 면할 수 없다.'라고 하고, 또 '신하가 되지 않겠다는 뜻이 한 통의 차자에 분명히 드러났다.'라고 하여, 그 늘어놓은 바가 세제를 동요시키는 말이 아닌 것이 없었다. 그가 또한 어찌 세제를 동요시키는 것이 스스로 역적으로 귀결되는 줄을 몰랐겠는가. 그런데도 이에 감히 이렇게 하여 조금도 돌아보지 않고 거리낌이 없었으니, 믿는 바가 있어서 그리한 것이 아니겠는가. 환관과 교결하여 역적질할 계획을 남몰래 주고받고, 목호룡(睦虎龍)을 장속(粧束)해 두어 흉서(凶書)를 장차 올리려 하였는데, 조태구, 유봉휘, 이사상(李師尙), 윤취상(尹就商)의 무리가 밖에서 형세를 도왔기 때문에 눈앞에 드디어 세제가 안 보여 그의 말이 절로 이 지경에 이르렀으니, 이 한 통의 상소에서 김일경과 박필몽의 찰 대로 찬 죄악이 이미 남김없이 드러났다. 김일경이 역적이 되는 까닭이 단지 교문에 있고 이 상소에 있지 않다고 하는 것이 옳은가. 하물며 손형좌(孫荊佐)의 국문(鞫問) 초사(招辭)가 나오니 김일경 상소의 본말을 볼 수 있고, 목호룡의 급서(急書)가 올라가니 모두 김일경 상소의 말뜻에 부합하였음에랴. 이러한데도 오히려 김일경이 역적이 되는 까닭이 상소에 있는 것이 아니라고 한다면 이는 참으로 이하징의 무리가 역적 김일경과 더불어 같은 마음을 품은 것이다.

○ 승정원이 아뢰기를,

"이제 김일경 등이 구언(求言)하는 기회를 빙자하여 한 장의 상소를 올렸는데, 종이 가득 늘어놓은 것이 차마 말하지 못하고 차마 듣지 못할 흉악한 말이 아닌 것이 없습니다. 신들이 진실로 조목별로 변론하여 필설(筆舌)을 더럽히고 싶지는 않습니다만, 대개 그 흉악하고 패려한 의도는 단지 사대신(四大臣)을 해치는 데에 있을 뿐만이 아닙니다. 한번 한세량(韓世良) 등의 상소가 나온 뒤로 이미 이 무리들의 악역(惡逆)하는 마음이 이르지 아니하는 데가 없을 줄을 알았습니다. 지금 이 김일경의 상소 내용으로 보건대 그 마음이 어디에 있는지가 불을 보듯 더욱 분명합니다. 그가 비록 차자를 올린 대신에 대해 죄를 청한다고 의탁은 하였으나, 그의 성난 눈과 물어뜯으려는 이빨이 과연 차자를 올린 한 가지 일에만 있겠습니까. 아아, 이러한 음흉하고 간특한 상소는 오직 배척해 물리치기에도 겨를이 없어야 하지만, 성상께서도 마땅히 직접 보시고 엄하게 배척하여 간사한 싹을 끊어야 하겠기에 부득불 받들어 올립니다. 삼가 바라건대 성상께서는 즉시 처분하소서."

하였다. 김일경 등의 상소가 들어간 뒤에 대신들이 왕명을 기다렸다. 이날 밤에 비망기를 내려, 승지와 삼사(三司)와 경재(卿宰)와 장신(將臣)을 혹 파직하고 혹 삭출하고 혹 체차하였다. 심단(沈檀)을 이조 판서로, 김일경을 이조 참판으로, 이진유(李眞儒)·이명의(李明誼)·박필몽(朴弼夢)·양성규(梁聖揆)·이제(李濟)·윤연(尹延)을 삼사로 삼았다. 이튿날에 윤취상(尹就商)을 훈련대장으로 삼았다.

○ 삼사 이진유, 박필몽, 이명의, 윤연 등이다. 가 계사로 아뢰어, 영의정 김창집, 영중추부사 이이명을 절도에 위리안치하고 판중추부사 조태채는 극변에 멀리 귀양 보내고 좌의정 이건명은 일을 마치고 돌아오기를 기다렸다가 당시에 책봉(冊封)을 주청(奏請)하는 일로 연경(燕京)에 갔다. 위리안치하기를 청하였다. 얼마 있다가 또 조태채를 위리안치하기를 청하였다. 그 뒤 모두 극률(極律)을 시행하였다. 아아, 그 마음은 길 가는 사람도 아는 바이다. 이(伊)에서 지(知)까지 14자[47]는 어필(御筆)로 써서 내렸다.

○ 역적 박상검(朴尙儉), 문유도(文有道), 석렬(石烈), 필정(必貞) 등이 동궁(東宮)을 해치려고 도모하다가 일이 드러나 복주되었다.

당시에 박상검과 필정 등이 안팎으로 체결하여 역모가 매우 위급하

47 이(伊)에서 지(知)까지 14자 : 바로 앞에 나오는 '그 뒤……바이다.'까지 해당하는 '伊後竝置極律. 吁嗟! 其心, 路人所知.'이다.

였다. 왕세제가 춘방(春坊)과 계방(桂坊) 관원을 인접하고 하령(下令)하기를,

"한두 환관이 중간에 일을 꾸며 감히 나를 제거할 계획을 세웠다. 오늘 문침(問寢)과 시선(視膳)까지도 이 무리들 때문에 막혔으니, 내가 만일 이 자리를 피하지 아니하면 반드시 독수(毒手)를 만날 것이다."

하고, 이어 합문을 나가 지위를 사양하겠다는 뜻으로 하유하였다. 보덕 김동필(金東弼)이 아뢰기를,

"환관의 일은 매우 놀라우니, 어찌 성명(聖明)의 시대에 이렇게 국가에 재앙을 끼치는 변고가 있을 줄을 생각이나 했겠습니까. 저하(邸下)께서 변고에 대처하는 도리상 마땅히 성상께 진달하고 유사에게 부쳐 밝게 전형(典刑)을 바루셔야 합니다. 합문을 나가 지위를 사양하겠다는 말씀은 신하로서 차마 들을 수 없습니다. 비록 죽더라도 결코 감히 받들지 못하겠습니다."

하고, 계방의 신하들도 번갈아 진달하며 굳게 쟁론하였다. 김동필이 또 아뢰기를,

"내일 아침까지 조금 기다려 사부(師傅)와 빈객(賓客)을 불러 접견하고 처리하소서."

하였다. 왕세제가 처음에는 허락하지 않다가 밤이 깊은 뒤에, 우선 물러가라고 하령하였다.

대신, 2품 이상, 정원, 삼사가 청대하여, 환관 등을 때를 기다리지 말고 참수하기를 청하였다. 약방이 문안할 때에 대비전이 도제조 조태구에게 언문 하교를 내렸다. 비록 조태구인들 무슨 마음으로 하교를 받들겠는가. 수(雖)에서 교(敎)까지 7자[48]는 어필로 써서 내렸다. 봉하여 도로 들였다.

•••••

48 수(雖)에서 교(敎)까지 7자 : '비록……받들겠는가.'까지 해당하는 '雖泰耉, 何心奉敎?'이다.

대비전이 또 언문 하교를 내렸다. 사관이 번역하여 쓰기를,

"다음과 같이 말씀하셨다. 저사(儲嗣)를 정한 것은, 바로 선왕의 유교를 받들어 대전(大殿)께서 손수 작호(爵號)를 쓰시고 내가 또 언문 하교를 대신에게 내려서 결정한 것이다. 불행히도 궁인(宮人)과 환시(宦寺)가 양궁(兩宮)에 교결하여 성상의 총명을 가리니 내 마음에 항상 안타까웠다. 일찍이 궁인을 불러 여러 가지로 타일러 화합할 방도를 행하였는데, 감히 흉악하고 패려한 말로써 대전 및 내가 앉아 있는 자리 앞에서 방자하게 지껄였으니, 그 죄상은 필시 해당하는 율문이 있을 것이다. 그중 궁인 한 사람은 바로 환시와 체결한 자이니 율문에 따라 처치하라. 경들도 마땅히 우리 주상과 동궁(東宮)을 잘 보호하여 우리 300년 종묘사직을 보전하고, 우리 선왕께서 남기신 교훈을 저버리지 말아야 할 것이다. 이것이 내가 바라는 바이다."

하였다. 그 아래에 나인(內人) 석렬(石烈)과 필정(必貞) 두 사람의 이름을 써서 내렸다.

아아, 우리 동조(東朝)께서 내리신 자교(慈敎)의 간절하고 애틋함이 돈어(豚魚)도 믿게 하고[49] 귀신도 울릴 만하다. 역환(逆宦)과 역비(逆婢)의 변고는 지금 생각해 보면 뼈가 서늘하고 간담이 찢어진다. 안에서는 박상검과 필정이 흉한 짓을 부리고 밖에서는 김일경과 윤취상이 변고를 선동하였다. 이 당시에 조태구가 주축을 담당한 대신으로서 예사롭게

•••••

49 돈어(豚魚)도 믿게 하고 : 돈어는 돼지와 물고기이다. 마음이 지극히 진실하여, 아주 감각이 둔한 돼지와 물고기까지도 감동하여 믿고 따른다는 말이다. 《주역》〈중부괘(中孚卦)〉에 "중부는, 돼지와 물고기에 미치면 길하니, 큰 시내를 건너면 이롭고 곧으면 이롭다.〔中孚, 豚魚, 吉, 利涉大川, 利貞.〕"라고 하고, 그 단사(彖辭)에 "돼지와 물고기에 미치면 길하다는 것은, 신뢰가 돼지와 물고기에게까지 미친다는 뜻이다.〔豚魚, 吉, 信及豚魚也.〕"라고 한 데에서 나왔다.

보고 조금도 놀라는 안색이 없었으니, 그 속마음을 길 가는 사람도 모두 알았다. 우리 동조께서 환관과 역비의 흉역을 통분해하고 국가의 위태함을 딱하게 여겨 '우리 주상과 동궁을 보호하여 우리 300년 종묘사직을 보전하고, 우리 선왕께서 남기신 뜻을 저버리지 말라.'라고 빈청에 언문 교서를 내리기까지 하시니, 흉역을 도모하는 일이 이로 인하여 감히 시행되지 못하였다. 저위(儲位)가 평안하고 요망한 무리들에게 차례로 형률이 적용되니, 궁궐에 온화한 기운이 흡족히 감돌아 조금도 틈이 없었다. 아, 우리 동조의 성대한 덕성과 지극한 인자함이 멀리 임사(妊姒)보다 나으시니, 한(漢)나라의 명덕(明德)[50]과 송(宋)나라의 선인(宣仁)[51]은 대개 그리 훌륭할 것도 없다. 슬프다. 저 역적들이 감히 우리 자성을 원망하여, 예측 못 할 흉악한 말이 위로 감히 말할 수 없는 영역을 핍박하였으니, 이것이 신민들이 피를 뿜고 통렬히 변파하여 우리 동조의 지극한 인자함과 성대한 덕성을 천양하려고 생각하는 까닭이다.

삼사가 계사를 올려 석렬과 필정 등을 속히 국법에 따라 처벌할 것을 청하였다. 세제의 사(師) 조태구가 궁관들과 함께 들어가 동궁을 면대하였다. 왕세제가 다시 어젯밤에 하령했던 뜻으로 하유하였다. 조태구 등이 말하기를 "환관은 바로 옛사람이 말한 가노(家奴)이니, 처리하기가 무엇이 어렵겠습니까. 성상께서 이제 이미 쾌히 처단하셨으니 저하께서는 더욱이 흉중에 담아 두지 마소서." 하고, '모혐(冒嫌) 차자'를 베

•••••

50 한(漢)나라의 명덕(明德) : 후한 현종(後漢顯宗)의 황후인 명덕 마황후(明德馬皇后)이다. 검소하고 부덕(婦德)이 있어서 훌륭한 황후의 본보기로 일컬어졌다.

51 송(宋)나라의 선인(宣仁) : 송나라 영종(英宗)의 후비 고황후(高皇后)이다. 영종이 죽고 철종이 즉위하자 그가 태후로서 국정을 대리(代理)했는데, 왕안석의 신당을 내치고 사마광 등을 등용하여 '원우지치(元祐之治)'를 이루었으므로 여중요순(女中堯舜)으로 일컬어졌다.

껴 올린 말을 덧붙여 말하여 간곡히 쟁변하여 마지않았으니 그 마음을 알 수 있다. 췌(贅)에서 지(知)까지 17자[52]는 어필로 써서 내렸다.

설서(說書) 송인명(宋寅明)이 선처(善處)할 도리를 갖추어 진달하니, 하령하기를,

"설서의 말에 느낀 바가 있으니, 처음 마음을 조금 바꾸겠다."

하고, 인하여 상소를 진달하는 것이 마땅한지를 물었다. 김동필 등이, 진달하는 것이 부당하다는 뜻으로 대답하니, 왕세제가 따랐다.

양사가 계사를 올려, 문유도(文有道)와 박상검과 석렬과 필정 등을 국청을 설치하여 실정을 캐내 형률을 적용하기를 청하니, 답하기를,

"흉악하고 참담한 죄상이 이미 드러나 다시 물을 일이 없으니, 전교대로 속히 거행하라."

하였다.

의금부가 아뢰기를,

"필정과 석렬에게 장차 결안(決案)하고 초사(招辭)를 받으려고 하여, 필정은 잡아왔는데, 석렬은 지난밤에 죽었다고 합니다. 석렬이 죽게 된 연유를 해당 조(曹)로 하여금 자세히 조사하고 법례에 따라 검시하게 하소서."

하고, 또 아뢰기를,

"필정에게 장차 결안에 대한 다짐을 받으려고 하여 그 배후를 물었더니, 입을 굳게 다물고 끝내 거역하고 있습니다. 엄하게 형구(形具)를 써서 초사를 받게 하소서."

하고, 또 아뢰기를,

"문유도와 박상검에게 결안에 대한 다짐을 받으려고 하였더니 거역하

• • • • •

52 췌(贅)에서 지(知)까지 17자 : '모혐(冒嫌)……있다.'에 해당하는 '贅說冒嫌箚謄入之說, 斷斷不已, 其心可知.'이다.

고 서명을 하지 않습니다. 엄하게 형구를 써서 조사를 받게 하소서."

하고, 또 아뢰기를,

"필정을 잡아 가둔 뒤에 토한 오물이 색깔이 누렇고 평상과 달리 변한 것이었는데, 그대로 죽었습니다. 해당 부(府)로 하여금 법례에 따라 검시하게 하소서."

하였다.

비망기를 내려 하교하기를,

"두 환시의 끝없이 흉악한 죄상이 모두 이미 드러나서 나도 환히 아는 바이므로 다시 물을 일이 없다. 일각도 머물러 두지 말고 오늘 안으로 속히 결안하여 다짐을 받아서 국법을 시행하라. 두 궁인은 지레 죽어서 국법을 시행하지 못하니 매우 통분스럽다. 석렬은 자기 집에서 지레 죽었으니 더욱 흉참하다. 필시 뒷날의 폐단이 될 간악한 정상이 있을 것이므로 그대로 둘 수 없다. 각별히 엄히 조사하여 그 죄악을 바로잡으라."

하였다.

양사가 또 아뢰기를,

"문유도와 박상검에 대해, 속히 명하여 국청을 설치해서 실정을 밝혀 형률대로 처리하게 하소서."

하였다.

병조 판서 송상기(宋相琦)가 상소하여 아뢰기를,

"자성(慈聖)의 하교에 이미 두 궁인을 가리켜 이름을 써서 내렸으니, 진실로 일각이라도 숨을 쉬게 해서는 안 됩니다. 그런데 날이 다 가고 밤이 지나도록 편안히 집에 있게 그냥 두어, 계사(啓辭)는 어제 윤허를 받았고 잡아 가두는 일은 이튿날에 있어서, 한 역적으로 하여금 지레 자결하도록 하였습니다. 비록 그 사이에 무슨 곡절이 있었는지 모르겠습니다만, 승정원과 의금부가 느긋하고 소홀히 한 뜻이 분명하게 있으니 신은 삼가 놀라운 일이라고 여깁니다.

아, 우리 성상께서 종묘사직의 큰 계책을 깊이 생각하시어 위로 자성의 교지를 받들어 저사(儲嗣)를 책정하시니, 나라의 온 백성들이 기뻐하지 아니하는 자가 없고 양궁(兩宮) 사이에도 화평한 기운이 가득하였습니다. 억만년 무궁할 아름다운 일을 모두 송축하기에도 겨를이 없는데 불행하게도 요역(妖逆)의 변고가 갑자기 환관과 비첩 가운데서 나와, 궁위(宮闈)를 교란하고 저위(儲位)를 흔들었습니다. 만약 우리 성상의 깊은 친애와 분명한 결단이 아니었다면 그 재앙이 장차 어느 지경까지 이를지 알 수 없었습니다. 생각이 이에 미치니 모골이 다 서늘하였습니다."

하였다.

양사가 청대하여, 문유도와 박상검을 국청을 설치하여 엄히 국문하기를 청하니, 상이 윤허하였다. 박상검과 문유도를 형구를 써서 추국하고 그 뒤에 잇달아 형구를 써서 신문하니 문유도는 얼마 안 되어 물고되었고, 박상검은 자복하였는데 결안한 공초에,

"청휘문(淸暉門)은 세제가 문안하러 오가는 문입니다. 문을 열라고 하령하였는데도 진즉 열지 않았으니, 제가 내관(內官)인 몸으로 어찌 거역하려는 마음이 있어서였겠습니까. 일찍이 동궁께 죄를 얻은 일이 있었기에 후환이 있을까 염려되어 필정과 더불어 제거할 마음을 품었습니다. 역모를 도모하였음을 자복합니다."

하였다. 형률에 따라 처단하고, 처자식을 노비로 삼고 가산을 몰수하는 일을 법대로 하였다.

처음에 김일경의 무리가 환관과 남몰래 서로 통하면서 치밀하게 모의하니, 박상검은 문을 닫고서 문침(問寢)하는 길을 막았고 석렬은 지존 앞에서 패려한 말을 멋대로 지껄여, 무릇 금상 전하를 해치는 데 못 하

는 짓이 없었다. 아아, 외신(外臣)으로서 환관과 체결하는 것은 실로 국조(國朝)에 없던 일이고, 환관과 궁첩으로서 동궁을 해치고자 도모하는 것 또한 지난 역사에 없던 일이다. 흉역이 일시에 모여 연합하여 변괴가 거듭 출현하였으니, 지금에 이르러 생각해 보건대 그 누가 뼈가 아프고 간담이 찢어지지 아니하겠는가.

성스러운 덕성과 지극한 인애를 지니신 우리 경묘께서는 춘궁에 있을 때부터 우애가 순수하고 독실하였다. 일찍이 정유년(1717, 숙종43) 청정(聽政) 초기에 조참(朝參)할 적에 전하께서 당(堂)에 올라 예를 행하니 경묘께서 웃음을 머금고 보시는데 아름다이 여기고 사랑하는 뜻이 안색에 가득 드러나, 보고 듣는 이들이 공경히 칭송하지 아니하는 이가 없었다. 상(嘗)에서 송(頌)까지[53]는 영부사 김재로(金在魯)가 아뢴 내용이다. 김재로는 당시에 춘방(春坊) 관원으로 있었다. 사위(嗣位)한 뒤에 매양 전하께서 나아가 뵈오면 대단히 화락하였다. 또 항상 몸소 동위(銅闈)에 나아가셨는데, 좌우에서 말리면 하교하기를 "내가 내 아우의 글 읽는 소리를 듣고자 하는데 어찌 말리는가." 하셨다. 매(每)에서 야(也)까지[54]는 성상의 하교이다. 박상검과 석렬 무리가 역모한 사실이 드러나니, 성상의 결단이 엄격하고 분명하여 유사에게 내맡겨 국문하여 국법을 시행하셨다. 경묘의 지극한 덕성이 아니었다면 어찌 이렇게 할 수 있었겠는가. 약(若)에서 차(此)까지 11자[55]는 어필로 써서 내렸다.

53 상(嘗)에서 송(頌)까지 : '일찍이……없었다.'에 해당하는 '嘗於丁酉聽政初朝參, 殿下陞堂行禮, 景廟含笑而見, 嘉愛之意, 藹然見於色, 瞻聆莫不欽頌.'이다.

54 매(每)에서 야(也)까지 : '매양……하셨다.'에 해당하는 '每殿下進見, 和樂怡怡. 且常躬臨銅闈, 左右欲止之, 則教曰 : 「予欲聽吾弟讀書之聲, 何沮也?」'이다.

55 약(若)에서 차(此)까지 11자 : '경묘의……있었겠는가.'에 해당하는 '若非景廟之至德, 何以至此?'이다.

임인년(1722, 경종2)
壬寅

2년 1월. 사직(司直) 정호(鄭澔)가 상소하여 아뢰기를,

"당초에 저사(儲嗣)를 세울 때 자성(慈聖)의 하교에 '효묘(孝廟)의 혈맥으로 선왕의 골육은 단지 주상과 연잉군이 있을 뿐이다.'라고 하셨으니, 단지 이 하나의 하교가 천지를 질정하고 귀신을 울릴 만하였습니다. 불행하게도 일단의 무엄한 무리가 감히 불쾌히 여기는 생각을 품어, 번갈아 두드리고 흔들어 반드시 요동시키고야 말고자 하였으니, 세 분 성인(聖人)의 혈맥이 얼마나 더 끊어지지 아니하고 갈 수 있었겠습니까. 오늘날 조정에 있는 대소 신료라면 누군들 세 분 성인의 교화에 흠뻑 젖은 자가 아니겠습니까. 어찌 차마 종묘사직이 장차 끊어지게 되는 것을 못 본 체할 수가 있겠습니까. 지금 한두 환관과 궁첩이 문득 서로 체결할 계교를 부렸으니, 그 요망하고 악독한 짓거리야 마땅히 형률에 복주되어야 할 것입니다만, 또한 어찌 하찮은 무식자가 자기들끼리 꾸며 낼 수 있는 일이겠습니까. 마땅히 국청을 설치하여 엄히 조사해서 실정을 찾기를 청해야 하는데, 도리어 서둘러 우선 국법으로 처단하자고 한목소리로 힘껏 진달하니, 이것이 무슨 생각이며 이것이 무슨 도리입니까."

하였다.

○ 3월 초하루는 병술일이다. 임자일(27일). 왕세제 책봉 주청사(奏請使)[56]의

56 왕세제 책봉 주청사(奏請使) : 정사는 이건명(李健命), 부사는 윤양래(尹陽來)이다. 북경에서 출발하면서 먼저 세제의 봉전(封典)을 준청(準請)받았음을 선래(先來)를 보내 치계(馳啓)하였다.

선래 장계(先來狀啓)가 이르렀다. 전교하기를,

"지금 사신이 보내온 장계를 보니, 책봉하는 일이 잘 완수되었다. 그 다행스러움이 어찌 끝이 있겠는가. 선래 군관(先來軍官), 역관(譯官) 들 세 사람에게 모두 먼저 자급을 더해 주라."

하였다.

○ 이날에, 목호룡(睦虎龍)이 흉서(凶書)를 올려 무옥(誣獄)을 일으키니 조태구(趙泰耈)와 김일경(金一鏡)과 이사상(李師尙) 등이, 변고를 고발한 자로서 옥중에 갇혀 있던 백망(白望)을 죽였다.

목호룡의 흉서가 올라오자, 승지들이 청대하여 아뢰기를,

"어떤 사람이 스스로 '상변(上變)합니다.'라고 하며 봉서(封書) 한 통을 올렸는데, 말이 매우 흉악하고 참담합니다. 삼가 가져와 올립니다. 청컨대 왕옥(王獄)에 맡겨 처리하소서."

하니, 내병조(內兵曹)에 국청을 설치하라고 명하였다. 왕세제가 궁관을 불러 접견하여, 상소를 올려 저위를 사양하고 싶다는 뜻을 말하고, 이어서 조신(朝臣)의 숙배 단자(肅拜單子)를 받지 말라고 하령하였다. 대개 목호룡의 헤아릴 수 없는 무고가 감히 말할 수 없는 영역에까지 미쳤기 때문이다. 국청 대신(鞫廳大臣) 조태구와 최석항(崔錫恒) 등이 청대하여, 조태구가 아뢰기를,

"변서(變書)는 모두 차마 듣지 못할 말들이고 국문(鞫問)한 공초에 말한 바는 음흉하고 치밀하여 모두 부도(不道)한 일들이니, 관계되는 바가 작지 아니한지라 참으로 엄히 조사하여 국법대로 처단해야 합니다. 그런데 어제 삼가 듣자니, 왕세제가 궁관을 불러 접견하여 심지어 상소를 올리고자 한다는 하교를 하고 또 조신들의 숙배 단자를 받지 말라고 하령했다 합니다. 이는 편안하기 어려워서 그리한 것입니다.

옛날에도 양옥(梁獄)[57]을 끝까지 캐지 말게 한 일이 있었습니다. 이번에도 내리신 사항은 원래 대단한 것이 아니니, 내버려 두고 불문에 부치는 것이 어떻겠습니까?"

하고, 최석항이 아뢰기를,

"춘궁이 이 때문에 불안해하니 놀라고 당황한 속마음을 어찌 다 아뢰겠습니까. 상께서 반드시 와내(臥內)로 불러들여 여러 가지로 설득하여 위안하는 방도를 다하셔야 합니다."

하였다. 조태구가 아뢰기를,

"상께서 특별히 더욱 위안하소서. 신 또한 마땅히 동궁께 나아가 위로하고 면려하는 뜻을 진달하겠습니다."

하고, 최석항이 아뢰기를,

"일종의 음험하고 사악한 무리들이 감히 말할 수 없는 지위를 빙자하여 이런 요망하고 패악한 말을 하였습니다. 이 뒤로는 말이 동궁께 관련되는 것은 문안(文案)에 올리지 못하게 해야 마땅할 것입니다."

하였다. 조태구가 아뢰기를,

"김일경이 옥관(獄官)으로 좌기(坐起)에 참여했다가 뜻밖의 흉언 때문에 밖에 나가 대명하고 있습니다."

하고, 최석항이 아뢰기를,

"흉악하고 패려한 말은 이미 문목(問目)을 벗어났으니, 통상적인 규례로 보자면 기록하지 않아야 할 바이나, 그가 이미 입밖에 냈으니 또

• • • • •

57 양옥(梁獄) : 양왕(梁王)의 옥사이다. 한(漢)나라 경제(景帝) 때 양왕이 자기가 경제의 후사가 되는 일을 방해한 원앙(袁盎) 등에게 원망을 품고 사람을 시켜서 그들을 살해하였다. 경제가 전숙(田叔)에게 조사하도록 하였는데, 전숙이 그 사건을 조사한 뒤에 사건 전말의 기록을 불태우고 돌아와 경제에게 보고하기를 "양왕은 사형죄에 해당합니다. 양왕을 죽이지 않으면 한법(漢法)이 행해지지 않는 것입니다. 그러나 만약 죽여서, 태후께서 식음을 전폐하시면 이는 폐하께 근심이 되는 일입니다." 라고 하였다. 《사기》 권104 〈전숙열전(田叔列傳)〉에 나온다.

한 덮어 둘 수 없습니다. 대개 들으니, 백망이 이 말을 한 까닭은, 그가 금부에 갇혀 있을 때 김일경이 금부 당상으로서 자못 엄준하게 다스렸기 때문에 이것으로 원혐을 품어, 견줄 데 없는 부도한 말을 지어내어 반드시 함정에 빠뜨리고자 해서라고 합니다. 이러한데도 내버려둔다면 장차 국청을 설치할 길이 없습니다. 돈독히 면려하여 공무를 행하게 한 뒤라야 나라의 기강을 조금 떨칠 수 있을 것입니다."

하였다. 조태구가 아뢰기를,

"목호룡이 이미 백망을 고발하였고 백망이 또한 목호룡을 고발하여, 고발당한 사람이 고발한 사람을 미워하고 원망하여 마치 서로 보복을 하듯이 하였으니, 그 습속이 참으로 놀랍고 통분스럽습니다. 그리고 백망이 한 말단의 말은 지극히 흉악하고 패려하니, 신하로서 이런 말을 들으면 감히 좌기에 참여하지 못하기 때문에 즉시 나가서 명을 기다린 것입니다."

하고, 최석항이 아뢰기를,

"이제 이미 자세히 진달하였으니 다시 편안하지 못할 단서가 없습니다. 즉시 국청에 참여하게 해도 안 될 것이 없을 듯합니다."

하였다. 조태구가 아뢰기를,

"이 옥사(獄事)는 원래 시급한 일이 아니니, 궐정에서 추국하는 것은 과중합니다."

하고, 이어서 본부로 옮겨 추국하기를 청하였다. 당시에 백망이 이미 김일경의 역모를 고발하고 또 조태구 등을 고발하였다.《정원일기》에 보인다. 그 때문에 조태구 등이 차례로 대명하다가, 도로 즉시 옥사를 다스려 그대로 백망을 여러 번 형신하여 죽였다.

대개 역적 환관과 비첩이 사형된 뒤에 김일경 파당의 간교한 계책이 더욱 급박하였다. 사행(使行)의 선래(先來)가 오기를 기다려, 책봉을 허락받지 못했으면 조정의 권세로 저위를 동요시키기를 꾀하고, 허락받았으면 서둘러 변서를 만들어 올리려고 먼저 목호룡을 뽑아 두었는데, 책봉하는 일을 완수했다는 기별을 듣고는 허겁지겁 사주하여 흉계를 행한 것이다. 목시룡(睦時龍)의 추안(推案)에 보인다. 목호룡은 본래 의지할 데 없는 천례(賤隷)로서 작은 재능이 있어서 일찍이 〈부귀발적지찬(富貴發跡志贊)〉을 지었으니 늘 분수 밖의 것을 희망하던 자였다. 연설(筵說)에 나온다. 그가 바친 흉서와 초사(招辭)에 '동궁의 무함을 씻는다.〔洗東宮誣〕'라고 일컬으며 네 글자는 연설에 나온다. 스스로 무함하는 말을 지어냈고, 또 '감히 잠저(潛邸)에 계실 때의 심사(心事)를 안다.'라고 하였다. 임인년(1722) 무옥(誣獄)에 대해 신유년(1741)에 대신(大臣)과 제신(諸臣)에게 수의(收議)하고 명하여 문안을 불태우게 하였다. 목호룡의 초사는 갑진년(1724) 추안에 보인다. 이것은 갑진년의 초사에 나오는 '전하께서 태백(泰伯)과 중옹(仲雍)의 마음을 지니신 것을 아오니, 신이 전하의 심사를 천하와 후세에 밝히겠습니다.'라는 것으로서, 처음부터 끝까지 말뜻이 핍박하고 무함하는 내용이었다. 한결같이 역적 김일경 등의 상소와 말뜻이 같았으니, 여기에서 더욱 그가 은밀히 계획을 지시받았음을 볼 수 있어서, 그 정상이 참으로 간교하고 사특하다. 아아, 우리 전하는 요 임금과 순 임금 같은 성덕(聖德)을 지니시고 동조와 경묘의 명을 받아 들어와 저위를 이었다. 예덕(睿德)이 날로 소문나고 만백성이 목을 빼고 기대하였는데, 이에 이 흉악한 역적의 변고를 만났으니, 신하 된 자로서는 마땅히 눈물을 흘리며 토벌을 청해야 하거늘, 이렇게 하지 아니하였고, 이(而)에서 위(爲)까지 5자[58]는 어필로 써서 내렸다. 백망이 동궁을 위하여 고변한 일에 이르러서는 공초가 횡설수설이라고 핑계 대고 서둘러 쳐 죽여 그 입을

58 이(而)에서 위(爲)까지 5자 : '이렇게 하지 아니하였고'에 해당하는 '而不此之爲'이다.

막았다. 아아, 통탄할 일이다. 그 죄는 죽음으로도 다 용서받을 수 없는 것이다.

저 목호룡의 초사에 나온 삼수(三手)[59]라는 말은 모두 없는 것을 얽어 구절구절 서로 어긋나고 마디마디 말도 안 되거늘, 조태구 무리들은 이에 불려서 옥사를 만들어 방자히 도륙을 하였다. 예로부터 어지러운 옥사가 참으로 많았지만 어찌 이처럼 허망한 일이 있었으랴. 이보다 앞서 신축년(1721, 경종1) 겨울에 박필몽(朴弼夢)과 윤성시(尹聖時)가 앞뒤로 계사를 올려 '김운택(金雲澤), 김민택(金民澤) 등 20명이 혈당(血黨)을 맺어 밤에 모임을 가졌다.'라고 하고, 멀리 귀양 보내기를 청하였다. 그 뒤 몇 사람 이외에는 모두 역적 목호룡이 고변한 대상에 들었으니, 그 지시하고 화응한 정상을 여기에서 또한 볼 수 있다. 대개 흉당이 목호룡의 초사에 고한 바와 연차(聯箚)를 통합하여 하나의 사안으로 만들어 마음대로 꾸며 엮어 냈으니 그 마음이 본래 여기에서 그치는 것이 아니었지만, 성대한 덕성을 지니신 경묘의 지극한 인애와 지극한 우애 덕분에 그들이 그 계책을 다 부리지 못한 것이다.

4월. 사직(司直) 신임(申銋)이 상소하여 아뢰기를,

"들으니, 국옥(鞫獄)을 처음 설치하였을 때 금오(金吾) 관원이 죄수의 입에서 거론되어 급히 나가 대명하였는데 국청에서 잡아다 추문할 것을 청하지 않고 국청을 본부로 옮겼다고 하니, 일이 통상의 규례와 다르게 되었고, 좌기(坐起)를 할 때에는 옥사를 담당하는 대신이 또 대

• • • • •

59 삼수(三手) : 역모의 세 가지 수법인 대급수(大急手), 소급수(小急手), 평지수(平地手)이다. 대급수는 자객을 시켜 왕을 시해(弑害)하는 것, 소급수는 중국에서 사 온 환약(丸藥)으로 왕을 독살하는 것, 평지수는 선왕인 숙종의 전교를 위조하여 경종을 폐출(廢黜)하는 것이다. 1722년(경종2) 목호룡의 고변으로 임인옥사가 일어났는데, 당시 목호룡이 공초한 내용에 들어 있다.

명하였다고 합니다. 추국하는 일은 엄하고 비밀스러운 것이라서 그 곡절이 무엇인지는 모르겠으나, 비록 승지의 계사에 있는 '차마 들을 수 없다.'라는 말로 보더라도 그 또한 죄인의 초사에 긴요하게 언급되었음을 대개 알 수 있습니다. 한번 그 허실을 분변하지 아니할 수 없는데도, 승정원과 대각은 다투어 분란을 일으켜 옥사의 체통이 엄중한 것을 생각하지 아니하고 심지어 돈면하여 옥사를 완결 짓기를 청하였고, 삼사(三司)는 쟁집하는 말이 한마디도 없었습니다. 성명께서는 엄히 꾸짖어 공척하여 군신 간의 의리를 가다듬게 하소서.

이어서 삼가 생각건대, 춘궁(春宮)의 명호와 지위가 한번 정해진 뒤에 누차 망극한 변고를 당했는데도 다행히 전하의 효성스럽고 우애로운 덕성에 힘입어 무릇 위안하는 도리에 마음과 힘을 다하지 아니함이 없었습니다. 이는 실로 종묘사직의 경사이니, 나라의 온 신민이 누군들 공경히 칭송하지 아니하겠습니까마는, 이후로 보호하는 도리는 오직 간사한 것을 엄하게 막는 데에 있으니 더욱 살피소서."

하였다.

이사상(李師尙) 대사간이다. 이 청대(請對)하여 아뢰기를,

"윤리와 강상이 막히고 끊기니 난신적자가 멋대로 방자한 짓을 합니다. 신임(申銋)이 올린 한 통의 상소는, 시역(弑逆)을 도모한 흉적에 대해서는 조금도 경동(驚動)하지 않고, 도리어 고소당한 반역 죄수가 옥관을 내몰고 옥사를 느슨하게 하여 죽음을 늦추려는 의도로 올린 어수선한 공초를 가지고 조정 사대부들을 죄에 빠뜨리고 추국하는 일을 망칠 계책을 부리려 하였습니다. 그리하여 화응하는 자취가 현저히 드러났습니다. 진실로 그 정상을 궁구해 보면, 곧 백망(白望) 한 사람을 위한 것입니다. 엄하게 징토를 아니 할 수 없으니, 신임을 감사(減死)하여 절도에 위리안치하소서."

하였다.

아, 신임은 선조의 오랜 신하로서 죽음을 앞둔 구순의 나이에 근심하고 분개하여 상소를 올렸다. 그런데 이사상이 황급히 면대를 요구하여 절해고도로 내치기를 청하여 사람들로 하여금 감히 입을 못 열게 하였다. 마침내 백망을 때려 죽여서 그 입을 막고는 멋대로 조작하여, 책봉을 건의한 여러 신하를 죽여서 국본(國本)을 동요시킬 계책으로 삼았으니, 통분함을 이길 수 있으랴.

○ 김일경이 상소하여 이이명과 김창집 등을 논척하였는데, 처음에 이이명을 참형에 처하고 김창집을 국법대로 처단할 일에 대해 '아뢴 대로 하라.'라고 하교한 뒤에, 김일경이 상소하여, 속히 금오(金吾)를 보내어 가는 길에 만나는 곳에서 참형을 시행하기를 청하였다. 이것이 바로 그 상소이다. 그 상소에, 종무(鍾巫)에서 칼을 품은 것[60]과 같다느니 음식에 독을 탄 양기(梁冀)와 염현(閻顯)[61]과 같다느니 거짓 조서를 꾸민 이사(李斯)와 조고(趙高)[62] 같다느니 하는 말이 있었다.

•••••

60 종무(鍾巫)에서……것 : 종무는 신(神)의 이름이다. 춘추 시대 노(魯)나라 혜공(惠公)이 죽었을 때 세자 윤(允)이 어렸으므로 노나라 사람들이 세자의 서형(庶兄)인 은공(隱公)을 세워서 다스리게 하고 세자가 자라면 자리를 물려주게 하였다. 공자(公子) 휘(翬)가 은공에게 세자를 죽이자고 청하였다가 은공이 허락하지 않자, 이 사실이 누설될까 두려워 도리어 세자에게 은공을 죽이자고 청하여 허락을 받아 종무 신을 모시는 사당에서 은공을 죽이고 세자를 세웠으니 이 사람이 환공(桓公)이다. 김일경이, 은공과 그 이복동생 환공과의 관계를 경종과 영조의 관계에 비유한 것이다.

61 양기(梁冀)와 염현(閻顯) : 104쪽 주43, 주44 참조.

62 이사(李斯)와 조고(趙高) : 진(秦)나라 시황(始皇)이 회계산을 순행할 때 승상 이사와 중거부령(中車府令) 조고가 수행하였다. 시황의 장남 부소(扶蘇)는 솔직하고 간언을 잘했는데 순행에 수행하지 못하였고 막내 호해(胡亥)가 동행하였다. 시황이 사구(沙丘)에서 죽자, 이사는 조고의 역모 계획에 가담하여, 함께 시황의 유언을 조작하여 부소를 죽게 하고 호해를 황제로 세웠다.

권익관(權益寬)[63] 부교리이다. 의 상소에, 은밀하게는 삼수(三手)의 술수를 꾀하였고 드러나게는 네 차례 차자를 올렸다느니 대성(臺城)의 재앙[64]이 임박하였고 고숙(姑孰)의 이병(移兵)[65]은 오히려 긴급하지 않은 일이라느니 하는 말이 있었다. 가리키는 뜻이 모두 매우 음험하고 참담하였다. 권익관이 관북(關北)을 안찰할 때 역절(逆節)이 또 드러났다. 고 상신 조현명(趙顯命)이 일찍이 경연에서 진달하기를 "권익관은 정말로 역적입니다." 하였다.

○9월. 김일경이 교문(敎文)을 지어 올렸는데, 가리키는 뜻이 더욱 극도로 음험하고 참담하였으니, '공(孔)·급(汲)·구(仇)·순(荀)',[66] '기(冀)·현(顯)·망(莽)·조(操)',[67] '예양이 측간을 수리하던 일〔豫讓塗廁〕', '곽현이

•••••

63 권익관(權益寬) : 1676~1730. 본관은 안동(安東), 자는 홍보(弘甫)이다. 1711년(숙종37) 문과에 급제하였다. 지평, 수찬, 부교리, 충청도 관찰사, 대사간, 함경 감사 등을 지냈다. 김일경의 종제(從弟)이므로 1725년(영조1) 노론의 공척을 받아 경원에 유배된 것을 비롯하여, 영조 때 수차례 귀양살이를 하였다. 권익관의 상소는 《승정원일기》 경종 3년 2월 24일 기사에 실려 있다. 이하 내용은 《승정원일기》에 근거해서 보충하여 번역하였다.

64 대성(臺城)의 재앙 : 양(梁)나라 무제(武帝)가 불교를 숭상하여 모든 제사에 동물 희생을 없애고 밀가루로 빚어 대신하게 하는 등, 인자한 마음으로 정치를 하였으나 후경(侯景)의 반란을 진압하지 못하고 대성에서 굶주려 죽은 일을 말한다. 여기서는 결단을 내리지 못하고 망설이다가 큰 재앙을 당한다는 뜻이다.

65 고숙(姑孰)의 이병(移兵) : 동진(東晉) 때의 권신(權臣) 왕돈(王敦)의 고사를 말하는 듯하다. 왕돈이 원제(元帝) 말에 반역하여 무창(武昌)에 주둔하였는데, 원제가 죽고 명제(明帝)가 즉위하자, 군진(軍鎭)을 고숙으로 옮기고 조정에 항거하였는데, 명제의 토벌군과 맞서던 중에 병으로 사망하였다.

66 공(孔)·급(汲)·구(仇)·순(荀) : 공은 공융(孔融), 급은 급암(汲黯)을 가리키는 듯하다. 구와 순은 구목(仇牧)과 순식(荀息)을 가리키는 듯하나, 미상이다.

67 기(冀)·현(顯)·망(莽)·조(操) : 양기(梁冀), 염현(閻顯), 왕망(王莽), 조조(曹操)를 가리킨다. 104쪽 주43, 주44, 주45 참조.

잔에 독을 탄 일〔霍顯行杯〕',[68] '내옥의 척속과 연계하여〔內屋戚聯〕', '중권을 종처럼 부려〔中權奴使〕' 및 '궁성에 군대를 배치했더라면〔宮城陳兵〕', '대궐 뜰이 피를 밟고 다닐 정도였다〔禁庭蹀血〕',[69] '네 흉적의 연명 차자〔四凶聯箚〕', '세 가지 술수의 비밀 모의〔三手陰謀〕' 등의 글귀가 있었다. 그 부표(付標)한 본문에는 또 '노나라 공자 휘가 종무에서 은공을 시해함〔魯翬鍾巫〕', '조고가 사구에서 반역 모의를 함〔趙高沙丘〕'이라는 글귀가 있었다.

역적 김일경이 이미 안으로 환관과 체결하여 그 비밀스러운 계획을 통하였고, 밖으로는 두 번의 상소와 교문에 감히 음험하고 참담한 문자를 인용하여 모질게도 자성(慈聖)과 금상 전하를 무함하여 중외에 전파하여 그 흉악하고 간특한 심술을 멋대로 부렸으니, 아아, 통분스럽다. 난역(亂逆)이 어느 시대엔들 없었겠는가마는, 고금천하에 어찌 이와 같은 부류가 있겠는가.

생각건대 우리 동조(東朝)께서는 어질고 성스럽고 인자하고 은혜로운 덕이 실로 여자 가운데 요순 같은 분이다. 궁중 안의 일은 비록 바깥의 신하가 알 수 없지만, 밖으로 드러나는 것과 상교(上敎)로 미루어 보면 또한 그 만분의 일은 알 수가 있다. 단지 우리 경묘와 전하에 대한 자애가 깊은 정성에서 나와 은혜로운 뜻이 간절하고 지극할 뿐만

68 곽현(霍顯)이……일 : 한(漢)나라 곽광(霍光)의 아내인 곽현이 어의(御醫)를 사주하여 선제(宣帝)의 황후인 허 황후(許皇后)를 부자(附子)로 독살한 일을 말한다.

69 대궐……정도였다 : 당(唐)나라 고조(高祖)가 장남 이건성(李建成)을 태자로 세웠는데, 이건성은 창업에 공로가 많았던 아우 이세민(李世民)의 세력에 의해 죽음을 당하였다. 이 형제간의 싸움을 사마광이 《자치통감》에 기술하면서 '대궐 문에 유혈이 낭자하여 밟고 다닐 정도였다.〔蹀血禁門〕'라고 하였다. 김일경이 교문을 지으면서, 이건성과 이세민의 관계를 경종과 영조의 관계에 빗대어 이 구절을 인용하였다.

아니라, 무릇 평소에 일을 재단하고 사물에 대처하실 때 항상 예의를 따르고 각각 법도를 두시어 공화(功化)를 널리 입히니 팔도 백성들이 합장(合掌)하여 송축한다.

우리 전하께서는 효성과 우애가 지극한 성품에서 나온 것이어서 비록 행실이 도타운 옛 군자일지라도 미치지 못할 바가 있다. 대개 심성(心性) 정의(情意)에서 언행(言行) 시위(施爲)에 이르기까지 한결같이 《소학(小學)》의 도리를 따르시어, 일찍이 한 가지 일도 그냥 넘기지 않았고 또한 일찍이 한때라도 잠시도 해이해진 적이 없다. 겉이든 안이든 큰 일이든 작은 일이든 그 당연한 법칙을 극진히 다하시어 지선(至善)한 데에 이르지 아니함이 없었다. 그리고 약시중을 드는 일, 복상(服喪)하는 일, 상례를 잘 마치고 제사를 잘 받드는 일 등과 같이 정성과 예법을 극진히 해야 하는 일에 대해서는 더욱 정성스럽고 자상하며 더할 나위 없이 훌륭하였다. 대개 억지로 힘써서 하는 것이 아니라, 하늘로부터 타고나 어릴 적부터 그러하신 것이다. 그러니 옛날에 '효성과 공경이 신명에게 통하였다.'라고 하는 것을 우리 전하께서 실로 지니고 계시어 성대한 덕성의 광휘가 나라 안에 충만하였다. 무릇 신하 된 자라면 누군들 마음으로 좋아하고 진실로 승복하며 감격하여 찬탄하고 공경히 우러르지 아니하겠는가.

아아, 우리 자성과 우리 성상의 이와 같은 덕성과 이와 같은 행실을 비록 저 흉악한 역적이라도 어찌 듣지 못하고 알지 못했을 리가 있겠는가. 그런데도 이에 감히 이 음참하고 망측한 말을 하였으니, 그 또한 신하이고 그 또한 사람인데 어찌 감히 이런 짓을 하였단 말인가, 어찌 감히 이런 짓을 하였단 말인가. 더구나 대찬(代撰)하는 글로 이런 말을 하였으니, 이는 또한 우리 경묘를 무함하여 그 지극히 효성스럽고 지극히 우애로운 덕성을 덮어 가린 것이다. 또한 그 망측한 말이 변하여 이유익(李有翼)과 심유현(沈維賢)과 이천해(李天海)의 흉언이 되어, 앞에서 선창하고 뒤에서 호응하며 전파하고 유인하여 변란을 이루어, 거의 종묘사직이 위태로울 뻔하였다. 역적들이 이미 복주되었으나 잔당이 여전히 감히 악행을 부려서, 오늘날에 이르러서는 신치운(申致雲) 같은 요사한 부류가 또 그 참독한 말을 답습하니, 신하의 통분스러운 마음에 바로 손으로 그 살점을 찢어 먹고 싶다. 어찌 다만 피를 토하고 눈물을 머금을 따름이겠는가.

그런데 이 모두는 역적 김일경이 올린 상소에 있는 말과 그가 대신 지은 교문에서 말미암은 것이다. 아아, 통분스럽다. 역적 김일경의 죄악을 이루 다 주벌할 수 있겠는가. 교문이 나온 뒤에, 보고서 놀라고 통분스러워하지 않는 자가 없었지만, 조정에 있는 신하 가운데는 그 죄악을 성토하는 자가 한 사람도 없었다. 대사간 김동필(金東弼)이 상소하여 역적 김일경을 논박하였으므로 이명언(李明彦)이 이조 참의가 되었을 때 김동필을 내쳐서 외방에 보임하고자 하다가 이루지 못하였는데, 이진유(李眞儒)가 전조(銓曹)에 들어가자 이에 단부(單付)하여 외방으로 내보냈다. 이진유와 이명언이 김일경과 한마음이었던 것을 또한 더욱 알 수가 있다.

○ 윤성시(尹聖時) 헌납이다. 등이, 대리(代理)시키기를 상소로 청한 헌신(憲臣) 조성복(趙聖復)을 국문하기를 청하였는데, 그 계사에,

"사흉(四凶)이 군부(君父)를 도모하여 폐위하려고 궁극의 방법까지 썼지만, 조성복처럼 소장(疏章)을 올려 곧바로 청하여 조금도 두려워하거나 거리낌이 없는 자는 있지 않았습니다. 지난겨울에 하나의 상소를 올려 우선 시험을 하여, 성상으로 하여금 그 자리를 편안히 여기지 못하게 하였으니, 그 계획적으로 마음을 쓴 죄악은 그를 죽이더라도 용서할 수 없습니다. 차자로 절목을 청하여 곧바로 봉행하고자 한 것으로 보더라도, 조성복이 실로 사흉의 선봉이 되니, 국청으로 하여금

잡아다 엄히 형신하여 쾌히 전형(典刑)을 시행하게 하소서."
하였다. 누차 아뢰었으나 윤허하지 않았다. 조성복이 결국 고문을 당하여 옥중에서 죽었다.

아아, 저 흉악한 역적의 무리들이 이에 감히 전선(傳禪)이니 찬탈(簒奪)이니 하는 말을 방자히 상소와 계사 가운데 써넣어, 헌신을 국문하기를 청하기에 이르렀다. 아아, 통분스럽다. 흉악한 역적의 죄악은 죽이더라도 이루 다 용서할 수 없다. 헌신의 상소가 무슨 일인가? 바로 대리를 청하고 또 선조 정축년(1697, 숙종23)의 최근 사례를 인용한 것이다. 처음에 귀양 보내기를 청한 것을 공론이 개탄하였다. 그 국문을 청한 계사는 가리키는 뜻이 헤아릴 수 없었고, '도모하여 폐위하려 하였다.', '선봉이었다.'와 같은 흉악한 말에 이르러서는 무릇 신민이라면 누군들 통분스럽게 여기지 않겠는가.

아, 저 역적의 무리가 번갈아 나와 국문하기를 청하여, 마침내 대리를 청한 헌신을 무옥(誣獄)의 형틀에서 죽게 하였으니, 우리 경묘께서 윤허를 아니 하시던 지극한 인애와 성대한 덕성이 흉적들의 음흉함에 덮여 버렸다. 일개 헌신의 죽음이야 무어 말할 것이 있겠는가. 하지만 청정(聽政)의 의리가 헌신을 국문하자고 한 흉악한 계사에 의해 막혔으니, 군주의 기강이 이로 말미암아 문란해지고 신하의 분수가 이로 말미암아 없어졌다. 이것이 신하들이 피를 토하고 눈물을 삼키며 반드시 충신과 역적을 분별하고자 하는 까닭이다.

충신과 역적을 분변하고자 하더라도 의리를 밝히지 못하면 충신과 역적을 필시 분변하지 못할 것이고, 의리를 밝히고자 하더라도 심술을 궁구하지 못하면 의리를 필시 밝히지 못할 것이다. 헌신을 국문하자고 청할 때, 흉악한 계사에 팔을 걷어붙이고 나선 자는 단지 그 군졸일 뿐이었다. 대리하는 일에 대해 반론을 세워 맞서 극력 다투어, 조태구, 유봉휘, 김일경, 한세량의 마음을 전해 받아 역적 종자를 불어나고 넝쿨지게 하여 전후의 변란을 빚어 이룬 이자가 바로 죄악의 괴수이니, 어찌 춘추법으로 먼저 주륙하는 것을 피할 수 있겠는가.

○ 10월. 무옥의 일로 주문(奏文)을 만들어 진주사(陳奏使)를 보냈다. 글은 유봉휘 예문관 제학이다. 가 지었는데, 그 뜻은 한결같이 목호룡의 급서와 김일경의 교문과 같았다.

계묘년(1723, 경종3)
癸卯

3년 2월. 조태구 영의정이다. 와 최석항 우의정이다. 이 입시하여 무옥의 녹훈(錄勳)을 의논하였는데, 목호룡을 단독으로 녹훈하자고 청하였다.

이전에 최석항이 말하기를 "목호룡은 종묘사직을 안정시켜 그 공로가 크니, 마땅히 해당 조(曹)로 하여금 전례를 상고하게 하여 포상해야 합니다." 하니, 이조가 훈공을 심사하기를 청하였다. 김일경이 말하기를 "옥사를 담당했던 대신이 의당 원훈(元勳)이 되어야 합니다." 하니, 최석항이 말하기를 "옥관(獄官)은 녹훈할 수 없다는 것이 조종조의 국법이니 국법을 무용지물로 만들어서는 안 됩니다. 만약 옥사를 담당했던 사람을 녹훈하면 김일경이 응당 참여될 것이니 어찌 혐의를 돌아보지 아니합니까." 하였다. 김일경이 말하기를 "일이 진실로 할 만한 것이라면 어찌 작은 혐의를 피하겠습니까." 하였다.

대개 임인년(1722, 경종2) 5월부터 녹훈을 의논하여 해를 넘기도록 결정하지 못하다가 이때에 이르러 비로소 정하였다. 단지 목호룡만 녹훈하였다. 교서(教書)는 이거원(李巨源)이 짓고 이행수(李行秀)가 썼다. 회맹제(會盟祭) 서문(誓文)은 윤성시(尹聖時)가 지었다.

아아, 역적 목호룡의 흉서는 바로 저위를 무함하여 핍박하는 말이고 국본을 동요시키는 계책이다. 음험하고 참담하며 흉악하고 간교하여 반역의 의도가 다 드러났으니, 당일에 신하가 그 글을 한번 보았다면 간담이 찢어지고 뼈가 떨리어 반드시 손으로 이 역적을 찢어 죽여 더불어 살고자 하지 않는 것이 바로 떳떳한 마음을 지닌 사람으로서는 당연한 일이다. 하물며 그때에 성상께서 이 흉악한 무함을 들으시고 세제의 자리를 사양하고 합문을 나가는 일까지 있었으니, 조정 신하가 얼마나 놀라고 당황하며 통분스럽고 긴박하였겠는가. 그런데 저 삼사(三司)에 있는 자들은 서로 이끌고 경연에 들어가 단지 문안에 쓰지 말라는 말만 하였다. 아아, 이러한데도 신하로서 절개가 조금이라도 있었다고 할 수 있겠는가.

대저 동궁을 위하여 한번 죽기로 하고 피를 뿜으며 징토를 이루는 의리는 참으로 이 무리들에게 요구하기 어려운 일이다. 하지만 징토를 아니할 뿐만 아니라, 도리어 이 역적을 일컬어 종묘사직을 안정시킨 공로가 있다고 하며 힘써 포장(褒奬)하여 녹훈하기를 청하기를 마치 미치지 못할 듯이 하여, 마침내 기상(旂常)의 은전[70]을 성대히 하였고 대려(帶礪)의 맹서[71]에 참여하게 하였다. 아아, 군주는 군주답고 신하는 신하다운 큰 인륜과 큰 의리가 이에 이르러 여지없이 무너지고 막혔다. 그리고 이른바 훈공을 논하는 즈음에, 혹 조태구와 최석항을 칭찬하고 혹 김일경과 박필몽을 치켜세워, 서로 밀어주고 끌어 주어 오직 목호룡과 더불어 함께 참여하는 것을 영화롭게 여겼으니, 그 마음이 있는 곳을 더욱 차마 바로 보지 못하겠다. 그러나 이미 나라의 역적으로서 훈적(勳籍)에 올랐으니, 나머지야 무슨 의논할 것이 있겠는가.

• • • • •

70 기상(旂常)의 은전 : 기상은 임금이 사용하는 깃발이다. 기(旂)는 올라가는 용과 내려오는 용을 그린 깃발이고, 상(常)은 해와 달을 그린 깃발인데, 국가에 공훈이 있는 자를 여기에 기록했다고 한다. 《주례》 〈사훈(司勳)〉에 "공적이 있는 자는 왕의 태상에 이름을 기록한다.〔凡有功者, 銘書于王之太常.〕"라고 하였다.

71 대려(帶礪)의 맹서 : 공신을 책봉하는 맹서이다. 《사기(史記)》 〈고조공신후자연표(高祖功臣侯者年表)〉에 나온다. 한(漢)나라 고조(高祖) 유방(劉邦)이 개국공신들을 책봉하면서 "황하가 물이 말라 띠처럼 되고 태산이 다 닳아 숫돌처럼 되더라도, 그대들의 나라가 영원히 존속되어 후손에게 전해지리라.〔使河如帶, 泰山若厲, 國家永寧, 爰及苗裔.〕"라고 하였다.

천의 소감

제 2 권

갑진년 (1724, 경종4)
甲辰

4년 8월 초하루는 신미일이다. 을미일(25일). 경묘(景廟)께서 승하하셨다. 경자일(30일). 금상께서 왕위를 이으셨다.

○ 9월. 의약인(議藥人) 이공윤(李公胤)을 귀양 보낼 것을 명하였다. 전지(傳旨)에 이르기를,

"의영고 주부(義盈庫主簿) 이공윤은 본래 광망(狂妄)한 사람으로, 입진(入診)할 때마다 걸핏하면 오만하게 굴었다. 이번에 대행왕께서 편찮으셔서 약 처방을 의논하고 증상을 논할 적에 전혀 상세히 살피거나 삼가지 않아 증상이 점점 위중하게 되었다. 병환이 위독하던 날 저녁에, 내가 걱정스럽고 애가 타서, 불러서 증후를 물어보니 조금도 놀라는 기색이 없는 등 그 말과 행동이 오만하고 도리에 어긋나지 않은 것이 없었다. 이같이 방자하고 무엄한 사람은 무겁게 징벌하지 않으면 안 되니, 먼저 잡아들여 엄하게 심문하고 법대로 처단하라."

하였다.

이공윤이 사정을 진술하였다. 판부(判付)에 이르기를,

"그의 행위는 비록 대간의 계사(啓辭)가 없더라도 그날 나 또한 직접 보았으니, 그가 말을 많이 하여 해명하면서 요행히 벌을 면해 보려 하는 것은 너무도 가증스럽다. 그는 선왕의 조정에서 약 처방을 의논할 적부터 감히 자신의 의견을 고집하였다. 증상이 점점 위중해질 때 함부로 공제(攻劑)[1]를 쓰도록 한 것이 누구 손에서 나왔던가. 생각이 여

1 공제(攻劑) : 보사법(補瀉法) 즉 보충하거나 덜어 내는 방법 중 사법(瀉法) 혹은 하법

기에 미치자 나도 모르게 마음이 아프다. 형추(刑推)를 잠시 멈추고 다시 엄하게 심문하라."

하였다. 다시 형추한 뒤에 섬에 유배할 것을 명하였다.

그 뒤에 사헌부에서 아뢰기를,

"선왕의 환후는 일시적인 증상이 아니기 때문에 기운을 돕는 화평한 약제를 올려 차근차근 조섭하고 보양해야지, 병의 근원을 공격하는 약을 써서 함부로 빨리 효험을 보려 해서는 안 되었습니다. 그런데 저 이공윤이란 자는 일을 신중하게 하는 도리를 생각하지 않고 경솔히 독한 약제를 투여하였습니다.[2] 승기탕(承氣湯)[3]이나 용회환(龍薈丸)[4]은 약성이 매우 독해서 여러 질병에 감히 경솔하게 처방할 수 없는 것인데도 이공윤은 감히 지존의 병환에 이 약을 처방하였습니다. 그래서 위기(胃氣)가 먼저 무너지고 진원(眞元)[5]이 모르는 사이에 삭아 없어지게 되었고, 마침내 신민(臣民)에게 망극한 슬픔을 주었습니다. 그 죄는 참으로 죽음으로도 용서받지 못할 것입니다. 당시 조정의

•••••

(下法)과 같은 방법을 사용하여 질병을 직접 공격함으로써 효과를 기대하는 약제를 말한다.

2 이공윤이란……투여하였습니다 : 1723년(경종3) 6월 18일 영휘전 참봉(永徽殿參奉) 이공윤이, 경종에게 기승(氣升)의 증후가 있으니 도인승기탕(桃仁承氣湯) 2첩을 쓰면 효과가 있을 것이라 하여 올렸다.

3 승기탕(承氣湯) : 대소변을 통하게 하고, 헛소리, 조열(潮熱), 목마름 따위를 다스리는 탕약이다. 대승기탕(大承氣湯), 소승기탕(小承氣湯), 조위승기탕(調胃承氣湯) 등이 있다. 뒤에 도인승기탕을 쓴 기록으로 보아 이때 조위승기탕을 쓴 것으로 보인다. 조위승기탕은 대황(大黃), 망초(芒硝), 감초(甘草) 등으로 만든다.

4 용회환(龍薈丸) : 간에 열이 있어 성질이 급하고 성을 잘 내는 사람이 때때로 옆구리가 아픈 것을 치료하는 처방이다. 노회(蘆薈), 당귀(當歸), 대황(大黃), 목향(木香), 사향(麝香), 시호(柴胡), 우담남성(牛膽南星), 청대(青黛), 청피(青皮), 초용담(草龍膽), 치자(梔子), 황금(黃芩) 등을 사용한다.

5 진원(眞元) : 몸의 바탕이 되는 기운으로 단전 아래에 모여 있다.

신하들이 약원(藥院)의 여러 신하에게까지 죄가 미칠까 걱정하여 법대로 간쟁하지 못하였기에 오히려 그가 형벌을 면하였으니, 국법으로 볼 때 결단코 용서해서는 안 됩니다. 절도(絶島)에 정배(定配)한 죄인 이공윤을 잡아다 엄하게 국문하고 형률에 의거하여 처단하소서."

하였다. 이 계사는 을사년(1725, 영조1) 1월에 올린 것이다.[6]

대개 경묘께서, 편찮으실 동안 계묘년(1723, 경종3) 여름부터 연이어 감수산(甘遂散),[7] 저심탕(猪心湯),[8] 도인승기탕(桃仁承氣湯[9]에 쪽잎 가루〔靑黛〕를 더하여 드셨다. 6월에 큰 종기를 앓으셨고, 7월에 고름을 짰다. 8월에 비로소 평상으로 회복하여 그사이 연이어 우황(牛黃), 태수(胎水), 황련(黃連) 등의 약을 드셨다. 9월부터 12월까지 다시 도인승기탕을 드시고 또 당귀용회환(當歸龍薈丸)을 복용하셨다.

이에 앞서 임인년(1722) 12월에 용회환을 쓰는 것을 논의하였다.[10] 부제조 임순원(任舜元)이 상소를 올려 힘껏 쟁론하여 아뢰기를 "의학의 이치에 통달한 사람들이 모두 놀라고 또 괴이하게 여겨 말하기를 '여러 해 쌓인 화기(火氣)는 반드시 따뜻하게 하여서 흩어 버려야 한다. 한 번이라도 응당 따뜻하게 해야 할 때 차게 하면 진원이 손상되고 하원

• • • • •

6 이 계사는……것이다 : 《승정원일기》 영조 1년 1월 27일 기사에 사헌부 지평 이의천(李倚天)이 올린 계사가 실려 있다.

7 감수산(甘遂散) : 대소변이 나오지 않는 것을 치료하는 약제로, 감수와 졸인 꿀로 만든다.

8 저심탕(猪心湯) : 몽정(夢精) 또는 유정(遺精)이 심한 경우 처방하는 약제로, 돼지 염통, 당삼, 구기자, 참마, 계내금(鷄內金)으로 만든다.

9 도인승기탕(桃仁承氣湯) : 조위승기탕(調胃承氣湯)에 계지(桂枝), 도인(桃仁)을 가한 약제로 계지복령환(桂枝茯苓丸)과 더불어 어혈(瘀血)을 없애는 대표적인 처방이다.

10 이에……논의하였다 : 1722년(경종2) 12월 24일의 일이다. 《承政院日記 景宗 2年 12月 24日》

(下元)이 허(虛)하고 차게 되어, 양기(陽氣)가 안정하여 머무르지 못해 치솟아 열이 된다.'라고 하였습니다. 지금 용회환에 들어가는 모든 재료가 대소변을 통하게 하는 약재라서, 화기를 따뜻하게 하여 흩어 내야 하는 것과 상반되는 정도에 그칠 뿐만이 아닙니다." 하였다. 제조 이태좌(李台佐)가 소장(疏章)을 올려서 스스로 잘못을 인정한 것으로 인하여 용회환 올리는 것을 그쳤다. 그 뒤에 마침내 다시 이공윤이 그 약을 썼다.

갑진년(1724, 경종4) 3월에 선왕이 묽은 설사를 하였고, 4월 이후 연달아 시평탕(柴平湯),[11] 양격산(涼膈散)[12]을 드셨다. 7월 이후 환후가 점점 위중해지더니, 수라를 들기 싫어하고 주무시는 것이 편치 않았고, 두통이 조금 있고 또 한열(寒熱) 증상이 있어서, 8월 8일부터 약원에서 시호백호탕(柴胡白虎湯)을 함께 썼다. 19일에 가미육군자탕(加味六君子湯)[13]을 쓰고 속미음(粟米飮)과 홍합탕을 이어서 올렸으나 수라를 드시기 싫어하는 증상이 끝내 가시지 않았다. 23일 약방을 주원(廚院)으로 옮겨 인삼 1냥을 달여서 쓰고, 24일 2냥을 썼으나 종내 효과를 보지 못하였다. 대개 감수산, 승기탕, 용회환, 양격산, 시평탕, 백호탕은 모두 쓰고 성질이 차서 기를 흩어 내는 약제로, 의가(醫家)에서 가벼이 처방

• • • • •

11 시평탕(柴平湯) : 학질(瘧疾)로 인해 몸이 아프고 무거운 것을 치료하는 처방으로, 시호(柴胡), 창출(蒼朮), 후박(厚朴), 진피(陳皮), 반하(半夏), 황금(黃芩), 인삼(人蔘), 감초(甘草) 등으로 만든다.

12 양격산(涼膈散) : 입안과 혀가 허는 구창(口瘡)에 쓰거나 배 속에 열이 있는 것을 스스로 느끼고 갑자기 통증이 있다가 멎었다 하는 적열(積熱)에 쓰는 처방이다. 감초(甘草), 대황(大黃), 망초(芒硝), 박하(薄荷), 연교(連翹), 치자(梔子), 황금(黃芩)으로 만든다.

13 가미육군자탕(加味六君子湯) : 식궐증(食厥症)을 치료하는 처방으로, 향부자(香附子), 백출(白朮), 백복령(白茯苓), 진피, 반하, 인삼, 목향, 사인(沙仁), 감초를 약재로 하여 생강, 대추, 자소엽(紫蘇葉)과 함께 달여서 마신다.

하지 않는 것인데, 이공윤이 약 처방을 의논한 이래 올린 약이 이런 종류가 아닌 것이 없었다. 선왕의 병환이 위독해진 뒤로 비로소 인삼으로 보(補)하는 처방을 쓰긴 했지만, 이공윤은 오히려 이를 많이 쓰려고 하지도 않았다. 아, 이공윤의 죄는 위로 하늘까지 닿는다.

이공윤은 종묘사직과 신인(神人)이 의탁하는 성상의 몸에 함부로 독하고 찬 약제를 처방하였다. 진원이 이로 말미암아 손상되어 허해졌는데도, 인삼부자탕으로 따뜻하게 보하려는 것을 힘껏 반대하여 막으면서 "내가 처방한 약을 드신 뒤에 인삼약[蔘劑]을 쓰면, 기운이 도는 길이 막히기 쉽다."라고 굳이 말하였다. 계지마황탕(桂枝麻黃湯)[14]을 드실 당시에 금상 전하께서 시탕하시며 하령하기를 "지금이 어떤 때냐! 인삼약을 어찌하여 쓰지 못한다고 하느냐. 사람이 본디 자기 견해를 고집할 데가 있지만, 군부(君父)의 병환이 얼마나 중대한 것이거늘, 반드시 자기 의견을 고집하여 인삼약을 쓰지 못하게 하느냐. 계지마황탕이 효과가 없으면 장차 어찌할 것이냐?" 하였다. 계지마황탕을 선왕께 올린 뒤 상께서 코피를 조금 흘리셨다. 약원의 여러 신하가 서로 돌아보며 말하기를 "이공윤의 말이 맞지 않는가?" 하였다. 금상 전하께서 묻기를 "무슨 말이냐?" 하니, 이광좌(李光佐)가 대답하기를 "이공윤이, 계지마황탕을 드신 뒤로 코피를 흘리고 이윽고 나으실 것이라 하였습니다. 코피를 흘리시기에 신들이 이렇게 말하였습니다." 하였다

당시[15]에 선왕의 병환이 점차 위독해지자 금상께서 눈물을 흘리며 하령하기를 "빨리 인삼부자탕을 쓰라. 내가 의학의 이치는 모르나 오히려 인삼부자탕이 양기를 돌릴 수 있는 줄은 안다. 어제 그것을 썼는

14 계지마황탕(桂枝麻黃湯) : 감기 등의 오한을 치료하는 약제로, 땀을 많이 배출하게 한다.

15 당시 : 1724년(경종4) 8월 24일이다.

데 오늘은 쓰지 않으니 필시 이공윤의 말로 인해 안 쓰는 것이다." 하고, 또 울면서 하령하기를 "빨리 인삼부자탕을 쓰라." 하였다. 의서를 보면 계지마황탕은 땀이 나면서 낫는다는 말은 있어도 피가 나면서 낫는다는 말은 없다. 이공윤이 마침내 감히 의서에도 없는 설을 만들어, 인삼부자탕을 물리치고 계지마황탕을 올렸으니, 이것은 하늘에 사무치는 용서할 수 없는 죄이다. 이공윤이 진단과 처방을 의논하는 데 참여하여 제멋대로 약을 잘못 쓰는데도 내버려 둔 약원의 신하들은 그 죄에서 달아날 수가 없을 것이다. 그때에 조야의 신민들이 누군들 이공윤이 약을 잘못 쓴 죄가 있는 줄을 알 수 있었겠는가. 성상의 병환을 꺼려 하여 감추어서 조야가 알지 못하게 했는데, 더구나 이공윤이 약을 잘못 쓴 것을 누가 다시 알 수 있었겠는가. 생각이 여기에 이르면, 자신도 모르게 분노하고 통곡하게 된다.

우리 전하께서는 간병하실 적에 관디를 벗지도 않고, 무왕(武王)이 간병할 때처럼 성상께서 한 그릇 드시면 자신도 한 그릇 드시고, 성상께서 두 그릇 드시면 자신도 두 그릇 드셨으니, 무릇 신민들이 누가 감히 우리 전하의 지극히 효성스럽고 지극히 우애로운 성덕을 삼가 찬송하지 않을 것인가. 성상의 환후가 크게 위중하실 때에 전하께서 눈물을 흘리며 하령하기를 "성상은 내게 정으로는 형제이고 의리로는 부자를 겸한 분인데, 갑자기 이런 상황에 이르렀으니, 정신이 나가 어찌해야 할지 모르겠다. 기도하는 것이 비록 때늦었으나, 혹 만일의 효험을 바라니, 종묘사직과 산천에 올리는 기도를 당장 빨리 거행하라." 하였다. 말씀이 슬프고 간절하여 천지를 감동시키고 귀신을 감격시키니, 신하 된 사람으로 이 하교를 듣고 눈물 흘리지 않는다면 충신이 아니고 효자가 아니다. 기거주(起居注)가 《일기》에 썼으니 우리 전하의 지극히 효성스럽고 지극히 우애로운 성덕을 멀리 백대까지 빛나게 드리울 수 있을 것이다.

○ 11월. 이거원(李巨源) 부교리이다. 이 청대(請對)하여 아뢰기를,[16] "이의연(李義淵)이 상소[17]에서 말한 '한밤중 창황하게 서둘렀다.〔半夜蒼黃〕'[18]라는 것은 좌의정 유봉휘(柳鳳輝)[19]가 상소에서 했던 말을 가리키는 듯하고, '몰래 왕위를 옮기려 했다.〔陰移天位〕'[20]라는 것은 바로 고(故) 감사 한세량(韓世良)[21]이 상소에서 했던 말입니다. 유봉휘가 상소한 뜻은 단지 당시에 김창집(金昌集) 무리가 일 처리를 급히 서두른 것이 실로 국본을 중히 여기는 원칙에 맞지 않았던 것일 뿐이었습니다. 조정에서 재상을 정하는 일도 대강대강 서둘러 처리할 수

• • • • •

16 이거원(李巨源)이 청대(請對)하여 아뢰기를 : 1724년(영조 즉위년) 11월 6일의 일이다. 이의연(李義淵)이 소론 대신들을 공격하는 상소를 올리자, 이거원이 청대하여서 김일경 등의 소론을 변호하고 이의연을 처벌해야 한다고 주장하였다.

17 이의연(李義淵)이 상소 : 《승정원일기》 영조 즉위년 11월 6일 기사에, 영조가 이의연의 상소를 돌려주라고 명하였으므로 상소의 내용이 실리지는 않았다.

18 한밤중 창황하게 서둘렀다 : 김창집 등 노론의 주도로 연잉군을 왕세제로 정할 때 밤늦게 청대해서 경종에게 종용하였는데, 소론 측에서 그 과정상의 잘못을 지적하여 한 말이다.

19 유봉휘(柳鳳輝) : 1659~1727. 본관은 문화(文化), 자는 계창(季昌), 호는 만암(晩菴)이다. 1697년(숙종23) 정시 문과에 급제하였고, 수찬, 부제학, 이조 판서, 좌의정 등을 지냈다. 왕세제 연잉군의 대리청정을 극력 반대하였다. 영조가 즉위한 뒤에 노론의 공척을 받아 경원부(慶源府)에 안치(安置)되었다가 1727년(영조3) 4월 유배지에서 죽었다.

20 몰래……했다 : 1721년(경종1) 10월 12일 부사과 한세량(韓世良)이 세제의 참정(參政)을 청한 집의 조성복(趙聖復)을 청토(請討)하는 상소에 나오는 말이다. 한세량의 상소는 정원에서 소본(疏本)을 봉입하지 않아 《승정원일기》에 전문이 실려 있지 않고 이날 정원의 계사에 일부 구절만 인용되어 있다. '하늘에는 두 해가 없고 땅에는 두 임금이 없다.', '신하로서 감히 몰래 천위(天位)를 옮길 계책을 꾸몄다.'라는 등의 말이 있다.《景宗實錄 1年 10月 12日》

21 한세량(韓世良) : 1653~1723. 본관은 청주(淸州), 자는 상오(相五)이다. 1699년(숙종25) 증광 문과에 장원급제하였다. 승지, 여주 목사, 분병조 참의, 공조 참의, 함경도 관찰사 등을 지냈다. 대사헌에 제수되었으나 부임하지 못하였다. 《경종실록》 3년 10월 27일 기사에 그의 졸기가 있다.

없는데, 국본을 정하는 일은 지극히 중대한 일인데도 김창집 무리가 일 처리를 이와 같이 하였으니, 유봉휘의 상소에 어찌 딴 뜻이 있었겠습니까. 일의 원칙으로 볼 때 졸속으로 거행된 점을 논했을 뿐입니다.

한세량의 상소는 조성복(趙聖復)의 일[22] 때문에 올린 것입니다. 한세량의 상소가 《일기》에 실려 있으니[23] 한번 보시면 저절로 알 수 있을 것입니다. 그런데 이의연은 전하께서 이것을 한세량의 죄로 여기도록 모함하였으니, 그의 의도가 음험합니다.

'북문으로 잠입하였다.〔北門潛入〕'라고 한 것은 고(故) 상신(相臣) 조태구(趙泰耉)[24]가 선인문(宣仁門)을 통해 들어와 청대한 일을 가리킵니다.[25] 당시 대행 대왕(大行大王)께서 진수당(進修堂)에 계셨으므

• • • • •

22 조성복(趙聖復)의 일 : 1721년(경종1) 10월 10일 조성복이 사헌부 집의로서 왕세제의 참정을 청하는 상소를 올렸다. 《景宗實錄 1年 10月 10日》

23 한세량의……있으니 : 《승정원일기》 경종 1년 10월 12일 정원의 계사에, 한세량이 상소를 올린 사실을 보고하고 상소의 일부 구절을 인용한 다음, 내용이 지극히 흉패(凶悖)하므로 소본을 봉입할 수 없다고 하였다. 그래서 《승정원일기》에 한세량이 올린 상소의 전문(全文)이 실려 있지 않다.

24 조태구(趙泰耉) : 1660~1723. 본관은 양주(楊州), 자는 덕수(德叟), 호는 소헌(素軒)·하곡(霞谷)이다. 1686년(숙종12) 별시 문과에 급제하였고, 문학, 충청도 관찰사, 대사성, 우참찬, 우의정을 거쳐 영의정에 올랐다. 소론의 영수로서, 연잉군의 대리청정을 반대하였다. 영조가 즉위하자, 신임사화의 주도 인물로 탄핵을 받고 관작이 추탈되었다. 《경종실록》 3년 6월 6일 기사에 그의 졸기가 있다.

25 북문으로……가리킵니다 : 북문은 창경궁 선인문(宣仁門)이다. 1721년 10월 10일 왕세제의 참정을 요청한 집의 조성복의 상소로 인해 경종이 그날 바로 세제에게 대리청정하게 하라는 비망기를 내렸는데, 승정원과 옥당이 청대하고 소론인 좌참찬 최석항(崔錫恒)이 심야에 또 청대하여 명을 거둘 것을 강력히 청하니 경종이 명을 거두었다. 그런 지 3일 만에 경종이 다시 대리청정하라는 비망기를 내리자, 세제를 비롯하여 노론과 소론 모두가 명을 거둘 것을 청하고 정청(庭請)까지 하였는데, 정청한 지 3일 만에 노론 사대신을 중심으로 정청을 중지하자는 논의가 거론되었다. 최석항과 이광좌(李光佐) 등 소론은 정청 중지를 강력히 반대하였으나 10월 17일 노론 사대신이 결국 정청을 중지하고 대리청정의 명을 받들겠다는 연명 차자를 올렸다. 이런 상황에서 당시 대간의 탄핵을 받고 궐 밖에 물러나 있던 조태구가 신하들

로 조태구가 가까운 길을 찾아 선인문으로 들어갔던 것이며, 그가 청대하여 허락받은 일은 바로 대리청정(代理聽政)의 명을 도로 거두시라는 것이었습니다. 온 나라 사람들은 모두 조태구를 사직을 위하는 신하로 여겼는데 그 당시 흉당의 무리는 조태구가 선인문으로 들어온 것을 신무문(神武門)을 밤중에 연 일[26]에 견주면서 국문하려고까지 하였습니다. 지금 이의연의 상소 역시 이 맥락에서 나왔으니 어찌 매우 분통스럽지 않겠습니까.

'궁궐 뜰이 피를 밟고 다닐 정도였다.〔禁庭蹀血〕'[27]라는 말은 김일경(金一鏡)이 지은 교서(敎書)의 말을 가리킵니다. 궁성(宮城)에 병력을 배치하려 하였다는 것이 근년에 역적의 공초(供招)에 나왔는데,[28] 이

• • • • •

이 일반적으로 다니는 문로(門路)가 아닌 선인문을 통해 입궐하여 청대하였는데, 탄핵 중이라 하여 승정원에서 이를 거절하니 사알(司謁)을 통해 청대하여 끝내 경종을 만나 보고 대리청정의 명을 거두도록 설득하였다. 《景宗實錄 1年 10月 10日, 17日》

26 신무문(神武門)을……일 : 기묘사화를 빗댄 것으로, 1519년(중종14) 11월 15일 밤에 남곤(南袞) 등이 평소에는 닫아 두는 경복궁 북문인 신무문을 열고 들어와 임금의 밀지(密旨)를 받아 조광조(趙光祖)를 실각시키는 사화를 일으킨 일이다.

27 궁궐……정도였다 : 1722년(경종2) 9월 21일 경종이 전국에 반포한 교서(敎書) 가운데 "아니면 어떻게 궁궐 뜰이 피를 밟고 다니게 될 상황을 면했겠는가.〔抑何免禁庭之蹀血〕"라고 한 구절을 가리킨다. 이 교서는 임인옥사를 마무리하면서 내린 토역반교문(討逆頒敎文)으로, 당시 홍문관 제학 김일경(金一鏡)이 지어 올린 것이다. 본래 당 고조(唐高祖)가 장자인 이건성(李建成)을 태자로 세웠는데 이건성이 아우인 이세민(李世民)이 자신의 자리를 넘볼까 염려하여 미리 제거하려 하자 이세민이 군사를 동원하여 현무문(玄武門)으로 들어가 이건성을 죽인 일을 묘사한 말이다. 《자치통감》 〈당기〉에는 당시의 처참한 상황이 "마침내 궁궐 문이 피를 밟고 다닐 정도가 되었다.〔遂至蹀血禁門〕"라고 표현되어 있다. 《資治通鑑 唐紀7 高祖 武德9年》 아우가 형을 죽이고 왕위를 차지한 일이므로 언급한 것이다.

28 궁성(宮城)에……나왔는데 : 임인옥사의 죄수들 가운데 김창도(金昌道)와 유취장(柳就章)의 공초에 관련 내용이 나온다. 궁성에 병력을 배치한다는 계획은, 1721년 10월 경종이 왕세제에게 대리청정하게 하라는 명을 내린 일로 인해 신하들이 철회를 요구하는 정청(庭請)을 하다가 그달 16일에 노론 사대신을 중심으로 정청을 중

는 같은 당파가 아니면 다 죽이려는 것이기 때문에 '궁궐 뜰에서 피를 밟을 뻔했다.'라는 말을 한 것입니다. 사마광(司馬光)이 감로(甘露)의 참변[29]을 논할 때 역시 '궁궐에서 피를 밟았다.'라는 말을 썼고, 또 '피를 밟았다.〔蹀血〕'라는 말은 옛글에 많이 나오니 예컨대 '장안이 새로 피를 밟고 다닐 정도가 되었다.〔長安新蹀血〕' 같은 것이 대단히 많은데, 이의연은 기필코 이것으로 죄과에 빠뜨리고자 하였습니다. 옛날 유자광(柳子光)이 문자로 남을 모함하여 죄과에 빠뜨린 일이 있었는데[30] 오늘날 전하의 세상에서 이런 일이 있을 줄 어찌 생각이나 했겠습니까.

한 경제(漢景帝)가 태자였을 때 위관(衛綰)을 불렀는데 위관이 가지 않았습니다. 그 일이 거만하고 불손한 듯하였으나, 경제는 이 일을 계기로 그를 더욱 중하게 여겼으며, 그는 결국 한나라의 명신이 되었습니다.[31] 이로써 보면 유봉휘 등이 어찌 전하의 충신이 아니겠습니까. 이의연의 이 상소가 이와 같은데, 그 죄를 밝게 바로잡지 않는다

• • • • •

지하자는 논의가 제기되었는데, 바로 그 시점에 있었던 일이다. 당시 김창집의 주도 하에 자신들이 부리기 좋은 인물로 훈련도감의 관원을 구성한 다음, 정청 중지 이후 이들에게 궁성을 호위하게 하여 소론 인사들의 입궐을 저지함과 동시에 소론 인사들의 상소를 차단하고자 하였다고 한다.《景宗實錄 2年 5月 13日, 7月 21日》

29 감로(甘露)의 참변 : 감로지변(甘露之變)의 고사를 가리킨다. 당 문종(唐文宗) 때 환관이 전횡하자 재상인 이훈(李訓)과 정주(鄭注) 등이 금오(金吾) 청사 위 석류나무에 감로가 내렸다고 꾸며 환관들이 진위를 살피러 올 때에 이들을 없애려 하였다. 때마침 바람이 일어 장막이 뒤집혀 복병이 드러나는 바람에 환관 구사량(仇士良) 등의 반격을 받아 이훈과 정주가 피살되고 일이 실패로 돌아갔다.

30 유자광(柳子光)이……있었는데 : 무오사화를 가리킨다. 유자광이 주도하여 1498년(연산군4) 훈구파가 《성종실록》의 사초(史草)에 실린 김종직(金宗直)의 〈조의제문(弔義帝文)〉을 문제 삼아 김종직을 부관참시(剖棺斬屍)하고 김일손(金馹孫) 등 신진 사류를 제거한 사건이다.

31 한 경제(漢景帝)가……되었습니다 : 《한서(漢書)》 권46 〈위관전(衛綰傳)〉과 《사기》 권103 〈위관열전(衛綰列傳)〉에 관련 내용이 나온다.

면 얼마나 성덕에 누가 되겠습니까."
하였다. 중언부언 밤새 힘껏 청하니, 상이 "내 생각에 이미 헤아린 바가 있다. 다시 번거롭게 아뢰지 말라."라고 하교하였다.

이거원은 김일경의 당파로서 깊은 밤에 청대하여 방자하고 무엄하게 조태구, 유봉휘, 김일경, 한세량을 힘껏 변호하였기에 사람들이 모두 분하게 여겼다.

○ 비망기[32]에 이르기를,

"김일경의 일을 보건대 경연(經筵)을 맡은 신하가 이와 같이 사당(私黨)을 비호하니,[33] 이러한 폐습을 바로잡지 않는다면 나라가 장차 어찌 되겠는가. 김동필(金東弼)이 상소에서 '뭇사람이 떠들썩하게 지목하여 광망하고 괴이하다고 한다.'[34]라고 한 말을 유신(儒臣)만 모르는가. 그 직임을 체차하여 공론(公論)의 언로를 넓게 틔우는 뜻을 보이는 것이 마땅하다. '궁궐 뜰에서 피를 밟을 뻔했다.〔蹀血禁庭〕',[35] '종

•••••

32 비망기 : 1724년(영조 즉위년) 11월 9일의 비망기이다.《承政院日記 英祖 卽位年 11月 9日》

33 김일경의……비호하니 : '경연(經筵)을 맡은 신하'는 홍문관 교리 이거원(李巨源)이다. 1724년 11월 6일 이거원과 수찬 이진수(李眞洙)가 청대하여 이의연이 올린 상소의 흉참한 내용에 대해 조목조목 아뢰었는데, 그중 '금정접혈(禁庭蹀血)'이란 말에 대해 이거원이 김일경을 변호하는 발언을 하였다.

34 뭇사람이……한다 : 1722년(경종2) 11월 26일 김동필(金東弼)이 대사간의 신분으로 올린 상소에 나오는 말이다. 그해 9월 21일 임인옥사를 마무리하면서 종묘에 토역(討逆)을 고하는 교문(敎文)을 반포하였는데, 이 교문을 당시 홍문관 제학이던 김일경이 지어 올렸다. 김동필은 위의 상소에서 교문에 인용한 말들이 문제가 있음을 들어 김일경을 논핵하였다.《景宗實錄 2年 11月 26日》《承政院日記 景宗 4年 4月 24日》

35 궁궐……뻔했다 : 이 구절을 영조가 문제 삼는 것은, 원전에서 이 구절이 아우가 형을 죽이고 왕위를 차지한 일과 관련하여 쓰였기 때문이다. 143쪽 주27 참조.

무의 사당에서 칼을 품었다.〔懷刃鍾巫〕'[36]라는 두 구절이 《춘추(春秋)》와 《통감강목(通鑑綱目)》에 나오는 것이 어떤 상황이었는가. 대행조(大行朝)의 성덕(盛德)과 인애(仁愛)에 얼마나 누를 끼치겠는가. 옛날 공자(孔子)가 소정묘(少正卯)를 주벌한 일은 바로 악의 싹을 미리 엄하게 막은 것이다.[37] 소행이 이처럼 광패(狂悖)하고, 간신(諫臣 김동필)이 또 이렇게 엄절(嚴截)하게 말하였는데 조금도 꺼리지 않았으니 그대로 둘 수가 없다."

하였다.

마침내 이거원을 체직하고 김일경을 삭출하라는 명을 내렸다. 승정원

• • • • •

36 종무의……품었다 : 김일경의 상소에 "한밤중에 칼을 품은 일이 노나라 때 종무의 변(變)과 같았다.〔夜半懷刃, 有若魯之鍾巫.〕"라고 한 구절에서 따온 말이다. 한밤중에 칼을 품은 일이란, 삼수(三手)의 모의 가운데 용사(勇士)를 시켜 칼을 품고 궁중에 들어가 왕을 시해하는 방법인 대급수(大急手)를 빗댄 말이다. 노나라 종무의 변은, 노나라의 공자 우보(羽父)가 환공(桓公)을 부추겨 허락을 받은 다음 종무를 모신 사당에 제사 지내러 가는 은공(隱公)을 자객을 시켜 시해한 일이다. 종무는 은공이 모시던 신(神)이고, 환공은 은공의 서제(庶弟)이다. 《春秋左氏傳 隱公11年》 이 역시 임금인 형을 시해하는 데 동생이 관련된 일로, 공자 우보는 노론 사대신을, 환공은 영조를, 은공은 경종을 빗댄 것으로 보인다. 김일경의 이 상소는 《승정원일기》와 《경종실록》에 모두 경종 4년 4월 24일 기사에 실려 있다. 이는 경종이 유중(留中)한 채 승정원에 내리지 않았던 그간의 상소 70여 편을 이날 내렸기 때문이다. 상소를 올린 시기가 기록되어 있지 않아 정확하게 알 수는 없지만, 김일경이 이조 참판으로서 올린 것이고 내용이 이이명과 김창집을 참형에 처하기를 청하는 것이므로 아마 목호룡의 상변으로 인해 임인옥사가 막 일어난 시점인 듯하다.

37 공자(孔子)가……것이다 : 공자가 노(魯)나라의 사구(司寇)가 되어 정사를 문란하게 한 소정묘(少正卯)를 궁궐 문 양편에 세운 양관(兩觀) 아래에서 처형한 다음 3일 동안 그 시신을 진열하여 사람들에게 보였다. 이에 제자인 자공(子貢)이 공자에게 그를 죽인 이유를 묻자, 공자가 천하의 대악(大惡)으로 '마음속으로 거역하며 험악한 생각을 품고 있고, 편벽하게 행동하며 끝까지 고집을 부리고, 허위로 날조하여 말을 잘 둘러대고, 기이한 말들을 잘 기억하며 학식을 자랑하고, 잘못을 합리화하며 번지르르하게 꾸며 대는 자'를 거론하면서 소정묘는 이 다섯 가지 모두를 지니고 있으니 사람 중의 간웅(姦雄)인 만큼 제거하지 않으면 안 된다고 설명하였다. 《孔子家語 卷1 始誅》

이중술(李重述)과 이명의(李明誼)이다. 이 이의를 제기하자, 비지(批旨)에 "당파를 구원하려는 습속을 고치지 않으니 매우 놀랄 만하다."라고 하교하였다. 그 뒤에 이중술과 이명의를 삭출하라고 명하였다. 을해년(1755, 영조31)에 대간의 계사로 인하여 이중술은 추탈하고, 이거원은 절도에 위리안치하였는데, 조금 있다가 신치운(申致雲)의 공초에 그 이름이 나와서 법에 따라 처형하였다.

○ 동학 훈도(東學訓導) 이봉명(李鳳鳴)이 상소하기를,

"삼가 생각건대 우리 전하께서는 삼종(三宗)의 혈맥(血脈)[38]이요 선왕의 동기(同氣)이신데, 조태구가 먼저 '혐의를 무릅쓰는 것〔冒嫌〕'[39]이라는 등의 말로 앞에서 이끌었으며, 우리 전하께서 성지(聖旨)를 받들어 세제의 자리에 오르시자, 유봉휘가 뒤이어 '당황스럽고 근심스러우며 의혹이 든다.〔驚遑憂惑〕'[40]라는 등의 말을 발설하였습니다. 그 흉역(凶

• • • • •

38 삼종(三宗)의 혈맥(血脈) : 삼종은 효종(孝宗)·현종(顯宗)·숙종(肅宗)으로, 소현세자(昭顯世子)의 계통이 아닌 효종의 계통으로 이어지는 왕통을 말한다. 1721년(경종1) 8월 20일 연잉군(延礽君)을 후계자로 정하는 과정에서 당시 왕대비로 있던 인원왕후 김씨가 내린 언문 교지에 "효종대왕의 혈맥과 선대왕의 골육은 주상과 연잉군뿐이니, 어찌 딴 뜻이 있겠소."라고 하였다. 《景宗實錄 1年 8月 20日》

39 혐의를 무릅쓰는 것 : 1720년(경종 즉위년) 11월 청나라 칙사가 우리나라에 조문 와서 세자와 종실의 자질(子姪)을 만나 보기를 청하자, 우의정 조태구(趙泰耉)가 이를 받아들여서는 안 된다는 내용의 차자를 올렸는데, 거기에 "상국(上國)에서 열국(列國)의 임금을 조문할 적에 그 배신(陪臣)이 된 아우와 조카에까지 아울러 미치는 전례는 없습니다. 상국에서 이를 시행하는 것은 실례(失禮)가 되고, 배신이 이를 받아들이는 것은 혐의를 무릅쓰는 것이 됩니다."라고 하였다. 《景宗修正實錄 卽位年 11月 26日》

40 당황스럽고……든다 : 1721년 8월 노론의 주도하에 연잉군을 후계자로 정하고 위호(位號)를 왕세제로 정하였다. 이에 대해 소론인 유봉휘(柳鳳輝)가 문제를 제기한 상소에 "정언 이정소(李廷熽)가 상소하여 저위(儲位)를 세우기를 청한 데 대해 성상께서 '대신의 의견을 물은 다음 내게 물어 처리하도록 하겠다.'라고 비답을 내리셨다고 합니다. 신은 이 소식을 듣고서 놀랍고 당황스러우며 근심스럽고 의혹이 생기는 것을 견딜 수 없었습니다."라고 하였다. 《承政院日記 景宗 1年 8月 23日》

逆)을 논한다면 조태구와 유봉휘가 수괴(首魁)입니다. 역적 환관〔逆宦〕과 요사한 궁녀〔妖婢〕[41]가 안팎으로 결탁하여 참혹한 큰 화란이 코앞에 이르렀는데, 우리 대행 대왕의 지극한 정과 곡진한 사랑이 아니었다면 전하께서 오늘을 보전하시리라고 어찌 보장할 수 있었겠습니까. 생각하니 알지 못하는 사이에 뼛골이 시리고 간담이 떨립니다.

김일경은 죄상이 많아 이루 다 쓸 수 없습니다. 단지 지난날 상소[42]의 말과 교문(敎文)[43]의 일로 말씀드리면 하나는 '종무의 사당에서 칼을 품다.〔懷刃鍾巫〕'라는 말이요, 하나는 '궁궐 뜰에서 피를 밟다.〔蹀血禁庭〕'라는 말입니다. 그가 어찌 감히 이런 문자를 대찬(代撰)하는 반교문에 인용하고 상소에 인용하여 성궁(聖躬)을 은밀히 참소하고 드러나게 핍박하며 참혹한 무함을 다시 또 선왕에게까지 미치게 합니까. 역적의 마음과 속셈을 길 가는 사람도 다 알고 있으니 혈기를 지닌 사람이라면 누군들 그 살점을 찢어발기고 그 가죽을 벗겨 깔고 자기를 바라지 않겠습니까. 그런데 조정 가득한 신료들이 예사로운 말로 보아 놀라지도 않고 태연하였습니다. 이 무리가 전하를 저버리고 역적 김일경만 비호한 죄를 이루 다 주벌할 수 있겠습니까."

하였다.

○ 이명언(李明彦) 부사직(副司直)이다. 이 상소[44]하여 아뢰기를,

• • • • •

41 역적……궁녀 : 환관 박상검(朴尙儉)과 문유도(文有道), 궁녀 석렬(石烈)과 필정(必貞)이다.

42 지난날 상소 : 김일경의 이 상소는《승정원일기》와《경종실록》에 모두 경종 4년 4월 24일 기사에 실려 있다. 146쪽 주36 참조.

43 교문(敎文) : 1722년(경종2) 9월 21일 경종이 반포한 교서이다. 143쪽 주27 참조.

44 상소 : 1724년(영조 즉위년) 11월 10일의 상소이다.《承政院日記 英祖 卽位年 11月 10日》

"예부터 찬탈의 음모를 행하려는 흉역의 무리는 반드시 요순(堯舜)이 했던 일을 끌어대고 걸핏하면 이윤(伊尹)과 곽광(霍光)이 했던 일이라고 칭하다가 세력을 이루고 위엄을 세운 뒤에는 마침내 찬탈하고야 말았습니다. 한(漢)나라의 동탁(董卓)과 진(晉)나라 환온(桓溫)이 헌제(獻帝)와 간제(簡帝)에게 충성하는 마음이 있었겠습니까.[45]

과거 이이명(李頤命) 무리는 마음이 본디 전하에게 있지 않았고, 실은 전하를 빌려 명분으로 삼은 것이었습니다. 설사 그 무리가 과연 전하에게 딴마음을 품지 않았을지라도, 전하께서 그때 마침내 그 무리가 도와서 세운 자리에 오르셨다면, 여느 왕보다도 늘 예법을 준수하고자 하신 전하께서 과연 그 자리를 편히 여기실 수 있었겠습니까. 또한 전하께서는 천하 후세에 뭐라고 말씀하실 수 있겠으며, 천하 후세 사람들은 전하를 어떻게 생각하겠습니까.

신이 가만히 보니, 사복(嗣服)하시던 무렵의 전하께서는 비록 하늘과 사람이 의탁하고 왕위를 계승하는 차례로도 마땅히 즉위하셔야 하는데도 오히려 눈물을 흘리면서 한사코 사양하고 좌우 신하들을 감동시킬 만치 애통해하며 왕위를 잇는 것을 기뻐하지 않으셨습니다. 그러니 어찌 흉도에 의해 옹립되었다는 이유로 그 무리를 관대히 대한 적이 있었겠습니까. 그런데 그 무리가 감히 소인의 속셈으로 성인의 마음을 함부로 엿보았습니다. 전하께서 이에 대해 마땅히 더 깊이 통절히 미워하소서."

하였다.

이명언이 상소에서 말한 '과연 그 자리를 편안히 여길 수 있었겠습니

• • • • •

45 한(漢)나라의……있었겠습니까 : 한나라의 동탁(董卓)과 진(晉)나라 환온(桓溫)이 그들이 세운 임금인 한 헌제(漢獻帝)와 진 간제(晉簡帝)에게 충성하는 마음이 없었듯이 영조를 세운 노론이 영조에게 충성하는 마음이 없다는 뜻이다.

까.', '천하 후세 사람들은 전하를 어떻게 생각하겠습니까.', '도와서 자리에 올랐다.', '옹립하였다.', '어찌 관대히 대한 적이 있었습니까.' 등은 전하의 행위를 평가하여 협박하는 것으로 음흉하고 도리에 어긋나서 신하가 되지 않으려는 마음이 여기에서 더욱 드러났으니, 고 상신 송인명(宋寅明)의 말이 어찌 미덥지 아니한가.[46] '고(故)부터 재(哉)까지 12자[47]는 상의 하교로 인하여 쓴 것이다.

○ 비망기에,

"김일경이 교문에 쓴 말을 가만히 생각하면 나도 모르게 마음이 찢어진다. 감히 차마 인용할 수 없는 말을 대찬(代撰)하는 글에 함부로 쓴단 말인가. 빈전(殯殿)에서 부르짖으며 차라리 죽고 싶었다. 악을 엄하게 징치하는 도리로 볼 때 삭출(削黜)만 하고 그만둘 수 없다. 절도(絶島)에 안치하되 당일 내에 당장 배소로 압송하라."

하였다. 그 뒤로 또 가시나무 울타리를 치라고 명하였다.

○ 12월. 역적 김일경과 목호룡이 비로소 복주(伏誅)되었다.

비망기[48]에,

"아, 오늘 김일경을 국문하는 까닭이 어찌 나를 무함하였다는 것뿐이겠는가. 그가 대행조의 훌륭한 덕을 무함한 것이 극에 달하였으니, 만약 엄중히 국문하지 않는다면 윤리가 이로부터 무너질 것이다. 후일

•••••

46 고 상신……아니한가 : 송인명(宋寅明)은 이명언에 대해 "신하로서의 절의가 없다." 라고 평한 적이 있었다.《承政院日記 英祖 5年 1月 10日, 13年 2月 11日》

47 고(故)부터 재(哉)까지 12자 : '고 상신……아니한가.'에 해당하는 '故相臣宋寅明之言, 豈不信哉?'이다.

48 비망기 : 1724년(영조 즉위년) 12월 4일의 비망기이다.《承政院日記 英祖 卽位年 12月 4日》

무슨 낯으로 하늘에 계신 선왕의 영령을 뵙겠는가. 이것은 한때 장주(章奏) 사이에 쓴 흉패한 말이 아니라 마음속에 간직하여 입 밖으로 발설한 것이니, 그의 의도가 불을 보듯 분명하다. 이것이 내가 빈전에서 부르짖으며 차라리 죽고 싶다고 말한 까닭이다. 직접 그의 마음을 묻고 싶지만 상중에 있으므로 마침내 뜻대로 할 수가 없다. 엄중히 조사하여 조금이라도 소홀히 해서는 안 된다. 지난번 이의연(李義淵)의 일을 보니, 공사(供辭)가 몇 구절에 불과하였는데도 추안(推案)을 출납할 때에 자연히 지체되었으니, 김일경의 흉패(凶悖)한 말에 대해서는 보지 않고도 알 수 있다. 형신(刑訊)을 청한 뒤에는 보통 때와 다르므로 본부(本府)에서 하되, 초사(招辭)를 받는 것을 엄중히 하지 않아서는 안 되니, 정국(庭鞫)으로 시행하라."

하였다.

김일경을 심문하기를,

"네가 지은 교문에 '어찌 궁궐 뜰에서 피를 밟는 것[禁庭蹀血]을 면하겠는가.'라고 하였고, 상소에서 '마치 노(魯)나라의 종무(鍾巫)와 같은 것이 있었다.'라고 하고 또 '양기(梁冀)와 염현(閻顯)도 종무의 사당에서 벌인 짓은 하지 않았다.'라고 하였다. 그리고 교문 중 고쳐 부표(付標)한 곳의 원래 글에서 '거의 노(魯)나라 공자 휘(翬)가 종무의 사당에서 은공(隱公)을 시해한 해괴한 과정을 답습할 뻔하였고, 또 조고(趙高)가 사구(沙丘)에서 썼던 술수(術數)를 이룰 뻔하였다.'라고 하였으며, 상소에서 '진(秦)나라의 이사(李斯)와 조고 같은 것이 있다.'라고 하였다.[49] 진실로 가슴속에 대역부도(大逆不道)한 마음을 오랫동안 쌓아 둔 것이 아니라면, 입으로 발설한 것이 어찌 이런 지경에 이

49 네가……하였다 : 영조가 형을 시해하고 찬탈하려 하였다는 뜻으로 읽힐 수 있는 구절들이다.

르렀겠는가."

하니, 김일경이 한결같이 부인하며 다만 말하기를,

"오직 전하께서 살리고 죽이는 처분을 어떻게 하시느냐에 달려 있을 뿐입니다."

하였다.

국청이 그 정상을 통렬히 미워하여 형신(刑訊)할 것을 청하였다. 연이어 형신하니, 김일경이 공초한 말이 더욱 흉패하였는데 말이 부도죄(不道罪)에 저촉되었다. 또 말하기를,

"나라에서 법을 적용하는 데는 정해진 조종(朝宗)의 법이 있습니다만, 전하께서 만약 뜻대로 시원하게 처리하고자 하신다면 법에 없는 것을 따로 시행하소서. 그것은 신이 알 바가 아닙니다."

하였다.

김일경을 친국하였다. 묻기를,

"어제 재차 심문할 때 공초한 몇 줄의 말은 마음 씀씀이가 더욱 불측하고 흉심(凶心)이 의도하는 바가 불을 보듯 분명하여, 전날 목호룡의 말과 은밀하게 표리(表裏)가 된다. 그간의 정상을 일일이 바로 말하라."

하니, 김일경이 공초한 것이 더욱 흉패하여,

"신이 그 글을 지은 지 3년이 되었습니다. 국가에 혹 세제를 의심하는 말들이 있을 때면 신은 그때마다 개탄하며 '세도가 좁아 춘궁(春宮)을 대하는 것이 너무 박절하다.'라고 말하였습니다."[50]

하였다. 다시 추문하였다.

이날 목호룡을 국문하라고 명하였다. 묻기를,

"네가 고변한 글과 바친 초사가 모두 매우 음참(陰慘)하다. '감히 세

50 국가에……말하였습니다 : 김일경이 영조가 세제일 때 세제를 혐의하는 말이 있으면 세제를 변호했다는 것으로 자신의 역적 혐의를 부인한 것이다.

제로 있을 때의 심사를 안다.'라는 등의 말은 더욱 음참하다. 이제 김일경의 일로 보니, 네가 말한 것과 안팎으로 부합한다."

하니, 목호룡이 공초하기를,

"전하께서 태백(泰伯)과 중옹(仲雍)처럼 형제에게 왕위를 양보하는 마음을 가지셨다는 것을 신이 밝게 아는데, 김일경의 교문은 은연중 전하를 침범하였으니 신과 상반됩니다."

하였다. 그 말이 김일경의 말과 다른 듯하지만, 그 뜻은 실로 서로 같아서 지극히 흉악하고 교활하였다.

목호룡을 다시 추문하기를,

"당시 죄인 등의 초사(招辭)와 결안(結案)에는 원래 지척한 말이 없으니 네가 감히 부도한 말을 한 것이 명약관화하고, 김일경이 대찬한 교문의 뜻과도 서로 부합하니 표리가 된다는 말을 어찌 면할 수 있겠는가. 신축년(1721, 경종1) 김일경의 상소와 네가 임인년(1722)에 처음 공초한 것이 말뜻이 같으니, 그 마음이 서로 연관됨을 이에 의거하여 알 수 있다."

하였다. 연이어 형신하니 얼마 지나지 않아 목호룡이 물고(物故)되었다.

국청 대신 이하를 인견하였다. 김일경과 목호룡은 모두 '무상부도(誣上不道)'의 죄로 처형하고 가산을 적몰(籍沒)하였다. 전 헌납 정택하(鄭宅河)의 상소[51]에 따라 목호룡에게 거리에 매다는 형률을 시행하고 수노(收孥)[52]하고 집을 허물어 연못으로 만들라고 명하였다. 뒤에 또 목호룡의 이름을 맹안(盟案)에서 지워 없애라고 명하였다.[53] 또 전 도사(都事)

•••••

51 정택하(鄭宅河)의 상소 : 《승정원일기》 영조 즉위년 12월 10일 기사에 실려 있다.

52 수노(收孥) : 죄를 지었을 때, 재산을 몰수하고 처자까지 죽이는 형벌이다.

53 목호룡의……명하였다 : 목호룡의 고변으로 인한 임인옥사의 공신 회맹안에서 이름을 지운 것이다.

유응환(柳應煥)의 상소[54]로 인하여 김일경에 대해 역시 수노하고 그 아들은 특교(特教)로 사형을 감하여 노비로 삼으라고 명하였다. 그 뒤에 김일경의 상소에 연명한 여러 역적을 모두 삭출하라고 명하였고, 뒤에 또 도배(島配)하라고 명하였다.

• • • • •

54 유응환(柳應煥)의 상소 : 《승정원일기》 영조 1년 1월 2일 기사에 실려 있다.

을사년(1725, 영조1)
乙巳

금상(今上) 1년 1월. 전 도사 유응환(柳應煥)이 상소하여[55] 아뢰기를,

"우리 선왕께서는 불행히도 후사가 없으셔서 전하께서 세제의 자리에 오르셨는데, 김일경(金一鏡)의 무리가 장돈(章惇)과 채경(蔡京)이 독기를 부린 것[56]과 같은 계교를 품어 조태구(趙泰耈)가 앞에서 협박하고 유봉휘(柳鳳輝)가 뒤에서 지적하고 비난하였으니,[57] 그들이 전하에게 다른 마음을 품은 것은 일조일석의 일이 아닙니다. 그해 겨울 선왕의 비망기와 전후의 비지(批旨)에 '환후가 공무에 방해된다.'라고 하시고 전하로 하여금 대리하게 하시고자 하였습니다. 그러자 소인 무리가 엿보고 일어나 이 기회를 틈타 흉모(凶謀)를 이룰 수 있겠다고 생각하여, 비망기를 한쪽으로 제쳐 두고 한세량(韓世良)으로 하여금 이어서 '몰래 천위(天位)를 옮기려는 것이다.', '마지막의 한 가지 일'이란 말을 하게 하여,[58] 밤낮으로 오직 전하께 위해를 끼치려고

• • • • •

55 유응환(柳應煥)이 상소하여 : 1725년 1월 2일의 상소이다.《承政院日記 英祖 1年 1月 2日》

56 장돈(章惇)과……것 : 송 철종(宋哲宗) 때 간신인 장돈과 채경이 선인태후(宣仁太后)를 무함하여 폐하려 한 것을 말한다. 선인태후는 송나라 영종(英宗)의 후비 고황후(高皇后)이다. 영종이 죽고 철종이 즉위하자 그가 태후로서 국정을 대리(代理)했는데, 왕안석 신당을 내치고 사마광 등을 등용하여 '원우지치(元祐之治)'를 이루었으므로 여중요순(女中堯舜)으로 일컬어졌다.

57 조태구(趙泰耈)가……비난하였으니 : 조태구가 세제를 세우는 일을 먼저 청대하여 저지하려 하였고, 같은 내용으로 유봉휘가 뒤이어 상소를 올린 일이다.

58 한세량(韓世良)으로……하여 : 1721년(경종1) 10월 12일 부사과 한세량이 세제의 참정(參政)을 청한 집의 조성복(趙聖復)을 청토(請討)하는 상소에서 '하늘에는 두 해가 없고 땅에는 두 임금이 없다.', '신하로서 감히 몰래 천위(天位)를 옮길 계책을

일을 벌였습니다. 이에 김일경이 앞장서 나와 여러 역적의 계략을 이어받아 불량한 무리들을 불러들여 스스로 소두(疏頭)가 되어 하나의 소를 올렸는데, 양기(梁冀)니 염현(閻顯)이니[59] 하는 등의 말을 아무 거리낌 없이 하였으니, 피를 밟을 뻔하였다느니 칼을 품었다느니 하는 말이 무함인 줄을 어찌 교문[60]을 보아야만 알 수 있겠습니까.

이 상소가 있은 후 열흘이 지나지 않아 박상검(朴尙儉)의 일[61]이 일어났으니, 그들이 결탁하여 함께 꾀한 정황을 여기서 알 수가 있습니다. 김일경이 여러 신하와 더불어 서로 이끌고 입대(入對)하여 박상검을 곧바로 참형에 처하기를 힘껏 청하였으니, 안팎에서 호응한 자취를 더욱 감추기가 어렵습니다. 백망(白望)의 초사[62]에서 과연 김일경이 환시와 결탁하고 뇌물을 써서 양전(兩殿)을 해치려 했다고 현고(現告)하였는데, 김일경이 잠시 대명하였다가 곧바로 직접 그 옥사를 주관하고 부당함을 말한 사람을 찬축(竄逐)했으니 세상에 어찌 이런 일이

•••••

꾸몄다.'라는 등의 말을 하였다.《景宗實錄 1年 10月 12日》'마지막의 한 가지 일'이란 말에는 노론이 세제를 세운 뒤에 경종을 폐하려 한다는 뜻이 담겨 있다.

59 양기(梁冀)니 염현(閻顯)이니 : 이 두 사람 모두 한(漢) 왕실(王室)을 무시하고 정권을 휘두르거나 찬역(簒逆)한 죄가 있다. 양기는 한 순제(漢順帝) 양 황후(梁皇后)의 오빠로 질제(質帝)를 독살하고 세도를 부렸고, 염현은 태후(太后) 염씨(閻氏)의 동생으로 태후가 그와 함께 난을 일으켰다.

60 교문 : 1722년(경종2) 9월 21일 경종이 전국에 반포한 교서(敎書)이다. 이 교서는 임인옥사를 마무리하면서 내린 토역반교문(討逆頒敎文)으로, 당시 홍문관 제학이었던 김일경(金一鏡)이 지어 올린 것이다.

61 박상검(朴尙儉)의 일 : 환관 박상검이 궐내에 여우가 나타났다고 거짓말을 하고 여우덫을 놓는다는 핑계로 세제가 경종에게 문안 가는 길을 막았다.《景宗修正實錄 英祖 1年 12月 22日》

62 백망(白望)의 초사 : 백망(1627~1722)이 자신은 목호룡의 소개로 김용택(金龍澤)·정인중(鄭麟重) 등과 교우하였던 것이며, 모든 일의 배후에는 목호룡이 관계되어 있다고 진술하였다. 그러나 그의 집에서 단검과 갑옷이 발견되어 칼로 경종을 시해하는 대급수(大急手) 관련자로 지목되어 처형되었다.

있겠습니까. 박상검의 계책이 성공하지 못하고 위해를 끼치려 도모한 정황이 이미 드러났지만 흉역(凶逆)은 여전히 마음을 바꾸지 않고 분노의 마음만 속에 가득 쌓아 일이 있을 때마다 터져 나와 숨길 수가 없어서 음흉하고 패역한 언설을 상소에서 말하거나 반교문에 썼습니다. 김일경이 참으로 은밀한 기틀을 마련하여 장차 하고자 한 것이 있지 않았다면 감히 이렇게 했겠습니까.

전하께 오늘이 있게 된 것은 하늘의 뜻이지 사람의 힘에 의한 것이 아닙니다. 생각이 이에 미치면 어찌 두렵지 않겠습니까. 그 상소에서 말하기를 '밤중에 칼을 품은 것이 마치 노(魯)나라의 종무(鍾巫)[63]에서와 같고, 음식에 독약을 넣으려 한 것이 마치 한(漢)나라의 양기와 염현과 같다.'라고 하였고, 또 '상(喪)을 틈타 전지(傳旨)를 위조하려 한 것이 마치 진(秦)나라의 이사(李斯)와 조고(趙高)와 같다.'라고 하였으며, 그 교문에서도 또 양기와 염현의 간사함을 언급하였습니다. 전후의 글에서 모두 세 번이나 양기와 염현을 인용하였는데 그러고도 그 말이 은미하여 드러나지 않을까 염려해서 또 말하기를 '안으로 곽현(霍顯)[64]이 독을 넣은 잔을 돌린 일을 도모하였다.'라고 하고, '궁중의 사람과 결탁하였다.'라는 말로 마무리하였으니, 귀결되는 뜻이 어찌 다만 장돈과 채경이 선인태후(宣仁太后)를 무함한 것에 그치겠습니까.[65]"

하였다.

•••••

63 노(魯)나라의 종무(鍾巫) : 노나라의 공자(公子) 휘(翬)가 은공(隱公)을 살해한 일로, 여기서는 자객으로 죽이는 대급수와 형제간의 살육을 의미한다.

64 곽현(霍顯) : 한(漢)나라 때 대장군 곽광(霍光)의 아내이다. 자기의 딸을 선제(宣帝)의 황후로 삼기 위해, 황후 허씨(許氏)가 출산할 때 어의인 순우연(淳于衍)을 시켜 독살하였다. 그 후 곽광이 죽고 그 죄가 탄로 나 처형되었다.《漢書 卷8 宣帝紀》

65 어찌……그치겠습니까 : 대비뿐만 아니라 영조도 해치려 했다는 말이다.

○ 사간원에서 아뢰기를,[66]

"이사상(李師尙)은 역적 김일경의 혈당(血黨)으로 흉론(凶論)을 펼치고 마음먹은 것을 자행하여 함께 악행을 저지르고 선한 무리를 해쳤으니, 국인(國人)의 공분(共憤)을 산 지가 진실로 오래되었습니다. 작년의 상소[67]에서는 감히 숙종 때의 여러 신하를 혼조(昏朝 광해군) 때의 흉당에 비유해 논하였으니, 그 마음 씀이 한없이 흉악하고 글에 쓴 표현이 몹시 패악하여 통분을 이길 수 없습니다. 심지어 '뒷날의 계책으로는 좋을 것이다.'라고 한 것으로 말하면, 의도하는 바가 더욱 불측합니다. 이런 까닭에 성상께서 그 속셈을 환히 아시어 우선 가벼운 벌을 내리셨는데, 그 죄상을 논하면 너무나도 통분하니 삭출로는 그 죄악을 징계할 수 없습니다. 이사상을 절도(絶島)에 안치하소서."

하니, 상이 윤허하였다.

○ 사간원에서 또 아뢰기를,

"이제 우리 전하께서는 숙종의 아드님이자 대행 대왕의 아우님으로서 대위(大位)에 오르시어 조종(祖宗)이 의탁한 뜻을 받들고 신민(臣民)이 경애하여 추대한 것에 화답하시니, 팔도의 백성이 북 치고 춤을 추며 온 나라가 경축하며 칭송하고 있습니다. 오늘날 전하를 신하로서 섬기는 자라면 누군들 감히 전하께서 보위에 오르신 일에 대해 함부로 다른 생각을 하겠습니까. 그런데 이명언(李明彦)은 감히 '도와서 세운다'느니 '옹립한다'느니 하는 말을 함부로 장주(章奏)에 썼습니다.[68] 그 흉계는 임금을 꼼짝 못 하게 위협하여 어찌하지 못하게 하

• • • • •

66 사간원에서 아뢰기를 : 1725년(영조1) 1월 13일의 일이다.

67 작년의 상소 : 《승정원일기》 경종 4년 4월 24일 기사에 실려 있다.

68 이명언(李明彦)은……썼습니다 : 《승정원일기》 영조 즉위년 11월 10일 기사에 실려 있다.

려는 것입니다. 조금이라도 신하 된 마음이 있다면 어떻게 이다지도 방자하고 무엄하겠습니까. 이처럼 흉패한 무리는 하루도 도성에 둘 수 없습니다. 이명언을 절도에 안치하소서."

하였다.

○ 역적 이천해(李天海)가 처형되었다.[69]

일전에 상께서 의릉(懿陵)에 행차하였을 때 이천해가 어가(御駕) 앞에서 흉언을 하였다. 상께서 친국하니, 이천해는 음참하고 차마 들을 수 없는 흉언[70]을 하였다. 여러 차례 형신하였으나 끝내 사주한 사람을 바른대로 고하지 않아서 마침내 법대로 처형한 것이다.

그 뒤로 무신년(1728, 영조4) 역란 때에 임환(任環)이 공초하기를,

"갑진년(1724) 을사년(1725) 사이에, 이천해가 흉언으로 주벌되었는데, 그 일은 이유익(李有翼)과 심유현(沈維賢)이 흉언을 지어내어 시킨 것입니다. 이세홍(李世弘)과 이유익이 내외로 상응한 뒤로 비로소 이 말을 꺼내어 말하기를 '그 당시 이천해를 사주해 흉언을 하도록 한 것이 지금 도움이 되었다.'라고 하였습니다. 이유익은 '심유현이 흉언을 만들어 여항(閭巷)에 퍼뜨리게 했다.'라고 하였고, 이세홍은 '심유현의 흉언이 만약 일찍 발각되었다면 큰일이 벌어졌을 터인데 다행히 발각되지 않았으니 일이 순조롭게 끝났다고 할 만하다.'라고 하였습니다. 이유익은 또 '심유현이 불측한 마음을 품고 밀풍군(密豐君)[71]

•••••

69 역적 이천해(李天海)가 처형되었다 : 1725년 1월 17일의 일이다. 《英祖實錄 1年 1月 17日》

70 음참하고……흉언 : 사서에는 자세히 기록되지 않았으나, 《천의소감》에서 신치운의 흉언과 같은 내용이라고 하는 것으로 보아 영조가 경종을 독살했다는 것과 영조가 숙종의 아들이 아니라는 말인 듯하다.

71 밀풍군(密豐君) : 이탄(李坦, 1688~1729)으로 인조의 장자인 소현세자(昭顯世子)

을 추대하고자 차마 들을 수 없는 말을 만들어 성덕을 더럽히고 인심을 선동하여 반역을 완성하려 했다.'라고 하였습니다."

하였다.

또 이사로(李師魯)가 공초하기를,

"심유현은 고관(高官)이 될 수 있는 경종(景宗)의 척리(戚里)로서 이런 때가 아니라면 그처럼 볼품없지 않았을 것이므로 국가를 원망하는 그런 말을 한 것입니다. 이유익은 '이 말을 잘 도와 전파하면 인심을 현혹할 수 있는데, 아주 많은 사람에게 전파되면 인심이 모두 그렇게 여길 것이니, 이 일의 완성은 오직 인심에 달려 있다.'라고 하였습니다. 적도(賊徒)에게 달라붙은 무리들이 흉언이 아무 근거가 없는 줄을 알고 있었으나 욕심에 끌려 역모를 함께 꾸민 것입니다."

하였다. 또 이익관(李翼觀)이 공초하기를,

"이유익이 처음으로 이 흉언을 말하였는데, 이유익은 박필현(朴弼顯)에게 들었습니다. 이천해가 처음에 생민동(生民洞)에 살다가 수각교(水閣橋)로 이사하였는데, 신이 서울로 왕래할 때 이천해의 집에 묵었습니다. 신이 밤을 한 말(斗)가량 주려고 하였는데 마침 이천해가 왔기에 신의 형제가 밤에 이천해와 함께 그런 말을 하였습니다. 이천해가 평소 당돌하였으므로 신이 과연 사주할 수 있었습니다. 그런데 이일좌(李日佐) 또한 그 말을 꺼냈습니다. 이일좌는 이홍택(李弘澤)의 아들로서 이인좌(李麟佐)의 일족인데 과천(果川)에 살면서 역적의 무리에 들어갔다고 하였습니다."

하였다.

•••••

의 증손이자 종실 임창군(臨昌君) 이혼(李焜)의 장남이다. 이인좌(李麟佐)가 반란을 일으킬 때 그를 왕으로 추대하였다. 난이 평정된 후 반역 괴수로 압송되었다가 사사되었다.

이유익과 박필현이 심유현을 사주하여 흉언을 지어내게 하였고, 또 이익관 형제, 민관효(閔觀孝), 이세홍, 이일좌 등과 함께 원근에 퍼뜨렸다. 이익관이 이천해를 사주하여 변란을 일으킨 정상이 이때가 되자 모두 드러났다. 이유익 무리가 반드시 심유현을 꾀어서 이 흉언을 말하게 한 것은 심유현이 왕실의 외척이므로 그가 한 말이라고 빙자하여 듣는 사람들을 현혹하고자 했기 때문이다.

아, 분통스럽다. 이천해의 흉언은 금년(1755, 영조31) 신치운(申致雲)의 흉언[72]이다. 갑진년(1724, 경종4) 8월 경묘께서 편찮으실 때에 수라 드시기를 싫어하는 증세가 점점 심해져 궁중에서 매우 걱정하였다. 20일 수라간에서 수라에 게장을 올렸는데, 게장은 가을철의 새로운 별미였다. 그래서 경묘께서 이것으로 수라를 많이 드시니, 이때에 궁중이 모두 기뻐하였다. 그 뒤로 너무 많이 드셨다는 말이 외간으로 흘러 나가자 이유익, 박필현 무리가 이것을 빌미로 하여 지극히 흉하고 망측한 말을 지어내었고 몰래 심유현을 사주하여 흉언을 전파하게 해서 역적 김일경의 흉언과 부합하게 하고자 하였고, 이천해를 꾀어서 전고에 없던 변란을 일으키게 하였다. 상이 이천해의 말을 듣고 역적 김일경의 말을 들었을 때보다 더 놀라고 통분해하셨다. 이천해를 국문하게 되자 밤이 깊도록 친히 심문하였는데, 도승지가 안으로 들어가실 것을 한사코 청하니, 상이 이르기를 "그가 감히 말해서는 안 되는 분까지 핍박하였으니, 신하 된 자는 다른 것을 돌아봐선 안 된다."라고 하셨다.

이천해의 흉언은 감히 말해서는 안 되는 분까지 핍박한 것이었는데, 올해 신치운이 이천해의 말을 또 답습하였다. 그런데 '게장'에 대한 말

72 신치운(申致雲)의 흉언 : 갑진년(1724, 경종4) 이후 게장을 먹지 않았다는 말이다.

은 이천해 같은 흉악한 역적도 말하지 않았던 것이다. 아, 애통하다. 어찌 이런 흉악한 거짓말이 있단 말인가. 설사 그 당시 동조(東朝 인원왕후)께서 계장을 보냈다 하더라도 이는 당연한 예사(例事)일 뿐이며, 더구나 올린 것이 수라간에서 만든 것이지 않은가.

우리 동조의 자애로운 마음이 늘 하늘의 법칙에 합하니, 우리 경묘와 전하를 돌보고 사랑하시는 마음은 깊은 정성에서 우러나온 것으로, 성대하고 아름답고 지극히 선한 마음은 진실로 주나라의 태임(太妊)과 태사(太姒)에 견줄 만하다. 우리 경묘께서는 천성이 지극히 효성스러워 어릴 적부터 우리 인현성모(仁顯聖母)를 모시면서 밤낮으로 자리를 뜨지 않았다. 성모께서 일찍이 대단히 가상하게 여기며 자주 칭찬하였다. 임오년(1702, 숙종28) 이후에는 또 인현성모를 모시던 마음으로 우리 자성(慈聖)을 지성으로 받들어 모셔 사랑하고 공경하는 마음을 다하여 조심스럽고 신중한 태도를 잠시도 잃지 않았다. 두 분의 자애롭고 효성스러운 성덕(盛德)을 궁중에서 감격하여 칭송하지 않는 이가 없는데, 오직 저 효경(梟獍)의 무리가 감히 모질게도 흉언을 지어내어 역모를 이루려 하였다. 흉당은 저위를 세워 대리시키라는 전교를 모두 우리 자성께서 내리셨다는 이유로 대리시키는 것을 자성께 여쭈라는 경묘의 하교가 있었다. 감히 우리 자성을 원망하고 흉역부도(凶逆不道)한 마음을 품어서 이런 일까지 벌였으니, 통분함을 견디겠는가. 통분함을 견디겠는가.

아, 우리 동조같이 매우 인자하고 사랑하는 마음을 가진 분과 우리 전하같이 매우 효성스럽고 우애로운 행실이 있는 분이 이런 흉언을 들으셨으니, 그 마음이 얼마나 괴롭고 아팠을 것인가. 그래서 우리 전하는 그 말이 감히 말할 수 없는 곳을 핍박한 것이기 때문에 사교(辭敎)에 드러내지 못한 지 오래되었다. 그런데 신치운의 일이 있은 뒤로 성상께서는 사실을 명백히 말하여 여러 흉적(凶賊)이 지어낸 거짓 정황들을 반박하여 깨뜨려야만 효도를 다할 수 있다고 여기고 이어 오열하고 눈물을 흘리며 "내가 세제(世弟) 자리에 오르게 됨으로써 흉언이 감히 말할 수 없는 곳까지 건드리니 더욱 가슴이 아프다."라고 하교하시니, 여러 신하가 모두 울음을 삼키면서 흐르는 눈물을 닦았다.

차마 들을 수 없는 것을 억지로 견디어 듣고, 차마 말할 수 없는 것을 억지로 견디어 말하는 것은 통분하고 절박하여 어쩔 수 없어서이다. 또 저 역적 무리는 멋대로 흉언을 만들어 전파하고 기망하는데, 조정의 신하는 차마 그것을 제기할 수 없다는 이유로 다시 제대로 논박하여 깨뜨리지 못하고 다만 '흉언'이라 말할 뿐이니, 역적을 처단하고 죄를 성토하는 도리로 볼 때 끝내 미진한 바가 있었다. 이런 까닭에 성상의 하교를 받아서 이처럼 자세히 말하여 통렬하게 분별하여 논파한다.

○ 사간원에서 아뢰기를,

"윤취상(尹就商)은 품성이 음흉하고 사특하여 처사(處事)가 흉악하고 거짓투성이여서, 탐욕스럽고 교만한 것은 다만 자잘한 일에 해당할 뿐입니다. 평소에 역적 김일경과 결탁하여 심복(心腹)이 되어 나라에 화란(禍亂)이 되고 사람을 해치는 계교를 몰래 돕지 않은 적이 없었는데, 이는 실로 뭇사람이 지목하는 바입니다. 몇 해 전에 그 이름이 백망(白望)의 긴요한 공초(供招)에서 나왔는데, 획책한 정절(情節)을 하나도 조사해 밝히지 못하였으니, 나라 사람들이 얼마나 분통하였겠습니까. 다만 하나의 일만 말해 본다면, 국옥(鞫獄)에 붙잡혀 올 때 포도청 장교가 한 의례적인 재촉에 격분하여 화내고 꾸짖는 말을 함부로 하여 거역하는 모습이 분명하였습니다. 석방된 후에는 몰래 포도대장에게 부탁하여, 잡으러 왔던 포교 두 사람을 일시에 태거(汰去)하도록 하였습니다. 그가 비록 흉악하고 완악하지만 신하로서 의리가 조금이라도 있다면 어찌 감히 그렇게 하였겠습니까. 그가 저지른 죄과를 보면 이는 오히려 작은 일이지만, 또한 방자하고 무엄하게 행동하였던 정황을 볼 수 있습니다. 이런 음흉하고 화란을 즐기는 사람은 도성에 둘 수 없으니, 행 사직 윤취상을 극변(極邊)에 원찬(遠竄)하소서."

하니, 상이 윤허하였다.

윤취상이 김일경, 박상검과 더불어 안팎으로 결탁하여 흉역(凶逆)과 똑같은데도 다만 멀리 유배 보내도록 청하였으니 형벌을 잘못 시행하였다고 할 만하다. 이후에 그를 잡아들여 국문을 하였는데 교활하고 완악하여 실정을 토설하지 않고 지레 죽어 버려서, 역적의 종자를 다 제거하지 못하게 되어 윤지(尹志)와 윤광철(尹光哲)의 흉변[73]이 있게 되었다. 아, 분통스럽다.

○ 2월. 사간원에서 아뢰기를,

"역적 김일경이 신축년(1721, 경종1)에 올린 상소[74]는 실로 신하 된 자가 차마 들을 수도 없고 말할 수도 없는 것이었는데도 지극히 흉악한 정절(情節)을 조사하여 밝혀내기도 전에 바로 법을 집행하여 처형하였으니[75] 귀신과 사람의 울분은 말할 수 없었습니다. 그런데 상소에

• • • • •

73 윤지(尹志)와 윤광철(尹光哲)의 흉변 : 1755년(영조31)에 발생한 나주괘서 사건을 말한다. 나주 객사에 붙인 영조의 치세를 비판하는 벽서의 작성자는 윤취상(尹就商)의 아들 윤지이다. 이 사건에 분노한 영조는 관련자들을 사형시키는데, 윤지는 물론 그의 아들 윤광철도 능지처참하고, 이미 사망한 소론 강경파 대신들에게 역률을 추가하고 이미 죽은 소론 온건파의 관작을 삭탈했다.

74 역적……상소 : 1721년(경종1) 12월 6일 김일경(金一鏡) 등 7인이 연명 상소를 올려, 영의정 김창집(金昌集), 영부사 이이명(李頤命), 판부사 조태채(趙泰采), 좌의정 이건명(李健命) 등 노론 사대신을 위시하여 세제 참정을 획책하고 찬동한 자들을 모두 처벌하도록 청하였다.《景宗實錄 1年 12月 6日》

75 지극히……처형하였으니 : 절도에 안치하였던 김일경을 데려와 1724년(영조 즉위년) 12월 4일부터 국문하기 시작하였는데, 8일에 목호룡(睦虎龍)이 형문 중에 죽자 결

연명한 6인[76]은 역적 김일경과 한목소리로 같은 말을 하여 흉역(凶逆)을 행한 이상 애초에 수범(首犯)과 종범(從犯)을 나눌 것이 없고 다만 벼슬자리의 고하에 따라 적힌 이름에 선후가 있을 뿐이었습니다. 그렇기에 그들의 심보를 따져 보면 하나이면서 둘이고 둘이면서 하나입니다. 역적 김일경의 지극히 흉악한 짓을 차율(次律)로 다스린 것[77]도 크게 형벌을 잘못 시행한 것인데, 하물며 여섯 역적이 마침내 천벌을 피하고 벌이 찬배(竄配)에 그치게 되면 조정의 기강은 어떻게 세울 것이며, 흉도는 어떻게 징계하여 두렵게 할 것입니까. 대론(大論)을 지레 그만두어 여론이 더욱 격해지고 있습니다. 역적 김일경의 상소에 연명한 여섯 역적을 잡아다 엄히 국문하라고 빨리 명하시어 시원하게 왕법을 바로잡도록 하소서."

하였다.

○ 사헌부에서 아뢰기를,

"지난날 참혹했던 살육의 정상을 어찌 차마 말하겠습니까. 권익관(權益寬)은 역적 김일경의 사촌 동생으로 천성이 몹시 잔혹하고 마음 씀씀이가 간사하여 사람을 해치고 나라에 화를 끼치는 일마다 은밀히 찬조(贊助)하였으며, 전후로 올린 상소와 계사에서 가리켜 말한 의도가 흉악하고 참혹하였습니다. 그가 말한 '씨를 전하지 못하게 하

•••••

안(結案)에 대한 승복을 받아 내지 못한 채 급히 김일경을 당고개(唐古介)에서 처형하였다.《承政院日記 英祖 卽位年 12月 8日, 9日》

76 상소에 연명한 6인 : 1721년(경종1) 12월 6일 김일경과 함께 노론 사대신 등의 처벌을 청하는 상소를 올린 6인으로, 박필몽(朴弼夢), 이명의(李明誼), 이진유(李眞儒), 윤성시(尹聖時), 정해(鄭楷), 서종하(徐宗廈)이다.《景宗實錄 1年 12月 6日》

77 역적……것 : 김일경이 역률(逆律)이 아닌 무상부도율(誣上不道律)로 감처된 것을 가리킨다.《英祖實錄 卽位年 12月 10日》

라.'라는 말은 필시 선한 부류를 베어 내 남김없이 없애 버리고자 한 것이었으니, 아, 참혹합니다. 지난겨울에 올린 상소로 말하면 기사년(1689, 숙종15)의 일[78]을 뒤미처 제기한 것이어서 너무도 절통하였습니다. 표현한 말과 뜻이 '천자를 제자로 삼는다.〔門生天子〕', '임금을 책봉한 나라의 원로〔定策國老〕', '옹립한다', '도와서 세운다'라는 등의 말과 하나로 통하니, 그가 성궁(聖躬)을 협박하고 역적 김일경을 몰래 옹호한 정상이 갈수록 훤히 드러나서 여론이 분통해하는 것이 시간이 흐를수록 더욱 격렬합니다. 이렇게 흉악한 사람을 도성에 두어 나라에 해를 끼치게 해서는 안 됩니다. 전 대사간 권익관을 극변에 원찬하소서."

하니, 상이 윤허하였다.

○ 사헌부에서 아뢰기를,

"훈련원 도정 남태징(南泰徵)은 음험하고 사나우며 간사하고 교활하여 온갖 흉악함을 모두 갖추고서 역적 환관과 결탁하여 음모를 주도하였습니다. 오랫동안 역적 김일경의 심복 노릇을 하여 첫 번째로 흉당의 옹호를 받고 쓰이게 되어 해를 넘기기도 전에 영장(營將)에서 통제사까지 올랐고, 얼마 안 있어 내직으로 들어와 충훈부의 유사 당상(有司堂上)이 되었습니다. 그가 은밀하게 공을 세운 것이 역적 목호룡(睦虎龍)과 표리를 이루는 정황은 가릴 수 없습니다. 전 병사(兵使) 박찬신(朴纘新)은 역적 김일경의 중요한 심복이 되어서 상중에 있으면서도 군복으로 바꿔 입고 한밤중에 동에 번쩍 서에 번쩍 왕래하여

78 기사년의 일 : 1689년(숙종15)에 일어난 기사환국(己巳換局)을 말한다. 남인이 소의(昭儀) 장씨(張氏) 소생의 아들 윤(昀 경종)을 왕세자로 정호(定號)하는 문제로 서인을 몰아내고 재집권한 일이다.

귀신도 헤아리지 못할 정도입니다. 그의 음흉한 행적은 길 가는 사람들조차 모두 수상하게 여깁니다. 본래 김일경과 목호룡 두 역적과 같은 악역(惡逆)을 저지른 자인데, 두 역적이 처형된 뒤로 더욱 의구심을 품어 머리를 맞대고 모의하는 등 하지 않는 짓이 없습니다. 결코 도성에 두어 나라에 근심을 끼쳐서는 안 됩니다. 훈련원 도정 남태징, 전 병사 박찬신을 모두 극변에 원찬하라 명하소서."

하였다.

○ 사헌부에서 아뢰기를,[79]

"의금부 도사 박필현(朴弼顯)은 박태춘(朴泰春)의 아들입니다. 박태춘은 흉악한 임부(林溥)의 와주(窩主)로서 국청에서 형신(刑訊)까지 받았는데,[80] 요행히 국법을 피하였으나 사람 축에 끼지 못하였습니다. 그런데도 박필현은 흉당에 빌붙어 외람되게 사적(仕籍)에 올랐는데, 이 직임을 맡게 되자 동료들이 같은 대오에 있는 것을 부끄러워하였습니다. 또 작년 겨울 역적 김일경을 붙잡아 올 적에는 엄명을 생각지 않고 줄곧 지체하였고, 도성 근처에 이르러서는 역적 김일경을 보려고 온 사당(私黨)을 하나도 금단하지 않아 서로 결탁하여 호응한 정황이 뚜렷이 드러났습니다. 이에 여론이 놀라고 분개하여 오래도록 안정되지 않습니다. 이런 사람을 관리의 반열에 두어서는 안 됩니다.

• • • • •

79 사헌부에서 아뢰기를 : 1725년 2월 18일의 일이다. 《英祖實錄 1年 2月 18日》

80 박태춘은……받았는데 : 임부(林溥)와 박태춘(朴泰春)은 1706년(숙종32) '세자모해설'을 유포한 혐의로 조사를 받았다. 그 전에 장희재(張希載)가 윤순명(尹順命)에게 편지를 보내, 김춘택(金春澤)이, 자신을 해치면 세자도 무사하지 못할 것이라는 말을 했다고 하였는데, 세자도 무사하지 못할 것이라는 '세자모해설'을 임부가 퍼뜨렸다는 것이다. 말의 출처를 조사하던 중에 박태춘이 출처로 지목되었다. 이 사건은 해를 넘겨 조사가 진행되었는데, 임부는 자백하지 않고 버티다가 죽고, 박태춘은 정배되었다. 《肅宗實錄 32年 6月 23日·26日, 33年 1月 10日》

의금부 도사 박필현을 사판(仕版)에서 삭제하소서."

하였다.

○ 상이 판의금부사 민진원(閔鎭遠) 등을 인견하였다. 상이 이르기를, "어찌 어제 추안(推案)의 초사(招辭)를 들여서 살펴보고 나서야 알았겠는가. 김일경의 상소는 바로 목호룡의 고변서(告變書)이다. 그 음흉한 저의가 안팎으로 상응하여 한 꿰미로 꿰어 나왔으니, 김일경이 곧 목호룡이고 목호룡이 곧 김일경이다. 어제 대간에 대한 비답에서 '하나이면서 둘이고 둘이면서 하나'라고 했던 것은 바로 이를 두고 한 말이었다. 저번에 친국할 때 목호룡을 함께 국문한 것도 이런 까닭이었다. 이것으로 보면 어찌 맥락이 서로 통하는 것이 없겠는가. 접때의 일은 궐 바깥에서도 필시 알 것이다. 당초 목호룡의 초사가 나왔을 적에 너무나 놀라고 뼈에 사무치도록 아팠던 마음을 어찌 차마 말하겠는가. 그 때문에 처음에 궁료(宮僚)를 접견했던 것이다.[81] 그가 한 말은 흉악한 반역을 저지른 것이니, 대행 대왕의 덕의를 받드는 도리로 볼 때 신하 된 자라면 통절하게 징치(懲治)하려는 뜻이 없어서야 되겠는가. 또 목호룡을 살려 두어야 그 단서를 찾을 수 있는데도 저번에 국청을 열어 법대로 처형한 것은 사실 어쩔 수 없어서 한 일이었다. 추국 문안으로 볼 때 당초에 내버려 두고 쓰지 않았던 것은, 당시에 비록 위관(委官)에게 다른 뜻이 있었을 것이나 국옥(鞫獄)의 사체가 매우 중대한데 어찌 난초(亂招)라 하여 쓰지 않을 수 있겠는가. 그 초사 또한 어찌 난초라고 할 수 있겠는가. 김일경은 잠시 대명(待命)하였다가 곧이어 옥사를 맡아 마침내 자기 마음에 시원하게 처리하고야 말

81 처음에……것이다 : 목호룡의 고변서가 나오자 연잉군이 세제를 모시는 궁료를 접견한 일을 말한다.

았다. 악한 일을 저지른 우두머리를 찾는다면 어찌 역적 김일경과 역적 목호룡보다 더한 자가 있겠는가. 지난날 사람이 저지른 소행은 오직 세상의 도리가 무너졌기에 그 지경에까지 이른 것이다. 예로부터 3년 동안이나 진행된 국옥이 어디에 있겠는가. 그들은 반드시 한쪽 사람을 다 죽이고야 말려고 하였다. 그때 대행 대왕의 지극히 인자하고 두터운 덕이 아니었다면 조정의 신하 중에 살아남은 사람이 몇이나 되었겠는가. 지금 다시 국옥을 시행하면 실로 어떤 지경에 이를지 모르는데, 장차 어떻게 수습하겠는가. 애초 국청을 열지 않았다면 그만이지만, 이왕 국청을 연 마당에 사체(事體)가 중대한데 어찌 중간에 멈출 수 있겠는가. 지난날 대명했던 사람들을 놓고 볼 때, 완류(緩流 온건파)라고 한 것은 그들이 다른 쪽 사람보다는 낫다는 말이다. 그렇다면 그때 대명한 것은 참으로 이해할 수 없다."

하자, 민진원이 아뢰기를,

"성상의 말씀이 참으로 옳습니다."

하였다. 상이 이르기를,

"그중 정우관(鄭宇寬)과 김창도(金昌道)가 공초한 것은 어찌 이와 같은 초사가 있겠는가. 비록 조지(朝紙)에 나온 것도 애초에 눈길을 주지 않았다. 이는 대개 세상의 도리가 무너지고 인심이 어두워서 이런 지극한 지경에까지 이른 것이다. 이제 와서 다시 옥사를 일으키는 것은 어찌 중대하고 어려운 것이 아니겠는가."

하니, 민진원이 아뢰기를,

"성상의 하교에 그렇지 않은 점이 있을 듯합니다. 《서경》에 이르기를 '하늘이 죄가 있는 사람을 토벌한다.'라고 하였습니다. 죄를 토벌할 때는 한결같이 천리를 따라 죄가 있으면 벌을 주고 죄가 없으면 놓아주면 됩니다. 또한 죄를 줄 사람 중에 혹시 조금이라도 살릴 만한 방도가 있으면 살리는 쪽으로 논의해야 합니다. 이렇게 한 뒤에야 성인의 살리기 좋아하는 덕에 부합할 수 있습니다. 지난날 재앙을 당한 집안이라면 누군들 뼈에 사무치는 통분한 마음이 없겠습니까마는, 그 일은 그래도 사사로운 집안의 일입니다. 그러나 성상마저 무함과 핍박을 면치 못하였으니 신하 된 이라면 누구나 통분해 마지않습니다. 지금 만약 그 마음을 시원하게 하려고 대대적으로 징토를 시행하면 필시 살육이 과다할 것입니다. 신 역시 성상의 우려가 사실 여기에 있다는 것을 알고 있습니다. 신들은 참으로 성상의 뜻을 본받아야 하나 추핵(推覈)할 때에는 공평하고 온당하도록 힘쓰면 될 뿐입니다. 어찌 덮기만 하고 반역의 실정을 캐내지 않을 수 있겠습니까. 옥사의 체모는 결코 이와 같이 해서는 안 됩니다."

하자, 상이 이르기를,

"판금오(判金吾)의 말이 내 뜻을 안다고 이를 만하다. 참혹하게 무함과 모욕을 당했으니 어찌 분한 마음이 쌓이지 않았겠는가. 그러나 그저 마음을 시원하게 하는 것만 일삼아 일이 커지게 되면, 또한 옥석을 구별하지 못할 염려가 있다."

하였다.

○ 지경연사 민진원(閔鎭遠)이 수차(袖箚)를 올려 아뢰기를,[82]

"우리 대행 대왕은, 신이 옛날 6년 동안 춘방(春坊)에 있으면서 가장 오랜 기간 시강(侍講)하였는데, 삼가 보건대 인자하고 총명하며 순수하고 온화하시니 정말 불세출의 빼어난 자질이었습니다. 더욱이 학문이 일찌감치 숙성하고 행실이 순수하고 독실하였습니다. 신사년(1701, 숙종27) 인현왕후(仁顯王后)께서 승하하셨을 때 곡하여 우는 소리에 듣는 자들이 모두 눈물을 흘렸으니, 뒷날 꼭 숙종의 업적을 잇고 숙종의 공렬을 빛낼 수 있으리라 여겼습니다. 불행하게도 중년 이

•••••

82 지경연사……아뢰기를 : 1725년 2월 29일의 일이다. 《英祖實錄 1年 2月 29日》

후에 병환이 나 외정(外庭)의 신하들이 모두 근심하고 두려워하면서 오직 지성으로 보필하고 일에 따라 바로잡기를 생각하며 조만간 회복하는 경사가 있기만을 기다렸습니다. 그런데 선왕께서는 병환의 증세가 버티기 어려운 상태라 만기(萬機)에 수응(酬應)하는 데 방해가 된다고 헤아리시어 전하에게 세제(世弟)의 중임을 맡기셨습니다. 이어 서무(庶務)를 대리하라 명하시자, 신하들이 모두 근심하고 애통해하면서 여러 날 동안이나 명을 차마 받들지 못하였습니다. 그러다 '세제에게 맡기는 것이 옳은가, 좌우(左右)에 맡기는 것이 옳은가?' 하는 전교에 미쳐서는 말씀의 뜻이 더욱 간절하고 성려(聖慮)가 더욱 심원하였습니다. 그런데 한 무리의 사람들이 스스로 의심하고 겁을 내어 자기들에게 불리할까 두려워하였습니다. 조태구(趙泰耉)는 그를 찬축(竄逐)하기를 청하는 대계(臺啓)를 무시하고 그 도당을 이끌고 함부로 궐문에 들어가 승정원을 거치지 않고 곧바로 청대(請對)하여 허락을 받았는데, 대뜸 다들 종사(宗社)가 장차 망하게 될 것이라고 하였습니다. 신은 모르겠습니다만 좌우에서 처리하면 종사가 편안하게 되고 전하께서 대리하시면 종사가 망한다는 것이 과연 무슨 말입니까.

대저 질병이 오는 것은 성현도 면하지 못하는 바이니, 성덕(聖德)에 무슨 누가 될 것이 있겠습니까. 그런데 한 때의 간사한 자들이 선왕께 질병이 있었음을 감추어 선왕의 성총을 가리고 무엄하게 굴었던 행적에서 몰래 벗어나고 윗분에게 누를 끼치는 것을 생각하지 않았으니, 어찌 마음이 아프지 않겠습니까. 흉한 무리들이 숙종에 대해서는 대처분(大處分)[83]을 곧바로 배척하여 여러 해 고질병을 앓은 데서 연유한 일이라고 말하여 조금도 꺼리지 않고 멋대로 속이고 헐뜯었습니

83 대처분(大處分) : 회니시비(懷尼是非)에 대한 숙종의 처분을 가리킨다. 병신 처분(丙申處分)이라고 한다. 노론의 입장을 지지하는 뜻을 보인 처분이었다.《국역 숙종실록 42년 7월 6일, 10일》

다. 선왕에 대해서는 질환을 비밀에 부쳐 숨기고 발설하지 못하도록 막아 혹시라도 이를 언급하면 매번 역적이라 지목하였습니다. 반드시 '선왕께서는 인효(仁孝)하고 총예(聰睿)한 자품으로 불행히 뜻밖의 질환을 앓으시어 소인들에 의해 성총이 가려졌다. 수년 사이에 숙종의 옛 정사를 바꾼 것은 모두 간신들이 선왕을 어지럽게 한 데서 나온 것이다.'라고 분명히 말한 뒤에야 비로소 중외의 의혹을 풀고 후세의 의심을 풀게 되며, 선왕 본연의 아름다운 덕이 곧 해와 별처럼 밝게 보이게 될 것입니다.

전하께서는 근년 이래로 험난하고 고생스러운 일을 이미 다 두루 겪으셨습니다. 잠저(潛邸)에 계실 때부터 이미 횡역(橫逆)의 말을 들었고 조태구의 차자[84]를 가리킨다. 저위(儲位)에 오르셔서는 유봉휘가 막은 일[85]과 한세량의 흉언[86]을 만났고, 이어서 박상검의 모해[87]와 김일경, 목호룡의 무함이 있었으며, 그 외 다른 위태롭고 불안했던 단서가 한둘에 그치지 않았으니, 이 무리들은 모두 종사의 죄인입니다."

하였다.

○ 3월, 상이 여러 신하를 인견하였다. 이날, 사대신(四大臣)을 신원하고 관직을 회복하라는 명이 있었다.

상이 이르기를,

"지난번에 폐립(廢立)이라느니 찬역(簒逆)이라느니 한 것은 미루어 말하면 말이 어느 분에게까지 미치는가? 위로 감히 말해서는 안 되는

• • • • •

84 조태구의 차자 : 147쪽 주39 참조.

85 유봉휘가 막은 일 : 147쪽 주40 참조.

86 한세량의 흉언 : 155쪽 주58 참조.

87 박상검의 모해 : 156쪽 주61 참조.

분에게까지 말이 미치는 줄을 깨닫지 못한 것이다. 대저 조정의 의론이 선조(先朝) 때에는 지금같이 심하게 갈리지는 않았다. 처음에 사문(斯文)의 일에 대해 선왕의 처분이 지극히 엄격하여[88] 글자로 써서 간책(簡冊)에 기록해 놓았으며, 또 대행조(大行朝)의 상소에 대한 비답에서도 지극히 그 뜻을 엄격하고 분명히 하셨다.[89] 이 때문에 한편의 사람들이 모두 두려워하는 마음을 품고서 기회를 틈타 일어나 여러 신하를 극악무도한 죄과로 모두 몰아넣었으니, 진실로 그들이 그렇게 한 까닭을 찾는다면 과연 어디서 말미암은 것인가? 당시 사람들의 의혹이 겹겹으로 생겨났는데, 만약 그들의 의도를 논한다면 틀림없이 한편의 사람들을 일망타진한 뒤에 그들이 손을 쓸 수 없도록 하려는 것일 뿐이었다.

합계(合啓)에 대해 대행 대왕께서 연달아 윤허하지 않으셨고, 또 접때에 국안을 가져다 보니 빈청(賓廳) 2품 이상의 관원이 청대하였는데도 역시 윤허하지 않으셨다. 그러니 대행왕께서 허락을 아끼신 깊은 뜻을 마침내 볼 수 있다.

김일경의 신축년(1721, 경종1) 상소가 목호룡이 고변한 글과 구절구절 서로 부합하니, 그들이 화답하고 호응한 모양은 말하지 않더라도 알 수가 있다. 그리고 목호룡이 고변하는 글이 어느 때에 나왔는가? 분명히 말하고 싶지만 일이 매우 해괴하여 말하지 않는다."

하니, 예조 판서 민진원이 아뢰기를,

• • • • •

88 처음에……엄격하여 : 회니시비(懷尼是非)에 대한 숙종의 처분을 가리킨다. 171쪽 주83 참조.

89 대행조(大行朝)의……하셨다 : 세자였던 경종이 대리청정의 명을 거두기를 청하는 상소를 올리자, 그 비답에서 숙종이 병신 처분을 잘 받들도록 답한 것이다. 《국역 숙종실록 43년 7월 27일》

"책봉(冊封) 선래(先來)[90]가 나온 뒤에 고변하는 글이 곧바로 나왔습니다."

하자, 상이 이르기를,

"내가 그 당시에 고변하는 글을 보고서 모골이 송연하였다. 밤중에 어쩔 줄을 몰라 궁료(宮僚)를 인접(引接)한 것은 그것 때문이었다. 당시 추안(推案)[91]에 비록 흉언(凶言)은 빼 버렸다고 하더라도 만약 깊이 생각해 본다면 어떠한 지경에 이르렀겠는가."

하였다. 우의정 정호(鄭澔)가 아뢰기를,

"나라를 다스리는 도리는 간사하고 올바름을 분변하고 옳고 그름을 분명하게 한 다음 죄가 있는 자에게 죄를 준다면 인심이 저절로 복종할 것입니다."

하니, 상이 이르기를,

"대신(大臣)의 말이 옳다."

하였다. 민진원이 아뢰기를,

"충신을 드러내고 악인을 징계하는 것은 나라가 있은 이래로 어느 하나도 폐지할 수 없는 것이었습니다. 충성을 바친 자는 포상하고 죄가 있는 자는 처벌한 다음에 기강이 진작되고 인심이 감동하여 복종합니다. 이제 전일에 모조리 살육했던 것을 경계로 삼아서, 죄의 경중을 따지지도 않고 처벌이 보복이 아닐까 의심하여 단지 관대하게만 처벌한다면, 죄를 범한 자들은 성상의 뜻에 감격할 줄 모를 뿐 아니라 도리어 자신들에게 죄가 없다고 여길 것입니다. 이래서야 나라가 나라다울 수 있겠습니까."

하고, 이조 판서 이의현(李宜顯)이 이어서 민진원과 같은 말을 아뢰었다.

• • • • •

90 선래(先來) : 외국에 갔던 사신(使臣)이 돌아올 때에 앞서서 돌아오는 역관(譯官)이다.

91 추안(推案) : 목호룡의 고변 사건으로 인한 옥사의 추안이다.

○ 사헌부에서 아뢰기를,

"지금 이 여섯 역적[92]은 역적 김일경과 같은 죄를 지었는데, 전하께서 역적 김일경만 처형하고 여섯 역적은 우선 용서하셨으니, 실로 종사를 위해서 엄히 처벌하는 도리가 아닙니다. 저 여섯 역적의 죄는 여러 신하의 죄를 날조했을 뿐 아니라 전하를 무함하고 자전(慈殿)을 무함한 것입니다. 그런 상소를 올린 것은 반역을 한 것이니 반드시 처벌해야 할 죄에 해당할 따름입니다. 게다가 상소를 올려 죄를 얻은 경우 소두(疏頭)만을 죄주는 것은 허물이 적고 과실이 가벼울 때에 시행할 수 있지만 반역죄를 지은 사람에게는 시행할 수 없습니다. 하물며 여섯 역적이 팔을 걷어붙이고 담당했던 것은 역적 박상검과 호응하여 약속한 일[93]에 조금의 실수도 없어야 함을 알았기 때문입니다. 이와 같은 자들을, 공연히 남을 따라 참여해서 지각없고 망녕된 짓을 한 죄로 논할 수 있겠습니까. 지엄한 국법으로 볼 때 결코 용서할 수 없습니다. 역적 김일경의 상소에 연명한 여섯 역적을 속히 잡아다 엄중히 국문하고서 사형을 쾌히 시행하도록 명하소서."

하였다.

○ 손형좌(孫莿佐)를 국문하였다. 3월에 비로소 목호룡과 그의 형 목시룡(睦時龍)을 국문하였고, 4월에 손형좌를 국문하도록 특별히 전교하였다. 손형좌는 내시이다.

전교에 이르기를,

"'네가 요적(妖賊) 박상검의 일[94]에 가담하였다는 것은 신축년(1721,

• • • • •

92 여섯 역적 : 165쪽 주76 참조.

93 역적 박상검과……일 : 조태구가 승정원을 거치지 않고 청대를 할 수 있도록 한 일과 김일경의 상소에 비답을 빨리 내리도록 도모한 일과 세제의 문안을 막은 일 등을 가리킨다.

94 박상검의 일 : 156쪽 주61 참조.

경종1)에 한 짓을 보면 불 보듯 뻔한데, 지금 사람들이 답답해하는 것은 간사한 정상이 아직 밝혀지지 않은 데에 연유한다. 지금 너를 심문하는 것은 그 일의 전말을 알아서 처분을 명백히 하려고 하는 뜻이다. 그간의 일의 정상을 사실대로 바로 공초하라.'라고 손형좌를 엄중히 추문하라."

하였다. 손형좌를 형신하자, 손형좌가 공초하기를,

"박상검이 요악(妖惡)한 나인(內人) 필정(必貞)과 결탁하여 말을 만들기를, 대궐 안에 흰 족두리를 쓰고 왕래하는 여우가 있다고 하고, 여우를 잡는다고 핑계 대어 덫을 많이 설치하였습니다. 청휘문(淸暉門)은 바로 동궁(東宮)이 문안하러 왕래하는 길인데, 박상검이 문안하는 길을 막고자 하여 음흉한 일을 도모했으니, 대개 환국(換局)하려는 계책이었습니다. 그가 하는 짓을 혹 동궁이 친히 볼까 두려워하여 길을 막는 일까지 있었으니, 그들이 모해(謀害)한 정적(情迹)을 이로 미루어 알 수 있습니다. 그 당시 환국은 김일경의 상소에 말미암은 것인데, 피차 호응한 정상을 사람들이 모두 말하고 있습니다."

하였다. 더 형신하자 손형좌가 공초하기를,

"제가 박상검의 지극히 비밀스러운 정절(情節)을 비록 정확하게 알지는 못합니다만, 당시 박상검을 보니 그가 매번 양두필(兩頭筆)을 가지고 글을 썼는데, 혹은 진서(眞書)로 쓰고 혹은 언서(諺書)로 썼으며, 사람을 보면 놀라서 그 종이를 말아 깊이 숨겼습니다. 그리고 내문(內門)의 장하(帳下)를 빈번히 배회하다가 혹 친밀한 나인을 만나면 편지를 주어 상통(相通)하는 자취가 뚜렷하였는데, 나인은 바로 필정이었습니다. 그들의 친밀하고 비밀스러운 실상을 궐내의 환관들이 모두 알고 있었습니다. 박상검은 그 집의 이웃인 심성천(沈成川) 즉 심익창(沈益昌)이다. 의 집에서 아이 적부터 수학(受學)하였으므로, 사이가 매우 친밀하였습니다. 김일경이 심씨의 집에 왕래하며 박상검을 항상 만났으며, 박상검이 한 짓은 모두 그의 지휘를 받은 것이라고 들었습니다."

하였다. 손형좌에게 공초를 받은 후 그를 도배(島配)하라고 명하였다.

○ 금오(金吾)의 서리와 하례(下隷)를 국문하였다. 서리 이만준(李晩俊)·장익한(張翊漢), 나장 오필주(吳弼周), 박시웅(朴時雄), 정기만(鄭起萬)이다. 4월에 대간의 계사로 인하여 국문한 것이다.

사헌부에서 아뢰기를,[95]

"임인년(1722, 경종2)의 무옥(誣獄)이 갖가지로 꾸며서 하나같이 허위인 것은 성명(聖明)께서도 환히 알고 계십니다. 그 가운데 승복(承服)했다는 것은, 이렇게 공초를 바치면 살 수도 있다고 꾀어서 공초를 받아 낸 뒤에는 그대로 결안(結案)을 작성한 것도 있고, 이미 승복하는 초사를 써 두고서 그 상단(上端)을 말아 죄인이 알지 못하도록 한 다음 강제로 착명(着名)하게 하여 결안으로 삼은 것도 있고, 승복하였다고 의계(議啓)하였다가 물고(物故) 났다는 계사를 뒤따라 올린 것도 있고, 다른 죄인을 잡아오는 동안에 형신을 정지하겠다고 아뢰었다가 곧바로 승복하였다고 결안을 써낸 것도 있고, 이미 10여 차례 형신을 받아서 전혀 지각이 없는데 승복하였다는 초사에는 낱낱이 상세하게 적혀 있어 결코 다 죽게 된 사람의 말이 아닌 것도 있습니다.

무릇 이 몇 가지 사항은 몹시 수상한 일이어서 중외(中外)의 의혹이 지금까지 끊이지 않고 있습니다. 무고(誣告)한 정상에 대해 지금 한창 철저하게 캐고 있으니, 이렇게 꾀어 유도하고 꾸며 낸 자취에 대

95 사헌부에서 아뢰기를 : 《영조실록》 1년 3월 16일 기사에 나온다.

해서는 또한 명백하게 조사하지 않을 수 없습니다. 국청으로 하여금 의심스러운 것을 찾아내 그 날짜를 상고한 다음 그날의 업무를 본 서리, 나장을 모두 엄히 신문하여 실정을 알아내게 하소서."

하였다.

이만준이 공초하기를,

"승복하였다고 의계하였다가 물고 났다는 계사를 뒤따라 올린 경우는 장세상(張世相)입니다. 장세상은 여러 차례 형신을 받고 정신이 어지러워 문목(問目)을 여러 번 물어도 끝내 우러러 대답하지 못하고 목구멍 사이로 겨우 지만(遲晩)한다는 말만 하였습니다. 그래서 문목의 내용과 '지만' 두 글자로 주의(主意)를 삼아서 초사를 작성하였습니다. 다른 죄인을 잡아올 동안 형신을 정지하겠다고 아뢰었다가 곧 승복하였다고 결안을 작성한 경우는 이우항(李宇恒)입니다. 그때 다른 죄인을 미처 잡아오기 전에 병세가 위중하여 바로 죽을까 봐 즉시 지만한다는 공초를 받았습니다. 그런데 죄인은 호흡이 곧 끊어질 듯하여 말을 제대로 하지 못해서 역시 문목 및 '지만' 두 글자로 초사를 만들었는데, 미처 결안하기 전에 물고 났습니다."

하였다. 이만준이 직초(直招)하였기 때문에 여러 서리와 하례를 모두 방면하였다.

○ 서두창(徐斗昌)을 국문하였다. 4월에 대간의 계사로 인해 국문한 것이다.

사헌부에서 아뢰기를,

"요망한 무당의 아들 서두창은 곧 역적 윤취상(尹就商)의 겸종(傔從)이요, 필정(必貞)의 지친입니다. 일전에 흉당이 환첩(宦妾)과 체결하여 흉모(凶謀)를 자행할 때 서두창 모자가 실로 통로 구실을 하였는데, 내외로 화응한 음흉한 정절이 정우관(鄭宇寬)의 공초에 다 드러났습니다. 역적 윤취상이 잡혀온 후에는 감히 그가 거느렸던 정황을 숨기지 못할 터이니, 서두창을 엄히 조사하는 것이 옥사의 당연한 일이었습니다. 그런데 그때 잠깐 잡아들였다가 곧 풀어 주는 바람에 단서가 드러나지 않아서 사람들이 시간이 지날수록 더욱 통분해하고 있습니다. 서두창을 빨리 잡아다 조사하게 하소서."

하였다. 여러 차례 형신을 가하여 곤장을 맞고 죽었다.

○ 심정옥(沈廷玉)을 국문하였다. 심정옥은 심익창의 아들로 그때 심익창이 이미 죽어 대간의 계사로 인하여 심정옥을 국문한 것이다. 4월이다.

심정옥이 공초하기를,

"신은 원휘(元徽)와 이성 재종(異姓再從)이므로 모른다고 할 수는 없습니다. 김일경은 곧 신의 전모(前母)의 종제(從弟)입니다. 김일경은 젊었을 때 신의 아비와 종유하였습니다만, 이른바 흉모(凶謀) 및 신축년(1721, 경종1) 12월 6일로 택일하였다는 말을 신은 알지 못합니다."

하였다. 형신하자 심정옥이 공초하기를,

"요망한 박상검은 영변(寧邊) 사람입니다. 김일경과 원휘가 모두 영변부사를 지낸 적이 있으므로 요망한 박상검과 친밀하게 지낸 지 오래되었습니다. 신축년(1721, 경종1) 7월 그믐밤 3경쯤에 박상검의 집에 갑자기 불빛이 비치더니 대문을 여는 소리가 났는데, 뒤미처 들으니 김일경이 온 것이었습니다. 대개 김일경이 이와 같이 왕래한 것이 한두 번이 아니었습니다."

하였다. 더 형신하니, 심정옥이 공초하기를,

"신이 박상검에게 묻기를 '김 참의(金參議)는 조사(朝士)인데, 무엇 때문에 왔었는가?' 하니, 박상검이 '김 참의의 말이 「내가 지금 전지(傳旨)에 응하여 진소(陳疏)하려 하는데, 어떻게 하면 비답이 속히 내려오겠는가? 만약 더디게 내리면 일이 무익해진다.」라고 하므로, 내가 「성주(城主)께서 이렇게 분부하시니 말씀드리겠습니다. 상소가 들어가는 시각을 미리 안다면, 출납할 때에 마땅히 주선할 방도가 있을 것입니다.」라고 답했다.' 하였습니다. 원휘가 평안도 병사(平安道兵使)가 되어 하직할 때에 신이 묻기를 '전에 하려던 것을 지금 하는 것이 좋겠습니까?' 하니, 원휘가 '좋다.' 하고, 이어서 말하기를 '김일경의 무리가 국정을 장악하여 천하를 탕평(蕩平)하고자 하는데, 이른바 탕평이란 것은 노론(老論)을 다 죽이고 남인(南人)과 소론(少論)만 쓰는 것이다.' 하였습니다. 원일서(元一瑞)와 박상검이 결탁하여 왕래한 정상을 누군들 모르겠습니까. 박상검의 집에 어떤 손님이 매일 밤마다 찾아오므로, 신이 박상검에게 물었더니, 말하기를 '원휘·윤취상·목천임(睦天任)·원일서가 왕래하며 모의하였는데, 환국(換局)한 후에 윤취상을 훈련대장으로 삼고 원휘를 평안도 병사로 삼으며, 목천임은 속히 승천(陞遷)시키고 또 그 할아비의 관작을 회복시키는 등의 일이다.' 하였습니다. 이것이 바로 신축년 동짓달 말부터 섣달 초승 사이의 일입니다."

하였다.

심정옥의 공초로 인하여 심정옥의 아우 심정신(沈廷紳)을 불러 심문하고, 다시 심정옥을 심문하였다. 심정옥이 공초하기를,

"신축년 동짓달 그믐부터 섣달 초승에 신이 박상검에게 묻기를 '윤취상과 원휘 등이 도모한 일은 이미 중대한 일인데, 함께 모의했던 자도 필시 4, 5인에 그치지 않을 것이니, 너는 바로 말해야 한다.' 하니, 박상검이 말하기를 '김 참의께서 상소의 비답을 잘 얻도록 해 달라는 말 외에 소하(疏下)의 6인에게 부디 모두 관직이 제수되게 해 달라는 뜻을 누누이 간곡하게 부탁하였다.'라고 하였습니다."

하였다. 더 형신하려 하니 심정옥이 공초하기를,

"신축년 9월경에 김일경이 편지를 보내어 신을 부르기에, 그 후 수일 만에 신이 과연 박상검과 함께 김일경의 집에 도착하였습니다. 김일경이 말하기를 '내가 쓴 글을 상소로 지어 올렸는데, 박상검이 조금이라

도 주선해 준다면 어찌 이루어지지 않을 일이 있겠는가.' 하므로, 신이 박상검과 웃으며 '영감(令監)의 말이 모두 좋다.'라고 하였습니다. 그 후 신과 박상검이 함께 김일경 집에 세 차례나 갔었고, 김일경이 박상검의 집에 온 것도 여러 차례였습니다. 신과 김일경이 함께 박상검의 집에 모인 것은 한 차례였고, 김일경이 신의 집에 내방(來訪)한 것 역시 한 차례였습니다. 전후로 모여서 모의한 것은 모두 상소의 비답이 속히 내리도록 하는 것과 환국을 속히 이루게 한다는 일이었을 뿐입니다. 김일경의 상소가 바로 그 핵심이었는데, 안에서 도맡아 일을 벌여 상소의 비답이 나오도록 도모한 사람은 박상검입니다. 그리고 모든 노론의 소장(疏章)을 중간에서 막고자 하였는데, 이 일을 도맡아 벌인 자는 문유도(文有道)입니다."

하였다. 심정옥을 더 형신하니, 심정옥이 공초하기를,

"신축년 10월 2일 초저녁에 신이 박상검의 집에 갔더니, 박상검이 바야흐로 어떤 사람과 문 왼쪽 마루 위에 앉아서 은밀하게 이야기하고 있었습니다. 신이 '너는 누구와 야심하도록 이야기하였는가?' 하니, 박상검이 '내가 전에 말한 윤 선달(尹先達) 은어로 윤취상을 가리킨다. 과 이야기하였다.'라고 하였습니다. 윤취상이 먼저 간 뒤에 신이 드디어 일어났는데, 박상검이 절대로 말을 누설하지 말라는 뜻으로 손을 잡으며 거듭 당부하였습니다."

하였다. 뒤에 심정옥을 감사(減死)하여 도배(島配)하라고 명하고, 심정신을 정배(定配)하라고 명하였다.

○ 윤취상을 국문하였다. 5월이다.

국청에서 아뢰기를,

"죄인 윤취상의 공초 중 무녀(巫女)를 통해 석렬(石烈)과 결탁하였다는 것은, 정우관(鄭宇寬)이 당시 거짓으로 자복한 것을 가지고 자신을 변명하는 단서로 삼았으니, 그 말을 믿을 수가 없습니다. 박상검의 집에 왕래하며 모였던 일은 누누이 변명하였는데 별로 확실히 밝힌 것은 없었습니다. 긴요한 증거로 삼은 것은 병으로 출입을 폐하였다고 한 말인데, 신축년(1721, 경종1) 이후로 여러 해 벼슬하면서 출입하는 데 방해받지 않았으니, 병으로 폐하였다고 한 말은 전혀 사리에 맞지 않습니다. 그리고 분명하게 발고한 자는 심정옥인데도 심정옥과 면질(面質)을 청하지 않고 심정옥의 여러 동생과 대면하여 변명하려 하였으니, 이는 틀림없이 그들을 꾀어서 초사(招辭)를 바꾸도록 한 곡절을 알아서 이렇게 빠져나가려고 도모한 것입니다. 당시 심정신이 심정옥에게 글을 보내 초사를 바꾸게 하였다. 이것으로 문목을 만들어 다시 추문하소서."

하였다.

전교에 이르기를,

"이번에 공초한 것을 보니, 변명이 모두 사리에 맞지 않았다. 심정옥은 처음 심문을 받았을 때는 어떤 사람인지 이름을 말하지 않다가 그가 스스로 몇 사람의 이름을 자백하였는데, 윤취상의 이름도 들어 있었다. 그때의 일로 말한다면, 그 맥락이 역적 김일경이 한 일과 서로 부합하였는데, 지금 요망한 박상검이 어느 동리에 살며 문이 어디에 있는지 모른다는 말은 지극히 흉악하고 교활하다. 그는 세록(世祿)의 신하로서 장신(將臣)의 지위에 있으면서 나라의 은혜에 보답할 방도는 생각하지 않고 감히 벼슬을 얻으려고만 생각하여 한낱 보잘것없는 무리들과 결탁하여 모의하였다. 벼슬을 얻으려고 안달하는 마음에 대해 대성인께서 어떻게 단안하셨던가.[96] 그런 자들은 바로 못

96 벼슬을……단안하셨던가 : 공자가, 비부(鄙夫)는 벼슬을 얻으려고 안달하고 얻으면 잃지 않으려고 안달하는데, 그러는 중에 하지 않는 짓이 없다고 하였다. 《論語 陽貨》

할 짓이 없는 부류이다. 지금 그에게 추문하는 것이 절통(絶痛)하다는 이유로 안팎으로 역모를 거짓으로 엮어 낸 정상과 국조(國朝)에 전에 없던 일에 대해 철저히 캐물을 것 없이 곧장 법대로 처형한다 하더라도 그에게 무슨 억울할 것이 있겠는가. 만약 다시 굳게 숨기고 실토하지 않는다면 삼척(三尺)의 법을 윤취상에게 쓰지 않고 다시 누구에게 쓰겠는가. 엄중하게 캐물으라. 그리고 심정옥이 단지 왕래한 사람만 말하고 그와 역모를 획책한 정상을 실토하지 않은 것은 계사에서 말한 대로이니, 다시 엄중하게 추문하되, 만약 직초(直招)하지 않으면 더욱 엄중히 형신하도록 분부하라."

하였다.

다시 윤취상을 추문하고, 심정옥과 윤취상을 면질시켰다. 국청에서 의계(議啓)하여 윤취상을 형추(刑推)하기를 청하니, 답하기를,

"아뢴 대로 하라. 윤취상은 머리가 하얗게 센 무변(武弁)으로 여러 번 장임(將任)을 지냈고 또 정경(正卿)에 이르렀으니 분수에 족할 터이다. 그런데 무슨 불만이 있기에 보답하기 어려운 국은(國恩)을 잊은 채 지위를 잃을까 근심하는 비루한 생각을 하여 몰래 역적 김일경에게 붙고 몰래 요망한 박상검과 결탁하여 전에 없는 변괴를 일으켜서 국가의 법을 어지럽혔는가. 그 마음이 이와 같으니 무슨 일인들 하지 못하겠는가. 어찌 면질하기를 기다린 뒤에야 역적의 정절을 알 수 있겠는가. 어제의 하교는 대개 곡진하게 용서하는 데에서 나온 것인데, 엄중하게 추문하였으나 끝내 실토하지 않았다. 지금 심정옥이 목도(目覩)하였다고 말한 것은 들은 것에 비할 바가 아닌데 아직도 실토하지 않고 있다. 만약 엄하게 처리하지 않는다면 난적(亂賊)을 징계할 수 없을 것이니, 또한 어찌 뒷날의 폐단을 방지하겠는가. 각별히 엄하게 형신하여 기어이 자복을 받으라."

하였다. 여러 차례 형신하니 얼마 지나지 않아 물고되었다.

○ 양사(兩司)에서 아뢰기를,

“한세량(韓世良)이 신축년(1721, 경종1)에 올린 상소[97]에는 역심이 분명하게 드러나 있습니다. 하늘에 두 개의 태양은 없다느니 왕위를 몰래 옮긴다느니 하는 등의 말은 너무도 흉악하고 사특하여 방자하게 감히 말해서는 안 되는 데까지 거짓된 말로 핍박하였으니, 실로 김일경과 목호룡 두 역적과 뿌리가 서로 연결되고 맥락이 상통하여 극악한 죄인 것에는 본디 차이가 없습니다. 그런데 그에게 양관(兩觀)의 주벌[98]을 행하지 않았는데 제집에서 덜컥 죽어 버렸으니, 신인(神人)의 울분이 어찌 끝이 있겠습니까. 지금 그 시체를 시조(市朝)에 늘어놓지는 못하더라도 처자식을 노비로 삼고 재산을 몰수하는 벌은 의당 시행하여야 할 형률이니, 그가 이미 죽어 버렸다고 하여 절대 그만둘 수 없습니다. 유사에게 명하여 속히 한세량의 처자식을 노비로 삼고 재산을 몰수하는 형률을 시행하도록 하여 왕법을 펴소서.”

하였다.

○ 비망기[99]에,

“아, 옛날 선조(先朝 숙종)의 처분[100]이 지극히 엄격하고 또 분명하였으며, 이를 계승하는 대행조(大行朝)의 뜻이 윤음에 자세히 담겨 있는데, 원한을 갚으려는 무리가 방자하게 한꺼번에 대신(大臣)과 조정 신

• • • • •

97 한세량(韓世良)이……상소 : 세제가 참정해야 한다고 주장한 조성복(趙聖復)을 처벌하기를 청한 상소이다. 155쪽 주58 참조.

98 양관(兩觀)의 주벌 : 난신을 죽여 나라를 바로잡는 것을 말한다. 146쪽 주37 참조.

99 비망기 : 1725년(영조1) 3월 25일의 비망기이다. 《承政院日記 英祖 1年 3月 25日》

100 선조(先朝)의 처분 : 1716년(숙종42) 윤선거(尹宣擧)의 문집을 훼판하도록 명함으로써 조정에서 소론을 물리치고 노론을 인정한 병신 처분(丙申處分)을 가리킨다.

하를 무함하여 역적이라는 죄과에 몰아넣었다.[101] 아, 애통하다. 붕당의 화(禍)가 사람을 해친 일이 어느 시대엔들 없었겠는가마는 이 무리처럼 이렇게 악독한 수단을 쓴 경우는 없었다. 대행조의 지극한 사랑과 훌륭한 덕이 아니었으면 조정 신하 중에 목숨을 보전한 사람이 몇이나 되었겠는가. 역적 김일경은 앞에서 이끌며 선봉이 되었고, 역적 목호룡은 뒤에서 호응하며 지원하였다. 그 사이에 11인의 일에 대해 계사가 올라왔는데, 그들은 바로 김일경, 목호룡과 서로 호응한 자들이었고, 요사한 박상검[102]은 바로 김일경과 목호룡의 심복이었다. 위로 조종조(祖宗朝)의 음덕과 우애가 지극하신 대행조의 성대한 뜻에 힘입어 겨우 요사하고 악독한 자들을 제거하였는데, 일단의 잔학한 무리가 크게 의심하며 겁을 내어 몰래 역적 목호룡을 시켜 갑자기 고변서를 올리게 한 뒤에 옥사(獄事)를 조작하여 멋대로 주륙하였으니, 세상 천지에 어찌 해를 넘기는 국옥(鞫獄)이 있단 말인가. 아, 참혹하도다. 신중하게 심의하고 관대하게 처리하신 대행조의 성대한 은택이 아니었다면 마음이 후련하도록 다 죽여 버렸을 것이니, 어찌 2년만 하고 그쳤겠는가. 진신(搢紳)의 상소라고 말하였으니, 어찌 7인[103]뿐이

• • • • •

101 원한을……몰아넣었다 : 1721년(경종1) 12월 세제의 대리청정을 청하다 사대신(四大臣)이 귀양 가는 등 노론이 실권하게 된 신축환국과 목호룡(睦虎龍)의 상변으로 일어난 임인옥사를 가리킨다. 이 둘을 아울러 신임옥사라고 통칭한다.

102 요사한 박상검 : 1721년 12월 세제가, 환관들이 자신을 제거하려 하고 이들의 이간질로 대전 문안과 시선(視膳)도 하지 못하게 되었다고 하면서 세제 자리에서 물러나겠다고 하였다. 이때 세제가 해당 환관으로 박상검과 문유도(文有道)를 지목하였는데, 박상검은 다음 해 1월 7일에 처형되고 문유도는 같은 달 4일 형문(刑問) 중에 죽었다. 《景宗實錄 1年 12月 22日·23日, 2年 1月 4日》《承政院日記 景宗 2年 1月 7日》

103 7인 : 1721년 12월 세제의 참정을 요청한 조성복(趙聖復), 대리청정하라는 명에 의례적으로 정청(庭請)하다가 바로 중지한 노론 사대신, 대리청정하라는 명을 거두어들이라고 청하고자 입궐한 조태구(趙泰耇)의 청대를 저지한 승지, 대리청정과 관

었겠는가. 상소 가운데 논한 내용이 역적 목호룡의 말과 어쩌면 그렇게도 부합한단 말인가. 그런데 이 상소를 가리켜서 '세제를 위한 것'이라고 말한 것은 바로 요사한 박상검이 중간에서 주선하면서 했던 말이다. 이 때문에 내가 대행조께 그의 간악한 죄를 다스려 달라고 한 것이다. 이것을 미루어 생각해 보면 안팎에서 서로 부합한 것이 불을 보듯 분명하다.

아, 나라에 충성했던 사대신(四大臣)이 참혹하게 무함을 당하였는데, 이제 대행조의 덕을 밝히고 대신들의 원통함을 씻어 주었다. 그들을 무함하였던 여러 사람을 귀양 보내거나 죽이는 것이 불가하지는 않지만 내가 심하게 다스리지 않는 것 역시 그 나름의 의도가 있다. 그러나 시비를 밝히는 것은 바로 군주의 책임이니, 특히나 중외로 하여금 과거 간흉한 무리가 나라를 그르친 일은 대행조의 훌륭한 덕에 조금도 누가 되지 않음을 분명히 알게 하지 않을 수 없다. 거짓으로 자복하여 간흉한 계교를 이루려 한 자에 대해서는 결단코 용서하지 않음으로써 자기가 살겠다고 남을 죽음으로 몰아넣는 자들을 두렵게 하여 경계시킬 것이다. 아, 그대 승정원의 신하들은 나의 이러한 뜻을 받들어 관각(館閣)의 신하에게 글을 짓게 하여 반포함으로써 중외의 모든 사람이 나의 처분을 명확히 알게 하라."

하였다.

○ 상께서 무옥(誣獄)을 소결(疏決)하라고 명하셨다.

• • • • •

련하여 조태구 등 소론 측 인사들을 탄핵한 삼사를 모두 치죄하기를 청하는 내용의 상소를 올린 김일경(金一鏡)과 그 상소에 이름을 올린 박필몽(朴弼夢), 이명의(李明誼), 이진유(李眞儒), 윤성시(尹聖時), 정해(鄭楷), 서종하(徐宗廈)를 가리킨다.《景宗實錄 1年 12月 6日》

우의정 민진원(閔鎭遠), 판의금부사 홍치중(洪致中)이 입시하였다.[104]
상이 이르기를,

"오늘 내린 비망기에서 이미 대체적인 내용은 언급하였다. 목호룡이 상변한 후에 궁료를 인견한 일이 있었는데, 그 뒤로 차마 듣지 못할 흉악한 말이 많았다. 비록 필부일지라도 자신에게 오욕(汚辱)을 가하는 것을 참지 못하는 법인데, 더구나 나는 선조(先朝)의 피를 받은 몸으로 어찌 차마 이런 오명을 뒤집어쓰겠는가. 당론(黨論)이 어느 시대엔들 없었겠는가마는, 만고천하에 어찌 임인년(1722, 경종2)과 같은 일이 있었겠는가. 대행왕의 지극한 인애와 성대한 은덕이 아니었다면 오늘날 조정의 신하 가운데 그 누가 목숨을 보전할 수 있었겠는가.

역적 목호룡이 변서(變書)에서 말하기를 '동궁의 씻기 어려운 무함을 풀어 주소서.'라고 하였지만, 실상은 그가 씻기 어려운 오명을 나에게 씌운 것이다. 그 당시 나는 물러나기로 마음을 굳히고서 글을 올렸는데 궁료들도 보지 못했다. 역적 목호룡이 이미 나에 대해 음흉한 말을 가하였으니, 옥사를 맡은 신하는 치죄하기를 청했어야 하는데 다만 그 한 단락을 지워 버리자고 청하였다. 지워 버리자고 말한 것은 겉으로는 좋은 말이나 그 계략은 너무나 교묘하였으니, 어찌 매우 절통한 일이 아니겠는가. 만일 철저하게 캐물으면 옥사가 성립되지 않을 것이기 때문에 다만 지워 버리기를 청한 것이니, 차마 이렇게 할 수 있단 말인가. 내가 작년에 이에 대해서 이미 말하였다. 비록 사책(史冊)에 이런 이야기가 있어도 나는 보고 싶지 않은데, 어찌 도리어 내가 직접 이런 망측한 무함을 받게 될 줄 생각이나 하였겠는가.

김일경의 신축년(1721, 경종1) 상소는 목호룡의 변서와 같은 것이었

-----

104 우의정……입시하였다 : 1725년(영조1) 3월 25일의 일이다.《承政院日記 英祖 1年 3月 25日》

다. 진신(搢紳)의 상소라는 것은 조정의 모든 신하가 동참하여 올린 상소를 말하는데, 겨우 7인뿐인데도 진신의 상소라고 하는 것은 어째서인가? 저들 중에도 어찌 그것이 흉악한 짓이라는 것을 아는 사람이 없었겠는가. 그런데 김일경의 위세에 겁먹어 그 그릇됨을 말하는 자가 한 사람도 없었으니, 어찌 통탄스럽지 않겠는가. 김일경의 상소를 동궁을 위하여 올린 상소라고 한 것은 바로 요사한 박상검이 농간을 부린 말이었다. 이것이 내가 대행조께 그를 처벌하도록 청한 이유인데, 만약 대행왕의 우애가 아니었다면 내게 어떻게 오늘이 있을 수 있었겠는가. 박상검의 일이 이루어지지 않자 고변서를 올려 한쪽의 조정 신하를 모두 도륙하고자 하였으니, 참혹하다.

삼수(三手) 가운데 이른바 칼에 대해서는 어찌 그것을 가지고 역모라고 할 수 있겠는가. 지난번 추안을 열람하면서 칼을 주었다는 부분을 보고 참으로 의심스러웠는데, 이제 대신의 말을 들으니 참으로 가소롭다. 사람들이 서로 칼을 주는 경우가 많으니, 이것은 김용택(金龍澤)이 우연히 백망(白望)에게 칼을 준 것에 불과한데, 목호룡이 이것으로 이야기를 꾸며 낸 것이다. 그렇다고 한다면 칼에 대한 이야기는 이미 허위이다. 약(藥)에 대해 따져 보면 실상과 너무 많이 어긋난다. 지열(池烈)에 대해 말하자면 선조를 모시던 늙은 상궁이다. 그가 늙은 궁인으로서 무슨 바랄 것이 있다고 역모를 저지르겠는가. 그저 목호룡이 아는 사람이어서 끌어다 증인으로 삼았을 뿐이다. 그가 어떻게 감히 국상(國喪)을 틈타 조서를 위조하였겠는가. 그의 사람됨을 내가 알고 있는데, 결코 역모를 할 사람이 아니다. 게다가 그 당시는 이미 죽었으니, 죽은 뒤에 역모를 하고자 한들 할 수 있었겠는가. 궁성 호위에 대한 이야기는 여론으로 보아 무함임을 이미 알고 있었는데, 이제 또 들어 보니 그것이 거짓임을 더 잘 알겠다. 이를 거짓으로 고한 자에 대해 말하자면, 저들의 의도에 영합하여 망녕되이 목숨을 보전하기를 바라며 전적으로 여러 신하에게 죄를 뒤집어씌움으로써 사지에서 벗어날 계책으로 삼으려 하였으니, 그 심보가 너무도 통탄스럽다."

하자, 민진원이 아뢰기를,

"임인년(1722, 경종2)의 옥사는 이미 터무니없는 사실을 꾸며 남을 해악에 빠뜨린 것임을 알았으니, 훈적(勳籍)에서 삭제하지 않을 수 없습니다. 비록 목호룡을 단록(單錄)하여 녹훈(錄勳)의 모양새를 이루지 못하였습니다만 그대로 놔두어서는 안 됩니다."

하니, 상이 윤허하고 이르기를,

"이미 옥안(獄案)이 뒤집어졌으니, 훈적에서 삭제하는 것은 바로 이어서 해야 할 일이다."

하였다.

○ 사헌부 신하들이 연석(筵席)에서 윤취상의 아들 윤지(尹志)를 절도에 안치할 것을 청하여 아뢰기를,[105]

"아비와 자식을 모두 찬배(竄配)하는 것은 차마 할 수 없다고 하교하셨으나, 이는 전혀 그렇지가 않습니다. 이놈의 음흉한 정상은 이미 계사에서 아뢰었습니다. 그는 그 아비의 외아들로 아비를 적소(謫所)에 버려두고 급박하게 올라왔으니 그 죄가 이미 크며, 올라온 뒤에는 문득문득 출몰하며 종적이 비밀스러워 세인들이 두려워하고 나라 사람들의 말이 떠들썩하니 실로 국가의 근심입니다. 절도에 안치하라는 청을 따르지 않을 수 없을 듯합니다."

하였다.

105 사헌부……아뢰기를 : 1725년(영조1) 4월 17일의 일이다. 《承政院日記 英祖 1年 4月 17日》

○ 5월. 사간원에서 이사상(李師尙)을 속히 국법에 따라 처형하기를 계청하였다.

○ 7월. 전지(傳旨)하기를,[106]

"안치된 죄인 이사상은 등용된 초기에 이미 명의(名義)의 죄인이었고, 조정에 나온 이후로는 오로지 흉악한 짓을 일삼았다. 흉한(兇漢) 임부(林溥)를 사주하였는데도[107] 요행으로 죄망을 빠져나가고 임연(林演 임부의 종형)을 독살하여 화근을 없애려고 꾀하였다. 과장(科場)에 들어가기 전에 미리 답안을 대신 지음으로써 두 아들이 과거에 오르게 되었고, 은밀하게 계획하여 흉당의 음모를 오랫동안 주도하였으니, 그 마음가짐과 행사가 무엇이든 지극히 흉악하지 않은 것이 없었는데, 이는 그에게 오히려 사소한 일이다.

가장 용서하기 어려운 것을 말해 보자면, 세 가지 큰 죄가 있다. 그가 경상도 관찰사로 있을 적에 마침 약방이 주원(廚院)으로 옮겨 직숙하던 때였는데도 방자하게 잔치를 열고 풍악을 울리는 짓을 저질러 대간이 준엄한 소장을 올리는 통에 죄명이 떠들썩하였다.[108] 이에 우리 성고(聖考 숙종)께서 몹시 미워하여 오래도록 금고(禁錮)하고는 끝내 거두어 쓰지 않으셨는데, 그는 이에 대해 깊이 성내고 원망하는 마음을 품었다. 그의 두 아들이 적과(賊科) 행위로 인해 특명으로 급제

• • • • •

106 전지(傳旨)하기를 : 1725년 7월 3일에 있었다.《承政院日記 英祖 1年 7月 3日》

107 임부(林溥)를 사주하였는데도 : 이사상(李師尙)이 임부에게 연명 상소를 올리도록 사주하였다고 말한 것이다. 1706년(숙종32) 충청도 유생 임부 등이 연명 상소를 올려 윤증(尹拯)을 조정에 부를 것과 동궁(東宮)을 모해하는 무리를 조사하여 재거할 것 등을 청하였는데, 임부는 국청(鞫廳)에서 형문(刑問)을 받고 죽었다.《承政院日記 肅宗 32年 5月 29日》

108 그가……떠들썩하였다 : 1710년(숙종36)의 일이다.

자 명단에서 삭제되자[109] 원망과 독기가 더욱 뼛속에 사무쳐 뭇 흉도들을 지원하며 와주(囮主)가 되어 폐일(吠日)과 석천(射天)의 계책[110]이라면 팔을 걷고 나서서 담당하지 않은 것이 없었다. 근년에 한번 상소를 올려 혼조(昏朝 광해군) 때를 들어 감히 성고의 성세에 빗대었다. 이것이 첫 번째 죄이다.

백망(白望)의 상변(上變)[111]은 실로 국본을 모해하려는 역적을 고발한 것이다. 그런데 국문하여 사실을 알아내기를 기다리지 않고 앞장서 입대(入對)하여 역변을 조사하기를 청하는 노신(老臣)[112]을 노려서 공격하여 동궁을 보호하는 길을 단절하고, 대명하던 흉도를 성원(聲援)하여 마침내 고발한 자를 때려 죽이는 모략을 벌였다. 이것이 두 번째 죄이다.

저번에 대신(大臣)이 연명으로 올린 차자는 정유년(1717, 숙종43)

• • • • •

109 두 아들이……삭제되자 : 이사상의 두 아들은 이헌영(李獻英)과 이헌장(李獻章)이다. 이들은 1712년에 과거 시험 부정행위인 적과(賊科)에 해당한다는 죄목으로 체포되고 1716년 결국 과거 합격이 취소되었다.

110 폐일(吠日)과 석천(射天)의 계책 : 현인을 무함하고 임금을 모욕하려는 계획이다. 폐일은, 중국 용(庸)나라와 촉(蜀)나라의 남쪽은 비가 잦아 해를 볼 수 있는 날이 드물기 때문에 해가 뜨면 개가 괴상히 여겨 짖는다는 데서 유래한 고사로, 식견이 좁은 사람이 남의 훌륭한 점을 보고 오히려 괴상히 여겨 비방하는 것을 비유한다. 《古文眞寶後集 卷5 答韋中立書》 석천은, 은(殷)나라의 무도한 임금 무을(武乙)이 인형을 만들어 '천신(天神)'이라고 부르면서 사람을 시켜 대신 두게 하는 방법으로 그와 장기를 두되, 천신이 이기지 못하면 가죽 주머니에 피를 담아 하늘을 향해 쏘아 맞히면서 천신을 모욕한 데서 유래한 고사이다. 《史記 卷3 殷本紀》 사책에 따라 무을 대신에 은나라 주(紂) 임금이나 전국 시대 송(宋)나라 강왕(康王)이 등장하기도 한다.

111 백망(白望)의 상변(上變) : 1722년(경종2) 3월 29일 백망이 조태구(趙泰耈), 최석항(崔錫恒), 김일경(金一鏡), 심단(沈檀) 등이 동궁을 모해하기 위해 모의하였다고 고발한 일이다. 《景宗修正實錄 2年 3月 29日》 《承政院日記 英祖 卽位年 12月 6日》

112 노신(老臣) : 그 당시 사직을 지냈던 신임(申銋)이 소론을 꾸짖고 동궁을 보호하는 내용으로 상소를 올렸다. 《景宗實錄 2年 4月 2日》

의 옛 규례를 따를 것을 청한 데에 지나지 않는다. 만일 조금이라도 신하 된 마음이 있다면 전후로 달리 보지 않아야 할 터인데, 이를 찬탈하려는 흉역이라고까지 말하며 기필코 참혹히 형추하고 극률을 적용하려고 하였다. 그렇게 한 뜻이 어찌 대신에게만 있었겠는가. 더욱이 궐에 들어오지 않고 밖에 있을 때, 대신을 먼저 제거하여 한 사람도 남겨서는 안 된다는 말을 편지로 써서 역적 김일경에게 보내 이 소식이 도하(都下)에 널리 퍼졌다. 대신들을 먼저 제거하려고 하였으니, 뒤에 하려고 한 일을 환히 알 수 있다. 종묘사직이 지금까지 유지되는 것이 어찌 하늘의 도움이 아니겠는가. 이것이 세 번째 죄이다.

신하 된 자로 이 중에 하나라도 있으면 본디 일각이라도 천지 사이에 숨 쉬는 것을 용납하기 어려운데 하물며 이 세 가지 죄가 있음에랴. 더욱이 역적 김일경과 몸은 둘이나 속셈이 같았으며, 성은 다르나 형제와 같아 행동 하나하나가 서로 관련되지 않은 것이 없고, 말 한마디 글 한 구절도 서로 호응하지 않은 것이 없었으며, 역적 김일경이 지은 반교문(頒敎文)도 이사상이 모두 간여하였다. 역적 김일경의 공초(供招) 중 혹자(或者)나 '벗을 판다'의 벗은 대개 이런 사람을 가리키는 것이 불을 보듯 뻔하다. 역적 김일경이 이미 왕법으로 복주되었는데, 이 역적이 어찌 홀로 면할 수 있겠는가. 신인(神人)이 함께 분노하고 온 나라가 모두 원수로 여기니, 절도에 안치하는 것으로는 그의 수많은 죄를 징치할 수 없다.

대체로 논죄하는 도리는 단서를 얻어야 비로소 국문(鞫問)하고, 국청의 규례는 반드시 대질하거나 재차 추문한 뒤에야 형문(刑問)을 가하니, 이는 실로 신중히 살피는 도리에서 나온 것이다. '대신을 먼저 제거한다.'라는 말은 비록 너무도 흉참하나 이는 사가(私家)의 편지글이니 이것 때문에 곧바로 사형을 적용해서는 안 된다. 그의 아들을 삭과(削科)한 일은 선조의 특교였는데 그들이 복과된 뒤 의기양양하고 방자하게 거리낌이 없었으니 복과되지 않았을 때의 그 마음을 알 수 있겠다.

또 《정원일기》를 가져다 보니 그가 올린 상소의 의도는 지난날 역적 김일경과 다름없었다. 역적 김일경이 법대로 처형된 뒤 그가 애책문(哀冊文)을 지었는데, 조금이라도 두려워하는 마음이 있었다면 어떻게 감히 그와 같은 말을 쓴단 말인가. 그 뒤에 다시 부표(付標)하여 들였으니 원래의 표현인 '왕망과 동탁이 이미 주벌되었으니〔莽卓旣誅〕'를 '흉악한 무리가 모두 주륙되었으니〔凶徒就戮〕'로 고쳤다. 더욱이 그 의도의 흉참함을 알 수 있다.

선조께서 일찍이 이사상을 두고 마음 씀이 바르지 않다고 말씀하셨으니, 내가 오늘에 와서 슬픈 생각이 드는 부분이다. 근래에 붕당을 짓는 습속이 더욱 고질이 되었으나 김일경이나 이사상처럼 심한 경우는 없었다. 김일경은 처형을 당했는데 이사상을 법대로 처형하지 않는다면 후세에 필시 역적을 두렵게 할 도리가 없을 것이니, 교수형에 처하고, 그의 아들 이헌장(李獻章)은 극변(極邊)에 정배하라."

하였다.

○ 8월. 중외(中外)의 대소 신료, 기로(耆老), 군민(軍民), 한량인(閑良人) 등에게 반포한 교서[113]에,

"왕은 이르노라. 아, 지난날 일을 지금에 차마 다시 말하겠는가. 간흉들이 수없이 일어나 참혹하고 간교한 계략을 꾸며 큰 옥사를 얽어내어 사류(士類)를 풀 베듯 하였는데, 진실로 그들의 마음 밑바닥까지 들여다보면 다만 이것에 그칠 뿐이 아니었는지라 지금 그것을 생각하

113 교서 : 1725년(영조1) 8월 11일에 반포한 것이다. 《英祖實錄 1年 8月 11日》

자면 꿈속에서도 놀라게 된다. 이제 새롭게 시작하는 날을 맞아 다행히 공의(公議)가 통쾌하게 펴졌다. 이에 전후의 사단(事端)에 대해 그 본말을 처음부터 밝혀 만백성에게 널리 알리니, 밝게 듣고서 소란이 없기를 바란다.

생각건대, 우리 숙종대왕께서는 인자하고 명민하며 강직하고 정대하여 천명(天命)으로써 스스로를 다스리셨는데, 사문(斯文)의 일이나 인륜과 의리상 중대한 일에 대해 더욱 신중히 대하고 마음을 쏟으셨다. 신사년(1701, 숙종27)과 병신년(1716)에 내린 두 번의 처분[114]은 지극히 바르고 지극히 엄하여 천지에 세워도 어긋나지 않았다. 그런데 저 흉악한 무리들의 마음은 진실로 본디 이것과는 배치되었으니, 어찌 두렵고 놀랍지 않을 수 있었겠는가. 원한을 품고 원망을 쌓아 오면서 한 번 흉모(凶謀)를 이루어 보려고 생각하였으나 기회가 있지 않았다.

선왕 초년에 저위(儲位)가 비어 있어 인심이 의지할 데가 없고 종묘사직을 차후에 의탁할 데가 없자 종묘사직의 중함을 깊이 생각하시어 이에 보잘것없는 나를 왕세제로 책봉하셨다. 간흉한 무리들은 이때를 타서 흉악한 계획을 방자하게 펼쳤다. '협의를 무릅쓰는 것이다.'[115]라는 말이 그 장본(張本)이었고 '의심스러워한다.'[116]라는 말로 이어서 나를 위태롭게 하였는데, 이 일들은 한밤중에 합문(閤門)을 두

• • • • •

114 신사년과……처분 : 신사년(1701, 숙종27)에 인현왕후(仁顯王后)가 죽은 뒤 희빈(禧嬪) 장씨(張氏)가 신당을 차려 놓고 인현왕후를 저주한 것이 발각되자 그 오빠인 장희재(張希載)를 처형하고 희빈 장씨에게 사사(賜死)를 명한 일과 병신년(1716)에 윤선거(尹宣擧)의 문집을 훼판(毁板)하도록 하고 그와 아들 윤증(尹拯)에게 선정(先正)으로 호칭하지 못하게 함으로써 노론의 손을 들어 준 일을 가리킨다.

115 협의를 무릅쓰는 것이다 : 147쪽 주39 참조.

116 의심스러워한다 : 1721년 8월 23일 왕세제(王世弟)의 책정이 졸속으로 이루어졌음을 아뢰는 유봉휘(柳鳳輝)의 상소에 나오는 내용이다. 《景宗實錄 1年 8月 23日》

드리고[117] 북문(北門)으로 몰래 들어갔던 일[118]과 더불어 그 의도가 지극히 흉악하고 그 계교가 지극히 은밀하였다. 심지어 '하늘에 두 개의 태양은 없다.'라는 말과 '천위(天位)를 몰래 옮긴다.'라는 말[119]은 더욱 지극히 참혹하고 악독하여 차마 볼 수가 없었다. 마침내 역적 김일경이 여섯 역적[120]을 거느리고 흉악한 상소를 앞장서서 올려 밖에서 선봉이 되고, 요사한 박상검이 김일경의 심복이 되어 은밀한 기회를 몰래 알선하여 안에서 좀벌레가 되어서 안팎에서 부채질하여 화란이 경각에 닥쳤다. 다행히 선대왕께서 형제간의 우애가 매우 돈독하셨던 것에 힘입어 그들이 뜻을 이루지 못하였고, 박상검은 곧바로 주륙되었다. 이후로 흉역의 무리들이 크게 의심하고 겁을 내어 계략을 세우는 것이 날로 심해지더니, 마침내 역적 목호룡을 사주하여 서둘러 고변서를 올리게 하였다. 고변서에서 아주 음흉하고 간특한 말로 나까지 무함하였는데 그 글이 노리는 바를 길 가는 사람도 알았다. 게다가 공교롭게도 고변하는 날을 사신이 사행(使行)의 임무를 마쳤다는 기별이 돌아온 다음 날에 딱 맞추었으니, 그들의 속셈이 여기에서 더더욱 남김없이 드러나 가리기 어려웠다. 옥사가 일어나자마자 정국(庭鞫)하라는 명이 있었는데, 간사한 정상이 쉽게 밝혀질까 봐 다급하게 청대하여 국청을 본부(本府 의금부)로 옮겨서 옥사의 처리를 쥐락펴

•••••

117 한밤중에 합문(閤門)을 두드리고 : 1721년 10월 10일 한밤중에 좌참찬이었던 최석항(崔錫恒)이 청대한 일을 가리킨다. 그 당시 조성복(趙聖復)이 세제를 정사에 참청(參聽)하게 하자는 내용의 상소를 올렸는데, 경종이 청정(聽政)하도록 명을 내렸다. 이에 밤중에 최석항이 입대(入對)를 청하여 명을 거두기를 아뢰었고, 경종이 이를 따랐다.《景宗實錄 1年 10月 10日》

118 북문(北門)으로……일 : 142쪽 주25 참조.

119 하늘에……말 : 세제가 참정해야 한다고 주장한 조성복을 처벌하기를 청하는 한세량(韓世良)의 상소에 있는 말이다.《景宗實錄 1年 10月 12日》

120 여섯 역적 : 165쪽 주76 참조.

락 마음대로 하였으며, 또 관련자를 심문하지도 말고 공초 내용을 쓰지도 말자고 청하여 나에 대한 무함을 모호한 상태로 두고 이어서 다시 '삼수(三手)'에 대한 설을 지어내었다.

'삼수'란, 하나는 칼을 쓰는 것이고, 하나는 약을 쓰는 것이며, 하나는 국상(國喪)을 틈타 교지(敎旨)를 위조하는 것이었다. 그런데 그 칼이라는 것이 부러지고 녹이 슨 보통 날붙이에 불과하였으니, 그것을 비수(匕首)라고 한 것은 전혀 비슷하지도 않았다. 약은 그것을 샀다는 사람의 성자(姓字)가 틀리고 썼다는 날짜가 틀리며, 국상을 틈타 교지를 위조하였다는 것은 이삼(李森)을 충청 병사(忠淸兵使)로 내보낸 것을 가장 큰 관건으로 삼았지만, 그 자리에 제수된 사람 또한 외직(外職)으로 나가려 하였으니,[121] 그 말이 터무니없음이 저절로 드러났다. 또 궁성 호위에 관한 말을 지어내어 하나의 긴요한 관건으로 삼았으나, 그들이 말하는 같이 의논했다는 대신이 실제는 이미 국경을 나간 지 달포나 되었으니, 거짓이거나 없는 사실을 날조해 낸 정황이 여기에서 더욱 분명하게 드러났다. 저들이 역적이라고 지목할 때 걸핏하면 '삼수'라 하는데, 그 세 가지 일은 대부분 근거할 데가 없는 것이고, 승복하였다고 한 것도 죽은 뒤에 그들이 억지로 이름을 적은 것이 많았다. 예로부터 난옥(亂獄)이 아주 많았지만 어찌 이렇게 허망한 옥사가 있었겠는가.

아, 사대신(四大臣)은 선조(先朝)의 오래된 덕망 있는 신하로서 일신의 생사를 돌아보지 않고 오직 나라를 위해 목숨 바쳐 충성을 다하려고 힘썼다. 위기에 임하여 건저(建儲)한 데에서 단심(丹心)이 빛

•••••

121 그 자리에……하였으니 : '그 자리에 제수된 사람'은 이삼(李森)을 가리킨다. 당시 병조 판서였던 이만성(李晩成)은 이삼이 충청도에 집이 있어 그곳 병사(兵使)로 나가고 싶다고 극력 청하자 부득이 그를 충청 병사에 의망하였다.《承政院日記 景宗 1年 4月 25日》

났으니, 이는 절의를 지키다가 죽은 사람들과 견주어 논할 만하다. 억울하게 참혹한 화를 당하면서도 굳은 의지를 변치 않은 것으로 말하면 모두 곧고 성실하며 충직하고 참된 신하인데, 참혹한 형벌을 두루 가하여 차례로 죽였으니, 천하에 어찌 이런 일이 있으리오.

더욱 통탄스러운 일은 토역(討逆)을 칭탁하여 심지어 역적 목호룡을 훈적(勳籍)에 기록하고 천승(千乘)의 지존께 강요하여 천례(賤隷)와 함께 회맹하며 삽혈(歃血)하게 함으로써 조금도 거리낌 없이 임금을 모욕하고 하늘을 속인 것이다. 역적 김일경이 찬술한 문자 가운데 '종무(鍾巫)'[122]니 '접혈(蹀血)'[123]이니 하는 말은 더욱 흉악한 것으로 패역하고 터무니없었으니, 어찌 이렇게까지 극도로 흉악한 경우가 있단 말인가.

그들이 마음먹고 작정한 것은 실로 망측한 죄안을 날조하여 임금을 보호하는 신하들을 모두 죽이고 이어 윗분을 핍박할 계제를 만들어 처음 세웠던 흉계를 시원하게 이루려던 것이었다. '문생(門生)'이니 '국로(國老)'니 하는 비유[124]는 그 가리키는 뜻이 패만(悖慢)하여 더욱

•••••

122 종무(鍾巫) : 당시 세제이던 영조가 이이명과 김창집 등을 사주하여 경종을 죽이려 하였음을 비유하여 한 말이다. 자세한 내용은 146쪽 주36 참조.

123 접혈(蹀血) : 1722년 9월 21일 임인옥사를 마무리하면서 반포한 토역반교문(討逆頒教文)에 나오는 말로, 당시 홍문관 제학이었던 김일경(金一鏡)이 그 교문을 지어 올렸다. 자세한 내용은 143쪽 주27 참조.

124 문생(門生)이니……비유 : 1724년 조태억(趙泰億)이 청대(請對)하여 경종 때 세제 책봉을 주청하였던 사람들을 탄핵하며 "당나라 때 환관은 '정책 국로(定策國老)'니 '문생 천자(門生天子)'니 하는 칭호까지 있었습니다."라고 하였다.《英祖實錄 卽位年 11月 8日》 당나라 말기 환관 양복공(楊復恭)이 양수량(楊守亮)에게 준 서간에 "내가 가시밭길을 헤치고 천자를 세웠는데 황제의 자리를 얻고 나서는 천자를 세운 국가의 원로를 폐해 버리니, 저 문생이 배반하는데 어찌하겠는가."라고 하여 자신을 황제를 옹립한 국가의 원로로, 천자를 문생으로 지칭하였다.《舊唐書 卷184 宦官列傳 楊復恭》

신하로서 감히 말할 바가 아니었다.

아, 대순(大舜)은 시골에서 농사를 지으며 살았는데도 고을을 이루고 도읍을 이루는 효험을 보았으니, 백성의 믿음과 감동은 이와 같이 어긋남이 없도다. 돌아보건대 나는 평소에 덕을 닦지 않아, 덕은 미더움을 받기에 부족하며 정성은 감동시키기에 부족하였다. 그들의 시랑(豺狼) 같은 마음을 고치게 하지 못하였고 뱀 같은 혀를 더욱 날름거리게 하여 마침내 충현들은 나란히 운명하고 나라의 명맥은 끊어지게 되어 꺾이듯 패망할 형국이었고, 나 자신 또한 조석으로 위태롭고 두려운 지경에 있었다. 지난날 우리 조종(祖宗)께서 묵묵히 위에서 도와주시고 선대왕께서 지극한 사랑과 훌륭한 덕으로 온전하게 보전해 주시지 않았다면 나에게 어떻게 오늘날이 있을 수 있었겠는가. 근원을 따져 논하면, 이 간사하고 흉악한 무리는 모두 숙묘께서 사문(斯文)을 크게 바로잡은 뒤에 버림받고 배척당한 자들로서, 온갖 계책을 부려 감히 말할 수 없는 자리까지 능멸하고 핍박하여 반드시 사직을 위태롭게 하여 묵은 원한을 풀려고 하였다. 그 때문에 그들이 밤낮없이 벌인 짓은 오직 여기에 있을 뿐이고, 저지른 죄악은 실로 전사(前史)에서 찾아볼 수 없을 정도로 많았다.

아, 인자하신 우리 선대왕께서는 사람을 사랑하여 죄인을 살려 주시려는 뜻이 사륜(絲綸)에 가득하였다. 두 대신(大臣)이 참혹한 화를 입었을 적에도 즉시 도로 거두어들이라는 윤음을 내리고, 그사이에 또 자주 재이(災異)를 이유로 소결(疏決)하여 풀어 주라는 명을 내리셨으니, 선대왕의 뜻을 바로 여기에서 볼 수 있다. 지난번에 화변(禍變)이 비록 없지 않았으나, 어찌 그 때문에 우리 선대왕의 훌륭한 덕에 누가 미치겠는가.

이에 나는 선왕께서 남기신 뜻에 따라 고(故) 상신(相臣) 김창집(金昌集)·이이명(李頤命)·조태채(趙泰采)·이건명(李健命)의 원통함을 풀어 주고 그 관작을 회복시키고 아름다운 시호를 내릴 것을 명하였으며, 이만성(李晩成), 홍계적(洪啓迪), 김운택(金雲澤), 김민택(金民澤), 김제겸(金濟謙), 조성복(趙聖復), 이홍술(李弘述), 윤각(尹慤), 백시구(白時耉), 이상집(李尙馤), 김시태(金時泰) 등은 그 직첩(職牒)을 돌려주고 작질(爵秩)을 추증(追贈)하라고 명하였다. 역적 김일경과 목호룡 등은 모두 법대로 처형하였고, 이사상(李師尙)은 우선 가벼운 형률에 따라 참작하여 교형(絞刑)에 처하였으며 부사 공신(扶社功臣)을 혁파하고 녹권(錄券)을 거두어들였다. 그 남은 흉적들은 찬배(竄配)하거나 도성 문 밖으로 쫓아내고 혹은 가두어 국문하기도 하였다. 역적을 주벌하고 죄주는 법을 시행한 것이 비록 오늘날까지 지체되었지만 순역(順逆)을 변별한 것이 그나마 귀신과 사람에게 위로가 되었을 것이다. 바야흐로 간악한 무리가 소탕되어 조정이 깨끗해졌으니 널리 알리지 않을 수 없다. 아, 너희 중외의 신민들은 모두 나의 뜻을 알아서 간사한 자를 물리치며 바른 자를 돕고, 그대들의 마음을 영구히 변치 말고 나라를 잘 보우하라. 아, 억울함을 펴고 죄를 성토할 때에는 공변된 천리를 따라야 하고, 나라를 세우고 왕업을 계승할 때에는 소인(小人)의 화(禍)를 영원히 근절해야 한다. 그러므로 이에 교문을 반포하는 것이니, 잘 알았으리라 생각한다."

하였다. 대제학 이의현(李宜顯)이 지은 것이다.

천의 소감

제 3 권

무신년(1728, 영조4)
戊申

4년 3월. 역적 이인좌(李麟佐),[1] 정희량(鄭希亮),[2] 박필몽(朴弼夢) 등이 군사를 일으켜 반란하였다. 왕의 군대가 토벌하여 평정하고 여러 역적이 모두 처형되었다.

처음에 김일경(金一鏡), 박필몽과 목호룡(睦虎龍) 등이 흉언(凶言)을 거짓으로 지어내어 상을 해치려고 꾀하였는데 경묘(景廟)께서 인애(仁愛)하고 성명(聖明)한 덕분에 그 계략을 이루지는 못하였다. 갑진년(1724, 경종4)에 이르러 김일경과 목호룡은 주벌되고 박필몽은 절도에 유배되니 흉당(凶黨)의 계략이 날로 깊어 갔다. 이유익(李有翼)과 박필현(朴弼顯)이 은밀히 심유현(沈維賢)을 사주하여, 음참(陰慘)하여 차마 들을 수 없는 말을 거짓으로 지어내어 역적 김일경이 지은 반교문(頒敎文)의 흉언과 은밀하게 일치하도록 하여서 불측한 일을 꾀하였다. 대개 심유현의 사람됨은 요사하고 음험하여서 이유익, 박필현, 그리고 박필몽의 아들 박사관(朴師寬) 등과 죽음도 함께하는 벗이 되었다. 나라에

• • • • •

1 이인좌(李麟佐) : ?~1728. 본관은 전주(全州)이고, 관찰사 이운징(李雲徵)의 손자이자 윤휴(尹鑴)의 손서(孫壻)이다. 영조의 즉위로 소론이 몰락하자, 정희량(鄭希亮), 이유익(李有翼), 심유현(沈維賢), 박필현(朴弼顯) 등 소론 세력과 남인들과 함께 밀풍군(密豐君) 이탄(李坦)을 추대하고 역모를 꾀하였는데, 관군에게 패하여 처형되었다.

2 정희량(鄭希亮) : ?~1728. 본관은 초계(草溪)이고, 정온(鄭蘊)의 후손이다. 1728년(영조4) 소론의 호응을 얻어 밀풍군 이탄을 추대, 왕통을 바로 세워야 한다고 이인좌 등과 반란을 일으켰다. 청주(淸州)를 기습하여 안음(安陰), 거창(居昌), 합천(陜川), 삼가(三嘉) 등의 고을을 제압했으나 관군을 지휘하던 오명항(吳命恒)에게 패하고, 거창에서 선산 부사(善山府使) 박필건(朴弼建), 곤양 군수(昆陽郡守) 우하형(禹夏亨) 등에게 잡혀 참수되었다.

서는 심유현을 왕실과 인척(姻戚)으로 맺어진 관계라고 하여 매우 후하게 대우하였는데도, 그는 오히려 고관이 되지 못한 것을 항상 섭섭해하여 원망하였다. 이유익 등 여러 역적이 이를 틈타 꾀어서 그 사특한 마음을 격발하여 마침내 그로 하여금 거짓말을 지어내어 먼저 발설하게 하여서, 서울과 지방을 왕래하면서 서로 말을 옮겨 의혹을 부채질하였다. 이에 나라를 원망하는 못된 무리들이 쏠리듯 움직였는데 민종도(閔宗道)[3]와 이의징(李義徵)[4]의 잔당 같은 부류가 한통속이 되어 합세하고 꾀를 모아 하늘에 사무치는 변란을 빚어냈다. 아, 어찌 차마 말하겠는가.

난이 일어난 후, 여러 역적의 공초(供招)에서 모두 이유익, 심유현을 거론하고, 이사로(李師魯)와 임환(任環)의 공초가 나오게 되자, 이유익 등이 심유현을 사주한 정황이 더욱 분명하게 드러났다. 지난해 가을 겨울 사이에 소란이 날마다 일어나더니 이해 봄에 이르러 더욱 심하여 연달아 괘서(掛書) 사건이 있었다. 전주에서는 송하(宋賀)와 이세룡(李世龍)이 괘서하고 남원에서는 정탁(鄭倬)이 괘서하고 전주와 남원의 두 글은 박필현이 짓고 송하의 종질(從姪)이 썼다. 도성의 경성 서문의 괘서는 이익관(李翼觀)과 이순관(李順觀)이 하였으니, 이익관이 짓고 이순관이 썼다. 그 말이 모두 매우 흉악하고 망측하였다. 이에 이르러 이인좌가 청주를 함락하고 마침내 흉악한 격문을 여러 읍에 보내어 종실 이탄(李坦)[5]을 추대한다고 하며 군사를 이끌고 경기를 침범하였고, 정희량과 이웅보(李熊

•••••

3 민종도(閔宗道) : 1633~? 조선 후기 문신으로 희빈 장씨의 오빠 장희재(張希載)와 결탁하였다가 희빈이 쫓겨나자 실각하였다.

4 이의징(李義徵) : ?~1695. 조선 후기 무신으로 장희재와 결탁하였으며 1694년(숙종 20) 갑술옥사(甲戌獄事)로 절도(絶島)에 위리안치(圍籬安置)되었다가 이듬해 사사(賜死)되었다.

5 이탄(李坦) : 밀풍군(密豐君, 1688~1729)으로 인조의 장자인 소현세자(昭顯世子)의 증손이자 종실 임창군(臨昌君) 이혼(李焜)의 장남이다. 이인좌가 반란을 일으킬 때 그를 왕으로 추대하였다. 난이 평정된 후 사사되었다.

輔)는 영남에서 군사를 일으켰고, 이사성(李思晟)은 평안 병사로서 바야흐로 뒤를 이어 군사를 일으킬 것을 도모하였고, 남태징(南泰徵)은 금군 별장으로 내응(內應)하기로 약속하였다. 나라의 운명이 경각에 달린 상황이었으나 결국 성스러운 무예로 영단(英斷)을 내리시어 종묘사직이 다시 안정을 되찾은 것은 하늘의 뜻이다. 토벌하고 국문(鞫問)하여 다스린 시말은 《감란록(勘亂錄)》에 자세히 실었다.

아, 유봉휘(柳鳳輝)의 상소[6]와 조태구(趙泰耉)의 차자[7]가 올라간 뒤로부터 역적의 무리가 계략을 꾸미는 것이 날로 깊어져, 김일경의 상소[8]와 목호룡의 고변서[9]가 서로 호응하는 등 성상을 해치려고 갖은 방법을

•••••

6 유봉휘(柳鳳輝)의 상소 : 1721년(경종1) 8월 노론의 주도하에 연잉군(延礽君)을 왕세제로 정하였다. 이에 대해 소론인 유봉휘가 상소하여, 놀랍고 당황스러우며 근심스럽고 의혹된다고 하였다. 《承政院日記 景宗 1年 8月 23日》

7 조태구(趙泰耉)의 차자 : 1720년(경종 즉위년) 11월 청나라 칙사가 조문 와서 세자(世子)와 종실의 자질(子姪)을 만나 보기를 청하자, 우의정 조태구가 이를 받아들여서는 안 된다는 내용의 차자를 올렸는데, 거기에 "상국(上國)에서 열국(列國)의 임금을 조문할 적에 그 배신(陪臣)이 된 아우와 조카에까지 아울러 미치는 경우는 전례가 없습니다. 상국에서 이를 시행하는 것은 실례(失禮)가 되고, 배신이 이를 받아들이는 것은 혐의를 무릅쓰는 것이 됩니다."라고 하였다. 《景宗修正實錄 卽位年 11月 26日》 혐의를 무릅쓴다는 말로 세제를 모해하는 빌미로 삼은 것이다.

8 김일경의 상소 : 이 상소는 《승정원일기》와 《경종실록》 모두 경종 4년 4월 24일 기사에 실려 있다. 내용이 이이명과 김창집을 참형에 처하기를 청하는 것이므로 아마 목호룡의 상변으로 인해 임인옥사가 막 일어난 시점의 상소인 듯하다. 김일경이 상소하여 "한밤중에 칼을 품은 일이 노(魯)나라 때 종무(鍾巫)의 변(變)과 같습니다."라고 하였다. 한밤중에 칼을 품은 일이란, 목호룡의 고변서 내용 중 노론이 경종을 시해하려는 삼수(三手)의 모의 가운데 자객을 시켜 칼을 품고 궁중에 들어가 왕을 시해하는 방법인 대급수(大急手)를 빗댄 말이다.

9 목호룡의 고변서 : 1722년 음력 3월, 임금을 죽이려는 역적이 있다고 고해 바쳤다. 노론이 경종을 제거하는 방법에 대해 삼수(三手) 즉 칼로 암살하는 대급수(大急手), 음식에 독약을 넣는 소급수(小急手), 숙종의 유조(遺詔)를 위조하여 경종을 폐하는 평지수(平地手) 등을 말하였다.

모두 동원하였다. 그러나 경묘께서 지혜롭고 우애 깊은 덕분에 마침내 그 계교를 다 쓰지 못하자 역적 김일경이 마침내 대찬(代撰)한 교문[10]에서 감히 그 흉언과 무설(誣說)을 마음대로 늘어놓아 불측한 심보를 부렸다. 하늘에 사무치고 만고에 다시없을 죄악에 대해 사람이라면 누군들 분해서 팔을 걷어 붙이며 이를 갈지 않겠는가.

갑진년(1724, 경종4)에 국문을 받고 법에 따라 처형된 뒤로는 잔당들이 마땅히 징계되어 두려워서 감추고 숨어야 하는데, 감히 원망하는 마음을 쌓고 오히려 패악한 말을 답습하였다. 처음에는 이천해(李天海)의 변이 있고 이어서 괘서의 변이 있었으며, 끝내는 군대를 일으켜 반란하여 왕기(王畿)를 범하는 변란이 있었다. 다행히 하늘과 조종(祖宗)의 보살핌과 음덕 덕분에 도적들이 차례로 잡혔는데, 흉언의 내력과 역모의 근본과 맥락이 일일이 역적의 공초 가운데 드러났다.

대개 이천해의 흉언은 이유익과 박필현이 지어낸 바요, 심유현이 나서서 말한 것은 이순관이 지시하고 사주한 바이다. 이유익과 박필현이 굳이 심유현을 시켜 나서서 말하게 한 것은 심유현이 왕실의 인척이기에 그 말이 사람들을 현혹하기 쉬웠기 때문이다. 심유현이 역적들과 한통속이 되어 도모하게 된 까닭은 그의 성품이 본디 경박하고 요사하여 이익으로 꾄 데 넘어가 반역의 마음이 움직였기 때문이다. 이순관이 글을 건 것은 민관효(閔觀孝), 이유익, 박필현이 지시한 것으로 그 내용이 한결같이 역적 김일경의 교문의 말을 따랐다. 이인좌와 이웅보, 정희량, 나숭곤(羅崇坤) 등의 여러 역적이 난을 일으킨 일도 이유익, 박필현, 심유현이 부추긴 것이다. 이유익, 박필현, 심유현은 또 모두 박필몽을 종

10 교문 : 1722년(경종2) 9월 21일 경종이 전국에 반포한 교서(教書)이다. 이 교서는 임인옥사를 마무리하면서 내린 토역반교문(討逆頒教文)으로, 당시 홍문관 제학이었던 김일경(金一鏡)이 지어 올린 것이다. 《경종실록》 2년 9월 21일 기사에 실려 있다.

주로 삼았으니, 김일경은 박필몽과 몸은 둘이나 마음은 하나였다.

난리를 일으킨 부류 가운데 어떤 이들은 역적 내시와 흉당의 남은 자손들[11]로 향리에 버려진 자들이어서 감히 나라를 원수로 여기는 마음을 품었고, 어떤 이들은 벼슬자리에 대한 욕심과 걱정 때문에 못하는 일이 없어 결국 임금을 안중에 두지 않는 악행을 맘껏 저질렀다. '천지도 무시할 수 있고 일월도 가릴 수 있다.'라고 말하며 음참하고 망측한 무설을 만들어 이리저리 퍼뜨려서, 역적 김일경이 갑진년 이전에 성상을 무고했던 흉언[12]과 호응한 것은 모두 역적 종실을 추대하여 부귀를 탐낸 계략이었다. 때로는 남몰래 주도하여 은밀히 부채질하고, 때로는 앞에서 선창하고 뒤에서 화답하여 역적의 무리가 들끓어 반역의 기운이 길게 뻗치도록 하였다. 천지와 군신이 있은 이래 흉악한 심보와 반역의 행위가 어찌 이와 같은 무리가 있단 말인가.

이천해가 흉언을 말한 뒤로 온 나라의 신민이 피를 뿜고 눈물을 머금어, 반드시 그 흉언을 짓고 사주한 사람을 잡고자 하였다. 그러나 도깨비 같은 정상을 알지 못하여 역적 무리의 소굴을 깨뜨리지 못하니, 여론이 분통하여 하루도 잠시 편안한 적이 없었다. 이에 이르러 흉악한 괴수와 역당의 무리가 스스로 정황을 실토하고, 요망한 자들과 난리를 일으킨 자들을 처단하니, 신령과 사람의 분노를 적게나마 풀 수 있었다. 그런데 금년(1755, 영조31)에 이르러 또 신치운(申致雲),[13] 심확

• • • • •

11 역적……자손들 : 영조 초에 처형된 소론인 김일경 및 그와 결탁한 내시 박상검(朴尙儉) 등의 무리와 그 자손들 중 연좌되어 처형되지 않은 이들을 말한다.

12 김일경이……흉언 : 김일경이 올린 상소와 그가 대신 지은 교문에 있던 말로, 영조가 경종을 폐하려 하였다는 무함을 가리킨다.

13 신치운(申致雲) : 《영조실록》에 의하면, 1755년(영조31) 5월 신치운이 복주되었는데, 그전에 신치운을 심문했을 때 그의 공초에 "신은 갑진년 이후로는 게장을 먹지 않습니다."라고 하였다. 갑진년은 경종이 승하한 1724년이다. 《경종실록》에 의하면, 경종은 1724년(경종4) 8월 20일 게장으로 수라를 들고 이어서 생감을 먹었는데, 이를 먹

(沈鑵),[14] 이하징(李夏徵),[15] 윤지(尹志) 등의 역변이 있었다. 인심이 잘못에 빠져들고 역당의 승냥이 같은 본성을 교화하기 힘들어서 이 지경에 이른 것인가, 이 지경에 이른 것인가. 아아, 분통스럽고 분통스럽다.

《감란록(勘亂錄)》은 재신(宰臣) 송인명(宋寅明), 박사수(朴師洙)가 명을 받아 편차한 것이다.5월에 명이 있었다. 처음에 역적 김일경의 교문으로 책머리를 시작할지 여쭈어 정하였다.

사간 이세진(李世璡)이 상소를 올려 아뢰기를,

"지금 이 《감란록》은 역적 김일경이 지은 교문을 첫머리로 삼았으니, 대체로 역적 김일경의 교문이 실로 박필몽과 박필현의 선봉이 되기 때문입니다. 그러나 유봉휘의 상소[16]를 또 역적 김일경이 빌미로 삼아 일을 벌이는 바탕으로 삼았으니, 반드시 이것으로 첫머리를 시작해야만 본말이 다 갖춰지게 되고, 또한 이 책을 보는 자를 징계하여 정신 차리게 할 수 있습니다. 《감란록》의 첫머리를 유봉휘의 상소로 시작하도록 명하소서."

•••••

고 심한 복통과 설사가 발생하였으므로 의원들이 이를 중화하는 약을 지어 올렸다. 이어 24일에는 증세가 심해지자 부자를 넣은 인삼탕을 지어 올렸다. 경종은 다음 날 8월 25일 승하하였다. 이 일로 나중에 경종 독살설이 나오게 되었다.

14 심확(沈鑵) : 1702~1755. 이조 참판으로 재직 중, 1755년 정시(庭試) 시권(試券) 중에 영조가 경종을 독살했다는 답안이 발견된 변서 사건(變書事件)에 연루되어 역적으로 몰려 처형되었다.

15 이하징(李夏徵) : 1686~1755. 조선 후기의 역신(逆臣)이다. 나주괘서 사건이 일어났을 때, 임국훈(林國薰)·이효식(李孝植) 등과 함께 연루되었는데, 임국훈이 관에 바친 상자 속에는 윤지(尹志)와 서신을 교환한 사람 가운데 이하징의 서찰이 가장 많았으며, 그 내용 또한 친밀하여 골육과 같았다. 왕이 친국을 할 때 윤지의 아버지인 윤취상(尹就商)의 역적 행위를 부인하다가 왕의 노여움을 사 종성으로 유배되었다가 결국 복주되었다.

16 유봉휘의 상소: 1721년(경종1) 8월 23일에 올린 상소이다. 205쪽 주6 참조.

하였다. 이세진의 상소는 기유년(1729, 영조5) 9월에 있었다.[17] 뒤에 3월의 상변서(上變書 목호룡의 고변서)를 첫머리로 삼도록 명하였다.

《감란록》이 이미 완성되자 선의왕후(宣懿王后)[18]께서 비로소 역당의 흉언을 상세히 알게 되시어 하교하기를,

"세도(世道)가 이와 같아 너무나 흉하고 망측한 말을 지어내었다. 이는 비단 금상(今上)만 무함하는 것이 아니라 도리어 선왕을 모욕하는 것이니, 원통함을 견딜 수 있겠는가."

하였다. 《행록(行錄)》에 보인다. 그 뒤에 이조 판서 박필주(朴弼周)의 상소 가운데 이를 거론하여 말하기를 "진실로 여자 가운데 요순(堯舜) 같으신 분의 말씀이다." 하였다.

•••••

17 이세진의……있었다 : 1729년(영조5) 9월 27일의 일이다. 《承政院日記 英祖 5年 9月 27日》

18 선의왕후(宣懿王后) : 1705~1730. 경종의 계비 어씨(魚氏)이다. 어유귀(魚有龜)의 딸로, 1718년(숙종44) 세자빈에 책봉되고 1722년(경종2) 왕비에 진봉(進封)되었다. 영조 즉위 후 대비로 있다 1730년(영조6) 요절하였다.

경술년(1730, 영조6)
庚戌

6년 3월. 역적 이해(李垓), 이기(李圻), 나홍언(羅弘彦)[19] 등을 국문하도록 명하였고, 여러 죄인을 모두 처형하였다.

나홍언은 무신년(1728, 영조4) 역적 나숭곤(羅崇坤), 나숭대(羅崇大)의 지친이요, 이사효(李思孝)의 동서로서 모든 흉모와 음모에 가담하였을 뿐 아니라 그가 책자에 쓴 주상을 범하는 대역부도한 말은 더욱 흉패하였다. 여러 역적이 추대한 것은 이해와 이기이다. 이해와 이기는 이정(李楨)과 이남(李柟)의 종손이요, 민취도(閔就道)의 외손으로 형제가 모두 은화를 내놓아 역모를 도우니, 역적들이 일컫기를 "이기의 사람됨이 이해보다 나으니 진짜 추대할 대상은 이기이다."라고 하였다. 이해와 이기를 국문하고 모두 형신하였다. 김일경의 상소에 연명한 세 역적 또한 국문하였다.

전지(傳旨)하기를,

"죄인 이해와 이기는 왕실 족보에 올라 있는 신분인데도 국가에서 그동안 곡진하게 돌보아 준 은혜를 생각하지 않고, 흉도와 결탁하여 뇌물을 주고받아 함께 추대되어 역모의 주인이 되었다. 무신년으로부터 오늘에 이르기까지 지극히 흉악하고 요망하고 참혹한 변란이 오로지 이 역적 형제에게 기댄 것이니, 이들은 실로 역적의 괴수요 재앙의 근

• • • • •

19 역적……나홍언(羅弘彦) : 1730년(영조6) 나홍언이 폐출(廢黜)된 여홍군(驪興君) 이해(李垓)와 여릉군(驪陵君) 이기(李圻)를 추대하려다가 발각되어 처형되었다. 여홍군과 여릉군은 1680년(숙종6) 이른바 경신출척(庚申黜陟) 때 죽은 인평대군의 2남 복선군(福善君) 이남(李柟)과 3남 복평군(福平君) 이연(李㮒)의 종손(從孫)이고 1694년 갑술옥사로 원찬되었다가 죽은 민취도(閔就道)의 외손이다.

원이다. 신령과 사람이 모두 분노하고, 왕법이 지엄하니 마땅히 밝게 정해진 법대로 처형해야 하나, 경전(磬甸)[20]에 관해서는 옛 법이 있고 정상을 참작하여 처결하는 일 또한 우리 조정이 이미 행한 전례(典例)가 있으니 특별히 참작하여 교형(絞刑)에 처하라."

하였다.

나홍언을 신문하기를,

"네 아들 나계태(羅啓泰)를 잡아올 때 수색한 문서 가운데 네가 기록한 책자가 있는데, 거기에 차마 들을 수 없고 차마 언급할 수 없는 말이 있었다. 끝에는 경묘(景廟)를 핍박한 대역부도한 말이 있으니, 이는 필시 경자년[21] 이후에 한 무리의 나라를 원망하는 자들이 감히 나라를 원수처럼 여기는 생각을 하여서 차마 들을 수 없고 차마 언급할 수 없는 말을 지어내 반역을 꾸밀 빌미로 삼은 것이다. 그들이 뜻대로 되지 못한 까닭에 원망하는 말을 만들어서 그것이 감히 말할 수 없는 분에게까지 미친 것이 불을 보듯이 매우 분명하다. 그 밖에 흉악한 말이 모두 너의 책자에 기재되어 있으니, 비록 차마 문목(問目)에 다 써 놓지는 못하나 그것을 들었던 연월일과 그 말을 전한 사람을 처음부터 끝까지 낱낱이 바른대로 아뢰라."

하니, 나홍언이 공초(供招)하기를,

"기록한 것 가운데 '모발이 쭈뼛 섰다.'라는 말은 나두동(羅斗冬)에게서 들었고, 이른바 '절의(節義)가 늠름하였다.'라는 말도 떠도는 말을 들은 것입니다. 역적 김일경과 목호룡이 신(臣)이라 일컫지 않고 나리

• • • • •

20 경전(磬甸) : 공족(公族)이 죽을죄를 지었을 때, 드러나는 것을 꺼려 저잣거리에서 형을 집행하지 않고 관리를 시켜 은밀히 목을 매어 죽이는 것으로 왕족을 지칭하기도 한다. 《예기(禮記)》 〈문왕세자(文王世子)〉의 '경우전인(磬于甸人)'에서 유래하였는데, 경은 목을 매어 죽이는 것이며 전인은 교야(郊野)를 다스리는 관원이다.

21 경자년 : 1720년(숙종46) 숙종이 승하하고 경종이 계승한 해이다.

〔進賜〕라고 일컬었다는 말은 나숭훈(羅崇訓)의 두 아우 나숭의(羅崇誼)와 나숭열(羅崇說)에게서 들었습니다. 곡반(哭班)에서 왕래할 때에 나두추(羅斗秋) 형제가 이 말을 전했습니다. 김남복(金南復)이 이천해(李天海)의 일을 말한 것은 박가(朴哥)가 전하였고 김이로(金履輅) 또한 일찍이 말을 전하였습니다."

하였다.

전지하기를,

"죄인 나홍언은 역적 나숭곤과 나만치(羅晩致)의 가까운 친족으로서 매양 나라를 원망하고 임금을 원수처럼 여기는 마음을 품고 임금을 욕되게 할 계략을 이루려고 하여, 몰래 흉도와 더불어 흉언을 조작해 내어 서로 전해 퍼뜨렸다. 책자에 기록된 말에 이르러서는 더욱 흉악하고 참혹하여 경묘를 무함하여 핍박하고 말이 대역부도를 범하기까지 하였으니 이는 이미 매우 흉악하다. 김일경과 목호룡을 절의(節義)로 기리고 이천해를 의사(義士)라고 칭찬한 것을 보면 그 마음에 있는 바가 매우 불측하니, 실로 괘서(掛書) 사건의 근본과 흉악한 격문의 효시(嚆矢)가 되어 무신년(1728, 영조4)의 흉역과 심보가 한통속이다. 그가 이미 '대역부도'의 죄로 승복하였고 흉언을 전한 여러 적도를 현고(現告)하였으니 흉역의 정상이 남김없이 드러났다. 이와 같은 흉적을 전례에 따라 결안(結案)하여 처리할 수 없으니, 박필몽(朴弼夢)의 사례대로 거행하라."

하였다.

이해와 이기 형제는 폐출된 종실 자손으로 다시 종실에 속하는 것을 허락하여 나란히 높은 반열에 있게 하였으니 은혜가 매우 후한데도 그 악(惡)을 고치지 않아 이에 무신년 역적 이탄(李坦)과 더불어 흉적으로부터 추대되었으나 요행으로 용서받았다. 이때에 이르러 흉계를 꾀하는 것이 더욱 다급하여, 정도륭(鄭道隆)과 박도창(朴道昌)의 무리가 불을 지르거나 흉물을 묻어 저주하는 모의를 할 때 모두 주도하고 지휘하여[22] 은화를 뇌물로 써 가며 도와서 이루게 하기에 이르렀다. 난신적자가 어느 시대엔들 없었겠는가마는 그 계략을 꾸미고 마음 쓴 바가 요망하고 음흉하고 간사한 것이 어찌 이런 역적 같은 예가 있겠는가. 비록 정황이 즉시 탄로 나 모두 일정한 형벌을 받았으나 지척에 잠복한 위기와 코앞에 닥친 급한 변란을 생각하니 모르는 사이에 몸이 떨리고 간담이 서늘하다. 어찌 차마 말하겠는가.

나홍언은 무신년 역적 나씨들 중 법망을 빠져나간 자로 시골에 숨어 있으면서 방자하게 음참하고 불측한 말을 하였으니 그 흉심(凶心)과 반역의 정상은 김일경과 이천해 등의 역적과 비교해 보아도 더 심한 점이 있었다. 다행히 처벌이 시원하게 행해졌으니 사람들의 마음이 다소나마 풀렸다. 이 일은 모두 역적의 맥락이 서로 이어지고 의리가 무너져서 생겨난 일이다. 아, 분통스럽다.

전지하기를,

"절도에 정배한 죄인 이진유(李眞儒), 윤성시(尹聖時), 서종하(徐宗廈) 등이 신축년(1721, 경종1)에 연명하여 올린 상소에 대해서는 작년 가을에 하교한 '김일경, 박상검과 결탁한 형상'이라는 것이 그들에 해당하는 단안(斷案)이다. 어찌 다시 신문할 것이 있겠는가. 그렇지만 이 계사를 윤허하지 않는 것은 내 따로 생각이 있어서이지 세 역적에게

• • • • •

22 정도륭(鄭道隆)과……지휘하여 : 1730년(영조6) 이인좌(李麟佐)의 난에 가담하였던 잔당들이 상궁(尙宮) 등을 매수하여 왕을 저주하기 위해 인형을 궁중에 묻은 사건이 발생하였다. 또 불을 놓기 위해 화약을 훔치다 발각되는 일도 있어서 주동자인 정도륭, 정사공(鄭思恭) 등은 투옥되어 국문(鞫問)을 받았다.

죄가 없다는 말은 아니다. 이처럼 서로 버티어 조정의 기강이 점점 해이해지고 시국이 막힌 것이 이 일 때문에 특히 심해졌다. 아울러 의금부로 하여금 먼저 국청을 설치하여 엄히 국문하게 하되, 그들이 과연 김일경, 박상검과 같은 심보라면 통쾌하게 왕법대로 처단하여서 세도를 징계할 것이다. 모두 의금부로 잡아오도록 하라."

하였다. 이에 앞서 4월에 간관들이 아뢰어 김일경의 상소에 연명한 세 역적을 엄하게 국문하여 법대로 처벌하기를 청하였는데,[23] 이때에 이르러 이런 명이 있었다.

국청에서 아뢰기를,

"죄인 이진유, 윤성시, 서종하를 다시 추국하여 엄하게 묻는데도 감히 버티고 있으니 정상(情狀)이 매우 통분합니다. 모두 형추(刑推)하소서."

하니, 답하기를,

"아뢴 대로 하라. 이진유 등 세 역적이 기설제(祈雪祭)에 관한 비망기를 어찌 먼저 알아서 상소를 올렸단 말인가.[24] 요사한 박상검과 서로 내응한 정황이 불 보듯 명확하다. 비록 요사한 박상검이 법에 의해 처단되었을 때 진달한 말로써 변명하려 하나, 그때는 비록 역적 김일경이라고 하더라도 아직 반역하기 전이니 어찌 이렇게 말하지 않겠는가. 더구나 그 후에 사이가 나빠진 것은 또한 벼슬 욕심으로 서로 화평하지 못하였기 때문이다. 역적 김일경의 상소에 연명하고 역적 김일경을 두둔하였으니 이들이야말로 못 할 짓이 없는 자들이라 하겠다. 서종하의 공초 가운데 오히려 역적을 토벌한다 일컬었으니 더욱 매우

• • • • •

23 4월에……청하였는데 : 1730년 4월 2일의 일이다.《承政院日記 英祖 6年 4月 2日》

24 기설제(祈雪祭)에……말인가 : 김일경이 내시 박상검과 내통하여 구언(求言)하는 비망기가 있음을 알고 이에 맞추어 재빨리 상소를 올린 일이다.

분통하고 놀랍다. 이것을 심문할 문목에 첨가하여 넣으라."

하였다. 그 뒤 세 역적은 모두 여러 번 형신(刑訊)당하여 장(杖)을 맞아 죽었다.

경신년(1740, 영조16)

庚申

16년 5월. 삼사에서 아뢰어 유봉휘(柳鳳輝)와 조태구(趙泰耉)를 추탈(追奪)하고 이광좌(李光佐)를 우선 파직할 것을 청하였다.

을축년(1745, 영조21)
乙丑

21년 9월. 역적 이익관(李翼觀)과 이순관(李順觀)의 종자(從子) 이색(李穡)이 조정을 무망(誣罔)한 죄로 장(杖)을 맞고 죽었다. 사헌부의 신하가 이색에게 대역부도(大逆不道) 죄를 적용하여 그의 처자식을 노비로 삼고 재산을 몰수하는 법을 시행할 것을 청하였다.

아, 무신년(1728, 영조4) 반란을 평정한 뒤 역적의 무리는 모두 없어졌다고 여겼는데, 역적 이색이 열 괴수들의 남은 잔당을 불러 꾀어서 또 불측한 음모를 도모하여 역적의 종자가 점차 늘어나서 금년에 이르러 변란이 하늘에 사무쳤다. 아아, 통탄스러움을 견딜 수 있겠는가.

병인년(1746, 영조22)
丙寅

22년 9월. 사헌부에서 아뢰기를,

"역적 김일경의 상소에 참여한 역적들의 하늘에 사무치는 죄상은 똑같은 심보에서 나온 것이니 하늘의 그물이 높게 걸려 있어 귀신이라도 피할 수 없었습니다. 어떤 자는 법에 따른 형벌을 받고 어떤 자는 형장을 맞아 죽었으나, 유독 정해(鄭楷)[25]만은 무신년(1728, 영조4) 이전에 방 안에서 편안히 죽었기 때문에 분명한 처벌이 시행되지 못하고 관작도 그대로 있어, 형정(刑政)에는 얼룩진 흠이 되었다는 한탄이 있고 신령과 사람의 마음에는 울분이 쌓여 가고 있습니다. 정해의 관작을 추탈하소서.

권익관(權益寬)은 신축년(1721, 경종1)과 임인년(1722)의 흉도 가운데 하나로서, 김일경과 목호룡의 역모에 관여하여 거들지 않은 것이 없었습니다. '문침(問寢)', '시선(視膳)' 같은 말에 이르러서는 그의 단안(斷案)이 되기에 충분하고, 임금을 위협하고 모멸한 정상은 실로 조태구, 유봉휘와 다를 것이 없는 만큼 이미 흉패하기 그지없습니다. 또 무신년 변란의 초두에 함경도 관찰사로 박창제(朴昌悌), 황부(黃溥), 한성흠(韓聖欽) 등의 역적들과 연락을 취하여 비밀 모의를 한 다음, 섬에 들어가서 배를 만든 사실과 영하(營下)에서 군졸을 훈련시킨 행적, 간장을 무명에 적셔 말려 저장하고 군량미로 건량(乾糧)을

25 정해(鄭楷) : 1673~1725. 조선 후기 문신으로 1722년(경종2) 노론을 비호하는 어유귀(魚有龜)를 논죄하는 상소를 올렸다. 1724년 영조가 즉위하자 관직을 삭탈당하고 영천에 유배되었으며, 이듬해 북변으로 배소를 옮기다 죽었다.

만든 사실이 안무사의 사장(査狀)에 이미 분명히 드러났고, 그의 상소와 공사(供辭)에서도 스스로 덮을 수가 없습니다. 그러니 그가 남쪽으로는 이인좌와 정희량의 지시에 응하고 서쪽으로는 이사성을 따른 역모의 정황이 남김없이 드러난 것입니다. 그런데도 유독 권세에 빌붙은 덕에 형벌이 내리지 않아 잠시 가벼운 벌을 받아 유배를 당하였다가 먼저 죽어 버려서 관작이 지금까지 그대로 남아 있으니, 사람들의 분노가 세월이 오랠수록 더 격렬해지고 있습니다. 권익관의 관작을 추탈하소서."

하니, 상이 윤허하였다.

○ 삼사에서 유봉휘, 조태구, 최석항(崔錫恒)의 일을 합계(合啓)하였다. 약방이 입시할 때 전교하기를,

"조태구와 최석항의 일은 내가 하교할 것이 있었으나 병이 쾌유하거든 대소 신료들을 불러 상하가 묻고 토론한 후에 처분하려 하였다. 그런데 지금 세도를 보니 한심하다 할 만하다. 대신이 진달한 것을 들으니 유봉휘의 일에 대해 늘 미루어 두었던 까닭을 이제야 분명히 알았다. 막중한 징토의 일을 줄곧 망설이고 있을 수는 없을 것이다. 상벌의 권한이 내 손에 있으니 어찌 구차하게 모아서 청하기를 기다리겠는가. 삼사의 청을 특별히 윤허한다."

하였다. 다음 날 약방이 입시할 때 전교가 있어서 조태구와 최석항의 관작을 특별히 삭탈하는 법을 시행하였다.

무진년(1748, 영조24)
戊辰

24년 11월. 권집(權緝), 권혜(權嵇) 등을 국문하니, 모두 장에 맞아 죽었다.

권혜를 심문하니, 권혜가 공초하기를,

"이번 달 3일에 신의 여종 세분(世分)이 홀연히 글을 얻어 제게 보여 주었습니다. 그 글에 '말을 증(增)에게서 찾아서 삼가 하늘에 바치라.' 라고 하였습니다.[26] 신이 그것을 신의 숙부인 권집에게 보이며 '이것이 하늘의 글입니까, 사람의 글입니까?' 하고 물었습니다. 권집이 말하기를 '이것은 알기 어려운 일이 아니긴 한데 매우 이상하니 문리로 말한다면 「증(增)」 자는 여천(驪川)을 가리키는 것 같다.' 하였습니다. 여천은 역적 이증(李增)[27]의 작호(爵號)이다. 신은 처음에는 증(增) 자가 여천과 관계 있는 줄 깨닫지 못했는데 숙부의 말을 듣고서야 깨달아 신이 말하기를 '여천의 집에 만일 이런 훈사(訓辭)가 있으면 진실로 이상한

•••••

26 그 글에……하였습니다 : 《영조실록》 24년 11월 17일 기사에, 권집(權緝)이 공초하기를 "그 글의 외면(外面)에는 '천사(天辭)'라는 두 글자를 썼고 그 붉은 면포의 너비는 3치, 길이는 5치쯤 되었는데, 그 글에 '하늘은 말로 훈계하고 조상은 훈계를 전하는 것이 매우 길한데, 사람들이 어기고 자손이 어기면 길한 것이 변하여 흉한 것이 된다. 아, 나의 신(神)이 누구를 의지해야 하는가? 아, 누구를 의지해야 하는가? 그 말을 이증(李增)에게 물어서 삼가 하늘에 바치라.〔天以辭訓, 祖以傳訓, 吉之多也, 人逆孫逆, 吉變爲凶. 嗚呼! 吾神其誰依乎? 嗚呼! 其誰依乎? 索辭于增, 愼獻于天.〕'라는 내용이었습니다."라고 하였다.

27 이증(李增) : ?~1752. 1748년(영조24) 본가의 묘당(廟堂)에서 괴이한 투서가 발견되어 범인을 찾기 위한 국청(鞫廳)이 열렸는데, 국문 과정에서 그 투서를 동생인 이학(李壆), 외손인 권혜(權嵇) 등과 더불어 일부러 조작하였다는 사실이 밝혀졌다. 역모 혐의가 있다는 삼사의 집요한 탄핵을 받고 제주(濟州)에 위리안치되어 그곳에서 생을 마쳤다.

것입니다.' 하니, 권집이 말하기를 '어떻게 알겠는가?' 하였습니다.

신이 이달 3일부터 권집의 집에서 연이어 잤는데, 권집이 말하기를 '네가 보기에 이 글은 하늘이 지은 것 같은가, 사람이 지은 것 같은가?' 하여, 신이 말하기를 '하늘이 어찌 말을 할 수 있으며, 붉은 면포 요서가 붉은 면포에 쓰여 있기 때문에 이렇게 말한 것이다. 또한 어찌 하늘에 있겠습니까.' 하였습니다. 그러자 권집이 말하기를 '내 생각도 그렇다.' 하였습니다.

6일 신이 여천의 집으로 가서, 여천에게 묻기를 '이것에 대해 조상의 훈계가 있었습니까?' 하였더니, 없다고 했습니다. 또 '무슨 꿈속의 징조가 있었습니까?'라고 묻자, 없다고 했습니다. 또 '무슨 이상한 일이 있었습니까?'라고 묻자, 없다고 했습니다. 신이 말하기를 '제가 3일에 갑자기 이상한 글을 얻었는데 글 뜻이 이상합니다. 이곳에 다른 징험할 일이 없다면 이 집과는 관계가 없는 일입니다.' 하였습니다. 그러자 여천이 제 손을 잡으면서 말하기를 '내가 너를 친자식처럼 여겼는데 너는 나를 부형(父兄)처럼 여기지 않으니 개탄스럽구나. 네게 품은 생각이 있으면 말해 보라.' 하였습니다. 신은 일찍이 고아가 되었기에 그 말을 듣고 감동하여 이어 글에서 본 내용을 알려 주었습니다. 신이 처음에 세 가지 조목으로 질문하겠다는 뜻으로 권집에게 물었더니, 권집이 말하기를 '네가 묻고 싶은 대로 물으라. 남과 이야기할 때 비록 두렵게 하여 흔들리게 하더라도 그 사람으로 하여금 바른대로 말하게 하기 어려우니, 네가 먼저 말하는 것이 필시 쉬울 것이다.'라고 했습니다."

하였다.

권집을 신문하니, 권집이 공초하기를,

"권혜가 실제로 세 가지 조항으로 묻고자 한다고 찾아와서 말하였습니다. 그래서 조용히 이야기하여 지나치게 동요시키지 말라고 하였습니다. 증(增) 자의 뜻은 권혜가 과연 몰랐는데, 신이 여천의 이름자인 듯하다고 말하였습니다."

하였다. 권집을 다시 신문하니, 권집이 공초하기를,

"마음이 동요한다는 말은 신이 전연 깨닫지 못했습니다. 권혜가 그 거동을 보고서 알 수 있으리라 말하였습니다. 마음이 놀라면 움직이는 것이 있을 것입니다. 동(動)과 정(靜)은 상대가 되니, 마음속으로 움직이는 것을 심동(心動)이라 하고, 겉으로 몸이 움직이는 것을 거동(擧動)이라고 합니다. 마음속에서 움직이면 반드시 겉으로 드러나니, 그 근본은 마음입니다. 문(問) 자와 지(知) 자 사이에 차이가 있습니다. 문(問) 자는 상께서 하교하신 '음참(陰慘)한 일로 물은 것[問]은 무슨 뜻이냐?'라는 말씀이어서, 신이 지(知) 자로 대답하였습니다. 신이 지(知) 자로 말을 한 것은 곧 음참한 지경에는 이르지 않은 듯하니, 권혜로 하여금 가서 '알아보도록 한 것[知]'은 음참한 일이 아니라 다만 여천 집의 투서 여부를 '알고자 한 것[知]'일 뿐이었습니다."

하였다. 권집이 또 공초하기를,

"권혜는 여천이 불 아래서 보던 글이 비록 투서인 줄 알지 못하였으나, 여천의 근심하는 낯빛으로 보아 그것이 수상한 것이라고 의심하였습니다. 신은 그것과 권혜의 집에서 얻은 것이 같은 줄을 짐작하여 알았습니다."

하였다. 권집이 또 공초하기를,

"여천이 만약 권혜의 집에 또한 이 글이 있는 줄을 알지 못하였다면 어찌 가련하지 않겠습니까. 여천이 그 즈음에 또한 근심하는 낯빛이 있었다 하니, 이제 가서 묻는데 또 근심하는 낯빛이 있다면, 그의 마음이 동요한 것을 알 수 있을 것입니다. 그래서 실제로 가서 묻도록 하였습니다. 세 조목은 다른 말이 아니라 투서(投書)에 있는 내용으로, 조상의 훈계로써 말하면 그 물음이 또한 충분히 말이 될 것이라

하였습니다."

하였다.

권선(權繕)을 국문하니, 권선이 공초하기를,

"신이 여선군(驪善君) 이증의 동생인 역적 이학(李壆)의 작호이다. 의 집에 가서 잤는데, 해은군(海恩君) 이증의 숙부로 이름은 당(爣)이다. 이 여선군과 더불어 말하기를 '경사가 있다.' 하기에 신이 무슨 경사인지 물었습니다. 그가 대답하기를 '우리 집에 투서한 일이 있었고, 너희 집에도 투서한 일이 있었는데, 연석(筵席)에서 청대할 때의 처분에 모두 별일 없었다.'라고 하였습니다. 여선군이 말하기를 '2일 시제(時祭) 때 사당에 들어가니 투서의 변고가 있었는데 죄인을 잡은 뒤에 아뢰려 하였다. 그 후에 권혜가 그의 집에도 투서가 있었다고 말한 까닭에 청대한 일이 있었다.'라고 하였습니다. 여선군이 또 말하기를 '너희 집에 이 일이 있었으니, 네 적종(嫡從) 권집이다. 이 권혜로 하여금 서학동(西學洞) 이증의 집이다. 을 탐문하게 하였다……'라고 하였습니다. 그래서 신이 권혜에게 묻기를 '가서 알고자 한 것은 무슨 생각이냐?' 하니 권혜가 말하기를 '여천군에게 가서 물어서, 여천군이 만약 마음이 움직이는 것이 있으면, 내가 마땅히 발길을 끊을 것입니다.'라고 하였습니다. 신이 집에 돌아오니 여천군이 급히 사람을 보내 저를 맞이하였습니다. 그래서 가서 보니 여천군이 말하기를 '안국동(安國洞) 권집의 집이다. 이 권혜를 시켜 내게 와서 묻는 말이 옳은 것이냐? 내가 어찌 남을 핍박하는 말을 하겠느냐.' 하였습니다. 여천군은 이어 신에게 안국동에 가서 전하도록 하였습니다. 그래서 신이 가서 권집에게 물으니, 권집이 '너로 하여금 알게 하도록 하라는 말은 내가 과연 그렇게 말하였다.'라고 하였습니다."

하였다.

권집은 권익관(權益寬)[28]의 족속이요 김일경의 외족(外族)으로, 그 사람됨이 요사하고 사나워 일찍이 대간을 지낼 때 상소를 올려 대신 송인명(宋寅明)을 비방한 일로 극변으로 유배되었다 풀려난 적이 있었고 또한 여러 해 동안 벼슬길이 막히고 버려져 평소에 나라를 원망하여 꾀하지 않는 바가 없었다. 권혜는 권집의 종질(從姪)로 어려서부터 권집에게 양육되었고, 이증(李增)과는 중표(中表 내외종) 숙질간이고, 이증은 또 권집이 깊이 교우하는 자이다.

이증의 집안이 일찍이 시제(時祭)를 지낼 때 사당 안에서 홀연히 요서(妖書)를 얻었는데 그 당시 친척으로 제사에 참여한 자는 오직 권혜 형제뿐이니, 권혜 형제가 아니면 누가 이 일을 하였겠는가. 이것이 이미 의심할 만하다. 이증과 이학이 불 아래로 나아가 책을 볼 때 권혜가 집 모퉁이에서 엿보았으니 그가 스스로 만들어 투서하고 이증과 이학을 엿본 정상을 또한 미루어 알 수 있다. 그 뒤에 권혜가 이증에게 찾아가 이증의 집안에 투서가 있는 줄 모르는 체하고 단지 세 조항으로 물었고 이어서 자신의 집에도 투서가 있어서 그 말이 이러이러하다고 말한 것은 이증으로 하여금 그 글의 뜻이 서로 합치함을 기이하게 여겨서 분수에 넘치는 마음을 움직이게 하려 한 것이니, 그가 마음먹고 계략을 쓴 것이 진실로 매우 요상하고 흉악하다. 권혜는 나이가 어려 유치하고 어리석어 모든 일에 대해 권집의 말을 들었으니, 이것 또한 권집이 시켜서 한 것이 분명하다.

이증은 요망한 글을 얻어 이학과 이관(李爟) 및 이당(李爣)과 더불어 같이 보고, 연석에서 청대하게 되어서는 바로 불에 태워 버렸다고 말하

• • • • •

28 권익관(權益寬) : 1676~1730. 조선 후기 문신으로 1728년(영조4) 같은 소론이었던 이인좌(李麟佐)의 난으로 연좌되어 절도(絶島)에 안치되었다가 이듬해 풀려났다. 그해 사간원의 탄핵을 받아 또다시 변방에 정배되었다.

였다. 권혜의 세 가지 물음은 신하 된 자가 감히 들을 수 있는 것이 아니라서, 진실로 심보가 같고 계모가 합치하는 자가 아니라면 누군들 즉시 잡아서 고하지 않겠는가. 이중은 일이 일어난 수일 뒤에서야 비로소 청대하였는데, 말이 실제가 아닌 것이 많더니 이학이 을해년(1755, 영조31)에 국문을 받게 되자 역절(逆節)이 남김없이 드러났다. 아래 권에 이학의 일에 자세히 보인다. 대체로 권집, 권혜의 흉계는 무신년(1728)과 경술년(1730)의 역적들이 이탄(李坦), 이해(李垓), 이기(李圻)를 추대한 것과 같은 심보[29]여서, 을해년의 역적 무리의 근저(根底)가 되었던 것이다.

29 권집……심보 : 1728년 무신란 때 반란군이 종실을 추대한 것처럼 권집, 권혜도 종실인 이중을 추대하여 반역의 근거로 삼으려 했다는 것이다.

천의 소감

제4권

을해년(1755, 영조31)
乙亥

31년 2월. 전라도 관찰사 조운규(趙雲逵)가 나주(羅州)에 흉서(凶書)가 내걸린 변고를 급히 장계하였다. '간신(奸臣)이 조정에 가득하고 백성이 도탄에 빠졌으므로 군사를 일으킨다.'라는 등의 말이 있었다. 윤지(尹志) 및 여러 죄인의 의심스러운 정상을 기찰하여 또 장계로 보고하니, 상이 잡아다 국문하라고 명하였다. 윤지 등이 모두 복주(伏誅)되었다.[1]

○ 임천대(林天大)를 국문하니, 임천대가 공초하기를,

"신은 나주의 하리(下吏)로 1월 24일에 시장에서 돌아오는 길에 보니 객사(客舍) 망화루(望華樓)의 동쪽 두 번째 기둥에 흉서 한 장이 걸려 있었습니다. 박순기(朴順己)가 떼어 내기에, 신이 빼앗아 좌수(座首) 유이태(柳頤泰)에게 주었습니다. 마침 하리 이효식(李孝植)을 만나 그 일을 언급하였더니, 이효식이 그 흉서가 어떻더냐고 물었고, 신이 그 흉서는 이와 같다고 대답하였습니다. 이효식이 말하기를 '지난번에 보니 윤지가 수상한 문자를 쓰더라. 네가 전하는 말을 들으니, 이는 틀림없이 윤지가 한 짓이다.'라고 하였습니다."

하였다.

형추(刑推)하니, 임천대가 공초하기를,

"신은 윤지와 계(稧)를 함께 하였습니다. 22일 밤 윤지가 그의 안방에

1 윤지……복주(伏誅)되었다 : 《천의소감언해(闡義昭鑑諺解)》에는 이 문장이 실려 있지 않다.

서 신을 불러들여 말하기를 '나는 훈련대장[2]의 아들로, 20년을 귀양살이하며 풀려나지 못하고 있으니 죽기는 마찬가지이다. 흉서를 걸어 인심을 동요시키고자 한다. 인심이 동요한 뒤라야 바야흐로 일을 해 볼 수 있을 것이다.'라고 하였습니다.

당초에 윤지가 김항(金沆) 형제, 임국훈(林國薰) 부자, 이제춘(李齊春), 나귀영(羅貴永), 기언표(奇彦杓), 오시대(吳時大) 부자, 이종무(李宗茂), 이효식 등 여러 사람과 함께 모의하였습니다. 작년 6월 계 모임 뒤에 신이 밤에 윤지를 만났는데, 윤지가 말하기를 '이곳의 양반이나 상한(常漢)이나 모두 오래도록 귀양살이하는 나를 불쌍히 여겨 일을 함께하려고 한다. 내가 만약 나라를 범하려고 한다면 너 또한 마음을 함께하겠는가?' 하기에, 신이 말하기를 '일이 이루어진다면 어찌 좋지 않겠는가.' 하였습니다.

그 뒤에 또 가서 윤지를 만났는데, 윤지가 말하기를 '지금 우리 집안과 친한 사람은 거의 모두 체결(締結)하였으나 단지 30명이니, 이 30명으로 무슨 일을 할 수 있겠는가. 사람이 적으면 일을 이룰 수 없으니, 계를 만든다는 명목으로 30명이 또 각각 수십 명을 모은다면 일을 해 볼 수 있다. 이효식, 나귀영, 이제춘, 기언표 등 여러 사람이 바야흐로 각각 그들의 힘이 닿는 대로 함께 일할 사람을 모집하고 있으니, 너도 모집해 들이되, 가까이 지내는 아무개와 아무개에게 모두 말하는 것이 좋겠다. 먼저 글을 걸어 인심을 소란하게 동요시키고 이런 때를 틈타 행동한다면 어찌 좋지 않겠는가. 이 일은 자못 성취할 수 있는 형세가 있다. 재력(財力)은 아전이 모두 창고를 맡고 있으니 가져다 쓸 수 있고, 군기(軍器)는 창고에 불이 났다고 핑계 대고 훔쳐

2 훈련대장 : 윤지의 아버지 윤취상(尹就商)을 말한다. 1721년(경종1) 훈련대장에 제수되었다.

서 쓰면 될 것이다.'라고 하였습니다."

하였다. 누차 형신(刑訊)하고 마침내 정배(定配)하였다. 윤지의 반역 실정이 임천대의 공초를 통해 모두 드러났기 때문에 사형을 면제하고 정배하도록 명한 것이다.

○ 이효식을 국문하니, 이효식이 공초하기를,

"1월 20일쯤에 윤지의 집에 갔더니, 윤지가 혼자 글을 쓰고 있다가 신을 보고는 구겨서 손에 쥐었는데, 그즈음에 '간신(奸臣)'이라는 두 글자를 보았습니다. 그 당시에는 그것을 예사롭게 보았습니다. 24일에 시장에서 임천대가 흉서를 베껴 신에게 보이며 말하기를 '너는 이것을 보았는가?' 하기에, 신이 그것을 보니 내용이 흉악하고 참혹하였습니다. 그래서 어떻게 처리했는지를 물었더니, 떼어서 좌수에게 주었다고 대답하였습니다. 신이 보기에 '간신'이라는 두 글자가 서로 합치하므로 이것은 윤지가 한 짓이 틀림없다고 하였으며, 좌수에게 준 것은 잘 처리한 것이라고 하였습니다. 윤지는 병진년(1736, 영조12)에 제주(濟州)에서 와서 신이 사는 동네에 거주하였고, 신이 윤지에게 《통감(通鑑)》을 배웠습니다."

하였다.

다시 추문하니, 이효식이 공초하기를,

"신이 윤지의 아들 윤광철(尹光哲) 등과 계(稧)를 맺은 일이 과연 있습니다. 윤지가 계를 만들어 돈을 모으며 말하기를 '앞으로 재물이 많이 모이면 쓸 곳이 있다.'라고 하였습니다. 신이 인하여 그의 아들과 계획을 함께 세웠습니다. 윤지가 오래도록 귀양살이에서 놓여나지 못하여 역적질을 하고자 했는데, 재물은 장차 군량(軍糧)에 쓰려 하였고, 이번에 흉서를 내건 것은 인심을 요동시키려는 계책이었습니다. 지난해 6월에 신이 임천대, 이종무(李宗茂), 김항과 함께 인덕정(隣德亭)에서 모였다가 새벽에 헤어졌습니다. 흉서를 걸 때에는, 윤지가 흉서를 신에게 보여 주며 말하기를 '이것을 임천대한테 주어서 걸게 하여 인심을 동요시키고 장차 역모를 꾀하고자 한다. 내가 오래도록 귀양살이를 하며 석방되지 못하고 있으니, 앞으로 혹시라도 너를 부릴 일이 생기면 너는 내 집 사람과 다름이 없으니 착실하게 일을 해야 한다.'라고 하였습니다. 신이 무슨 일이냐고 물었더니, 윤지가 말하기를 '너와 더불어 비록 죽을 일이라도 응당 하겠다. 만약 모역이 이루어지면 마땅히 너를 나주 목사(羅州牧使)로 삼을 것이다.'라고 하였습니다. 흉서는 그때에 이미 네 줄을 써 두었고, 종이는 장지(狀紙)인데 손바닥보다 컸고, 글자는 각 읍의 보장(報狀) 글자보다 컸으며 자획이 검었습니다. 임국훈과 기언표도 모두 이 일을 알고 있습니다."

하였다.

형추하니, 이효식이 공초하기를,

"신이 역적 윤지 부자와 서로 교결한 것은 마치 아비와 아들, 주인과 노비 같은 관계입니다. 이번 1월 20일경에 역적 윤지가 손수 흉서를 쓸 때에 눈으로 직접 본 일은 이전에 이미 사실대로 공초하였습니다. 신이 비록 임천대에게는 말하였으나 관아에는 미처 고하지 못하였습니다. 실정을 알고도 고하지 않은 죄로 자복합니다."

하여, 정형(正刑 사형)에 처하였다.

○ 임국훈을 국문하니, 임국훈이 공초하기를,

"뜻밖에 나주에 괴상한 일이 있자, 신의 아비가 말하기를 '나주 사람이 나주에 있으면서 그런 짓을 했을 리는 결코 없을 테니, 이는 틀림없이 나라를 원망하는 무리가 하였을 것이다.'라고 하였습니다. 감사(監司)가 나주에 들어올 때 윤지의 노비가 농(籠)을 지고 신의 집에 왔습니다. 윤지는 일찍이 계안책(稧案冊)을 갖고 있었는데 농 속에 넣지 않았습니다. 신이 꺼낸 것은 하나도 없고, 본 뒤에는 다시 묶고 닫아 감영(監營)에 바쳤습니다. 잡혀올 때 공주(公州) 객사에 이르러 윤지가 '책(冊)'이라는 글자를 써서 보이기에, 모두 관가에 바쳤다고 신이 대답했더니, 윤지가 매우 놀라며 말하기를 '그 속에는 시대의 상황에 죄를 얻을 만한 것이 많다.'라고 하였습니다. 신이 남김없이 모두 바쳤다고 하였는데도 윤지는 오히려 신이 혹시라도 빼낸 것이 있을까 의심하였습니다. 많은 문서를 필시 작은 농에 모두 넣지는 못했을 것이고, 더러는 다른 곳으로 나누어 보냈을 것입니다."

하였다.

형추하니, 임국훈이 공초하기를,

"윤지 부자와 친하게 지내는 서울 사람은 신이 모릅니다만, 이하징(李夏徵)이 일찍이 윤지와 서로 친하여, 이하징이 나주에 있을 때 윤지의 아들이 늘 관아에 있었습니다. 시골 사람으로 친한 자는 임징원(林徵遠) 추국을 받는 중에 곤장을 맞다가 죽었다. 이고, 유상전(柳尙轉)과 유봉태(柳鳳泰) 유상전은 유봉휘(柳鳳輝)의 친족인데 이전에 이미 죽었고, 유봉태는 유상전의 아들인데 추국을 받는 중에 곤장을 맞다가 죽었다. 등 두세 명이 윤지의 집에 왕래하였습니다. 서울 사람으로 성(姓)은 이씨(李氏)이고 자(字)가 제백(躋伯)인 자 이사상(李師尙)[3]의 손자인 이수경(李修敬)이다. 도 윤지와 친하였습니다. 경오년(1750, 영조26)에 신이 서울에 있는 윤지의 집에 왔을 적에 제백이 왔는데 그들이 수작하는 것을 보니 친밀한 듯하였습니다. 그때 자리에 있던 손님은 윤희철(尹希哲)의 처남으로 성이 이씨(李氏)인 사람이었습니다. 신이 윤희철의 집에 며칠 머물렀는데, 두 이씨가 자주 왔습니다. 윤희철 처남의 형제들도 번갈아 가며 자주 왕래하였는데, 그중에 이보욱(李普昱)의 계자(繼子)가 된 이

• • • • •

3 이사상(李師尙) : 소론 중에서 강경파 계열로, 도승지 등을 역임하다가 1725년(영조1) 김일경, 목호룡과 함께 사형에 처해졌다.

명조(李明祚)라는 자는 나주에 있을 때 서로 친하게 왕래하였습니다. 이번에 금구(金溝)로 가는 길에 이효식이 '나는 흉서를 내걸 기미를 알았다.'라고 하였습니다."

하였다.

임국훈이 또 공초하기를,

"윤 수찬(尹修撰)이라는 자는 그 이름을 모르며, 서문(序文)이라는 것은 그 뜻은 모르지만 제목이 〈몽금당서(夢錦堂序)〉였는데 몽금은 바로 윤지의 당호(堂號)입니다. 이하징의 사위라는 자가 이하징이 상처(喪妻)했을 때 윤지의 집에 왔었는데, 윤지는 서울에 말과 범이 출몰한 재변〔馬虎之災〕을 듣고서도 근심하거나 기뻐하지 않았습니다. 일찍이 별이 떨어진 일이 있었는데 윤지가 '이것은 천고성(天鼓星)이다. 임진년(1592, 선조25) 이전에도 이런 변고가 있었는데, 지금 이런 변고가 있다고 하니, 햇수가 차면 또한 틀림없이 난리가 날 것이고, 난리가 나게 되면 나는 반드시 석방되어 돌아갈 것이다.'라고 하였습니다. 무안(務安) 옥산동(玉山洞)에 사는 윤가(尹哥) 윤응진(尹應振)이다. 추국을 받던 중에 곤장을 맞다가 죽었다. 는 양반이고 이름은 모르며 나이는 60세에 가깝습니다. 천수(天數)를 잘 추산(推算)했는데 일찍이 나주에 와서 신에게 말하기를 '모년(某年)에는 조정에 반드시 변고가 일어나서 피차간에 한쪽 사람들이 틀림없이 많이 죽을 것이다.'라고 하였습니다. 그래서 신이 이 말을 윤광철에게 하였더니 윤광철이 매우 좋아하는 기색이 있었습니다."

하였다.

임국훈이 또 공초하기를,

"일찍이 윤지의 집에 갔더니 윤지가 '충청도에서 화약을 많이 잃어버렸기 때문에 소란이 있다.'라고 하며, 이어 비기(秘記)에 있는 말을 하였는데, 그가 뜻한 바가 있어서 말한 것이 틀림없습니다. 윤지가 일찍이 허리를 다쳐 몸져누워 있으면서 말하기를 '내가 죽지 않은 것은 진실로 긴요하지 않으나 다만 오래 살아서 현재의 당로자들이 결딴나는 것을 보고 싶다.'라고 하였습니다. 이는 대체로 굴원(屈原)의 〈원유부(遠遊賦)〉[4]의 뜻을 인용한 것입니다. 윤지가 또 '시세(時勢)가 점차 그릇되어 피차가 서로 보합하고 있다. 나는 영영 막혀 있을 뿐 달리 도리가 없다.'라고 하였습니다. 윤광철은 '서울의 인심과 세도(世道)는 해 볼 수 있는 것이 없다.'라고 하였습니다.

윤지의 첩이 바로 나윤학(羅允學)의 여종이었으므로 나윤학 또한 윤지와 서로 친하였습니다. 나윤학은 추국을 받고 죄과에 맞게 처리되었다. 윤광철은 산송(山訟)을 핑계로 작년에 서울로 갔는데, 형제가 그의 늙은 아비를 두고 떠나 일 년 동안 돌아오지 않았으니 일이 매우 수상합니다."

하였다. 임국훈이 또 공초하기를,

"이만강(李萬江) 추국을 받던 중에 곤장을 맞다가 죽었다. 이 귀양지에서 윤지와 서찰을 주고받은 정상을 신 또한 알고 있었습니다."

하였다.

임국훈과 윤응진을 면질하게 하니, 임국훈이 말하기를,

"네가 나주에 왕래할 때, 나의 신수(身數)가 3년 동안 좋지 않다고 말하였고, 또 아무 해에 한쪽 사람들이 많이 죽을 것이라고 말하였다. 그래서 내가 '모변(某邊)인가?'라고 묻자, 네가 '모변이다. 다가오는 아무 해이거나 혹은 그 뒤의 아무 해에 이런 일이 있을 것이다. 윤광

4 굴원(屈原)의 원유부(遠遊賦) : 굴원은 전국 시대 초(楚)나라 사람이다. 회왕(懷王)의 신임이 두터웠는데 참소를 당하여 강남(江南)에 귀양을 가게 되자 〈어부사(漁父辭)〉 등을 지어 자기의 뜻을 보이고 멱라수(汨羅水)에 빠져 죽었다. 〈원유부〉는 굴원이 지은 《초사》의 편명으로, 세속을 하찮게 여기고 인간의 수명이 짧은 것을 슬퍼하며 세상 밖에 노닐고픈 염원을 노래하였다.

철이 신수를 추산했는데, 일찍이 윤광철이 하는 말을 들었더니 다른 사람으로 인해서 그렇게 하였다더라.'라고 하였다."

하고, 윤응진이 말하기를,

"단지 너의 신수가 아무 해에 좋지 않다고 말하였을 뿐이고, 한쪽 사람들이 많이 죽는다는 말은 본래 없었다."

하였다. 임국훈은 실정을 알고도 고하지 않았다는 죄목으로 자복하여 정형에 처해졌다. 뒤에 또 명하여, 수급(首級)을 호남으로 내려보내 영문(營門)에 사흘 동안 걸어 놓게 하였다.

○ 민동〔禿同〕 윤지의 첩남(妾娚)이다. 을 형신하니, 민동이 공초하기를,

"신이 나주 객사의 대문에 방을 붙였습니다. 종이는 반 장(張)에 채 못 미치는 3분의 1쯤이었으며, 너비는 자못 넓었고 줄은 세 줄이었습니다. 글자의 크기는 엽전보다는 작고 바둑알보다는 컸습니다. 이른 새벽에 붙였는데 날짜는 1월 22일이었던 것 같습니다. 윤지가 그의 종 개봉(介奉)을 시켜 신을 부르기에 이튿날 새벽에 나갔더니 윤지가 등불을 밝히고 신으로 하여금 흉서를 걸게 하였습니다. 그때 이효식(李孝植), 이제춘(李齊春), 송현(松峴)에 사는 임가(林哥), 이정하(李鼎夏) 추국을 받고 정형에 처해졌다. 가 함께 있었습니다. 윤지가 말하기를 '오래도록 귀양지에 있었으므로 귀양에서 풀려나려고 방을 걸게 하는 것이다.'라고 하였고, 또 말하기를 '이는 중대하여 반드시 목숨을 걸어야 할 일이니 말을 누설하지 말아라. 죽더라도 내가 죽고, 결코 너에게 미루어 핑계 대지 않겠다.'라고 하였습니다. 신이 붙이고 나서 윤지에게 가서 말하기를 '본 사람이 아무도 없었습니다.'라고 하였더니, 윤지가 매우 잘하였다고 하고, 또 말하기를 '너는 필시 말을 누설하지 않을 것이기 때문에 너를 시켰다.'라고 하였습니다."

하였다. 뒤에 민동은 물고되었다.

○ 윤지를 국문하기를,

"너는 역적 윤취상(尹就商)의 아들인데도 아직 먹고 숨 쉬도록 해 주고 있으니 이미 국법을 관대하게 적용한 것인데, 감히 나라를 원망하는 마음을 품고 망화루에 흉서를 걸어, 음흉하고 참담한 정상이 남김없이 드러났다. 생각건대, 필시 계획한 자가 있어야 이런 짓을 할 수 있을 것이다. 하물며 편지 상자를 임국훈의 집에 감추었다가 임국훈이 자수하고 바쳤으니 비록 속이고자 하더라도 어찌 가능하겠는가."

하니, 윤지가 공초하기를,

"이효식이, 신이 몰래 '간신(奸臣)'이라는 두 글자를 쓰는 것을 보았다고 했습니다만, 이는 곧 이효식이 한 일이지 신이 한 일이 아닙니다. 이효식이 죽게 된 상황에서 살아날 계책으로 이런 말을 한 것입니다."

하였다. 형추하고, 다시 추국하기를,

"임천대의 공초 내용에 의하면, 네가 임천대와 함께 계 모임을 핑계로 사람을 모집하여 결사를 맺었고 더러 임천대를 시켜 사람을 찾아내도록 하여, 간교하고 악독한 정상이 더욱 드러났고, 또 임천대에게 '일이 이루어지면 응당 영장(營將)으로 삼을 것이다.'라고 하였으니, 이는 이인좌와 정희량이 다시 살아난 것이라 이를 만하다. 그리고 먼저 흉서를 내걸어 인심을 동요시키고 다음에 그 뜻을 이루고자 한 것은 바로 무신년(1728, 영조4) 역적들의 방법을 배운 것이다."

하니, 윤지가 공초하기를,

"신의 아들 윤광철이 경내의 사람들과 계를 만들었는데, 임천대와 이효식을 하계(下稧)로 삼고 김항과 임국훈을 상계(上稧)로 삼았습니다."

하였다.

형장을 가하고, 윤지와 임천대를 면질시켰다. 임천대가 말하기를,

"작년 6월에 계 모임이 파할 때 네가 나를 머물게 하고 말하기를 '내

가 귀양살이를 한 지가 20여 년이니, 어찌 이런 일이 있단 말인가. 어찌하면 사람을 많이 얻어서 좋은 일을 하겠는가. 네가 비록 아전이지만 만약 우영장(右營將)이 된다면 어찌 좋지 않겠는가.'라고 하지 않았는가."

하고, 또 말하기를,

"이효식이 나더러, 윤 지평(尹持平)이 말한 바가 있었느냐고 하였다. 22일에 나를 불러서 말한 바가 어찌 없었단 말인가."

하니, 윤지가 말하기를,

"나는 그때 낙상을 하여 실내에 누워 있었다."

하자, 임천대가 말하기를,

"네가 그때 과연 낙상을 하여 누워서, 나를 불러 모의하였다."

하니, 윤지가 말하기를,

"네가 근래에는 세배도 오지 않았는데, 어찌 나를 와서 만났겠느냐."

하자, 임천대가 말하기를,

"경오년(1750, 영조26) 이후로는 연이어 세배를 하였고, 대사(大事)는 작년 6월에 처음으로 의논하였다. 올해 세배 때에는 기생 및 정성교(鄭成教)와 나복세(羅卜世)가 함께 앉아 있었지 않은가."

하니, 윤지가 말하기를,

"계에 들고 처음으로 세배를 했는데, 그전에 네가 어찌 왔단 말인가."

하였다. 임천대가 말하기를,

"너의 전후 실정을 고발한 자가 나뿐만이 아니다. 이효식의 말도 어찌 증거가 되지 않겠는가."

하고, 또 말하기를,

"네가 이미 감사(監司)의 염탐하는 대상에 들어 있었기 때문에 먼저 잡아 가둔 것이다. 어찌 이효식의 말을 기다렸겠는가. 이효식이 너에게 배운 지가 10년인데, 너에게 만약 이런 일이 없었다면 이효식이 어찌 너를 무함하겠는가. 작년 9월과 10월에 네가 연달아 나를 불러다 흉사(凶事)를 모의한 것을 내가 이미 모두 고발하였는데 네가 어찌 감히 속이려고 하는가. 네가 이효식을 대하여 어찌 흉언(凶言)이 없었겠는가. 나귀영(羅貴永)이 옥중에서 내게 말하기를 '이제는 어찌할 수가 없다.'라고 하였으니, 나귀영이 만약 온다면 어찌 알 만한 일이 없겠는가. 이정하도 함께 들었다."

하니, 윤지가 말하기를,

"22일 저녁에는 내가 병으로 누워 있었는데, 어느 겨를에 내다 걸 흉서를 썼겠는가."

하자, 임천대가 말하기를,

"잠깐 동안 글자를 쓰는 일을 어찌 가슴과 배가 아프다고 해서 못 하겠는가. 대사를 모의할 때, 너의 맏아들을 충청도에 보내서 사람을 모집하겠다는 말 또한 하지 않았는가. 올해 내가 세배를 갔더니, 네가 '올해 세시는 심사(心事)가 특별히 좋다.'라고 하지 않았는가. 나귀영과 이효식이 한마음으로 한 일인데, 네가 지금 어찌 할 말이 있겠는가. 네가 나에게 말하기를 '나의 무리 10여 인이 계(稧)를 핑계로 사람을 모으되, 각각 구변(口辯)으로 모집하고 정의(情義)가 서로 투합한 뒤에 사실대로 말해 준다.'라고 하였다."

하니, 윤지의 말이 많이 궁색하였다.

윤지와 이효식을 면질시켰다. 이효식이 말하기를,

"정월 20일에 내가 너의 집에 가니, 네가 내다 걸 흉서를 써서 보여주면서, 민심을 동요시킬 수 있을 것이라고 하였다."

하니, 윤지가 말하기를,

"네가 감영에서 공초를 바칠 때에는, 내가 바야흐로 글을 쓰다가 구기는 것을 보았기 때문에 단지 윗부분의 '간신(奸臣)'이라는 두 글자만 보았다고 하더니, 이제는 흉서를 내다 거는 일을 내가 너에게 곧바로 말했다고 하니, 공초의 내용이 서로 어긋난다."

하자, 이효식이 말하기를,

"내가 이미 죽게 된 마당에 어찌 감히 군부(君父)를 속이겠는가."

하고, 또 말하기를,

"네가 또, 일이 이루어지면 나를 나주 목사로 삼겠다고 말하지 않았는가. 나로 하여금 군량을 맡아 나누어 먹이게 하고 그 공로로 목사로 삼을 것이라고 하였다."

하자, 윤지가 말하기를,

"어느 해 어느 날 어느 곳에서 이 말을 하던가?"

하니, 이효식이 말하기를,

"너와 한동네에 살기 때문에 한가할 때면 가 보았는데, 네가 어찌 이 말을 하지 않았는가. 계곡(稧穀) 및 해마다 취합한 곡식을 군량으로 삼고자 한다고 하지 않았는가."

하자, 윤지가 말하기를,

"언제 이런 말을 하던가?"

하니, 이효식이 말하기를,

"작년에 달마다 한두 번씩 가 보았는데, 네가 번번이 그 말을 하였다."

하자, 윤지의 말이 많이 궁색하였다.

윤지가 물고되었다. 삼사(三司)가 아뢰기를,

"역적 윤지는 역적 윤취상의 아들로 불충한 마음을 깊이 품고 방자하게 흉서를 내거는 변고를 저질렀습니다. 결탁하고 모집하고 조정하고 배치하며 은밀히 계획하여 일을 꾸민 정상이 임천대 등 여러 역적의 초사에 낭자하였습니다. 심지어 역적 목호룡의 흉언을 상자 속에 넣어 둔 일에 대해서는 그도 변명할 말이 없다고 자복하였습니다. 그런데도 다만 그 흉악하고 간특한 마음으로 곤장을 참다가 지레 죽어, 역적 이하징(李夏徵)과 함께 저잣거리에 달아 놓는 국법을 시행할 수 없으니, 신명(神明)과 사람의 울분을 조금이라도 풀 길이 없습니다. 기참(跽斬)[5]하는 형벌은 비록 시행할 수 없다 하더라도 저노(瀦孥)[6]하는 처벌은 잠시도 늦추어서는 안 됩니다. 신들은, 역적 윤지는 마땅히 왕부(王府)로 하여금 대역률(大逆律)로 거행하도록 해야 한다고 생각합니다."

하니, 상이 윤허하였다.

○ 윤광철을 국문하니, 윤광철이 공초하기를,

"신의 할아비의 소장(疏章) 등 문자를 친하게 지내는 집에 보내어 보관하게 했는데, 할아비의 가장(家狀) 및 연보(年譜)에는 시대의 기휘(忌諱)에 저촉하는 말이 있었기 때문에 신의 아비가 이것을 염려하였습니다. 이른바 계안(稧案)이란 바로 신이 임국훈, 김항과 더불어 계를 만들고 아전 몇 사람이 하계(下稧)가 된 것입니다."

하였다. 윤광철이 또 공초하기를,

"신이 서문을 윤상백(尹尙白)에게 부탁하니, 윤상백이 지어 주었습니다. 이른바 기수(箕叟)는, 윤득구(尹得九)의 자(字)이니, 바로 윤전(尹澶)의 아들이자 윤성시(尹聖時)의 손자이며 제천(堤川) 이가(李哥)의 사위입니다. 신이 윤득구와 서로 알고 지낸 지는 10여 년입니다. 윤득삼(尹得三)은 윤득구의 형이자 이하징의 사위입니다. 윤득구는 가끔 신의 집에 와서 시를 지었습니다. 무안(務安)의 술사(術士) 윤응진(尹

• • • • •

5 기참(跽斬) : 시신을 꿇어앉히고 목을 벤다는 뜻이다. 궤참(跪斬)이라고도 한다. 동진(東晉)의 왕돈(王敦)이 권세를 쥐고 반역을 일으켰다가 실패하고 죽었는데, 동진 숙종(肅宗)이 그의 무덤을 파고 시신을 꺼내 꿇어앉히고 목을 베었다.《晉書 卷98 王敦列傳》

6 저노(瀦孥) : 죄인의 집을 헐고 그 자리에 못을 파는 파가저택(破家瀦宅)과 죄인의 처자(妻子)를 연좌시켜 노비로 삼고 재산을 몰수하는 일을 말한다.

應振)은 보지 못했고, 일찍이 운수를 점쳐 본 적은 있습니다. 신이 작년에 서울에 왔을 때, 분발(分撥)[7]을 보고 범의 재변〔虎災〕이 있는 줄을 알았고, 갑자년(1744, 영조20)에는 조보(朝報)와 장계(狀啓)를 보고 별이 떨어졌다는 말이 있는 줄을 알았는데 천고성(天鼓星)에 대한 말은 신이 하지 않았습니다."

하였다.

윤광철과 임국훈을 면질시켰다. 임국훈이 말하기를,

"네가 서울에서 내려왔을 때에, 호랑이가 들어왔다는 말을 하지 않았느냐."

하니, 윤광철이 말하기를,

"내가 그 말을 하였다."

하자, 임국훈이 말하기를,

"네가 또 말〔馬〕이 들어왔다는 말을 하지 않았느냐."

하니, 윤광철이 말하기를,

"이것은 내가 어찌 말한 적이 있겠는가."

하자, 임국훈이 말하기를,

"네가 '호랑이가 들어오고 말이 들어왔으니 큰 변괴이다.'라고 하지 않았느냐. 그때에 별이 떨어진 일이 있었기 때문에, 네가 또 '임진년(1592, 선조25) 이전에 별이 떨어졌고 그 뒤에 난리가 일어났다. 조중봉(趙重峯)이 미리 그것을 알았었다. 갑자년으로부터 계산해서 몇 해 지나면 반드시 일이 있을 것이다.'라고 하였다."

하니, 윤광철이 말하기를,

"별이 떨어졌다는 말을 내가 어찌 주고받았겠는가."

• • • • •

7 분발(分撥) : 명령이나 거행 사건이 있을 때, 당일에 승정원에서 개략을 적어서 미리 각사(各司)에 반포하는 일이다.

하였다. 피차가 서로 다투며 따졌다. 윤광철이 말하기를,

"네가 일찍이 '영암(靈巖) 사람이 미리 피난하였다.'라는 말을 했기 때문에 내가 그 망녕된 말을 꾸짖은 것이다. 내가 어찌 난리가 있으리라는 말을 너에게 했겠는가."

하니, 임국훈이 말하기를,

"그때 네가 작은 방으로 와서 분명히 말하였다. 또 '오래지 않아 난리가 날 것이고, 내가 석방되어 돌아갈 것이다.'라고 하지 않았느냐."

하였다. 임국훈이 또 말하기를,

"그때 내가 윤가(尹哥)의 말을 전하면서 '아무 해에 조정에 반드시 변고가 있을 것이고 피차간에 한쪽 사람들이 모두 죽을 것이라고 하였다.'라고 하니, 네가 그 말을 두려워하는 태도로 듣지 않았느냐."

하니, 윤광철이 말하기를,

"네가 나에게 그 말을 하기에, 내가 '이러한 말은 사달을 일으키기 쉬우니 망녕되이 말하지 말라. 윤응진이 일찍이 나를 두고 필시 관액(官厄)이 있으리라고 하였지만, 내가 어찌 관액이 있었겠는가. 윤응진의 말은 맞지 않는다.'라고 하였다."

하였다.

윤광철과 임국훈을 또 면질시켰다. 윤광철이 말하기를,

"'낙양의 삼월에 봄풀이 깔자리와 같네.〔洛陽三月草如茵〕……'라는 절구(絶句)를 네가 일찍이 나에게 읊어 전하지 않았는가."

하니, 임국훈이 말하기를,

"이 시 세 구절은 내가 화순(和順)에 사는 최언항(崔彦恒)한테 들었는데, 출처는 잘 모르겠다."

하였다.

대개 윤광철은 윤지보다 더 완악하여, 수색한 문서 가운데 또 흉측한 시가 있었고, 나중에는 고려 말의 시를 거론하기까지 하여 의도를 헤아

릴 수 없었다. 상이 즉시 명하여 결안(結案)에 대한 다짐을 받게 하였다. 그 결안 초사에,

"신이 역적 윤취상의 손자이자 역적 윤지의 아들로서 흉악한 모의와 반역의 정상이 지극히 낭자하고, 또 역심을 이기지 못하여, 엄중히 국문하는 자리에서 감히 고려 말의 시구를 들어 망측하게 견주었습니다. 대역부도의 죄목으로 자복합니다."

하였다. 상이 즉시 숭례문(崇禮門) 문루(門樓)에 친림하여 백관들을 순서대로 서게 하고, 윤광철을 청파(青坡)의 앞길에서 처형하고, 국법에 따라 처자식을 노비로 삼고 가산을 몰수하라고 명하였다. 뒤에 또, 수급과 사지를 전시(傳示)하기를 역적 이하징(李夏徵)에게 시행했던 것과 똑같이 거행하라고 명하였다. 이하징의 일은 아래에 보인다.

○ 임국훈이 바친 윤지의 문서(文書) 농(籠) 안에 전 나주 목사 이하징(李夏徵)의 서찰이 가장 많았다. 서로 친밀하게 어울려 골육지친과 다름이 없어서, 심지어 윤지를 그가 스스로 칭하는 별호로 부르기도 하였고, 또 윤지에게 보낸 편지에 '꿈에 선대감(先大監) 윤취상을 가리킨다. 을 배알하였습니다.'라고도 하였다. 또 김일경이 복주된 뒤에 윤성시(尹聖時)의 손자를 사위로 삼았다. 상이 처음에는 이하징을 극변에 정배하라고 명하였다가 잡아다 국문하라고 다시 명하였다.

국문하기를,

"윤취상과 윤지 부자의 죄상은 나라 사람들이 다들 아는 바인데, 네가 대체 무슨 마음으로 그들과 더불어 친밀하게 어울렸느냐?"

하니, 이하징이 공초하기를,

"윤취상이 역적인 줄은 신이 과연 자세히 몰랐습니다만, 그 아비가 비록 역적이더라도 그 아들까지 또한 어찌 역적이 되겠습니까."

하였다. 형추한 뒤에, 다시 추문하며 형장을 가하니, 공초하기를,

"신은, 김일경의 상소가 나온 뒤에 비로소 신하로서의 절개가 있다고 할 만하다고 생각합니다."

하고, 이어 대역부도의 죄목으로 자복하여, 정형에 처하고, 국법에 따라 처자를 노비로 삼고 가산을 몰수하였다. 수급을 나주 관문에 사흘 동안 매달고 두 팔은 호남의 좌도와 우도의 연해 고을에 나누어 보내고 두 다리는 영남의 좌도와 우도에 나누어 보내라고 명하였다.

아! 역적 이하징은 이명의(李明誼), 이명언(李明彦)의 지친으로, 모습이 요사하고 속에 흉악한 마음을 품은 채 사람들을 속이고 생각을 감추고서 보통 사람들 중에 섞여 있어 사람들이 깨닫지 못하였다. 국문을 당하게 되자, 역적 윤지와 더불어 목숨을 함께할 벗이 되어 왕래하고 가깝게 어울리며 은밀하고 비밀스럽게 일을 꾸민 정상이 남김없이 다 드러났다. 심지어 감히 역적 윤취상을 역적이 아니라고 하고 역적 김일경의 상소를 신하의 절개가 있다고 하여, 극도로 흉패하고 난역부도한 말이 이에 이르러 낭자하였으니, 그 간교함을 감추고 저지른 간특하고 흉악한 짓이 거의 김일경이나 박필몽 등 여러 역적보다 더 심하였다. 이에 흔쾌히 형법을 시행하니, 사람들의 울분이 조금 풀렸다. 대개 윤취상과 윤지 부자는 비록 역적질한 정상이 다 드러나지 않아서 국법이 미처 시행되기 이전이라도 사람들이 마치 더러운 오물이 혹시라도 몸에 묻을까 봐 모두들 멀리 피하고 가까이하지 않으려고 할 자들이었다. 그런데 친밀한 벗으로 자처하여 조금도 꺼리거나 두려워하지 않아서, 흉악한 윤지를 별호로 부르기도 하고 심지어는 '꿈에 역적 윤취상을 배알했다.'라고까지 하였으니, 그 마음이 흉악하고 더럽다는 것을 여기에서 더욱 알 수 있다. 다만 그가 형적을 드러내지 않고 생각을 숨기고서 은밀한 길로 출입하니, 사람들이 단지 미친한 개와 파리같이 더럽게 여길 뿐이었고 효경(梟獍) 같은 흉악함은 제대로 살필 수가 없었는데, 잠복해 있던 역적의 정상이 지금에서야 비로소 드러나게 되었으니, 저잣거리에 시신을 펴 놓는 형벌이 그 또한 늦은 것이다. 어찌 통분스럽지 아니하랴.

○ 김항(金沆)을 국문하였다. 김항이 공초하기를,

"경오년(1750, 영조26)에 신이 임국훈, 윤광철, 이효식, 임천대 등 다섯 사람과 계(稧)를 만들었는데, 사인(士人)은 전곡(錢穀)을 경영할 수 없으므로 관리 두 사람을 계에 들어오게 하였습니다."

하였다. 김항과 개봉(介奉) 윤지의 노비이다. 을 면질(面質)시켰다. 개봉이 말하기를,

"너는 이효식, 임천대와 함께 계 모임을 핑계로 밤마다 와서 모였다. 올해 정월의 어느 날 밤에도 와서 모였다가 한밤중에 돌아갔는데, 나주의 온 성안 사람이 다들, 그들이 친하게 지내는 것을 수상하다고 하였다."

하였다. 김항과 임천대를 면질시켰다. 임천대가 말하기를,

"지난 12월에 소를 잡을 때, 사람들이 술을 마시러 나간 뒤에 네가 나에게 말하기를 '너와 내가 모두 윤 지평(尹持平)의 집안과 친하게 지낸다. 윤지가 자주 긴요치 아니한 말을 나에게 하는데 그 일 또한 무방하겠기에 내가 바야흐로 사람을 모집하고 있다. 너도 몇 사람을 구할 수 있겠는가? 사람을 구하는 방법은 실로 다른 데 있는 것이 아니니, 계를 만든다고 핑계하며 많은 사람을 모으면 좋겠다.'라고 하기에, 내가 '구하기가 참으로 어렵지만 한번 모집해 보겠다.'라고 하였다."

하니, 김항이 말하기를,

"소를 잡은 일은 정말로 있었지만, 그날은 크게 바람 불고 눈 오는 날이었는데 어찌 이런 말을 할 수 있었겠는가."

하자, 임천대가 말하기를,

"그때 네가 나에게 '윤 지평이 아무런 까닭도 없는 일로 오래도록 귀양살이를 하고 있다. 다른 사람들은 모두 귀양에서 풀렸는데 그만 유독 아직 풀려나지 못했으니 불쌍하다. 그가 하는 말들은 자못 무방한 말들인데 거사(擧事)는 혼자서 할 수 없기에 내가 바야흐로 사람을 구하고 있으니, 너도 구하는 것이 좋겠다.'라고 말하지 않았던가?"

하니, 김항이 말하기를,

"설령 이런 일이 있었다 하더라도 술을 마시려고 모인 자리에서 어찌 이런 말을 하였겠는가."

하자, 임천대가 말하기를,

"윤지가 항상 나에게 말하기를 '너도 모름지기 사람을 모으기를 김생원(金生員) 계(稧)처럼 해야 한다.'라고 하였고, 경오년에 계를 만든 것은 처음에는 돈을 늘리는 데에 지나지 않았다가 작년부터 비로소 이런 의논이 있었다. 네가 어찌 모른다고 할 수 있는가."

하였다.

형추하고, 김항과 임천대를 또 면질시켰다. 임천대가 말하기를,

"밤에 윤지의 집에 오지 않았다는 너의 말은 전혀 근거가 없다. 정월에 쇠고기를 먹던 날이 어찌 밤에 모인 것이 아니었던가."

하고, 또 말하기를,

"지난 섣달에 네가 이효식과 더불어 밤에 윤지의 집에 모였다가 이어 함께 돌아갔으며, 밤에만 갔을 뿐 아니라 낮에도 가지 않은 날이 없었다. 윤지는 항상 안사랑〔內舍廊〕에 거처하다가 네가 가면 반드시 불러들여서 함께 조용히 이야기를 나누었다. 하루는 내가 너를 찾으려고 하니, 너는 윤지의 안사랑에 있었다. 밤에 더러 너를 만났을 때에 물으면, 윤 지평의 집에서 오는 길이라고 하였다."

하자, 김항이 말하기를,

"계 모임은 1년에 두 차례에 불과한데, 이것을 가지고 내가 항상 갔다

고 말할 수 있는가?"

하니, 임천대가 말하기를,

"두 차례의 계 모임은 일정하게 가는 일이고, 그 밖에 또 몇 차례나 왕래했는지 모른다."

하였다. 김항의 말이 궁색하였다. 형신을 가하자, 패악을 부리며 서명을 하지 아니하고 '형살(刑殺)' 두 글자를 썼는데 뜻이 매우 흉패하였다. 얼마 뒤에 물고되었다. 양사(兩司)가 그 처자를 노비로 삼고 재산을 몰수하기를 계청하니, 상이 명하여, 난언율(亂言律)에 따라 단지 재산만 몰수하게 하였다. 임천대가 끌어댄, 김항의 형 김준(金浚)과 임국훈의 아버지 임주악(林柱岳) 및 이제춘(李齊春), 나귀영(羅貴永), 이종무(李宗茂), 오시대(吳時大)의 아들 오영근(吳永瑾)은 모두 국문을 받는 중에 장을 맞다가 죽었고, 오시대는 스스로 목을 매어 죽었다. 기언표(奇彦杓)는 법을 적용하여 처단하였다.

○ 처음에, 이하징의 흉언 공초가 나온 뒤에 좌의정 김상로(金尙魯)가 놀랍고 통분스럽다는 뜻을 갖추어 진달하고, 또 아뢰기를,

"이하징의 역적질은 신축년(1721, 경종1)과 임인년(1722)의 여러 역적과 맥락이 서로 관통하니, 이전에 역적을 토벌할 때 실로 그 뿌리를 통렬히 다스리지 못하여 이에 이 무리들이 징계되지 않아 이 상황에 이른 것입니다. 조태구, 유봉휘, 윤취상, 이사상, 김일경의 소하(疏下)[8] 역적들에게 모두 우선 대역률(大逆律)을 소급하여 시행하소서."

하니, 상이 옳다고 하였다.

○ 3월. 삼사(三司)가 아뢰기를,

• • • • •

8 소하(疏下) : 연명 상소를 할 때 맨 앞에 이름을 적는 자를 소두(疏頭)라 하고 그 아래에 나열하여 이름을 적는 자를 소하라고 한다.

"역적을 다스리는 법은 괴수를 죽이기를 엄격히 해야 하고, 간흉을 꺾는 방법은 뿌리를 뽑는 것보다 우선할 것이 없습니다. 이번 이하징과 윤지의 흉역은 신령과 사람이 다 함께 분노하는 바인데, 진실로 그 근본을 찾아보면 사실 신축년과 임인년의 여러 역적에게 뿌리를 두고 있습니다. 대개 역적 김일경의 소하가 역적 이하징 흉언의 선봉이 되었고, 이사상과 윤취상은 역적 윤지가 남몰래 역모를 꾸미는 뿌리가 되었으며, 조태구와 유봉휘 등의 여러 흉적은 전후 여러 역적의 소굴이 되거나 효시가 되었습니다. 다만 하늘의 그물이 너무 넓고 군왕의 토벌이 오히려 더디어, 난역(亂逆)이 스스로 징계되지 않아 흉악한 변고가 층층이 생기다가 오늘날에 와서 극도에 이르렀습니다. 저번에 대신이 징토를 청한 것은 실로 온 나라의 공론을 모은 것인데, 상께서 들으신 지 여러 날이 지났는데도 아직 하문하시는 거조가 없으니, 많은 사람이 오래도록 답답해하며 여론이 매우 격렬합니다. 신들이 외람되이 삼사의 반열에 있으면서 걱정스럽고 통분스러운 심정을 이기지 못하여, 감히 이렇게 한목소리로 우러러 청합니다. 삼가 바라건대 시원히 결단을 내려 속히 하문하여 엄중히 처분하소서."

하니, 상이 이르기를,

"마땅히 하문하여 처분할 것이다."

하고, 이어 여러 금부 당상과 문사 낭청에게 하문하고 시위(侍衛)하는 반열에까지 하문하였다. 여러 신하가 합사(合辭)하여 다 함께 청하였다. 이윽고 진신(搢紳)들이 연명하여 상소를 올려, 대신의 요청을 속히 따르기를 청하고, 이어서 이광좌(李光佐)와 최석항(崔錫恒)의 죄를 엄히 토죄하기를 청하였다. 처음에 우의정 조재호(趙載浩)가 경연에서 이광좌의 죄를 진달했는데 이때에 이르러 여러 신료들이 또 이 의논을 올리니, 상이 너그러이 비답을 내려 받아들였다.

○ 전교하기를,

"이제 이하징 이외에, 만약 조금이라도 하늘이 준 본연의 심성을 지니고 있다면 어찌 감히 김일경, 박필몽과 그 소하(疏下) 및 윤취상, 이사상 같은 자들을 애석히 여기겠는가. 역적 이하징과 역적 윤지가 스스로 역모죄를 범하고서 이에 감히 나라를 원망하게 된 것은 오로지 방비를 엄하게 하지 아니했기 때문에 생긴 일이다. 이제 이하징과 윤지를 정형에 처한 뒤에 마치 깊은 꿈에서 깨어난 듯하여, 스스로 말하기를 '이는 곧 징토를 엄중히 하지 아니한 데에서 말미암아 일어난 일이다.'라고 하였다. 이번에 역적 이하징이 스스로 악역(惡逆)을 범하고 역적 윤지가 방자히 날뛰어, 무지한 시골 백성들이 이토록 협박을 당하는 지경에 이르렀으니, 이것이 바로 한 사람을 아끼려다가 백 사람을 처벌하게 된 것이다. 그 근본이 어지럽게 뒤섞이면 어찌 지엽을 다스릴 수 있겠는가.

지난 무신년(1728, 영조4)에 남태징(南泰徵)을 효시(梟示)하니 도하(都下)가 안정되었다. 이제 날마다 친국(親鞫)하여, 비록 와주(窩主)를 찾아내지는 못하더라도, 처분하지 않을 수 없다. 이렇게 해야 역적들의 불충한 마음을 꺾을 수 있고 군주가 군주답고 신하가 신하다운 의리를 바룰 수가 있다. 지난번에 우의정이 주달한 바를 내가 지나치다고 했는데, 이제 눈앞의 광경을 보건대 한결같이 이 지경에 이르렀으니, 이제야 지난날의 형정(刑政)이 너무 관대했음을 깨닫겠다.

입시한 문신(文臣), 음관(蔭官), 무반(武班)과 군병(軍兵)에 이르기까지 두루 물었는데, 모두들 다른 말이 없었으니, 이것이 이른바 '온 나라 사람이 모두들 죽여도 좋다고 한다.'라는 것이다. 하물며 그 근원이 바로 조태구와 유봉휘임에랴. 이것은 위에서 말한 '근본을 다스리지 못하고서 지엽을 다스림을 내가 듣지 못하였다.'라는 것이다. 유봉휘, 조태구, 윤취상, 이사상과 소하 여러 역적에게 역률(逆律)을 추가해서 시행하자는 주청이 정말로 옳다. 정말로 옳다. 김일경, 박필몽, 목호룡에게 이미 역률을 시행하였으니, 윤취상, 이사상, 역적 김일경의 소하 이진유(李眞儒)·이명의(李明誼)·정해(鄭楷)·윤성시(尹聖時)·서종하(徐宗廈) 등 및 유봉휘, 조태구에게 모두 역률을 추가해서 시행하라.

이광좌는 등용되어 쓰인 지가 오래되었으니 그가 딴마음을 먹지는 않았을 테지만, 오늘날에 이르러 역적 이하징이 김일경을 일컬어 신하로서의 절개가 있다고 한 것은 징토를 엄중히 하지 않아서 생긴 일이니, 이광좌가 아니었으면 어떻게 이런 일이 있겠는가. 하물며 그 뿌리가 바로 조태구의 차자(箚子)와 유봉휘의 상소이니, 이 때문에 아무도 어쩌지를 못한 채 오늘날에 이르렀다. 참으로 다행스럽게도 천도(天道)가 환히 밝아 역적 이하징이 스스로 토설하였으므로 여론이 일제히 들끓었다. 이하징이 이미 국법에 따라 처형되었는데 그 뿌리를 엄히 다스리지 않는다면, 이하징이 비록 음흉하기는 하나, 형정을 또한 어찌 도치시킬 수 있겠는가. 이것이 유봉휘와 조태구에게 일체로 역률을 추급하여 시행하는 까닭이다. 그런데 이광좌를 어찌 죄가 없다고 하겠는가. 더구나 한쪽 사람들이 죄를 짓는 데로 빠져든 것이 오로지 이광좌로부터 말미암았음에랴. 특별히 삼사의 요청을 윤허한다.

조태억(趙泰億)은, 그를 잘 아는데, 이광좌가 없었다면 결코 여기에 빠져들지 않았을 것이다. 그러나 이와 같은 날에 그도 엄중히 징계해야 마땅하니, 특별히 그의 직첩을 거두도록 하라. 최석항은 비록 조태구, 유봉휘와는 같지 않지만 범한 바가 이광좌 못지않으니, 관작을 회복시키는 것은 지나치다. 아울러 이광좌와 한가지로 시행하라.

아! 30년 동안 윤허를 아낀 것이 무슨 뜻이겠는가. 바로 사람의 목숨을 소중하게 여겨서이다. 해를 기다렸다가 소급해서 형률을 적용하는 것이 이미 법을 벗어나는 일인데, 하물며 역률을 소급해서 시행하면서 그 아들에게까지 미치는 것이겠는가. 비록 역률을 시행하더라도, 한결같이 나이가 차지 않은 자에게 적용하는 형률을 적용하여 아울러 종으로 삼는 데에서 그치도록 하라.

아! 오늘 처분한 뒤로는 군강(君綱)이 통쾌하게 거행되고 의리가 이에 바로잡힐 것이다. 아! 대소 신료들은 모두 반드시 잘 알아야 할 것이고, 이 뜻을 중외(中外)에 전파하여 알리도록 하라."

하였다.

우리 성상의 대처분(大處分)이 지극히 엄중하고 지극히 공정하여, 군강이 확립되고 국시(國是)가 정해졌다. 의리가 처음에는 어둡다가 마침내는 밝아졌고, 인심이 이전에는 흐리다가 이제야 깨달았다. 아아! 30년간 세도를 그르친 것이 과연 누구의 죄인가. 이에 이광좌는 그 주벌에서 도망할 곳이 없다.

대개 이광좌는 본래 목숨 걸고 파당을 지키며 권세를 좋아하는 일개 부류로서, 그 논의를 주장하여 오래도록 한쪽 세력의 괴수로 있었다. 저사(儲嗣)를 세워 대리(代理)하는 날을 만나, 반드시 정당한 의론에 대항하여 이기고자 하여, 공공연히 패려한 말을 멋대로 하여, 남몰래 조태구와 유봉휘의 계교를 주장하고 김일경과 박필몽의 형세를 도와 이루었다. 대저 다시 정승의 직책에 제수되어서는, 연명으로 차자를 올렸던 네 신하를 도로 일률(一律)에다 두고 소하(疏下)의 오적(五賊)을 옮겨 육지로 나오게 할 것을 힘껏 계청하였다. 이사성(李思晟)과 남태징(南泰徵) 등 여러 역적은 그 또한 누가 천거했던가. 그 마음이 어디에 있는지 더욱 세상이 지목하게 되었다.

그러나 만약 이광좌가 무신년(1728, 영조4) 역변이 있은 뒤 기유년(1729) 폐합(閉閤)하던 날에, 마음을 고쳐먹고 계획을 바꾸어 머리를 조아리며 스스로 승복하였더라면, 이광좌에게 의지하던 많은 불선한 무리가 모두 흐지부지 흩어지고 두려운 마음으로 징계되어, 거의 반란의 싹을 영구히 막을 하나의 큰 기틀이 될 수 있었을 것이다. 그런데 음험하고 흉포한 본성이 죽음에 이르러도 미혹에서 벗어나지 못하여, 변괴를 잇달아 일으켜 이번 여러 역적에 이르러서 극도에 달하게 하였다. 아아! '그 뿌리를 다스리면 이광좌가 어찌 면할 수 있겠는가.'라고 하신 성상의 하교가 환히 윤음에 실려서 해와 별같이 밝아 영구히 신하로서 불충한 자의 경계가 되니, 만약 춘추의 법으로 다스린다면 이광좌가 어찌 수악(首惡)의 죄를 면할 수 있겠는가.

○ 친국할 때 동궁이 시좌(侍坐)하였다. 헌신(憲臣)이 이전에 아뢰었던, 이하택(李夏宅), 이명언(李明彦)의 아들이다. 일찍이 국옥(鞫獄)에 들어 절도(絶島)에 정배되었다. 이색(李嗇), 이렴(李濂) 역적 이색과 더불어 반역을 도모했는데 자백하고 지레 죽었다. 의 처자식을 노비로 삼고 그 가산을 몰수하는 일을 진달하니, 상이 윤허하였다.

○ 이명언에게 역률을 추급해서 시행하도록 명하였다. 이유신(李裕身) 등의 연명 상소에서 청한 바를 따른 것이다.

○ 전교하기를,

"아! 그 사람이 만약 있다면 나라를 위하는 도리로 보아 쟁집하는 것이 옳겠지만, 그 사람이 이미 없고 보면 특별히 석방하는 날에 무슨 쟁집할 일이 있는가. 어제 이미 지난번에 눈물을 흘렸던 뜻을 하유하였다마는, 이관(李爟)의 일에 대해서는, 서로 주장을 굽히지 않으면서 해를 넘기는 것이 윤허하여 마무리하는 것만 못하기 때문에 원량(元良)을 대신하여 특별히 윤허하였다. 그런데 다시 생각해 보니, 이관과 이당(李爣)은 한가지인지라, 아울러 대각의 계청을 윤허한다. 이관은 단천부(端川府)에 정배하고 이당은 홍원현(洪原縣)에 정배하라."
하였다. 이관과 이당은 권혜(權嵇)와 권집(權緝)의 옥사에 연루되었으므로 헌부가 아뢰어 먼 지방에 정배하기를 청하였는데, 이때에 이르러 윤허를 받았다.

○ 사헌부에서 계청하기를,
"유봉휘, 조태구, 윤취상, 이사상, 이진유, 이명의, 정해, 윤성시, 서종하 등에게 처자식을 모두 처형하는 국법을 속히 왕부(王府)로 하여금 거행하게 하소서."
하였다. 상이 처음에는 따르지 않다가, 나중에 윤허하였다.

○ 윤상백(尹尙白) 윤상백은 윤연(尹埏)의 아들이자 윤수(尹遂)의 조카이다. 윤연과 윤수는 모두 무신년(1728, 영조4) 역옥에 들어 있다. 을 국문하여 형추하였다. 다시 추문하니, 윤상백이 공초하기를,
"신은 사실 윤광철과 서로 오가며 친하게 지내는 사이입니다. 윤지 부자가 반역을 도모하여, 시골 사람들을 많이 모아서 복심(腹心)으로 삼았고, 윤광철은 서울을 왕래하며 또한 체결한 사람이 많으니, 통제사 김윤(金潤) 및 지난해 가을의 전라 좌수사(全羅左水使)와 나주 영장(羅州營將), 그리고 박찬신(朴纘新), 조동하(趙東夏), 민후기(閔厚基), 민효달(閔孝達), 추국을 받고 국법대로 처단되었다. 김주천(金柱天), 이시희(李時熙), 추국을 받던 중에 장을 맞고 죽었다. 이명조(李明祚)가 그들입니다. 윤광철이 말하기를 '이들은 모두 나와 함께 모의한 자들인데, 혹자는 군량을 모았고 혹자는 군기를 모았다. 대강의 배치를 이처럼 하였다.'라고 하였습니다."
하였다.
다시 추국하니, 윤상백이 공초하기를,
"신도 그 가운데 함께 들어, 신과 윤광철이 우두머리가 되었습니다.

지난해 8월에 윤광철이 올라와서, 자기 아비와 함께 거사를 할 것이라고 말하였습니다. 윤광철이 또 김윤의 아들을 만나 권하였고, 이명조는 신이 그 아우 이양조(李陽祚) 추국을 받고 국법에 따라 처결되었다.를 시켜 권하여 들어오게 하였습니다.

올해 초봄에 신이 조동정(趙東鼎)의 집에 가서 이 일을 언급하여 '남쪽 지방에 군사를 일으킬 일이 있는데, 그대 또한 안에서 일으키고자 하는가?' 하였더니, 조동정이 형세를 보아 가며 하겠다고 대답하였습니다. 조동정이 당시 훈국(訓局)의 중군(中軍)이었기 때문에 신은, 조동정에게 그 관하(管下)를 거느리고 안에서 호응하게 하려는 것이라고 여겼습니다. 신치운(申致雲)은 깊이 가담하였습니다."

하였다.

다시 추국하니, 윤상백이 공초하기를,

"이하징이 군기를 찾아 주겠다고 한 일은 윤광철에게 들었습니다. 신치운은 뜻을 잃고 불우하였기 때문에 공경(公卿)이 되고자 하여 이 일에 가담했습니다. 신의 마음이 신치운과 무엇이 다르겠습니까. 신이 편지로 신치운에게 다짐하며 말하기를 '남쪽 지방에 귀양 가 있는 부자(父子)가 함께 모의하여 군사를 움직이려 하니, 군량을 마련하는 등의 일을 형이 또한 착실히 도와주시오.'라고 하였습니다. 박찬신이 함께 가담했다는 말은 윤희철에게 들었습니다."

하였다.

뒤에 윤상백이 물고되었다. 삼사에서 아뢰기를,

"윤상백은 윤연의 아들이자 윤수의 조카로서, 성상의 관대한 은혜를 생각지 아니하여, 역심을 변화시키지 못하고 올빼미 같은 성품을 고치지 못하여, 이에 역적 윤지 부자와 더불어 경외(京外)의 인물들과 체결하고 반역 계획을 치밀하게 세웠습니다. 전후의 공초에 그가 이미 자복을 하였습니다. 비록 실정이 모두 밝혀지지 않아서 즉시 형률을 시행하지 못한 채 그대로 지레 죽어 버리기는 하였으나, 미처 정법(正法)에 처하지 못했다는 이유로 합당한 형률을 시행하지 않아서는 안 됩니다. 역적 윤상백에게 속히 왕부(王府)로 하여금 대역률(大逆律)을 거행하게 하소서."

하니, 상이 윤허하였다.

○ 양사에서 아뢰기를,

"한세량(韓世良)의 상소에 있는 '네 글자의 흉언(凶言)'[9]은 실로 조태구와 유봉휘의 상소와 같은 맥락에서 나왔는데, 귀신과 사람의 분노를 아직 시원하게 풀지 못하였습니다. 청컨대 대역률로 거행하소서. 권익관(權益寬)의 흉모와 역절은 그때 안무사의 장계[10]에 낭자한데 하늘의 그물이 너무 성글어 왕법이 행해지지 못하였습니다. 청컨대 대역률로 거행하소서. 권혜와 권집의 요사한 역변은 전고에 없는 것인데, 흉하고 완악하여 죄상을 실토하고서 승복하지 않고 지레 죽어 버렸으니, 하늘의 주벌이 가해지지 않아 귀신과 사람의 분노가 오랠수록 더욱 격렬해집니다. 왕법으로 논한다면 시행해야 할 형률이 있으니, 대역률로 거행하소서."

하였다. 상이 모두 윤허하였다.

○ 김주천을 국문하니, 김주천이 공초하기를,

• • • • •

9 네 글자의 흉언(凶言) : 1721년(경종1) 사과(司果) 한세량(韓世良)이 올린 상소에 "하늘에는 두 개의 태양이 없고, 땅에는 두 임금이 없다.〔天無二日, 地無二王.〕"라고 한 것을 말한다. 또는 "몰래 천위를 옮기려 한다.〔陰移天位〕"라고 한 것을 가리키기도 한다.《국역 경종수정실록 1년 10월 12일》

10 안무사의 장계 : 1728년(영조4) 권익관이 함경 감사로 있을 때에 북로 안무사(北路按撫使) 윤헌주(尹憲柱)가 고변하는 장계를 올렸는데, 이를 지칭하는 듯하다.

"신과 윤광철은 이웃으로 산 지 5, 6년이라 자연히 서로 압니다."

하였다. 형추하니, 김주천이 공초하기를,

"이수경(李修敬), 국문을 받던 중에 장을 맞다가 죽었다. 이수범(李修範), 윤득정(尹得貞), 윤득명(尹得明), 윤득삼(尹得三), 윤득구(尹得九), 윤득정, 윤득명, 윤득구는 국문을 당하고 연좌로 안치되었으며, 윤득삼은 장을 맞고 죽었다. 이재하(李載夏), 국문을 받고 국법대로 처결되었다가 뒤에 장을 맞고 죽었다. 민효달, 윤상백이 다 신들의 무리이며, 윤광철과 더불어 치밀하게 음모를 꾀하여 한쪽 사람들을 다 제거하고자 하였습니다. 4, 5년 전에 신이 윤광철의 집에 갔을 때 이수경이 윤광철과 말을 주고받다가 신을 보고 그치기에, 신이 말하기를 '너희 무리가 무슨 말을 하였는가?' 하니, 윤광철이 말하기를 '너 같은 용군(庸軍)이 어찌 굳이 이를 알려고 하는가. 바야흐로 이제 이쪽이나 저쪽이나 서로 검을 만지작거리며 노려보고 있기 때문에 한쪽을 제거하지 않을 수 없는데, 제거하는 방법은 반역 외에는 다른 방법이 없다.' 하였습니다.

윤상백, 민효달 또한 일찍이 윤광철의 집에서 만나 보았습니다. 윤광철이 입으로 신을 가리키며 윤득정 형제에게 말하기를 '우리가 하는 일을 이 사람 역시 안다.' 하였습니다. 신이 윤득삼, 윤득구 형제를 보자 그들이 말하기를 '너도 윤광철의 말을 들었는가?' 하였습니다. 신이 말하기를 '바로 한쪽 사람들을 제거하려는 계략이다.' 하니, 윤득삼이 가벼이 말하지 말라고 주의를 주었습니다. 윤광철은 나주에서 이미 모두 체결하였고, 서울은 윤상백과 윤득정, 이수경 등 여러 사람이 주장하여 사람 모으는 것을 맡았습니다. 윤광철이 말하기를 '우리가 미워하는 사람이 방을 내다 걸면 좋겠다.' 하였습니다. 또 명화적(明火賊)과 결탁하여 군기를 훔쳐 내고자 하였는데, 거사할 기약은 다만 오랫동안 계획해서 해 보려고만 하고 애초에 날짜를 약속하지는 않았습니다. 신이 술 마시는 것을 좋아하므로, 술에 취해 말하는 사이에 누설할 것을 걱정하여, 이 무리들이 매양 외부 사람처럼 대하고 속 이야기는 하지 않았습니다."

하였다.

다시 추문하니, 김주천이 공초하기를,

"윤광철이 신에게 말하기를 '너는 반드시 누설할 것이다.' 하여, 신이 말하기를 '내가 어찌 누설한단 말인가. 그 일은 과연 어떤가?' 하였습니다. 윤광철이 말하기를 '내 마땅히 호남에서 초적(草賊)들과 체결할 것이다. 너는 서울에 있으니 여러 일을 맡아서 적절하게 하라.' 하였습니다. 그래서 신도 돈과 재물을 내어서 도모하려 하였습니다."

하였다. 김주천이 또 공초하기를,

"윤광철이 그의 집값이 마땅히 600냥은 나갈 것이고 윤상백의 전답에서 나오는 곡식으로 돈을 만드는 방도 또한 많다고 하였습니다. 민효달이 말하기를 '내가 윤광철을 만났는데 윤광철이 「너는 어찌하여 논을 팔아서 일을 같이 하지 않느냐?」 하기에 내가 답하기를 「통진(通津)의 논값이 매우 헐하니 어찌 빨리 팔겠는가.」 하였다.'라고 하였습니다."

하였다. 김주천이 또 공초하기를,

"윤광철이 정법에 처해지고 윤희철이 물고된 뒤에 신이 민효달에게 가서 보았을 때 황망한 빛이 뚜렷이 나타났습니다. 말한 것은 과연 민효달의 말과 같습니다."

하였다. 실정을 알고도 고하지 않은 죄목으로 자복하여, 정형에 처하였다.

○ 삼사에서 아뢰기를,

"역적 김호(金浩)의 지극히 흉악한 정절이 그 아들 김주천의 현장에서 포착된 문서 가운데 낭자히 드러났습니다. 역적 김일경의 역절이 이미 분명히 드러난 후에도 아계 대감(丫溪大監)이라 칭하였으니 이미 지극히 흉참합니다. 역적 김일경이 법으로 주벌된 날에 '부대결안(不待結案 결안을 작성하지 않음)'이라는 넉 자를 방자히 책자에 써서 서롱(書籠 책 궤짝)에 넣어 감추어 두고 부자끼리 서로 전하였으며, 하물며 그 시구의 뜻은 지극히 흉참합니다.[11] 그 심보를 궁구하여 보면 흉특하기 짝이 없는데, 생전에 현륙(顯戮)[12]을 시행하지 못했으니 이미 귀신과 사람의 분노가 격렬합니다. 오늘날 추토(追討)를 빨리 시행하는 것이 난적이 두려워하는 바가 될 것입니다. 김호를 대역률로 거행하소서."

하니, 상이 윤허하였다.

○ 박찬신을 국문하기를,

"너는 대려 훈신(帶礪勳臣)[13]으로 머리가 허옇게 센 나이가 되어, 임금이 무엇을 저버렸기에 역적과 더불어 결탁하여 치밀하게 모의하였느냐? 지난해 상주한 한 마디 말에서 이미 신하의 절의가 없는 줄 알았지만 말하지 않고 받아들였다. 지난날 체포되어 왔을 때에도 특별히 분간(分揀)하여 석방하였으니, 네가 조금이라도 도리를 지키는 마음이 있다면 그때 추문하는 자리에서 마땅히 눈물을 흘리면서 이 일에 대해 모두 아뢰었어야 하는데, 그 초사가 이미 교만하고 건방지기까지 하였다. 지금 윤상백의 공초는 서롱에서 얻은 것과는 비할 바가 아

• • • • •

11 하물며……흉참합니다 : 이보욱(李普昱)이 귀양 갈 때 준 시(詩)의 마지막 구절에 '어찌하여 천일이 다시 어두운가.[如何天日更昏昏]'라고 하였다. 《국역 영조실록 31년 3월 14일》

12 현륙(顯戮) : 죄인을 처형한 다음 그 시체를 여러 사람에게 보이는 것이다.

13 대려 훈신(帶礪勳臣) : 임금이 자손 대대로 변치 않고 대접하기를 맹세한 훈신이다. 한(漢)나라 고조(高祖)가 공신을 봉작(封爵)한 서사(誓辭)에 "황하가 띠와 같이 작아지고 태산이 숫돌과 같이 평평해지도록 나라에서 영구히 보존하리라."라고 맹세한 데에서 나왔다.

니다. 네가 평상시에 불만스러운 마음이 없었다면, 어찌 바람이 없는데 풍랑이 생기겠는가."

하였다. 다시 국문하기를,

"훈신은 사체가 여느 사람과 다르니, 충훈부에서 한가하게 마음을 기르면서 여생을 보내는 것이 도리상 당연하다. 그런데 이렇게 하지 않고 문밖에는 수레가 날마다 분잡하고 수작응대하는 일이 날로 불어났으니, 이는 이미 늙은 훈신이 처신하는 의리가 아니다. 옛날에 고윤(高允)은 임금을 속이지 않았다.[14] 하물며 네 처지가 어떠한데 여러 번 엄히 심문하여도 끝내 바로 아뢰지 않으니, 신하의 절의가 전혀 없다. 역적 윤지의 집에서 조보(朝報)를 빌린 것을 너는 전적으로 감추었는데 지금은 증거가 상세히 갖추어졌다. 이른바 조문하러 온 사람을 또한 직초(直招)한 자가 있으니, 그 사람은 어떤 사람이냐? 그리고 이른바 거촉(炬燭)을 행하(行下)했다는 자는 또한 어떤 사람이냐?"

하니, 박찬신이 공초하기를,

"신의 며느리 초상에 조문하러 왔다고 하는 자는 틀림없이 윤지의 사위인 홍가(洪哥)입니다. 홍가는 신과 삼종(三從)이 되며 며느리의 상에 과연 조문하러 왔습니다. 거촉을 행하하였는데 와서 구하는 자가 매우 많았으며 홍가 역시 틀림없이 얻어서 갔을 터이지만 기억할 수는 없습니다. 그리고 윤지의 집에서 조보를 빌린 것을 신의 종의 초사에서 비록 고지(告知)하였다고 하였지만 빌려주었다는 것은 실로 거

• • • • •

14 옛날에……않았다 : 후위 세조(後魏世祖) 때 최호(崔浩)가 국사(國史) 사건으로 멸족의 화를 당할 때 고윤(高允)도 함께 연좌되자, 당시 동궁(東宮)이던 공종(恭宗)이 그를 살리기 위하여, 국사를 최호 혼자서 만들었고 자신은 참여하지 않았다고 하라고 권유하였다. 그러나 고윤은 세조에게, 최호는 맡은 사무가 바빠 일을 관장하기만 하였고 자신이 더 많이 만들었다고 말하여, 세조로부터 직신(直臣)이라는 말을 듣고 풀려났다.《魏書 卷48 高允列傳》

짓말입니다. 윤상백은 신이 본래 알지 못하고 윤상백의 집에 거촉을 행하한 것은 사람을 시켜서 간접으로 청하였기에 보냈던 것입니다."

하였다. 그 공사가 군색하여 숨기는 것이 많아서 형추(刑推)하였다. 다시 국문하기를,

"조보를 보여 주는 것을 허락하였다는 것은 이미 탄로 났다. 윤상백이 와서 조문하였다는 것은 증좌가 다 갖추어졌는데 또한 직초하지 않고, 거촉을 행하하였다는 것은 비록 감히 속여서 숨기지는 못하나 간접적으로 청을 받아 행한 일이라고 가탁하니 또한 교악(巧惡)하기까지 하다. 이른바 증좌란 모두 너의 겸복(傔僕)인데, 홍익원(洪益源)이 고한 것으로 의심하여 상하가 모르는 홍익원을 스스로 토설하니, 이는 하늘이 밝아서 묻지 않아도 스스로 탄로 난 것이다."

하였다. 형을 가하고 다시 추문하였다.

전교하기를,

"죄인 박찬신은 대려 훈신으로 일찍이 장신(將臣)을 거치면서 나라의 후한 은혜를 받았는데도 오히려 부족하게 여기고 몇 해 전의 주대(奏對)에서 이미 신하로서의 절의가 없었는데, 감히 역적 윤지·윤광철과 결탁하여 친교를 맺고 몰래 역모를 도모한 정상을 역적 윤상백이 이미 낱낱이 직초하였다. 그런데도 장전(帳殿)에서 친히 국문할 때 자복하지 않고, 예사로이 조보를 빌려주고 거촉을 행한 일도 숨겼으며, 초사를 바칠 즈음에 언사가 사리에 어긋나고 거만스러웠다.

죄인 조동정(趙東鼎) 조동정의 일은 아래에 보인다. 은 아장(亞將)의 신분으로 손에 중병기를 쥐고서 윤광철과 더불어 음모를 꾸민 정상을 역적 윤상백이 이미 직초하였으니 이 또한 그와 관련된 정상이 탄로 난 것이다. 그리고 장전에서 시위(侍衛)할 때 당황한 모습으로 여러 죄수를 차마 바로 보지 못하고 불만스러운 마음을 그 얼굴에서 가리기 어려웠으니, 이미 수상하였다. 친히 국문하기에 이르러서는 말하기를

'병문(屛門)에서 이하징을 만났다.' 하고, 중신이 아뢰지 아니한 일을 스스로 말하기를 '친히 들었다.' 하고 여러 신하가 수작하지 아니한 일 또한 '눈으로 보았다.' 하여 행동이 어지러워 모든 사람의 눈을 가리기가 어렵다. 이뿐만이 아니다. 하교하지 않은 것을 또한 감히 '들었다'고 하니, 혼백이 흩어지고 거두어진 사람이 아니라면 결코 이처럼 하지 않을 것이다. 이것은 다름 아니라 밝은 하늘이 조동정의 넋을 거두어, 그가 스스로 직초하게 한 것이다. 하물며 들어가는 문은 본래 정해진 문이 있는데, 어떤 마음으로 북문으로 들어가서 친국할 때 토설하여 감히 일률(一律)을 청한단 말인가. 심기원(沈器遠)의 마음[15]이 아니라면 결코 이렇게 하지 않았으리라.

박찬신과 조동정을 무신년(1728, 영조4) 남태징(南泰徵)의 예와 같이 도감으로 하여금 궐문 밖에서 효시하게 하고자 하다가 조동정이 이미 반이나 자복하였기 때문에 따져 물으려고 하교하지 않았다. 지금 조동정이 이미 물고되었는데 박찬신이 만약 또 물고된다면 이 같은 사람을 법으로 처형하지 못할 터이니, 장차 어떻게 인심을 두렵게 하겠는가. 지금은 호위(扈衛)가 이미 철수하였으니, 박찬신을 훈국(訓局)으로 하여금 즉시 남문 밖에서 효시하도록 하라."

하였다.

○ 조동정을 국문하였다. 처음에 조동정이 총관으로 입시하였는데, 김주

•••••

15 심기원(沈器遠)의 마음 : 반역을 도모한 것을 말한다. 심기원은 인조 계해반정(1623)에 공을 세워 1등 공신이 되고 청원부원군(淸原府院君)에 봉해졌는데, 1644년(인조22) 종실인 회은군(懷恩君) 이덕인(李德仁)을 임금으로 추대하려고 모의하여 대궐 호위군 속에 심복들을 심어 두고 반역을 꾀하다가 부하의 밀고로 체포되어 사형당하였다. 《燃藜室記述 卷23 仁祖朝故事本末 癸亥靖社》《大東野乘 癸亥靖社錄》

천의 국문 장면을 보고 나아와 아뢰기를 "김주천은 본래 헛되고 어그러진 사람입니다."라고 하는 등 행동이 창황하여 사람들이 모두 괴이하게 여겼다. 이때에 이르러 윤상백이 고한 바로 인하여 국문을 받게 되었다. 형추하고 다시 추문하여 형을 가하니, 조동정이 공초하기를,

"신이 편론(偏論)하는 무관(武官)으로 당심(黨心)이 있었기 때문에 불만스러운 기색이 있었습니다. 신이 23일 입직하는 길에 역적 이하징을 만나 보았는데, 바야흐로 행형(行刑)하러 나가는 것이었습니다. 신이 대궐에 들어갔으나 진창 때문에 장전의 후문을 따라 시위하는 반열에 섰는데, 병조 판서 및 여러 문사 낭청이 신을 주시하고 있는 것이 이미 뜻이 있는 듯하였습니다. 그리고 도승지가 신에게 어느 날 출직(出直)하였느냐고 물었으며, 금위대장이 신에게 어느 곳에 서 있었느냐고 물은 것도 뜻이 있는 듯하였습니다. 약방 제조가 입직했을 때 잠시 보았다고 한 것과 승지가 훈국(訓局)은 여느 곳과 다르다고 운운한 것도 모두 신을 가리키는 듯하였기 때문에 과연 신이 이것으로 수작한 바가 있었습니다. 신이 만약 잘못 들었다면 필시 죽을 시기가 임박하여 스스로 의심하여 겁먹고 얼굴빛이 창황해진 것이니 성상의 하교와 같습니다."

하였다. 다시 묻기를,

"여러 신하가 아뢰지 않은 일과 수작하지 않은 말을 가지고 스스로 위축되고, 자신을 지목한 뜻이 있는 것으로 의심하였으니, 이 한 가지 일이 네 혐의에 대한 단안(斷案)인데 어찌 감히 속이려고 하는가."

하니, 조동정이 공초하기를,

"신이 뒷문으로 돌아 들어간 것은 곧 신의 죄이기에 저절로 다급하고 두려운 마음이 생겼습니다. 그리고 약방 제조가 진달한 바는 신이 잘못 들은 듯합니다만, 신이 저절로 의심이 생겨서 그랬던 것입니다. 금위대장이 들어와서 신에게 어디 있었느냐고 묻고 도승지가 지목하여

물었으며, 여러 문사 낭청도 모두 의심스럽게 보았기 때문에 마음이 동요되어 그리하였습니다. 작문(作門)한 곳이 바로 궁장(宮墻)인데도 신이 감히 넘어서 들어갔으니, 죄가 참형(斬刑)에 해당합니다."

하였다. 형신을 가하자 조금 있다가 물고되었다.

신경훈(申景勳)을 신문하였다. 신경훈은 바로 훈국의 장교로 조동정이 잡혀가던 날에 신경훈의 아비가 스스로 목을 매어 죽었기에 정절(情節)이 의심할 만하였으므로 신문한 것이다. 신경훈이 공초하기를,

"신은 본래 조동정을 알지 못하였는데, 2월 초에 조동정이 신을 불러 자신의 운명을 점쳐 보도록 하고 이어서 환로(宦路)를 물었습니다. 신이 남쪽이나 북쪽이나 불가한 데가 없다고 대답하였더니, 조동정이 말하기를 '통제사도 할 수 있겠는가?' 하기에 신이 할 수 있다고 대답하였습니다. 조동정이 또 말하기를 '대장, 병조 판서, 정승도 모두 할 수 있겠는가?' 하기에, 신이 못할 바가 없다고 대답하였습니다. 조동정이 또 말하기를 '훈련대장을 먼저 제거한 연후라야 그 일을 할 수 있다. 혹시라도 대가(大駕)가 움직이는 때를 만나 훈련대장이 장막(帳幕)에서 숙위(宿衛)할 때 네가 수청 집사(守廳執事)로서 때를 틈타 살해한다면 앞으로 자연히 좋은 기회가 있을 것이다.' 하기에, 신이 말하기를 '내가 막비(幕裨)로서 차마 하지 못하겠다.' 하였더니, 조동정이 말하기를 '이것은 천천히 해도 되니, 그사이에 어찌 적합한 사람을 얻지 못하겠는가.' 하였습니다. 조동정이 또 말하기를 '북병사(北兵使) 조동하(趙東夏)는 바로 나의 지친이며, 통제사 김윤(金潤)은 바로 나의 가까운 친구이다. 각기 남쪽과 북쪽에 있으니, 하나는 남쪽에서 오고 하나는 북쪽에서 오며 내가 또 안에서 호응한다면 일을 성공시킬 수 있을 것이다. 그리고 너는 응당 중군(中軍)으로 임명할 것이다.'라고 하였습니다."

하였다. 실정을 알면서 고발하지 않은 죄목으로 자복하여, 정형에 처하

였다.

삼사에서 아뢰기를,

"조동정의 역정(逆情)은 이미 역적 윤상백의 초사에서 드러났거니와, 그가 시위하는 때에 지레 먼저 의심하고 겁을 내어 소란스럽게 실수한 정황은 그가 또 친국하는 자리에서 하나하나 자복하였으니, 이것이 벌써 그의 죄의 단안이 되기에 충분합니다. 다만 음흉하게 속이고 숨겼다 실토했다 하여 성심껏 공초하지 않다가 갑자기 물고되는 바람에 전형을 바로잡지 못하였기에 왕장(王章)이 펴지지 못하여 많은 사람의 분노가 더욱 커졌습니다. 신경훈의 초사가 나오자 그가 체결하고 배포(排布)하며 몰래 역모를 꾀한 자취가 더욱더 낭자하게 남김없이 드러났으니, 당연히 시행해야 할 형률을 한시라도 늦출 수 없습니다. 역적 조동정을 빨리 왕부(王府)에 명하여 대역률에 의거하여 거행하게 하소서."

하니, 상이 윤허하였다.

○ 조동하를 국문하였다. 조동하가 공초할 적에 '편론(偏論)'이라는 글자가 있어, 형신하라고 명하고 다시 국문하기를,

"첫 번째와 두 번째 초사에 끝내 직초하지 아니하니 이미 매우 놀랍다. 지금 남에는 김윤이 있고 북에는 조동하가 있어 서로 거병하기로 약속하고 역적 조동정이 내응하기로 모역한 정황이 이미 드러났다. 역적 조동정에게 이미 역률을 시행하였으니 네가 비록 음참하다 하더라도 지금 어찌 감히 속이겠느냐."

하니, 조동하가 공초하기를,

"신은 늘 조동정이 하는 일을 불편하게 여겼습니다."

하고, 또 공초 가운데 국가가 충량(忠良)을 그릇되게 죽인다는 말이 있었으므로, 형신을 가하고 다시 추국하였다. 의금부에서 추국하여 다시

묻기를,

"네가 윤광철과 더불어 결탁하여 난만하게 음모를 도모한 정황이 이미 윤상백의 초사에 자세히 나와 있고, 북쪽에 조동하가 있어 일을 도모한다는 말이 조동정의 입에서 나왔고 신경훈의 공초에도 나왔다. 또 박찬신의 종의 초사에서 보면, 네가 박찬신을 찾아가 만나 보고 서로 수작하였으니, 예전부터 해 온 일임을 알 수 있고, 감히 충량을 그릇 죽인다는 말을 방자하게 입에서 낸 것은 너무나도 흉악하고 어그러진 것이다."

하였다. 형신을 가하니 얼마 있다 물고되었다. 사헌부에서 처자를 노비로 삼고 가산을 적몰하기를 청하여 아뢰었다.

○ 민후기(閔厚基)를 국문하였다. 형추하니, 민후기가 공초하기를,

"신이 홍덕 현감(興德縣監)이 되어[16] 성당창(聖堂倉)[17]에 갔을 때 윤상백이 와서 만났습니다. 그 뒤에 또 성당창에 가서 전후로 모두 세 번 윤상백을 만났고, 윤상백과 신이 함께 역변을 모의하였습니다. 윤상백이 말하기를 '팔도가 모두 일어났으니 너 또한 들어와야 한다.' 하고, 또 '너 또한 장정(壯丁) 50명을 모집하면 할 수 있다.' 하기에, 신 또한 모집하겠다고 답하였습니다. 보름이 지난 뒤에 윤상백이 또 와서 말하기를 '지금은 사기(事機)가 조금 늦추어져서 급히 도모할 수 없다.' 하였습니다. 그리고 그 뒤에 일이 발각되었으므로 그 또한 다시 말하지 않았습니다. 이것이 임자년(1732, 영조8), 계축년(1733) 연간

•••••

16 홍덕 현감(興德縣監)이 되어 : 민후기(閔厚基)는 1727년(영조3) 10월 홍덕 현감에 제수되었고, 1729년까지 재임한 기록이 보인다.《承政院日記 英祖 3年 10月 27日, 5年 4月 29日》

17 성당창(聖堂倉) : 전라도 함열(咸悅)에 설치된 관창(官倉)으로 남원 등 7개 읍의 전세미(田稅米)를 수합하여 조운(漕運)을 담당하였다.

에 수작한 것입니다."
하였다. 얼마 뒤에 민후기가 물고되니, 사간원에서 달사(達辭)[18]를 올려 역모에 동참한 형률로 거행하기를 청하였다.

○ 이수범(李修範) 이사상(李師尙)의 손자이다. 을 국문하였다. 형추하니, 이수범이 공초하기를,

"재작년에 윤광철이 와서 신을 만나 말하기를 '아비가 귀양살이한 지 30년이 되어 견딜 수 없으므로 변통하는 방법을 쓰고자 한다.' 하였습니다. 신이 어떻게 변통하려고 하는가를 물었더니, 윤광철이 말하기를 '나주의 이웃 고을에는 서로 아는 사람이 많아 모두들 나의 영향권 안에 들어 있으니, 만일 서로 응할 뜻이 있으면 당연히 글로 서로 통할 것이다.' 하였습니다. 윤광철은 서울 친구가 신보다 갑절이 많았고, 이광사(李匡師) 국문을 당하고 연좌율로 정배되었다. 와는 막역한 교분을 맺었습니다. 청주에도 역시 친구 10여 인이 있는데, 윤희철(尹希哲)과 그의 사돈이 주장하여 수합(收合)하니 염려할 것이 없다고 하였습니다."

하였다. 여러 번 형신을 가하자 이윽고 물고되었다.

○ 김윤을 국문하였다. 김윤은 통제사로서 역적의 초사에 긴밀히 나오므로 누차 형신을 가하니, 장을 맞다가 죽었다. 김윤의 아들 김주태(金柱泰)는 장을 맞고 정배되었다. 사헌부에서 달사를 올려 김윤의 처자를 노비로 삼고 가산을 적몰하기를 청하였다.

• • • • •

18 달사(達辭) : 왕에게 아뢰는 계사(啓辭)와 구분하여, 대리청정을 하는 세제나 세자, 혹은 세손에게 아뢰는 것을 말한다. 1749년(영조25) 영조가 당시 세자에게 대리청정을 명하였다. 《국역 영조실록 25년 1월 23일》

○ 5월. 토역 경과(討逆慶科)[19]를 설행하였다. 상이 춘당대(春塘臺)에 친림하여 시사(試士)하였는데, 한 시권(試券)을 보니, 처음에 과부(科賦)를 짓는 체하다 그 아래 두어 칸에 가는 글씨로 써 놓은 내용이 모조리 난언(亂言) 패설(悖說)이었다. 고관(考官)이 나아가 일의 실상을 아뢰자 상이 명하여 탁봉(坼封)[20]하게 하니, 바로 심정연(沈鼎衍) 무신년(1728, 영조4)에 장을 맞다가 죽은 죄인 심성연(沈成衍)의 아우이다. 이었다. 이에 상이 명하여 즉시 찾아내 잡아서 대령하도록 하였다. 이윽고 또 위소(衛所) 하리(下吏)가 시권을 작축(作軸)할 때에 한 시험지를 보니, 과제(科題)를 쓰지 않고 첫 행에 '상변서(上變書)'라 하였는데 그 이름은 없었다. 하리가 부장(部將)에게 주고 부장이 병조 판서 홍상한(洪象漢)에게 주니, 홍상한이 크게 놀라서 급히 달려가 고하고 올렸다. 상이 보다가 미처 다 보기 전에 책상을 치며 눈물을 흘렸다. 이에 대신이 그 대략을 듣기를 청하니, 상이 이르기를,

> "종이 가득하게 장황한 말이 음참하고 불측하여 차마 바로 볼 수 없을 뿐만 아니라 마음이 무너져 내리는 듯하다. 방자하게 휘(諱)를 쓰기까지 했으니 말해 무엇 하겠는가."

하였다. '상람(上覽)'부터 '설야(說也)'까지[21]는 상이 불러서 쓰게 한 것이다.[22]

• • • • •

19 토역 경과(討逆慶科) : 역적을 토평(討平)한 후에 설행하는 과거이다. 별시(別試) 혹은 정시(庭試)로 설행하였는데, 이때에는 정시로 설행하였다. 《국역 영조실록 31년 5월 2일》

20 탁봉(坼封) : 시권(試券)의 오른편 끝 근봉(謹封) 부분, 즉 시권에 성명 등을 써서 종이를 접어 풀로 붙여 봉미(封彌)한 부분을 열어 보는 것이다.

21 상람(上覽)부터 설야(說也)까지 : '상이 보다가…… 무엇 하겠는가.'에 해당하는 '上覽未訖, 拍案流涕. 大臣請聞其略, 上曰:「滿紙張皇, 陰慘叵測, 非但不忍正視, 心若隕墜. 肆然書諱, 何足說也.」'이다.

22 상이……것이다 : 《천의소감》의 찬수 당상(纂修堂上) 등을 인견하고 편차한 내용을 상의하는 중에 심정연의 옥사의 내용을 기술하는 문제를 거론한 데 대해 상이 불러 쓰게 한 것이다. 《承政院日記 英祖 31年 7月 25日》

여러 신하가 유시를 듣고 그 지극히 패려하고 흉악한 내용이 있는 줄 알고는 모두 죽고 싶을 정도로 분통해하였으나, 이미 그 이름을 숨겼으므로 잡아내기 어려웠다. 상이 홍상한 및 삼군문(三軍門) 대장 김성응(金聖應), 홍봉한(洪鳳漢), 구선행(具善行) 등에게 명하여 즉시 기포(譏捕)하도록 하였다. 홍상한 등이 연석에서 심정연이 의심스럽다고 아뢰니, 상이 이르기를,

"그 흉서가 시권 말단에 쓴 것과 말뜻이 대부분 서로 같으니, 이것이 참으로 의심스럽다."

하고, 즉시 친국하였다.

○ 심정연을 국문하기를,

"친림하여 시사(試士)하는 것이 사체(事體)가 얼마나 막중한가. 그런데 응제(應製)하는 글 외에 감히 덧붙여 써서 바쳐서 남몰래 협잡질을 하였으니, 이것만으로도 무엄하거니와, 너의 형은 심성연, 심익연(沈益衍)이니, 네가 이번에 저지른 행위는 더욱 비통하고 놀랍다."

하니, 심정연이 공초하기를,

"이는 바로 신이 평생 품어 온 생각이므로 과장(科場)에 들어가기 전에 이미 써 놓은 것입니다. 황진기(黃鎭紀)가 도망하여 잡지 못하였는데, 만일 분명한 간첩(簡牒)이 있으면 잡을 것이므로[23] 운운한 것입니다."

•••••

23 황진기(黃鎭紀)가……것이므로 : 황진기는 1728년(영조4)에 일어난 무신란(戊申亂) 때 역모에 가담한 인물이다. 당시 선전관(宣傳官)으로서 이명언(李明彦) 부자와 함께 밀서(密書)를 넣고 꿰맨 호복(胡服)을 입고 역모를 도모하였는데, 거사가 사전에 발각되면서 청나라로 도망하여, 오랫동안 추포하려 했으나 끝내 행적을 찾지 못하였다. 간첩은 《승정원일기》 영조 4년 8월 21일 기사에, 황진기를 추포하는 일을 논의한 내용 가운데 임금이 "듣건대 그는 다른 나라 사람과 서신을 왕래한 일이 있다고 하니[聞其與他國人作書之事]"라고 한 것과 관련 있어 보이나 불분명하다.

하였다. 형추한 뒤에 다시 추문하니, 심정연이 공초하기를,

"《금산사창업연기(金山寺創業宴記)》[24]는 다만 언해본만 보았습니다. 칙사(勅使)가 오면 접대하는 곳은 모화관(慕華館)과 홍제원(弘濟院)이 있기 때문에 남별궁(南別宮)은 즉시 대답하지 못하였습니다. 흉서의 내용이 《창업연기》와 비슷하고, 또 남별궁을 들어 말하였다. 따라서 처음에, 그가 일찍이 이 기문(記文)을 보았는지와 칙사를 어느 곳에서 접대하는지를 물었는데, 공초에서, 그 기문은 본적이 있다고 말하였으나 남별궁에 대해서는 거론하지 않았다. 이에 정상이 더욱 극도로 의심스러웠으므로 재차 국문하였는데 공초한 것이 이와 같았다. 신이 두려워 겁먹은 형상을 보인 것은 갑자기 익명으로 투서(投書)한 일을 듣고는 심담이 떨려 자연 이렇게 된 것입니다."

하였다. 다시 추문하고 형을 가하니, 심정연이 공초하기를,

"익명서는 과연 신이 만들었으니, 그 가운데 두어 사람은 바로 신의 원수입니다. 신은 심성연, 심익연의 아우로서 나라를 원망하는 마음이 있었습니다. 그러므로 훈척(勳戚)인 사람과 상께서 총애하는 신하를 모두 미워하여 먼저 제거하고자 하여 이러한 음참하고 망측한 계책을 낸 것입니다. 신이 역적 윤지의 친척인 윤혜(尹惠) 윤취상(尹就商)의 아우 윤오상(尹五商)의 계자(繼子)인 윤근(尹懃)의 아우이다. 와 동모하였으니, 윤혜는 바로 춘천(春川) 사람 유명두(柳明斗)의 사위입니다. 역적 김일경의 종손(從孫) 도(道) 바로 김도성(金道成)이다. 가 와주(窩主)가 되어 윤혜와 함께 이 글을 써서 신에게 주어 올리게 하였습니다. 신이

24 금산사창업연기(金山寺創業宴記) : 작자, 연대 미상의 한문소설이다. 《금화사몽유록(金華寺夢遊錄)》, 《금화사기(金華寺記)》 등 여러 제목의 이본(異本)이 있다. 몽유록(夢遊錄) 계열의 소설로서, 중국의 역대 창업 군주인 한 고조(漢高祖), 당 태종(唐太宗), 송 태조(宋太祖), 명 태조(明太祖), 그리고 함께 온 문무 제신 장량(張良), 위징(魏徵), 조보(趙普), 유기(劉基) 등이 금산사에 모여 연회를 열고 역사 사실에 대한 논쟁과 변론을 벌이는 내용으로 구성되어 있다.

역모하고자 하여 이미 익명서를 올리고, 또 신의 이름으로 경륜(經綸)을 써서 올려[25] 익명서의 형적을 감추고자 한 것입니다. 역적 김일경의 종손 가운데 또 성명을 바꾸고 중이 된 자[26]가 있습니다. 또 사기(事機)가 시급한 것이 있었으니, 윤혜가 막 군사를 모아 춘천에서 역모를 하려던 참이었습니다."

하였다.

그 결안(結案) 초사(招辭)에 말하기를,

"과장이 열리기 전에 글을 지어 도동(桃洞)에서 썼습니다."

하고, 또 말하기를,

"훈척과 상의 총애를 받는 신하를 제거하고자 하여 이 사람들을 무고하였습니다."

하고, 또 말하기를,

"음참하여 차마 하지 못할 말을 하고 위를 향해 망측한 계책을 내었으니, 신의 흉측한 심보가 탄로 났습니다. 대역부도(大逆不道)의 죄목으로 자복합니다."

하였다. 금오 당상이 상의 하교를 받들어 숭례문 밖, 무신년에 헌부수괵례(獻俘受馘禮)를 거행한 곳[27]에서 형 집행을 감독하고, 법대로 처자를

• • • • •

25 경륜(經綸)을 써서 올려 : 심정연이 과제(科題)에 따라 경륜의 글을 지어 시권(試券)을 올린 것을 말한다.

26 김일경의……자 : 김일경의 종손 가운데 중이 된 자는 미상이다. 김일경의 조카로 승려가 된 자는 별명이 팽로(彭老)이고, 법명은 창규(暢奎)인데, 이때 체포되어 국문을 받고 효시되었다. 《국역 영조실록 31년 5월 20일》《推案及鞫案 卷21, 韓國學文獻硏究所編, 1979》

27 무신년에……곳 : 숭례문 문루를 말한다. 헌부수괵례는 죄인의 수급(首級)을 왕이 받는 의식으로, 헌괵례(獻馘禮)라고도 한다. 무신년(1728, 영조4) 변란을 평정한 뒤에 사도 도순무사(四道都巡撫使) 오명항(吳命恒)이 숭례문 문루에서 변란의 주모자인 이웅보(李熊輔), 정희량(鄭希亮), 나숭곤(羅崇坤)의 수급을 영조에게 바쳤다. 《국역 영조실록 4년 4월 19일》

노비로 삼고 가산을 적몰하였다.

심정연은 심성연, 심익연의 아우로서 항상 나라를 원망하는 마음을 품고 신치운, 윤혜, 김도성 등과 모의하여 흉서를 지어 난권(亂券) 가운데에 던져 넣고 또 과제(科題)를 지어 시권을 올려 투서한 형적을 감추고자 하였다. 그런데 그 일이 발각되어 국문을 당하자, 흉모와 역절이 낭자하게 탄로 났으니, 아! 통분하다. 사람이라면 누군들 그의 살점을 먹고 싶어 하지 않겠는가. 세상 사람들이 항상 말하기를 '이치에 믿을 수 없는 것이 있다.' 하지만, 이제 심정연의 일로 보건대, 천도(天道)를 더욱 징험할 수가 있다. 처음 심정연이 투서할 때 스스로 말하기를 '귀신도 알지 못하고 천지도 속일 수 있다.' 하였는데, 발꿈치를 돌리기도 전에 국옥(鞫獄)에 잡혀와 역모한 정절을 자백하여 흉역이 다 드러나 몸이 부질(斧鑕)에 죽고 죄가 처자에게 미쳤으니, 이것이 하늘의 이치가 아니겠는가. 옛 성현이 하늘을 매우 자세히 논하여 '밝고 밝은 하늘이 위에서 내려다보고 옆에서 듣고 있다.'라고 하였으니, 이는 대개 하늘과 사람의 이치를 통찰하여 그렇게 말한 것이다. 하물며 흉역의 무리들처럼 천하에 더할 수 없이 이치를 거스르고 윤리를 업신여긴 자들이겠는가. 비록 아무도 모르는 곳에서 모의한 계책이 지극히 비밀스럽다 하나, 어둡고 아득한 중에도 어찌 귀신이 미워하여 깨닫지 못하는 사이에 도거(刀鉅)와 정확(鼎鑊)[28]에 몰아넣은 것이 아니겠는가. 이런 이치는 매우 분명하여 고금에 어긋난 적이 없으니, 세상의 모든 얼신(孼臣), 난적(亂賊)은 또한 두려운 줄을 알아야 할 것이다.

• • • • •

28 도거(刀鉅)와 정확(鼎鑊) : 죄수에게 형벌을 가하거나 사형을 행할 때 쓰는 형구이다. 도(刀)는 궁형(宮刑)에 쓰는 칼이고, 거(鋸)는 월형(刖刑)에 쓰는 톱이고, 정확은 사람을 삶는 가마솥이다.

○ 윤혜(尹惠)를 형신하였다. 그 수탐(搜探)한 문서 가운데 일기책이 있었는데, 거기 기록된 내용이 성상을 범한 매우 패려한 일이었다. 상이 즉시 숭례문 문루에 친림하여 다시 추문하고 형신을 가하니, 윤혜가 공초하기를,

"흉서는 심정연이 짓고 신이 썼습니다."

하고 대역부도의 죄목으로 자복하였다. 이에 상이 명하여 백관을 차례로 서도록 하고, 훈국으로 하여금 효시하도록 하였다. 이어 헌부수괵례를 행하고, 법대로 처자를 노비로 삼고 가산을 적몰하였다. 윤혜의 형 윤근(尹懃), 윤억(尹憶)[29] 및 윤취상의 서종자(庶從子) 윤경(尹憼)도 국문을 당하던 중에 장을 맞다가 죽었다.

○ 강몽협(姜夢協)을 형신하고, 이어 백육창(白六昌), 백육창은 바로 심정연의 식주인(食主人)[30]이다. 유봉린(柳鳳麟)과 면질시켰는데, 말이 많이 궁색하였다. 유봉린이 말하기를,

"강몽협이 심정연과 서로 친하여 자주 왕래하며 반역을 함께 모의하였습니다. 심정연은 장(將)이 되고 강몽협은 부장(副將)이 되어 거사를 모의하여 사막동(沙幕洞)에서 소를 잡고 군사를 일으켜 서울로 향하려는 속셈으로 60여 인을 모아 배에 싣고 가려고 한다고 하였습니다."

하였다. 형신을 가하니, 강몽협이 공초하기를,

"심정연과 윤혜가 나라를 원망하여 반역을 하였는데 신이 이렇게 나

29 윤억(尹憶) : 《천의소감언해》에는 '憶'의 음이 '겸'(필사본 奎2214)과 '념'(목판본 奎3233)으로 혼용되어 있는데, 근거가 불명하여 자전(字典)의 음을 따랐다.

30 식주인(食主人) : 객지에 나와 있는 사람에게 숙박이나 음식을 제공하는 사람 혹은 숙식하는 집의 주인을 일컫는다.

라를 원망하는 놈들과 서로 친하여 흉언에 참여하였으니, 이는 신이 죽을죄를 지은 것입니다. 이미 소를 잡아 군사를 먹이고, 화적(火賊)이 되어 춘천부(春川府)를 공격해서 군기를 가져오려고 했습니다. 흉서의 첫머리는 신이 '상서우(上書于)' 세 글자만 기억하고 있습니다."

하였다. 형신을 가하니, 강몽협이 공초하기를,

"신이 심정연, 윤혜 등과 함께 치밀하게 서로 결탁하고 함께 흉모를 하였고, 또 흉서에 참여하였습니다."

하고 대역에 동참한 죄목으로 자복하여, 정형(正刑)에 처하고, 법대로 처자를 노비로 삼고 가산을 적몰하였다. 강몽협의 아들 강학수(姜鶴壽) 역시 심정연과 함께 장옥(場屋)에 들어갔기 때문에 국문을 당하던 중에 장을 맞다가 죽었다. 공초에서, 항상 심정연이 나라를 원망하는 말을 하는 것을 들었다고 하였다. 강몽협의 종제(從弟) 강몽상(姜夢相) 역시 대역에 동참한 죄목으로 자복하여, 정형에 처하였다.

○ 유명두(柳明斗)를 형신하니, 유명두가 공초하기를,

"윤혜와 심정연이 함께 역모하였고, 이하징과 윤지도 함께 들어갔는데, 신의 아들은 윤혜가 끌어들이고자 하였습니다."

하였다. 다시 추문하니, 유명두가 공초하기를,

"이하징이 남쪽 지방의 수령이 되어 윤지와 함께 군사를 이끌고 올라오고자 하였으며 양식과 군기는 나주에서 가져다 쓴다고 하였습니다. 이하징이 전에 춘천에서 지낸 적이 있기 때문에 춘천 사람들은 모르는 이가 없었습니다."

하였다. 형신을 가하니, 유명두가 공초하기를,

"심정연이 윤혜와 함께 흉서를 만들었는데, 심정연이 글을 짓고 윤혜가 썼다고 합니다. 심정연과 윤혜가 항상 말하기를 '이 세상에 태어나 벼슬도 하지 못하면 살아서 또 무엇 하겠는가.' 하였는데, 이번 과거에 심정연이 흉서를 던져서 그 마음을 드러낸 것입니다."

하였다. 또 형신을 가하니, 이윽고 물고되었다. 유명두의 아들 유봉린(柳鳳麟)은 실정을 알고도 고하지 않은 죄로 자복하여, 정형에 처하였다.

○ 김도성(金道成)을 형신하니, 김도성이 공초하기를,

"신은 심정연과 서로 아는 사이로, 흉서를 함께 만들었습니다. 흉서 가운데 제일 부도(不道)한 말은 신에게서 나왔으니 신이 실로 주장한 것입니다. 심정연의 시권(試券)에 이르러서는 올봄 동가(動駕)하실 때 심정연이 이것을 가지고 상소하려다가 못 하고, 이번 과거에서 비로소 시권에 써서 올린 것입니다."

하였다. 형신을 가하니, 김도성이 공초하기를,

"흉서 가운데 조정을 무함한 말이 많은데, 그 초본은 신이, 심정연이 우거(寓居)하는 두다리목〔二橋項〕[31]의 여관 주인집에서 보았고, 신이 흉서 중간에 더 써넣은 것도 있습니다. 심정연은 신이 역적 집안의 사람이기 때문에[32] 와서 말한 것입니다. 또 신치운(申致雲)과도 함께하였으니, 대개 심정연은 의기가 있으므로 주장하였고, 신치운은 비록 글을 짓지 않았으나 서로 함께 의논하였습니다. 신은 갑진년(1724, 경종4) 이전부터 신치운과 서로 알았습니다. 윤혜 또한 흉서를 다 알고 있었습니다. 흉서를 2월 동가하실 때 상언(上言) 중에 올리려고 하다가 윤지의 일이 나는 바람에 못 하였습니다. 흉서의 일을 함께 하였으니, 대역죄로 자복합니다."

• • • • •

31 두다리목〔二橋項〕: 두다리는 연근동(蓮根洞)에 있는 연지동교(蓮池洞橋)를 민간에서 부르는 이름이다.《新增東國輿地勝覽 漢城府 關梁》 두다리목은 두다리 길목에 있는 동네를 뜻한다.

32 신이……때문에 : 김도성은 김일경(金一鏡)의 종손(從孫)이다.

하여, 정형에 처하고, 법대로 처자를 노비로 삼고 가산을 적몰하였다.

○ 상이 역적 윤혜의 죄상이 다른 역적들과 다르다 하여, 즉시 종묘에 고하고 교서를 반포하는 일을 거행하도록 명하였다.

○ 김인제(金寅濟) 역적 김일경의 조카이다. 를 국문하였다. 김인제가 공초하기를,

"대대로 교분이 있는 집안이므로 합동(蛤洞)에 사는 이대운(李大運)과 양천(陽川)에 사는 여광학(呂光學)과는 지금까지 서로 친하게 지내면서 자(字)를 부르며 너나들이하는 사이입니다. 이대운은 바로 이준(李埈)의 아들입니다. 이대운은 연좌되어 교형(絞刑)에 처해졌다. 신이 귀양 갈 때[33] 이준 부자가 와서 보고는 말하기를 '처음에는 출계(出繼)하였으므로 해당되는 율을 시행하지 않았는데[34] 이제 비로소 연좌시키니, 이는 법 밖의 일이다.'라고 하고, 여광학은 신이 불쌍하다고 말하였습니다."

하였다. 형추하니, 김인제가 공초하기를,

"신이 귀양 갈 때 여광학이 말하기를 '너희 사촌 형제 4, 5인만 겨우 남아 있다가 이제 정배되었으니 김가(金哥)는 망한 것이다. 어찌 불쌍하지 않은가.'라고 하였습니다. 이준은 항상 역적 김일경을 아동(丫

•••••

33 신이 귀양 갈 때 : 1755년(영조31) 4월 18일에, 김일경의 조카인 김용경(金龍鏡)의 아들 김홍제(金弘濟) 및 서자 김동이(金同伊), 김구경(金九鏡)의 아들 김팽명(金彭命), 김요경(金堯鏡)의 아들 김유제(金有濟)·김인제(金寅濟) 및 서자 김대재(金大再) 등 6인을 탐라의 세 읍에 나누어 정배하라는 명이 있었다.《국역 영조실록 31년 4월 18일》

34 처음에는……않았는데 : 김일경이 숙부인 생원 김여중(金呂重)에게 출계하였으므로 1724년(영조1) 김일경이 복주될 때 본생 조카인 김유제, 김인제 등은 연좌율을 받지 않았다.

洞)[35]이라고 불렀습니다."

하였다. 다시 추문하니, 김인제가 공초하기를,

"신이 귀양 갈 때 이준이 편지 하나를 써서 신의 형에게 전하도록 하였기 때문에 과연 가지고 갔습니다. 이준이 꼭두새벽에 말을 세내어 와서는 작별하며 신에게 말하기를 '너희들은 애매하게 정배된 것이다.' 하였습니다. 또 듣건대, 이준이 여선여(呂善餘)에게 말하기를 '이번에 소하(疏下)의 여러 역적을 적몰한 것[36]은 너무 지나치다.' 하고 나라를 원망하는 말을 많이 하였으며, 발계(發啓)한 여러 신하에 이르러서는 죽일 만하다고 욕하였다고 합니다. 원망을 개의치 않고 등용해야 한다는 말은 이준이 했습니다."

하였다. 연이어 형을 시행하니, 김인제가 승복하는 초사에 말하기를,

"나라에서 신의 집안을 이 지경에 이르게 하였기 때문에 신이 항상 나라를 원망하는 마음을 품어 이준 등과 함께 교분을 맺고 왕래하면서 나라를 원망하는 말을 많이 하고 함께 반역을 모의하였습니다. 처음에는 이하징(李夏徵)과 함께 일을 하고자 하였는데, 이하징이 법에 따라 복주(伏誅)되어 미처 계책을 이루지 못하였습니다. 그리고 신은

•••••

35 아동(丫洞) : 언해본에는 '丫'의 음이 '차'로 되어 있는데, 《국역 영조실록》 1년 7월 21일 기사에 의거하면 김일경이 당시 아계동(丫溪洞)에 살았고, 그의 호가 아계인 점을 참고하여 자전(字典)의 음대로 번역하였다.

36 소하(疏下)의……것 : 소하의 여러 역적은 1721년(경종1) 김일경이 노론 사대신(老論四大臣) 즉 김창집(金昌集)·이이명(李頤命)·이건명(李健命)·조태채(趙泰采)를 공척(攻斥)하는 상소를 올릴 때 상소에 함께 참여한 이진유(李眞儒), 이명의(李明誼), 정해(鄭楷), 윤성시(尹聖時), 서종하(徐宗廈)이다. 이해 3월 윤지의 괘서 사건을 마무리하면서 영조는 대신, 삼사의 계사와 진신(搢紳)의 연명 상소 등에 대한 비답으로 윤취상, 이사상과 역적 김일경 소하의 역적 및 유봉휘, 조태구를 아울러 역률을 추가해서 시행하라는 하교를 내렸다. 이 내용은 토역 고유제(討逆告由祭)를 설행할 때 아울러 반포한 친제 교문(親製敎文)에 들어 있다. 《국역 영조실록 31년 3월 2일, 5일》

비록 친구가 적지만 이준(李埈)은 친구가 많기 때문에 신이 이준과 함께 모의하여 8월 안에 군사를 일으켜 대궐을 범하기로 약속하였는데, 이준이 말하기를 '나는 매양 신치운 집에 가서 함께 역모한다.'라고 하였습니다.

신이 역적 김일경의 조카라는 이유로 섬에 유배되자 이준이 신을 만나러 와서 함께 수작하였는데, 말하기를 '이번의 처분은 바로 법을 벗어난 것이다.' 하고, 또 말하기를 '자연히 방환(放還)될 때가 있을 것이다.'라고 하였으니, 이 말들은 모두 음흉하고 불측한 마음에서 나온 것입니다."

하고 모역에 동참한 죄목으로 자복하여, 정형에 처하고, 법대로 처자를 노비로 삼고 가산을 적몰하였다.

○ 이준을 형신하고, 다시 추문하기를,

"이번 대처분 뒤에 역적 김일경의 종자(種子)에게 비록 역적 이괄(李适)에게 적용한 율을 시행하더라도 누가 지나치다고 하겠는가. 그런데 감히 법을 벗어났다고 하였다. 무신년(1728, 영조4) 이후 여러 역적의 은밀한 계모가 강도(强盜)를 모집하는 따위에 불과했는데, 서롱(書籠) 중에 강도 방언(方言)이라는 것이 있으니, 제목은 더욱 불측한 것이었다. 포착한 장물이 이렇게 낭자하니 너 말고 누구를 국문하겠는가."

하니, 이준이 공초하기를,

"김인제는 어렸을 적부터 기르다시피 하였으므로 유배를 떠날 때에 신이 가 보았습니다. 역적 종자와 함께 서로 사귄 죄목으로 자복합니다. 이 편지는 신이 김인제의 형에게 보낸 것인데, '말하지 않은 중에……' 한 말은 우연히 썼습니다."

하였다.

형신을 가하니, 직초하여, 결안을 받은 뒤에 전교하기를,

"죄인 이준은 감히 역적 김일경의 조카이자 김요경(金堯鏡)의 아들인 자를 골육과 다름없이 양육하고 친밀히 대하였다. 응당한 연좌율에 따라 정배될 적에 방자하게 위문하여 '법을 벗어났다'고 하고 또 '자연히 방환할 때가 있을 것'이라고 하였으며, 김요경의 아들 김유제(金有濟)에게는 편지로 위문하되 그 가운데 '말하지 않은 중에〔不言中〕'라는 석 자는 말뜻만 불측할 뿐 아니라 '자연히 방환될 때가 있을 것〔自有放時〕'이라는 넉 자와 함께 말의 맥락이 상통한다. 또한 이번 대처분 뒤에 유봉휘와 조태구 및 소하의 역적에게 역률을 추시(追施)한 것에 불만을 품고 여선여의 무리와 방자하게 수작한 정상을 김인제와 여선여가 이미 낱낱이 직초하였고, 면질할 때에도 감히 스스로 감추지 못하여 그 역시 자복한다는 다짐(侤音 공사(供辭))을 하였다. 그리고 그 책롱의 책자 가운데 강도 방언이라는 것은 더욱 음참(陰慘)하다. 이러할 때 제방(隄防)을 엄히 하고 의리를 엄히 하며 국법을 엄히 하는 도리로 보아 이미 받은 결안으로만 처치할 수 없다. 부대시율(不待時律)에 따라 전지(傳旨)로써 속히 정형에 처하여, 해동(海東)의 신하로 하여금 모두 나라에 임금이 있고 신하가 있는 줄을 알게 하라."

하였다. 또 전교하기를,

"해당 정법(正法) 죄인 이준은 비록 본 사건의 일로 말해도 마땅히 역률을 시행해야 할 것이나 참작하여 단지 역적을 옹호한 데 대한 율만 시행하게 하였다. 그런데 지금 역적 이전(李佺)의 망측하고 부도한 말로 보건대, 그 역적은 이준이니, 해당 부(府)로 하여금 속히 대역률로 시행하게 하라."

하였다. 이전의 일은 아래에 보인다.

○ 이전을 국문하였다. 이전이 공초하기를,

"신이 과연 이준과 서로 친하였는데, 이준은 항상 편론(偏論)이 심히

준험하였습니다. 여광학도 과연 알고 있었고, 여선여는 날마다 이준의 집을 왕래하였으므로 또한 만났습니다. 여가(呂哥)가 왕래할 때에 이준이 매양 나라를 원망하는 말을 하였고, 신 또한 마찬가지로 나라를 원망하여, 조정의 동정과 정사를 매양 함께 비방하고 논의하였습니다. 이것으로써 자복합니다."

하고, 이어서 망측하고 부도한 말을 하니, 형신한 뒤에 전교하기를,

"죄인 이전은 장전(帳殿)에서 친히 국문할 때 망측하고 부도한 말을 함부로 하였으니, 병판으로 하여금 우선 남문(南門 숭례문) 밖에서 효시하고, 사지(四肢)를 자르는 것과 역률을 시행하는 것은 역적 윤혜(尹惠)의 예[37]와 동일하게 거행하게 하라."

하였다.

○ 여선여를 국문하였다. 여선여가 공초하기를,

"신의 처가가 근동(芹洞)에 있고 역적 김일경의 조카가 근처에 있어서 서로 알았으니 죄가 마땅히 죽을 만합니다. 이대운(李大運)도 진작부터 서로 알고 있었습니다."

하였다. 다시 추문하니, 여선여가 공초하기를,

"이준이 조륜(趙倫) 국문을 당하다가 지레 죽었으므로 역률을 추시하였다. 과 서로 친하고, 이우(李遇) 이전(李佺)의 초명(初名)이다. 는 이준과 친밀하게 왕래하며 귓속말로 세상의 소문을 은밀히 전하였습니다."

하였다.

형추한 뒤에 여선여와 이준을 면질시켰는데, 이준이 말하기를,

37 윤혜(尹惠)의 예 : 윤혜가 대역부도(大逆不道)의 죄를 시인하자 윤혜를 처형하고 수급(首級)을 깃대 끝에다 매달도록 명하여 백관에게 여러 차례 조리돌리게 하였다. 《국역 영조실록 31년 5월 6일》

"내가 편벽된 논의를 한 것을 네가 어떻게 알았느냐?"

하니, 여선여가 말하기를,

"네 아들 이대득(李大得)이 항상 너를 경계하면서 지금 세상에서 소론(少論) 노릇은 할 수 없다고 하니, 네가 그를 꾸짖지 않았느냐? 김인제(金寅濟)도 네가 준론(峻論)[38]이라고 하였다."

하였다. 여선여가 또 공초하기를,

"김인제는 바로 신의 처남의 처남이며, 역적 김일경은 신의 아비의 먼 친척입니다. 이준과 함께 치밀하게 계획한 이는 이우(李遇)이니, 안면은 있습니다."

하였다. 여선여가 또 공초하기를,

"이준과 이전이 혹 시국에 관한 말을 하였으나 은밀한 말은 다만 이준이 이전과 함께 하는 것만 들었습니다. 이준의 집에 왕래한 이는 이준의 종제(從弟) 이용(李墉) 국문을 당하는 중에 장을 맞다가 죽었다. 이외에는 알지 못합니다. 정권(鄭權) 국문을 당하는 중에 장을 맞다가 죽었다. 은 정해(鄭楷)[39]의 친족이고 이유익(李有翼)의 매부로서, 간혹 이준의 집에 와서 조용히 말을 나누었고, 김인제와도 서로 알아서, 이준, 이전과 만날 때 김인제도 간혹 만났습니다."

하였다. 형신을 가하니, 여선여가 또 공초하기를,

"신이 날마다 한두 번씩 이준의 집에 갔는데, 조륜이 김천주의 집에

• • • • •

38 준론(峻論) : 특정한 정치 사안이나 문제에 대한 준엄한 논리, 또는 그러한 입장을 견지하던 정파를 지칭한다. 신임옥사를 거치며 집권 세력이었던 소론 가운데 노론 처벌에 대해 강경한 입장을 취하던 세력을 급소(急少)라 하고 이들의 논리를 준론이라 하였다. 이 정파는 탕평이 충역(忠逆)과 의리(義理)를 혼란시킨다는 이유로 당시 정책을 부정하는 견해를 고수하고 붕당의 논리를 우선시하였다.

39 정해(鄭楷) : 1721년(경종1) 김일경이 노론 사대신을 공척(攻斥)하는 상소를 올릴 때 참여한 인물이다. 277쪽 주36 참조. 1724년 영조가 즉위하자 관직을 삭탈당하고 영천에 유배되었으며, 이듬해 북변으로 배소를 옮기다 죽었다.

기숙하고 있다고 하였습니다."

하였다. 연어어 형신을 시행하니, 여선여가 또 공초하기를,

"신이 이준과 진작부터 함께 반역을 모의하는 말을 하고 나라를 원망하는 이준의 집을 왕래하였으니, 이는 바로 역적입니다."

하였다. 전교하기를,

"죄인 여선여는 이준의 복심(腹心)으로서 번다하고 치밀하게 역모를 꾸민 정상이 남김없이 탄로 났다. 결안을 기다리지 말고 속히 국법을 따라 정형에 처하라."

하였다. 여선여의 아비 여광학 또한 동참한 죄로 국문을 당하던 중에 지레 죽었는데, 뒤에 대청(臺請)으로 인해 역률을 소급하여 시행하였다.

○ 송수악(宋秀岳)을 국문하였다. 송수악이 공초하기를,

"신이 이준의 집에서 우거하고 있을 때, 조륜(趙綸)이 자주 왔습니다. 여광학과 여선여도 모두 아는데 여광학은 양천(陽川)에 삽니다. 정권(鄭權)은 이준의 동네에 살고 이세현(李世鉉)도 근동(芹洞)에 있는 것을 압니다. 김인제는 이준의 집에 있어서 보았는데, 역적 김일경의 조카라고 하였습니다."

하였다.

다시 추문하고 형신을 가하니, 송수악이 승복하는 초사에 말하기를,

"신이 연전에 역적 이준의 집에 가서 살게 되어 이준과 친밀하게 지냈습니다. 역적 이준이 항상 '역적 김일경의 교문(敎文)[40]은 비록 잘한

40 김일경의 교문(敎文) : 1722년(경종2) 목호룡의 고변에 의해 노론 사대신을 비롯한 노론 일파가 대거 사약을 받거나 숙청된 이른바 임인옥사 때 토역(討逆)한 사실을 태묘에 고하는 교문(敎文)을 반포하였는데, 이 교문을 당시 홍문관 제학이던 김일경이 지었다. 《국역 경종실록 2년 9월 21일》

일은 아니지만, 신축년(1721, 경종1) 상소[41]는 김일경이 아니면 그렇게 못 하니 진실로 그 공이 있는데, 역적 김일경의 족속이 모두 폐출되고 버림받았으니, 이것이 몹시 불쌍하다.'라는 말을 하였는데, 이 말을 신과 이준의 아들 이대운이 함께 앉아 들었습니다. 이준과 김인제 형제 및 김일경의 족속으로 풍양(豐壤)에 사는 자 대여섯 집 김일경의 종자(從子)인 김유제(金有濟), 김인제(金寅濟), 김덕제(金德濟), 김홍제(金弘濟), 김대재(金大再), 김우해(金佑海)와 종손인 김천주(金天柱), 김요백(金耀白), 김요채(金耀采), 김요옥(金耀玉), 김요덕(金耀德) 등은 전에 심정연(沈鼎衍)의 초사로 인해 모두 잡혀 국문당하여 김인제는 자백하여 정형에 처해지고, 김요백과 김요채는 역적 윤혜와 함께 똑같이 효시되었고, 그 나머지는 모두 장을 맞다가 죽었다. 과 김일경의 외종(外從) 여광학 등이 서로 치밀하게 모의하고, 조륜 또한 함께 보의에 참여한 것이 확실합니다.

북도(北道)에서는 북병사 조동하(趙東夏)가 응하고, 춘천(春川)에서는 심정연, 강몽협, 강몽상 등이 또한 응한다고 하였습니다. 그리고 심정연은 그 형 심성연과 심익연 때문에 항상 나라를 원망하여 이런 반역 모의를 한 것이니, 저들 무리가 거사할 때는 심정연이 의당 대장이 된다고 하였습니다. 군병은 저들 무리가 저들 노속(奴屬)을 포함해서 각자 모집하고, 군기는 심정연과 강몽협 등이 향리의 초군(哨軍)에게서 구하기로 궁리하였습니다. 그리고 금년 8월 무렵으로 기일을 잡아 명화적(明火賊) 차림을 하고서 밤을 타고 우선 춘천부를 침범하여 군기를 탈취한 다음, 또 김화(金化), 낭천(狼川), 철원(鐵原)을 치고

•••••

41 신축년 상소 : 신축년(1721, 경종1)에 왕세제 대리청정을 제기하고 강행하고자 한 노론계 인사들을 역모라고 공격하는 내용으로 사직(司直) 김일경(金一鏡), 박필몽(朴弼夢), 이명의(李明誼), 이진유(李眞儒), 윤성시(尹聖時), 정해(鄭楷), 서종하(徐宗厦) 7인이 연명으로 상소를 올린 것을 말한다. 《국역 경종실록 1년 12월 6일》

서 그 길로 상경하자는 말을 신이 과연 들었습니다. 이준의 집에 《묘법(妙法)》이라는 명화적 방언 책이 있는 것을 신이 과연 직접 보았는데, 이준이 말하기를 '이것은 거사할 때 군호(軍號)로 써야 할 것이다.' 라고 하였습니다.

애초 모의할 때부터 신은 이러한 일에 참여하지 않겠다고 하였는데, 이준의 무리가 매양 웃으며 말하기를 '네가 어찌 충신이냐.……' 하였습니다. 신이 이미 이준 등의 역모를 알고서 즉시 발고하지 않았으니, 실정을 알고도 고하지 않은 죄목으로 자복합니다."

하여, 정형에 처하였다.

양사에서 아뢰기를,

"송수악이 역모에 동참한 정황은 그의 초사로 보더라도 남김없이 탄로 났으니, 실정을 알고도 고하지 않은 데 대한 형률로는 실형(失刑)을 면치 못합니다. 송수악에게 속히 왕부로 하여금 역모에 동참한 데 대한 형률로 거행하게 하소서."

하니, 상이 윤허하였다.

○ 신치운(申致雲)을 국문하였다. 처음 윤상백이 승복한 초사에서 신치운을 고발하여[42] 신치운이 국문을 당하였는데 그 공사(供辭)가 요사하고 탄망(誕妄)하였다. 형신을 받게 되자 모역에 동참한 죄로 자복한다고 하면서 정절(情節)은 고하지 않았다. 홍해(興海)로 유배하라고 명하니, 간원이 다시 국문하기를 청하였는데, 이때에 이르러 또 김도성의 초사에 나왔으므로 잡혀와서 형추를 당하였다. 또 자복한다고 하면서도 여전히 불분명하게 얼버무렸다. 형신을 가하니, 신치운이 공초하기를,

42 처음……고발하여 : 1755년(영조31) 3월 15일 윤상백이 공초하기를, 신치운이 가담했고 함께 모의하였다고 하였다. 《국역 영조실록 31년 3월 15일》

"신의 역심을 다 아뢰겠습니다. 심정연의 투서를 신이 과연 같이 의논하였고, 신의 심사와 동일한 자는 유봉휘(柳鳳輝)와 박사즙(朴師緝)[43] 입니다."

하였는데, 그 밖의 흉언(凶言)이나 역절(逆節)이 마치 무신년(1728, 영조4)에 박필몽(朴弼夢), 이순관(李順觀) 등이 형신을 당할 때 패악을 부리던 형상 같았다. 상이 즉시 숭례문 문루에 친림하여 또 형신을 가하니, 신치운이 공초하기를,

"신의 동당(同黨)에 또 이거원(李巨源)이 있습니다."

하였다. 전교하기를,

"죄인 신치운은 장전(帳殿)에서 친히 국문할 때 감히 무신년 역적이 했던 망측한 말을 다시 들먹이고,[44] 이번 심정연의 흉서를 제가 주장하였다고 자복하였다. 그 밖의 음참하고 부도한 말은 또한 차마 말하지 못하겠다. 역률로 정형에 처하고 그 처자는 역적 이괄(李适)의 예로 거행하라."

하였다.

신치운은 관직에 들어선 처음부터 김일경과 박필몽에게 아첨하고 빌붙어 그들의 비호를 받았으니, 박필몽이 사천(史薦)[45]을 주관할 때 신치운을 말천(末薦)에 올리기까지 하였다. 신치운은 성품이 본래 사납고 요망

• • • • •

43 박사즙(朴師緝) : '緝'의 음은 '집'인데, 언해본에 모두 '즙'으로 되어 있고, 형의 이름이 박사집(朴師集)인 점 등을 고려하여 '즙'으로 번역하였다.

44 장전(帳殿)에서……들먹이고 : 1755년(영조31) 5월 20일 친히 국문하였는데, 이때 신치운은 자복하면서 갑진년(1724, 경종4)부터 게장을 먹지 않았다는 말을 하였다. 《국역 영조실록 31년 5월 20일》

45 사천(史薦) : 사관을 천거하는 것이다. 사관은 사초(史草)를 작성하는 관원으로, 예문관의 검열(檢閱)과 승정원의 주서(注書)가 으레 겸직하였는데, 신임 사관은 반드시 전임 사관의 천거를 통해 선발하도록 되어 있었으며, 비천(祕薦)이라고 하였다.

하여, 대관(臺官)이 되어서는 선정신(先正臣)을 추하게 무함하여[46] 사문(斯文)에 죄를 얻으니 더욱 세상에서 배척을 받았다. 마침내 마음이 온통 불만과 원망으로 가득 차서 남몰래 다른 뜻을 품고 있다가 역얼(逆孼)이나 폐족인 윤상백, 김도성, 심정연의 무리와 역모를 체결하였다. 윤상백이 공초에서 "신치운은 불우하게도 벼슬길이 순탄하지 않아서 경상(卿相)을 도모하고자 하였다."라고 한 것이 바로 실상이다.

처음 국문을 받게 되었을 때 벙어리인 척하다가, 두 번째 국문 때에는 면하기 어려울 줄을 알고서 마침내 이천해(李天海)의 차마 들을 수 없는 흉언을 답습하여 역심을 드러내었다. 처음 김일경과 박필몽이 감히 함부로 무함하고 핍박하여 갑진년(1724, 경종4) 전에 역모를 빚어내었고, 이유익과 심유현이 흉언을 만들어 내어 갑진년 이후에 역적 이천해를 꾀어냈으니,[47] 그 근본과 맥락이 본래 이와 같았다.

신치운은 이미 김일경과 박필몽의 심복이요, 이유익, 심유현과는 죽음을 함께하는 벗이었다. 그가 공초에서 또 말하기를, 유봉휘와 마음이 같다고 하였으니, 그가 형신을 받아 죽게 되었을 즈음에 함부로 흉악을 부린 데에서 난역의 심술이 한 범주 안에서 나온 것임을 알 수 있다. 더욱 통분한 것은, 그가 이미 무신년의 통고문(通告文)을 찬진(撰

46 선정신(先正臣)을 추하게 무함하여 : 지평인 신치운이 고(故) 상신(相臣) 권상하(權尙夏)를 탄핵하여 "문예만 외어 간사함을 꾸몄다.〔誦文藝以文其奸〕"라는 등의 말로 심하게 비난하고 관직을 추탈하라는 계사를 올린 것을 말한다.《국역 경종실록 3년 11월 27일, 12월 3일》

47 이유익과……꾀어냈으니 : 1725년(영조1) 1월 17일, 왕이 의릉(懿陵)에 행차할 때 이천해(李天海)가 어가(御駕) 앞에서 상언하였다. 왕이 친국하니, 이천해는 음참하고 차마 들을 수 없는 흉언을 하였다.《국역 영조실록 1년 1월 17일》 이후 임환(任環)의 공초에 "이천해가 흉언 때문에 주벌받았는데, 그것은 이유익(李有翼)과 심유현(沈維賢)이 흉언을 만들어 내고 이천해를 남몰래 부추겨 상언하게 하고 또한 이 말을 항간에 퍼뜨렸기 때문입니다."라고 하였다.《국역 영조실록 4년 5월 2일》

進)할 때에 참여하여 듣고[48] 지금은 천고에 없는 대역으로서 스스로 하늘의 주벌을 받은 것이다. 효경(梟獍) 같은 성품과 시랑(豺狼) 같은 마음은 본디 스스로 교화되기 어려운 것이지만 어찌 이처럼 음참하고 불측한 역적이 또 있겠는가.

○ 전교하기를,

"죄인 이세현(李世鉉)은 용렬하고 무식한 무리로서 역적들의 응견(鷹犬)이 되고, 신치운과 매우 친밀한 관계를 맺어 그 아들로 하여금 수학하게 하였다. 김상집(金商楫)은 강몽협(姜夢協)과 처남 매부 사이가 되어 치밀하게 음모를 계획하여 이름이 역계(逆稧)에 들었다. 변서오(卞瑞五)는 장전(帳殿)에 투서하여 심정연과 몸은 비록 둘이나 마음은 하나였다. 모두 결안을 기다리지 말고 속히 국법을 따라 정형에 처하라."

하였다.

이세현은 일찍이 대직(臺職)을 지내면서[49] 이준, 여광학과 같은 마을에서 치밀하게 계획한 정절이 의심할 만한 점이 많다. 또한 신치운과도 서로 친하게 지냈는데, 공초를 들일 때 처음에는 숨기다가 끝에 가서 드러나 밝혀졌다. 김상집은 강몽협의 매부로서, 서로 계를 맺고 돈을 보내 곡식을 사들여 군량으로 쓴다는 말이 유봉성(柳鳳星) 유봉성은 국문을 받고 정법에 처해졌다.의 초사에 나왔다. 변서오는 청주 사람으로 심정연이 투서할 때에 또한 시권을 올렸는데 과제(科題)는 짓지 않고 잡말을 장황

48 무신년의……듣고 : 무신년(1728, 영조4)의 변란을 마무리한 뒤 교문을 반포하였는데, 그 뒤에 역적의 초사가 많이 나왔으므로 영조가 대신과 홍문관에게 통고문을 짓고 팔도에 반포하도록 하였다. 이때 신치운은 홍문관 부교리로서 통고문을 찬진하였다. 《謙齋集 卷34 八道通告文》《承政院日記 英祖 4年 5月 26日, 28日》

49 이세현은……지내면서 : 이세현은 이때 사헌부 지평을 지냈다. 《국역 영조실록 30년 8월 8일, 31년 1월 20일》

하게 늘어놓았으며 또한 이름을 바꾸고 도망갔으니 종적이 지극히 수상하였다. 이에 모두 여러 번 형신을 시행하였는데, 이때에 이르러 신치운과 함께 한가지로 주벌하였다.

○ 전교하기를,

"아, 이공윤(李公胤)이 갑진년(1724, 경종4) 8월 24일에 환취정(環翠亭)에서 했던 한마디는 음참하고 불측하다.[50] 그러나 그가 아무리 형편없더라도 또한 한 신하이니, '어찌 다른 마음이 있었겠는가. 광패한 소치에 불과하다.'라고 여겼었다. 무신년(1728, 영조4) 심유현(沈維賢) 이후에야 의심하였으나, 관계된 바가 막중하여 차마 말하지 못하고 잠자코 있었다. 그런데 이제 역적 신치운의 공초를 보건대, 그 맥락이 서로 관통하는 것이 오늘날에야 탄로 났다. 이공윤에게 해당 부(府)로 하여금 속히 역률을 시행하게 하라."

하였다.

○ 박사즙(朴師緝)을 국문하니, 박사즙이 공초하기를,

"박필현(朴弼顯)과 박필몽(朴弼夢)은 신의 종숙(從叔)이고, 남태징(南泰徵)은 신의 외삼촌이며, 신치운과는 어릴 적부터 친밀하였습니다."

하였다. 형추하니, 박사즙이 공초하기를,

• • • • •

50 이공윤(李公胤)이……불측하다 : 환취정은 창경궁에 있는 정자로 경종이 임종한 곳이다. 이공윤은 유의(儒醫)로서 숙종 연간에 발탁되어 임시 의약청(議藥廳)에 동참하였다. 경종의 병세가 위급하자, 이공윤이 소리를 높여 말하기를 "삼다(蔘茶)를 써서는 안 된다. 계지마황탕(桂枝麻黃湯) 두 첩만 진어하면 설사는 금방 멎는다." 하였으므로, 드디어 달여서 올려 복용하게 하였다.《국역 경종실록 4년 8월 24일》 그러나 증세가 더욱 악화되자 다시 삼다를 올려 병세가 조금 완화되었는데, 이때 한 말을 지칭하는 듯하다. 이날 경종이 임종하였고, 이공윤은 대간의 탄핵을 받아 변방에 정배되었다.

"신치운은 도마 위의 고기이므로[51] 감히 흉언을 하여 항상 김일경, 박필몽, 조태구, 유봉휘 및 소하(疏下)의 역적들을 일컬어 역적이 아니라고 하였습니다. 그 흉언을 감히 장전에서 아뢰지 못합니다만, 목호룡과 박필몽 등이 한 흉언을 신치운이 모두 하였습니다. 역적 김일경의 흉소(凶疏)를 충절이 있다고 일컬은 것은 이하징이 한 말과 같았으니, 신이 말하기를 '내 의견도 그러하니 네 말이 다 옳다.' 하였습니다.

신치운은 항상 말하기를 '준론(峻論) 가운데 큰 인물로는 이광좌(李光佐)가 거두(巨頭)이고, 심확(沈鑊)[52]은 반드시 절의를 지킬 수 있으니 김일경의 상소 같은 것도 할 수 있다.' 하였습니다. 또 이거원(李巨源)이 김일경을 신구(伸救)한 일[53]을 크게 칭찬하였고, 심확과 이거원을 더욱 여러 번 일컬었습니다. 신이 신치운과 함께 흉언을 할 때 그 아우 신치항(申致恒)과 신치흥(申致興) 모두 역적 신치운의 아우로서 이괄의 예로 정형에 처해졌다. 및 이거원과 이거원의 아들 이운화(李運和), 김호(金浩), 김홍석(金弘錫), 유수원(柳壽垣)이 함께 앉아서 수작하였으니, 이와 같은 흉언을 어찌 누구에게나 다 말할 수 있겠습니까. 윤상백 및 김홍석의 손자 김정리(金正履)는 모두 그의 혈당(血黨)이며, 이거원과 유수원은 바로 그의 평생의 친구입니다. 김정리는 흉언을 수작할 때 동참하지는 않았으나, 신치운이 항상 그를 칭찬하여 말하기를 '무슨 일이든 막론하고 다 할 수 있다.' 하였습니다."

-----

51 신치운은……고기이므로 : 신치운이 더 이상 죄를 벗어날 수 없고 도마 위에 놓인 고기처럼 처분만 기다리고 있는 처지임을 비유한 것이다.

52 심확(沈鑊) : '鑊'의 음은 '악'인데, 언해본에 근거하여 '확'으로 번역하였다.

53 이거원(李巨源)이……일 : 1724년(영조 즉위년) 11월 6일 옥당이 청대한 자리에서 당시 교리 이거원이 아뢴 내용을 말한다. 이의연(李義淵)이 올린 상소에서 김일경이 대찬한 교서 내용을 비난한 부분에 대해 반박하며 김일경을 변호하였다. 《承政院日記 英祖 卽位年 11月 6日》

하고 대역에 동참한 죄목으로 자복하여, 정형에 처하고, 법대로 처자를 노비로 삼고 가산을 적몰하였다.

○ 유수원(柳壽垣)을 국문하기를,

"너 또한 신하인데, 무슨 심보로 역적 유봉휘의 지휘를 받아서 방자하게 상소를 베꼈느냐.[54] 그 마음을 살펴보면 이미 무상(無狀)한 데다 역적 신치운, 박사즙과 함께 한가지로 역적 김일경의 음참하고 불측한 마음을 품고서 분잡하고 치밀하게 계획한 정상이 역적 박사즙의 공초에서 남김없이 탄로되었다. 네가 종반(從班)의 신분으로[55] 역적 김일경을 조술(祖述)한 것이 절절이 통탄스럽고 놀랍다."

하였다. 다시 추문하여 형추하니, 유수원이 승복하여 공초하기를,

"신이 신치운, 박사즙과 함께 교분을 맺어 친하게 지냈는데, 침체된 처지가 신치운과 다름없었으니, 이는 오로지 조제(調劑) 정책으로 말미암은 것입니다. 따라서 위로는 성상을 비방하고 아래로는 조제 정책에 동조하는 신하들을 욕하며 나라를 원망하는 마음을 남몰래 품었습니다.[56] 그리하여 서로 만날 때마다 김일경과 박필몽처럼 흉언과

• • • • •

54 유봉휘의……베꼈느냐 : 유봉휘는 유수원(柳壽垣)의 종숙(從叔)이다. 상소는 유봉휘가 1721년(경종1) 세제 책봉이 순식간에 결정되자 이 일을 주도한 노론 대신들을 탄핵하는 내용이다.

55 종반(從班)의 신분으로 : 종반은 시종신(侍從臣)의 반열이다. 유수원은 시종신에 해당하는 필선, 지평, 정언 등 삼사의 관직을 역임하였다.

56 이는……품었습니다 : 조제는 이이(李珥)가 동서분당(東西分黨)의 상황에서 양비론(兩非論)을 내세우며 양당에 다 나름의 시비(是非)가 있으니 이를 조절하여 화합을 이루자는 조제보합(調劑保合)을 제시한 데서 나온 말이다. 영조가 이러한 조제의 뜻을 수용하여 붕당 타파를 목적으로 하는 탕평 정치를 시행하였고, 이러한 영조의 탕평책을 일명 '조제탕평'이라고 한다. 당시 영조의 탕평 정치에 동조한 정파는 노·소론의 온건파 즉 완론으로서 일명 탕평당이라고 하였으며 이 탕평당이 인사를 비롯한 나라의 정사를 주도하였다. 신치운을 비롯한 유수원 등은 온건파와 대치되

패설(悖說)을 많이 하였고, 때로는 혹 김일경과 박필몽보다 더하였는데, 신도 그때마다 그들과 함께 난만하게 수작하였습니다. 이는 신이 여러 역적에 대해 비단 그들이 흉적인 줄 알지 못했기 때문만이 아닙니다. 실로 당론인 준론(峻論)을 따르는 마음으로 말미암아 나라를 원망하기에 이르렀으며, 나라를 원망하는 마음으로 말미암아 항상 망측한 패설을 하게 된 것입니다."

하고 대역부도의 죄목으로 자복하여, 정형에 처하고, 법대로 처자를 노비로 삼고 가산을 적몰하였다.

○ 심확(沈鑊)을 국문하기를,

"이번의 역적은 무신년(1728, 영조4)의 역적에 비할 바가 아니다. 앞장서서 선동한 자는 나라를 원망하는 무리요 효경(梟獍)의 종자이니, 역적 신치운과 박사즙이 역적 김일경의 음참하고 불측한 말을 조술하였고 네 이름도 그 안에 들어 있었다. 아, 너는 무슨 심보로 역적들과 한통속이 되어 불측한 마음을 남몰래 품었단 말이냐. 이번 처분 뒤에 올린 글[57] 또한 수상한 점이 있었다. 이러한 마음을 가지고 난만히 역적질을 했으니, 이것이 바로 점차 일이 생기게 된 원인이다."

하니, 심확이 공초하기를,

"신치운이 지난 몇 년 동안 네다섯 차례 찾아와서 만났고, 작년 겨울

• • • • •

는 소론강경파 계열 즉 준론에 속하였으므로 정계의 중심에서 소외되고 침체된 처지에 놓이게 되었다. 조제를 표방하여 임금과 탕평당이 단합한 당시 정치 상황에 대해 비판하고 원망하는 마음을 품었다는 말이다.

57 이번……글 : 1755년(영조31)의 나주괘서 사건과 관련하여 윤지 등을 처결하고, 이해 3월 5일 태묘에 토역 고유제를 행하였다. 심확은 부사직으로서, 이날 반교(頒教)를 축하하는 반열에 참여하지 않고 변명하는 글을 올렸다.《承政院日記 英祖 31年 3月 5日》 이후 역모 사건과 관련하여 글을 올렸는데 그 글이 역적을 비호했다는 죄목을 받는 빌미가 되었다.

에 그가 김해 부사에서 체직되어 올 때[58] 눈으로 길이 막혀 신의 집에 유숙하고 갔습니다."

하였다. 다시 추문하니, 심확이 공초하기를,

"조태구와 유봉휘가 이하징과 윤지의 근본이니, 대처분을 내리신 뒤에 어찌 감히 근본이 아니라는 말로 우러러 아뢰겠습니까. 다만 단칼에 끊지 못하였으니[59] 이것이 신의 죄입니다. 신이 이번에 미진한 점이 있다는 말을 처분하신 뒤에 아뢴다면 신이 조태구, 유봉휘와 같은 죄를 저지르는 것이므로[60] 차마 아뢰지 못하였습니다. 무신년 이후 조태구와 유봉휘의 죄를 어찌 알지 못하였겠습니까마는 범범하게 여긴 까닭에 다만 외부에 드러내 말하지 않았을 뿐입니다."

하였다.

다시 국문하기를,

"박사즙의 공초에, 신치운이 항상 네가 절의를 지킬 것이라고 일컬었다고 하였다. 역적 신치운이 역적 김일경과 박필몽에 대해서는 충성스럽다고 하였고, 너에 대해서는 절의를 지킬 것이라고 하였다. 박사즙이 또 말하기를, 역적 김일경의 음참하고 부도한 말을 너 또한 했다고 하였다. 신분이 재상의 반열에 올랐으면서[61] 이러한 음흉한 마음을 품었으니, 이번에 역적의 괴수가 네가 아니면 누구이겠는가."

• • • • •

58 김해 부사에서……때 : 신치운은 1753년(영조29) 김해 부사에 제수되었고 1754년 체직되었다. 《承政院日記 英祖 29年 9月 16日, 30年 9月 22日》

59 다만……못하였으니 : 심확의 첫 번째 공초에서 "끊지 못하였다는 것은 대체로 상소를 올려 징치하고 토벌하지 못하였음을 말합니다."라고 하였다. 《推案及鞫案 21冊》

60 신이……것이므로 : 유봉휘는 세자 책봉이라는 대처분 뒤에 반대하고 배척하는 상소를 올렸고 조태구는 이를 변호하였다. 심확의 글에 대처분에 대해 반론하는 뜻이 있다면 유봉휘가 상소를 올린 일과 다름없다는 말이다.

61 신분이……올랐으면서 : 종2품 이상의 관직에 오른 것을 말한다. 심확은 참판, 좌윤 등을 역임하였다.

하였다. 형추한 뒤에 다시 추문하고 형신을 가하니, 심확이 공초하기를,

"유수원이 정형에 처해진 것을 신은 흉언에서 말미암은 줄로 알았고 대역죄로 정법에 처해진 줄은 알지 못하였습니다. 신이 유수원의 역절(逆節)을 두고 나라를 향한 정성이 있다 하고, 유수원의 흉언을 두고 대역이 아니라 하였으니, 호역(護逆)한 죄목으로 자복합니다."

하였다.

결안(結案)에 대한 다짐을 받은 뒤에 심확이 또 말하기를,

"유수원과 한가지로 돌아가니 죽어도 또한 즐겁습니다."

하였다. 즉시 정형에 처하였는데, 사간원이 차자를 올려 아뢰기를,

"심확의 음참한 정절은 이미 다 자백하였으니, 흉언을 대역이 아니라고 말하고 역적 유수원을 정성이 있다고 칭하였다는 것입니다. 그런데 또, 한가지로 돌아가는 것이 즐겁다고 한 말에서 더욱 장두(腸肚 속마음)가 흉적과 서로 연결되었던 것을 알 수 있습니다. 그는 본래 흉악하고 사나운 성품으로 항상 나라를 원망하는 마음을 품어 남몰래 깊이 쌓아 두었던 것이 지금 비로소 다 드러났습니다. 신은, 역적 심확에게 속히 왕부에 명하여 대역률을 시행하도록 해야 한다고 여깁니다."

하니, 상이 윤허하였다.

심확은 문묵(文墨)의 재주가 조금 있고 견벽(堅僻)한 행실을 좋아하였으니, 연소할 때의 헛된 영예가 바로 정여립(鄭汝立)과 같다.[62] 다만 그

• • • • •

62 연소할……같다 : 정여립(鄭汝立)은 1589년(선조22) 기축옥사 때 모반의 주모자로 지목된 인물이다. 24세 때 과거에 급제한 후 촉망을 받았으나 결국 관로를 떠나 모반자로서 죽음을 맞았다. 심확도 일찍 문재와 학식을 인정받고 29세 때 문과에 장원한 후 청요직인 삼사(三司) 관원을 주로 역임하였으나 더 이상 승진을 못 하고 지방관으로 전출되는 등 관로가 순탄하지 않았다. 재주가 많은 반면 성정(性情)이 강경한 점, 주위의 인정과 촉망을 받았음에도 높이 등용되지 못한 점 등에서 정여립에 견준 듯하다.

타고난 성품이 사납고 고집스러우며 언의(言議)는 패려하여, 뜻을 잃고 나라를 원망하는 유수원과 함께 사우(死友)로 결탁하고 하늘과 땅을 두고 맹세하며 서로 추대하고 권장하니, 사람들이 모두 괴이하게 여겼다. 일찍이 병진년(1736, 영조12)에 대관(臺官)으로서 사대신(四大臣)이 연명으로 차자를 올린 일을 상소하여 배척하였으니,[63] 그 뜻이 이미 지극히 불측하였다. 잡아들여 국문을 하게 되자 평소 온축해 놓은 흉심이 비로소 다 환히 드러났는데, 심지어 유수원의 흉언을 대역이 아니라고 하고 한가지로 돌아가는 것을 달갑게 여겼으니, 아, 통탄스럽다. 난적이 예로부터 얼마나 많았겠는가마는 어찌 역적을 따라 죽는 것을 심확같이 즐거워한 자가 있겠는가. 효경의 마음은 평상적인 이치로 헤아리기 어렵지만 그 근본을 궁구하면 애당초 길을 잘못 들어서서 심술이 무너진 것이 갈수록 심한 고질이 되어 이 지경에 이르렀을 뿐이다. 통탄스럽기 그지없다. '통탄스럽기 그지없다.〔可勝痛哉〕' 4자는 어필(御筆)로 써서 내렸다.

○ 김성(金渻) 김호(金浩)의 사촌 동생이다. 을 형신하니, 김성이 공초하기를, "신치운과는 친족의 분의(分誼)가 있고, 또 철원(鐵原)의 수령[64]을 지냈기 때문에 친숙하게 되었으며, 박사즙은 평생의 동접(同接)[65]입니다. 신이 일찍이 신치운과 박사즙이 앉아 있는 자리에 갔는데, 그들이 무슨 글인가를 보다가 신을 보고는 감추었습니다. 이는 필시 역모의

• • • • •

63 일찍이……배척하였으니 : 1736년(영조12) 정언 심확이 김창집과 이이명의 시호 회복을 반대하는 상소를 올렸는데, 이 상소 가운데 노론 사대신이 연잉군(영조)의 세제 책봉을 건의하여 올린 연차(聯箚)를 지목하여 비난하는 내용이 있었다. 《국역 영조실록 12년 4월 16일》

64 철원(鐵原)의 수령 : 1749년(영조25) 신치운이 철원 부사에 제수되었다. 《承政院日記 英祖 25年 12月 4日》

65 동접(同接) : 과거 응시를 앞두고 선비들이 한곳에 모여 시험을 준비하기 위해 만든 동아리 또는 그 구성원을 이른다. 《浦渚集 卷33 亡兒進士來陽誌文》

일이 분명하여 신이 묻기를 '너희들이 보던 글이 어떤 글인가? 생각건대, 이는 괴이한 글인 듯한데, 내가 비록 보더라도 어찌 다른 사람에게 말하겠는가.'라고 하였습니다. 신치운은 좋은 벼슬을 얻지 못해 나라를 원망하는 말을 하였고, 박사즙 역시 나라를 원망하는 마음이 있어 항상 하늘과 땅을 두고 맹세하였습니다. 신이 그 까닭을 물었더니 박사즙이 말하기를 '내가 다시 무신년(1728, 영조4) 역적 박필현(朴弼顯)의 일을 하고자 한다.'라고 하였습니다. 신이 묻기를 '지금은 형세가 무신년과 다른데 장차 어떻게 하려고 하는가?'라고 하니, 박사즙이 말하기를 '비록 그렇지만 어쨌거나 도모해야 한다.'라고 하고, 인하여 심유현(沈維賢)이 한 흉악한 말을 하였습니다. 신이 말하기를 '심유현은 이미 무상부도(誣上不道)의 죄목으로 자복하였는데, 네가 어찌하여 이런 말을 하는가. 비록 그러하나 나 역시 함께 들어갈 것이다.'라고 하였습니다. 모역한 죄목으로 자복합니다."

하였다. 전교하기를,

"죄인 김성은 역적 신치운·박사즙과 함께 무신년의 음참하고 부도한 말을 난만하게 수작하였음을 낱낱이 자복하였다. 역적 이전(李佺)의 예에 의거하여 병조 판서로 하여금 수구문(水口門) 밖에서 먼저 효시하고, 사지를 자른 뒤에 모두 강원 감영으로 내려보내어 10일 동안 현수(懸首)하였다가 도내에 회시(回示)하게 하고, 해당 부(府)로 하여금 대역률로 시행하게 하라."

하였다.

○ 김정관(金正觀)을 국문하였다. 연이어 형신을 시행하니, 김정관이 공초하기를,

"신의 조부 김홍석(金弘錫) 및 유수원(柳壽垣), 심확(沈鑵), 신치운(申致雲) 등이 일찍이 김일경을 역적이 아니라고 하였습니다. 신이 이하집

(李夏集), 이지항(李址恒) 이하집은 이하징(李夏徵)의 족제(族弟)이고 이지항은 이하집의 조카이다. 모두 국문을 받는 중에 장을 맞다가 죽었다.과 함께 또한 수작하였는데, 이하집과 이지항 등은 매양 김일경이 억울하게 죽었다고 말하였습니다. 신은 역적 신치운·박사즙·유수원 등과 서로 친하여 김일경의 상소를 의리라고 하는 등 역심(逆心)이 난만하였습니다."

하고 자복하여, 정형에 처하고, 법대로 처자를 노비로 삼고 가산을 적몰하였다.

○ 사헌부가 아뢰기를,

"역적 김홍석은 본래 김일경, 박필몽의 혈당인데도 천수를 누리고 늙어 죽었으니 아직도 법망을 벗어나 왕법이 시행되지 못하였기에 사람들의 분노가 오랫동안 간절하였습니다. 지금 역적 박사즙과 김홍석의 손자 김정관의 초사로 보건대, 흉소를 의리라고 하고 역적 김일경을 역적이 아니라고 하는 등 여러 역적과 체결하여 흉언을 수작한 정상이 남김없이 탄로 났습니다. 이렇게 징토를 엄히 하고 화란의 근본을 제거하는 때 속히 해당 형률을 시행하지 않을 수 없으니, 역적 김홍석에게 속히 왕부로 하여금 대역률을 거행하도록 하소서."

하니, 상이 윤허하였다.

○ 김광수(金光秀)를 국문하였다. 김광수가 공초하기를,

"유봉휘의 상소는 역(逆)인 듯합니다. 만일 유봉휘 상소가 역인 듯하다는 말을 가지고 신을 역적이라고 한다면 신은 역률(逆律)을 받기를 원합니다."

하니, 전교하기를,

"죄인 김광수는 김홍석의 아들로서, 김홍석은 김일경의 상소를 의리라 하고 역적 신치운과 함께 음참하고 부도한 말을 난만하게 수작한

정상이 여러 공초에서 탄로 났다. 대신(臺臣)이 이미 역률로 거행하기를 청하여, 윤허하여 따랐다. 그런데 김광수 또한 엄중히 국문하는 자리에서 역적 유봉휘를 역적인 듯하나 역적이 아니라는 어중간한 사이에 두어 역심을 다 드러냈으니, 응좌율(應坐律)로 시행해서는 안 된다. 부대시율(不待時律)로 속히 국법을 따라 정형에 처하라."

하였다.

○ 6월. 이학(李壆 여선군(驪善君))을 국문하였다. 이학은 바로 이증(李增 여천군(驪川君))의 아우이다. 처음에 양사가 아뢰어 이학을 절도에 안치하도록 청하였다가 이윽고 또 아뢰기를,

"이증 집안의 요서(妖書)는 이증과 이학이 함께 본 것인데 여러 날을 숨겨 두고 즉시 위에 보고하지 않았으니, 그 마음의 소재를 헤아릴 수가 없습니다. 이증은 이미 해도(海島)에서 지레 죽었으니,[66] 음흉한 정절을 알아낼 길이 오직 이학에게 달렸습니다. 부디 국청을 열어 엄중히 신문하소서."

하니, 상이 따랐다.

이때에 이르러 이학이 국문을 당하니, 이학이 공초하기를,

"무진년(1748, 영조24) 동짓달에 신의 형 집에서 시제(時祭)를 행할 때 권혜(權嵇) 형제를 청하여 제사 지냈습니다.[67] 제사를 마치고 신의 형이 신주(神主)를 받들고 사당으로 들어갔다가 도로 나와 횃불을 들

• • • • •

66 이증은……죽었으니 : 이증은 가묘(家廟)에서 발견된 요서로 인해 역모 혐의가 있다는 삼사의 탄핵을 받아 제주(濟州)에 위리안치되었다가, 1752년(영조28) 배소에서 죽었다. 《국역 영조실록 28년 6월 17일》

67 무진년……지냈습니다 : 1748년(영조24) 11월 이증 집안에서 시제를 지낼 때 권돈(權敦)과 권혜 형제에게 제관을 맡아 달라고 청한 것이다. 이들은 이증과 중표숙질(中表叔姪) 관계이다.

고서 신을 불러 봉서(封書) 하나를 꺼내 보여 주었습니다. 그 봉서 겉면에는 '간표신사오명항봉교경봉(看標信使吳命恒奉教敬封)'[68]이라고 쓰여 있었습니다. 그날 동지 문안(冬至問安)에 입참(入參)하였다가 집으로 돌아온 후, 신의 형이 또 신을 불러 말하기를 '이 글 가운데 「풍운(風雲)이 변화하는 상(象)이다.」라고 한 것은 극히 괴이하니, 마땅히 불태워야 한다.'라고 하였습니다. 처음 신의 형제가 이 글을 볼 당시에 권혜 형제가 집 모퉁이에 서서 엿보았습니다. 4일에 권혜가 갑자기 와서 신의 형에게 묻기를 '집안에 전해 오는 가훈(家訓)이 있는가? 몽조(夢兆)가 있었는가? 천서(天書)를 얻었는가?'라고 하였으니, 이것이 바로 이른바 세 조항의 설문(設問)[69]으로, 5일에 신의 형이 청대하여 주달했던 것입니다."

하였다. 다시 추문하니, 이학이 공초하기를,

"그 글의 겉봉 한편에는 '간표신사오명항봉교경봉'이라 쓰여 있었고, 한편에는 '풍운이 변화하는 상이다.'라고 쓰여 있었으며, 또 '열어 보면 만인(萬人)이 화열(和悅)할 것이요, 열어 보지 않으면 한 사람이 조용하게 될 것이다.'라고 하였습니다. 그때에 신의 형이 곧바로 불에 넣어 버렸다고 앙달하였기 때문에 신이 처음에 감히 숨기고 거짓말을

• • • • •

68 간표신사오명항봉교경봉(看標信使吳命恒奉教敬封) : 표신은 급변을 전할 때나 대궐 문을 드나들 때에 증명으로 내보이는 표이다. 오명항(吳命恒, 1673~1728)은 소론으로서 중용된 인물로, 무신란 때 판의금부사로 사도 도순무사를 겸하여 난을 토평하여 분무 공신(奮武功臣) 1등이 되고 해은부원군(海恩府院君)에 봉해졌다. 겉봉에 써 있다는 이 글의 의미는 불분명하다.

69 세 조항의 설문(設問) : 1748년(영조24) 권혜가 체포되어 국청에서 공초한 내용에는, 세 조항의 설문이 '선훈이 있는가?〔有先訓乎〕', '무슨 꿈을 꾼 것이 있는가?〔有何夢兆乎〕', '무슨 이상한 일이 있었는가?〔有何異常事乎〕'로 되어 있다. 그리고 권혜의 숙부인 권집이 이 글을 보고 "이것이 천서(天書)인가, 인서(人書)인가?"라고 한 대목이 있다. 《국역 영조실록 24년 11월 18일》

하였지만 이제는 바른대로 고합니다. 그 글의 속 내용을 신이 과연 보았습니다."

하고, 이어서 그 글 속에 있는 말을 외어 아뢰겠다고 하였는데, 예로 들어 아뢴 몇 구절을 마치 자신이 지은 것처럼 술술 외었다.

처음에 상이 이학을 국문할 때 차마 나와서 보지 못하고 문을 닫고 앉아 있었는데, 이학은 조금도 두려워하는 기색이 없고 말투도 매우 표독스러웠다. 또 스스로 요서를 외어 아뢰겠다고 하였는데, 말뜻이 지극히 음흉하여 역절(逆節)이 더욱 분명하게 드러났으며, 권혜와 권집에 대해서도 애석해하는 뜻이 현저하였다.

삼사(三司)에서 아뢰기를,

"이번의 흉적은 지난 사첩(史牒)에 없던 바입니다. 소굴이 비록 드러났지만 뿌리를 뽑지 않아 귀신과 사람들의 근심과 분노가 갈수록 더욱 심해지고 있습니다. 오늘 장전(帳殿)에서 친히 국문할 때 역적 이학 형제가 권혜, 권집과 체결하여 요서를 꾸며 내고 몰래 반역을 도모한 정상이 이미 모조리 밝게 드러났습니다. 더군다나 이학은 공초를 바칠 때의 거조로 보면 그 언동이 패만하고 흉악하여 신하 노릇하지 않으려는 마음이 더욱 드러났습니다. 초사 가운데의 망측한 말은 이번의 흉서와 맥락이 서로 관통하니, 이증이 죽은 후에 그가 여러 역적에게 추대된 것이 남김없이 탄로 났습니다. 왕법(王法)이 지엄하니 결코 잠깐이라도 그대로 두어서는 안 됩니다. 이학을 속히 왕부(王府)로 하여금 형률에 의하여 처단하게 하소서."

하니, 상이 따르고, 이해(李垓)와 이기(李圻)의 예에 의거하여 거행하라고 명하였다. 교형(絞刑)에 처한 후 법대로 처자를 노비로 삼고 가산을 적몰하였다.

삼사에서 또 아뢰기를,

"이증에게 또한 속히 대역률을 시행하소서."

하니, 상이 따랐다.

상이 또, 이관(李爟), 이당(李爣)[70]도 함께 요서를 보아 음모를 알고 있었으니 연좌율 본율만 시행해서는 안 된다고 하여, 모두 교형에 처하도록 명하였다. 양사가 차자를 올리기를,

"역적 이탄(李坦)[71]에게 속히 처자를 노비로 삼고 가산을 적몰하는 법을 시행하소서."

하니, 비답하기를,

"몇십 년을 버텨 온 것은 슬픈 마음을 견디지 못한 때문인데, 이제 이학의 일이 있은 뒤에는 끝내 한사코 거절하기 어려우니 마음을 진정하고 억지로 윤허한다."

하였다. 이탄의 아우와 조카를 모두 절도에 안치하였다.

○ 7월. 이거원(李巨源)을 국문하였다. 이거원이 공초하기를,

"신이 과연 신치운과 친숙하고, 목호룡에 대해 교서(教書)를 지은 일[72]은 조정에서 만일 이 일로써 신을 죄준다면 신이 법대로 복주(伏誅)되고자 합니다."

하였다. 이거원이 일찍이 역적 목호룡의 위훈 교서를 짓고, 갑진년(1724, 영조 즉위년) 겨울에 옥당으로서 청대하여 조태구, 유봉휘, 김일경, 한세량 등 여러 역적을 힘써 신구(伸救)하고[73] 역적 김일경의 교문 가운데

• • • • •

70 이관(李爟), 이당(李爣) : 이증, 이학의 서숙(庶叔)이다.《闡義昭鑑諺解 卷4 小註》

71 이탄(李坦) : 밀풍군(密豐君)이다. 인조의 장자인 소현세자(昭顯世子)의 증손이자 종실 임창군 이혼(李焜)의 장남이다. 이인좌(李麟佐)가 반란을 일으킬 때 그를 왕으로 추대하였다. 난이 평정된 후 반역 괴수로 압송되었다가 사사되었다.

72 목호룡에……일 : 목호룡은 1721년(경종1) 역모를 고변하여 신임옥사를 일으키고, 고변한 공으로 녹훈되었는데, 이때 녹훈하는 교서를 당시 지평인 이거원이 찬술하였다.《국역 경종실록 2년 6월 30일》영조 1년에 무고라고 판명되었으므로 이때 지은 녹훈 교서를 뒤에 위훈(僞勳) 교서라 칭하였다.

73 갑진년……신구(伸救)하고 : 1724년(영조 즉위년) 11월 6일 유학(幼學) 이의연(李

서 흉언을 가져다 주석을 하여 분소(分疏)하면서[74] 심지어 역적 김일경을 토죄하는 사람을 유자광(柳子光)에 비하기까지 하였으니,[75] 흉역한 심보가 이미 다 탄로 났다. 을사년(1725)에 대간이 계사를 올려 논죄하여 원찬(遠竄)하였는데,[76] 올해 3월에 또 간신(諫臣)의 계사로 인해 특별히 명하여 정의(旌義)에 위리안치하였다.

이윽고 신치운의 초사에 긴밀하게 나와 정절을 더 이상 신문할 것도 없게 되었다. 그러므로 형추한 뒤에 전교하기를,

"죄인 이거원은 역적 목호룡의 교서를 지은 자로, 감히 역적 김일경을 변호하여 역적 김일경을 토죄하기를 청하는 사람을 유자광에게 비하였다. 역적 신치운이 남문(南門)에서 한 마지막 초사에서 또한 동일한 속셈이었다고 자복하였는데, 오늘 친히 국문하는 자리에서 감히 장을 견디며 자복하지 않았다. 병조 판서로 하여금 즉시 수구문(水口門) 밖에서 효시하고 역률로 거행하게 하라."

• • • • •

義淵)이 조태구, 유봉휘, 한세량 등을 탄핵하는 상소를 올리자 옥당이 청대하여 입시하였는데, 이때 교리 이거원이 탄핵 상소 가운데 나온 조목을 들어 조태구 등을 신구하는 계사를 올렸다. 《국역 영조실록 즉위년 11월 6일》《承政院日記 英祖 卽位年 11月 6日》

74 김일경의……분소(分疏)하면서 : 교문은 임인옥사를 마무리하면서 1722년(경종2) 9월 21일 경종이 전국에 반포한 토역 반교문(討逆頒敎文)으로, 당시 홍문관 제학이었던 김일경이 지어 올린 것이다. 교문 가운데 '궁궐 뜰에서 피를 밟을 뻔했다.〔禁庭蹀血〕'와 같은 몇 구절을 들어 조목별로 나누어 설명하였다.

75 김일경을……하였으니 : 1742년(영조 즉위년) 11월 6일 교리 이거원이 입시하여 "옛날 유자광(柳子光)이 문자로 남을 모함하여 죄과에 빠뜨린 일이 있었다."라고 한 말을 가리킨다. 《承政院日記 英祖 卽位年 11月 6日》 유자광은 1498년(연산군4) 무오사화를 주도한 인물이다. 무오사화는 《성종실록》의 사초(史草)에 실린 김종직(金宗直)의 〈조의제문(弔義帝文)〉을 문제 삼아 김종직을 부관참시(剖棺斬屍)하고 김일손(金馹孫) 등 신진 사류를 대거 축출한 사건이다.

76 을사년에……원찬(遠竄)하였는데 : 이거원은 1725년(영조1) 영해(寧海)로 유배되었다. 《국역 영조실록 1년 3월 5일》

하였다. 이거원의 아들 이우화(李宇和)와 이세화(李世和)는 앞서 이미 국문을 당하던 중에 장을 맞다가 죽었고, 이운화(李運和)는 이때에 이르러 형신을 받고 연좌율 본율에 따라 교형에 처해졌다.

○ 김정리(金正履)를 국문하였다. 연이어 형신을 시행하니, 김정리가 공초하기를,

"신이 박사즙과 가장 친하므로 함께 흉언을 하였으니, 조태구, 유봉휘, 김일경, 박필몽을 역적이 아니라고 하였습니다. 금년 정월에 박사즙, 신치운, 심확과 이거원의 집에서 만나 또 이 일로 수작할 때 박사즙과 이거원이 말하기를 '조태구의 차자와 유봉휘의 상소가 모두 잘한 일이요, 김일경의 교문 및 박필몽이 역적이 된 것 또한 모두 옳다.' 하기에 신 또한 '네 말이 다 옳다.' 하였습니다. 또 이명조(李明祚)와도 이러한 말을 하였습니다. 이는 대개 이거원, 박사즙, 신치운, 이우화, 이명조가 신과 같은 속셈으로 역적 윤지와 함께 군사를 일으켜 반역하고자 한 것입니다. 다만 윤지는 멀리 있기 때문에 신이 미처 만나 보지는 못하였습니다. 이명조는 그 아비가 세상에서 배척을 받았기에 이 일을 하고자 한 것입니다."

하고 대역부도의 죄목으로 자복하여, 정형에 처하고, 법대로 처자를 노비로 삼고 가산을 적몰하였다.

○ 이명조를 국문하였다.

처음에 이명조가 윤광철(尹光哲)에게 연설(筵說)을 써 보낸 것이 수탐(搜探)한 문서에서 발각되었으므로 사간원이 계청하여 국문하였다. 이명조가 공사에서 그 아비에게 죄를 미루니, 상이 이명조가 비록 역절에 관련은 없더라도 제 아비에게 죄를 미루는 것은 풍교(風教)에 관계된다고 하여, 기장(機張)에 유배하도록 명하였다. 얼마 후 바로 윤상백(尹

尙白)의 초사로 인하여 다시 국문하여 여러 번 형신을 가하고, 다시 명하여 거제에 정배하도록 하였다.

이때에 이르러 또 김정리의 초사로 인하여 형신하니, 이명조가 공초하기를,

"김정리는 과연 자주 상종하였고 신치운과 박사즙도 과연 서로 친합니다. 신치운은 그가 벼슬을 얻지 못한 일로 나라를 원망하는 말을 하였는데 '내 사람됨이 다른 사람에게 뒤지지 않으나 시절(時節)을 만나지 못하여 관직을 얻지 못하였다.' 하였습니다. 시절의 '시(時)' 자는 바로 시운(時運)을 말하는 것이요, 시운은 곧 군자와 소인의 소장(消長)과 진퇴(進退)를 일컫는 것입니다. 신치운이 말하기를 '지금 조정에 간신이 많고 군자가 적다.' 하였으니, 이는 역적 윤지의 괘서 중에 '간신이 조정에 가득하다.'라는 말과 같은 맥락입니다. 신치운과 박사즙이 항상 나라를 비방하고 핍박하는 말을 하였는데 신도 모두 난만히 수작하였고, 윤광철이 서울을 왕래할 때마다 신의 집에 와서 함께 역모를 하였는데, 윤광철이 신에게 '너는 내응(內應)해야 한다.' 하였습니다."

하고 모역에 동참한 죄목으로 자복하여, 정형에 처하고, 법대로 처자를 노비로 삼고 가산을 적몰하였다.

아, 여러 신하가 《천의소감》을 찬수하는 것은 진실로 애통하고 비분한 심정에서 나온 것이다. 위로 삼성(三聖)[77]의 지극한 인과 성대한 덕을 선양하지 못하면 신하의 분수를 다하는 바가 아니요, 아래로 여러 역적의 흉심과 역절을 벽파(劈破)하지 못하면 군주의 기강을 엄히 하는

77 삼성(三聖) : 경종, 인원왕후(仁元王后), 영조를 가리킨다.

바가 아니다.

의리의 요점은 진실로 건저 대리(建儲代理)[78]에 있는데, 조태구, 유봉휘, 김일경, 박필몽, 윤상백, 한세량이 뭇 역적의 괴수가 되어 무옥(誣獄)을 조작하였다. 그리고 김일경과 목호룡의 음참하고 불측한 말은 이천해(李天海), 이순관(李順觀), 심유현(沈維賢), 이유익(李有翼)의 선봉이 되고, 나홍언(羅弘彦), 이색(李䆄),[79] 권혜(權嵇), 권집(權緝)에게서 자라나 뻗어 나가고, 박사즙(朴師緝), 김성(金渻), 유수원(柳壽垣), 심확(沈鑊)에게서 회양(懷襄)[80]하고, 하늘까지 닿은 흉역은 신치운(申致雲)에게서 맺어지니, 시종 30여 년 사이에 장두(腸肚)가 서로 관통하고 맥락이 서로 이어져 변란이 거듭 생겨나고 인륜이 무너져 없어졌다. 이에 우리나라의 모든 신하가 통곡하고 간담을 찢으며 분해하는 것이다.

오직 우리 성상께서 요순과 같은 효제(孝悌)의 마음으로 차마 말하지 못할 아픔을 힘써 억제하여 친히 윤음을 내려 동조(東朝)[81]의 지극히 자애한 인(仁)을 크게 밝히고 우리 경묘(景廟)의 지극히 효성스럽고

• • • • •

78 건저 대리(建儲代理) : 저사(儲嗣)를 세워 정사를 대리하게 한다는 뜻이다. 1721년(경종1) 노론 사대신(老論四大臣)의 주장으로 연잉군(延礽君 영조)을 세제(世弟)로 책봉하여 대리청정하게 한 일을 가리킨다. 당시 건저 대리의 시비는 바로 충신과 역신을 구분하는 중요 사안이었다.

79 이색(李䆄) : 무신란에 연루되어 처형된 이순관(李順觀)의 적질(嫡姪)로서, 가산(嘉山)에 유배되어 있던 중에 1745년(영조21) 역모의 혐의로 잡혀와 물고(物故)되었다. 형은 이협(李㥠)이다.

80 회양(懷襄) : 회산 양릉(懷山襄陵)의 준말이다. 《서경》 〈우서(虞書) 요전(堯典)〉에 "넘실거리는 홍수가 널리 해를 끼쳐 거세게 산을 에워싸고 언덕을 넘는다.〔湯湯洪水方割, 蕩蕩懷山襄陵.〕"라고 한 데서 나온 말로, 재앙이 크게 확장되어 널리 퍼진다는 뜻이다.

81 동조(東朝) : 태후의 궁전을 이른다. 한나라 때 황태후가 거처하던 장락궁(長樂宮)이 황제의 거처인 미앙궁(未央宮)의 동쪽에 있었던 데에서 유래하였다. 여기서는 대왕대비 인원왕후(仁元王后) 김씨(金氏)를 가리킨다.

지극히 우애로운 덕을 발휘하셨다. 말씀의 애달프고 간절한 뜻은 귀신을 감읍하게 하고 사실의 광명함은 일월이 환히 비추고 있으니, 어찌 다만 찬수하는 신하들만 받들어 읽고 피눈물을 흘릴 뿐이겠는가. 참으로 하늘이 부여한 본성을 지닌 자라면 누군들 마음이 무너지고 뼈가 아프지 않겠는가.

아, 여러 신하가 이미 성상의 유시(諭示)를 듣고 난 뒤에 오직 우리 두 성상의 지극히 인자하고 지극히 효성스럽고 지극히 우애로움을 흠송할 줄만 알고 군부를 위하여 피를 쏟으며 통렬히 변석하여 신명에 통하며 하늘에 닿는 우리 성상의 지극한 행실과 아름다운 덕을 천하 만세에 밝게 드리울 것을 생각지 않는다면 어찌 감히 신하가 있다고 하겠는가. 이것이 여러 신하가 차례차례 논찬(論撰)하고 의리를 천명하여 삼강(三綱)과 구법(九法)[82]이 천하에서 무너지는 데에 이르지 않도록 하고 난신적자가 두려워할 줄을 알게 하려는 까닭이다.

• • • • •

82 삼강(三綱)과 구법(九法) : 삼강은 유교의 도덕에서 기본이 되는 세 가지 강령(綱領), 즉 군위신강(君爲臣綱), 부위자강(父爲子綱), 부위부강(夫爲婦綱)이다. 구법은 천하를 다스리는 아홉 가지 대법으로, 곧 오행(五行)·오사(五事)·팔정(八政)·오기(五紀)·황극(皇極)·삼덕(三德)·계의(稽疑)·서징(庶徵)·오복(五福)이다. 한유(韓愈)의 〈여맹상서서(與孟尙書書)〉에 "양주(楊朱)와 묵적(墨翟)이 서로 천하를 어지럽혀 성현의 도가 밝지 못하니, 삼강이 혼란해지고 구법이 무너졌다.〔楊墨交亂, 而聖賢之道不明, 則三綱淪而九法斁.〕"라고 하였다.

천의소감 발문
闡義昭鑑跋

이 글은 무엇 때문에 지었는가? 난적(亂賊)을 징계하고 윤강(倫綱)을 바로잡으려고 지은 것이다. 죄인을 잡고 천토(天討)가 이미 행해졌으니 마땅히 이 글을 기다릴 것이 없을 듯하다. 그러나 이들 역적의 하늘에 통하는 죄악은 전적으로 흉언을 서로 허위로 떠벌리고 요얼이 서로 단단히 결속한 데에 기인한다. 그 허위로 떠벌린 종적과 단단히 결속한 정상을 밝히고, 흐름을 따라가 근원을 거슬러 찾고 희미한 것을 더듬어 드러난 것을 궁구하여, 천하 사람들이 모두 난적이 도망할 곳이 없으며 윤강이 끝내 민멸하지 않을 것을 알게 한다면 간편(簡編)의 공과가 실로 부월(鈇鉞)과 더불어 나란히 행해지리니, 진실로 글을 그만둘 수 없는 것이다. 글은 모두 4편으로 신축년(1721, 경종1)부터 을해년(1755, 영조31)까지 거의 40년의 기록인데 그 사이에 일어난 난역이 모두 예닐곱 번이다.

효휴(梟鵂 올빼미)가 사나운 소리로써 서로 응하되 숨 쉬는 것은 한 장두(腸肚 창자와 배)이고, 이매(魑魅 도깨비)가 음기(陰氣)로써 서로 모였으되 부르고 떠드는 것은 한 와굴(窩窟)이다. 두려워할 만한 것이 하늘이 아니겠는가마는 욕할 수 있다 여겼고, 사랑할 만한 것이 임금이 아니겠는가마는 속일 수 있다 여겼다.[1] 그리하여 이미 우리 성궁(聖躬)

-----

1 두려워할……여겼다 : 《서경》 〈우서(虞書) 대우모(大禹謨)〉에 "사랑할 만한 것은 군주가 아니겠으며, 두려워할 만한 것은 백성이 아니겠는가. 백성은 원후(元后)가 아니면 누구를 떠받들 것이며, 원후는 백성이 아니면 함께 나라를 지킬 사람이 없다.〔可愛非君? 可畏非民? 衆非元后, 何戴? 后非衆, 罔與守邦?〕"라는 내용이 나온다.

을 속이고 이어 우리 동조(東朝)와 경묘(景廟)에게까지 미쳐 가만히 서로 전술하여 여기에 이르렀다. 그 와언(訛言)을 일으키는 것이 갈수록 참혹해지고 그 난을 선동하는 것이 더욱 치성해져서 천경(天經 하늘의 법)과 민이(民彝 사람의 도리)가 거의 땅에 떨어지게 되었다. 아, 우리 삼성(三聖)의 깊은 인애(仁愛)와 지극한 성덕을 억조창생이 다 우러러 받드는데, 유독 이 역적들에게 무엇을 저버렸다고 방자하게 무함하고 핍박하여 그 흉악한 계획을 기필코 이루고자 하였으니, 이것이 어찌 하루아침에 빚어진 일이겠는가. 대개 이 일종의 패의(悖義)한 무리는 선조(先朝) 때부터 뜻을 잃고서 원망을 쌓아 그 화심(禍心)을 한번 풀고자 한 지 오래되었다.

그런데 경묘가 유지(遺旨)를 따르고 자교(慈敎)를 받들어 저위(儲位)가 한번 정해지자 나라 형세가 길이 굳어지게 되니, 위태롭게 요동시킬 것을 도모하여 그 방도가 한두 가지가 아니었는데도 선위의 체례가 광명(光明)하여 그 방도를 쓸 틈이 없었다. 그러자 감히 지극히 부도한 말을 날조하여 많은 불량한 무리를 속이고 미혹시켜 저절로 지엽(枝葉)이 자라나서 화(禍)의 계제가 오늘날까지 이르렀다. 아, 분통하다! 이 어찌 한 나라 신민(臣民)의 원수일 뿐이리오. 실로 만세토록 함께 칠 역적이다.

다행히 우리 성상의 효성스럽고 우애로운 덕이 위로 감응하고 오르내리는 조종의 신령이 아래로 굽어살피신 데 힘입어, 은밀한 모의가 싹트는 바를 귀신이 깨닫게 하고 추악한 무리가 모인 바를 하늘이 들추어내었다. 그리하여 옛 역적과 새 흉도가 모두 법에 따라 복주되었으니, 이제 또 그 형명(刑名 형법(刑法))을 드러내어 편책(編冊)에 새겨 천하 후세 사람 누구나 주벌할 수 있도록 하였다. 신강(臣綱)이 이로 말미암아 더욱 드러나고 방명(邦命)이 이로 말미암아 더욱 굳어졌으니, 아, 아름답다! 천도(天道)의 속일 수 없음이 이와 같도다.

글이 완성되자, 신이 일찍이 관각에 외람되이 참여한 것으로 인해 글

말미에 발문을 짓도록 하셨다. 신이 사양하였으나 허락을 받지 못하여 감히 이상과 같이 말씀 올리고, 그 찬집하는 의례(義例)[2]는 다 성상께 재결을 여쭈어 번거로움을 없애고 간략하게 하되, 역적의 율로 처단된 자 이외에는 모두 쓰지 아니하였다.

금상 31년(1755) 을해 중동(仲冬) 상한(上澣)에 가선대부 행 용양위 부사직 신 남유용(南有容)이 삼가 머리를 조아리며 교명을 받들어 발문을 올리다.

교명을 받들어 찬수에 참여한 제신(諸臣)

대광보국숭록대부(大匡輔國崇祿大夫) 영중추부사(領中樞府事) 신(臣) 김재로(金在魯)

대광보국숭록대부 의정부영의정 겸 영경연홍문관예문관춘추관관상감사 세자사(議政府領議政兼領經筵弘文館藝文館春秋館觀象監事世子師) 신 이천보(李天輔)

대광보국숭록대부 의정부우의정 겸 영경연사 감춘추관사(議政府右議政兼領經筵事監春秋館事) 풍은군(豐恩君) 신 조재호(趙載浩)

보국숭록대부 행 지중추부사(行知中樞府事) 신 원경하(元景夏)

보국숭록대부 행 지중추부사 겸 이조판서 지춘추관사(行知中樞府事兼吏曹判書知春秋館事) 신 신만(申晩)

정헌대부(正憲大夫) 지중추부사 겸 세자우빈객(知中樞府事兼世子右賓客) 신 홍계희(洪啓禧)

정헌대부 병조판서 겸 지경연사(兵曹判書兼知經筵事) 신 홍봉한(洪鳳漢)

2 의례(義例) : 저서의 주지(主旨)와 체례(體例)를 말한다.

정헌대부 예조판서 겸 세자좌부빈객(禮曹判書兼世子左副賓客) 신 이정보(李鼎輔)

자헌대부(資憲大夫) 의정부좌참찬 겸 지경연사(議政府左參贊兼知經筵事) 신 서종급(徐宗伋)

자헌대부 행 용양위 부사직(行龍驤衛副司直) 신 서명빈(徐命彬)

자헌대부 의정부우참찬 겸 세자우부빈객(議政府右參贊兼世子右副賓客) 신 조영국(趙榮國)

자헌대부 지중추부사 겸 지춘추관사 동지성균관사(知中樞府事兼知春秋館事同知成均館事) 신 이성중(李成中)

자헌대부 형조판서 겸 예문관제학 동지성균관사(刑曹判書兼藝文館提學同知成均館事) 신 조명리(趙明履)

자헌대부 공조판서 겸 동지경연춘추관사 홍문관제학(工曹判書兼同知經筵春秋館事弘文館提學) 신 정휘량(鄭翬良)

가선대부(嘉善大夫) 행 용양위 부사직 신 남유용(南有容)

가선대부 행 충무위 부사직(行忠武衛副司直) 신 권상일(權相一)

가선대부 행 용양위 부사직 신 오수채(吳遂采)

가선대부 행 용양위 부사직 신 남태제(南泰齊)

어모장군(禦侮將軍) 행 용양위 부사과(行龍驤衛副司果) 신 이양천(李亮天)

통훈대부(通訓大夫) 장악원 정(掌樂院正) 신 홍명한(洪名漢)

통훈대부 행 사헌부 집의(行司憲府執義) 신 서명응(徐命膺)

통훈대부 행 세자시강원필선 겸 춘추관편수관(行世子侍講院弼善兼春秋館編修官) 신 황인검(黃仁儉)

통훈대부 행 홍문관수찬 지제교 겸 경연검토관 춘추관기사관(行弘文館修撰知製教兼經筵檢討官春秋館記事官) 신 이최중(李最中)

어모장군 행 용양위 부사과 신 송문재(宋文載)

통훈대부 행 사헌부장령(行司憲府掌令) 신 이길보(李吉輔)

건공장군(建功將軍) 행 용양위 부사과 신 홍인한(洪麟漢)

보공장군(保功將軍) 행 용양위 부사과 신 홍경해(洪景海)

통훈대부 행 홍문관부교리 지제교 겸 경연시독관 춘추관기주관(行弘文館副校理知製敎兼經筵侍讀官春秋館記注官) 신 남태저(南泰著)

보공장군 행 용양위 부사과 신 원인손(元仁孫)

어모장군 행 용양위 부사과 신 이성경(李星慶)

통훈대부 행 병조정랑 겸 한학교수(行兵曹正郎兼漢學敎授) 신 서명천(徐命天)

봉렬대부(奉列大夫) 행 홍문관부교리 지제교 겸 경연시독관 춘추관기주관(行弘文館副校理知製敎兼經筵侍讀官春秋館記注官) 신 정상순(鄭尙淳)

통훈대부 행 홍문관부수찬 지제교 겸 경연검토관 춘추관기사관(行弘文館副修撰知製敎兼經筵檢討官春秋館記事官) 신 홍준해(洪準海)

통훈대부 행 홍문관교리 지제교 겸 경연시독관 춘추관기주관(行弘文館校理知製敎兼經筵侍讀官春秋館記注官) 신 조엄(趙曮)

소위장군(昭威將軍) 행 용양위 부사과 신 정광한(鄭光漢)

어모장군 행 용양위 부사과 신 윤득우(尹得雨)

보공장군 행 용양위 부사과 신 정존겸(鄭存謙)

통훈대부 행 사헌부지평 겸 남학교수(行司憲府持平兼南學敎授) 신 이세택(李世澤)

어모장군 행 용양위 부사과 신 이상윤(李尙允)

건륭(乾隆) 20년(1755, 영조31) 11월 26일 정족산성(鼎足山城)에 《천의소감》 1건을 내사(內賜)하다.

우승지 신 이(李) 수결(手決)

校勘標點

闡義昭鑑

朴憲淳 吳世玉 校點

凡例

이 책은 英祖 31년(1755) 王命에 의해 纂修廳에서 4卷 3冊으로 편찬하였고, 내용은 경종1~2년(1721~1722)에 일어난 辛壬士禍에서부터 영조 31년에 발생한 羅州掛書 사건에 이르기까지 당대 정치적 사건과 관련된 상소, 교문, 계청, 추국안, 공사, 처결 등의 기록을 수록한《闡義昭鑑》을 校勘 · 標點한 것이다.

底本

이 책의 底本은 奎章閣 所藏《闡義昭鑑》(奎1545)으로서, 初刊本인 戊申字本《闡義昭鑑》(규장각, 장서각, 국립중앙도서관, 영남대, 계명대, 전남대, 연세대 등 소장)을 廣州府에서 飜刻한 번각본이다.

校勘

1. 略字, 俗字 등 異體字는 代表字로 통일하고 校勘記는 달지 않았다. 대표자 판정은 韓國古典飜譯院 이체자 검색시스템을 準據로 하였다. 단, 일부 固有名詞와 慣用語의 이체자는 예외로 하였다.
2. 慣行的인 筆記習慣에 의해 발생한 誤字는 本文을 고치고 校勘記는 달지 않았다.
3. 底本의 오류가 명백한 경우 本文을 고치고 校勘記에 그 근거나 사유를 밝혔다.
4. 底本의 오류가 의심되지만 명백한 근거나 사유를 찾을 수 없는 경우 校勘記에 그 내용을 언급하였다.
5. 底本과 對校本, 校勘資料 간에 글자의 차이는 있지만 어느 쪽이 옳은지 확정할 수 없는 경우 校勘記에 그 내용을 밝혔다.
6. 동일한 校勘事項이 반복되는 경우 맨 앞에만 校勘記를 달고 나머지는 바로 고쳤다.
7. 底本의 缺落이나 脫字는 補充根據가 확실한 경우 本文에 보충하고 校勘記에 그 근거를 밝혔다. 근거가 불확실한 경우에는 참조할 수 있도록 校勘記에 그 내용을 언급하였다.

參考資料

1. 承政院日記: 承政院 編, 奎章閣 所藏本(奎12788-v.1~3045)

2. 朝鮮王朝實錄: 春秋館 編, 國史編纂委員會 影印本, 1968~1970.

3. 闡義昭鑑諺解: 纂修廳 編, 奎章閣 所藏本(奎2214)

4. 推案及鞫案: 義禁府 編, 亞細亞文化社 影印發行, 1979

標點符號

。	敍述文 및 語調가 약한 命令文의 끝에 쓴다.
?	疑問文의 끝에 쓴다.
!	感歎文 및 語調가 강한 命令文 등의 끝에 쓴다.
,	한 文章 안에서 句의 區分이 필요한 곳에 쓴다.
、	竝列된 名詞 또는 名詞句 사이에 쓴다.
·	名詞의 竝列이 重層的인 경우, 모점(、) 안에서 竝列語를 구분하고, 書名符號 안에서 書名과 篇名 등을 구분하는 데 쓴다.
;	두 句 이상으로 구성된 각 節이 竝列을 이룰 때 그 사이에 쓴다.
:	뒤에 나올 내용을 提示하는 말의 뒤에 쓴다.
【 】	小註를 나타내는 데 쓴다.
《 》	書名, 篇名 등을 나타내는 데 쓴다.
___	人名, 地名 등 固有名詞를 나타내는 데 쓴다.
□	빠진 글자의 자리를 나타내는 데 쓴다.
“ ” ‘ ’ 「 」	각각 1차, 2차, 3차 인용문에 쓴다.

目次

手書箚批

答曰:"省卿等之箚。噫! 予之幾年蓄于心者, 已諭纂修廳, 而今覽《闡義昭鑑》, 從今以後, 庶有奉慈聖之顔, 拜皇兄之面, 而尤於今日, 一倍此心矣。噫! 靡卿等忱誠, 何以爲此? 深嘉其忠焉。"

御製

諭纂修諸臣

嘻！諸逆之罔測語逼於予者，蒼穹昭昭，陟降下臨，皇兄俯燭，其雖痛心，何累於予？而但語逼東朝者，爲人子者，痛隕欲溘然無知；其貽累於皇兄至孝至友之德者，爲子弟者，其當張目而辨。此二事當自輯成，何待諸臣？而思之及此，心隕嗚咽。條列大略于左，以付纂修之臣焉。

嘻！我皇兄之至孝，七歲，事聖后，夙宵不離。聖后於故判書閔鎭厚兄弟入侍也，至有"世子事我愈於所生"之教。及至壬午，以此至孝，事慈聖。慈聖之至愛，皇兄之至孝，和氣藹然於禁中，左右侍人莫不欽誦，此正"人無間言"者。

而噫嘻痛矣！逆鏡以射日之心，教文中敢以陰慘罔測行盃等說，釀成戊申之逆亂，此已亘古所無之大逆。而至夫今番逆賊致雲蟹醬之招，尤爲心寒骨冷，有不忍聞。噫嘻痛矣！此非逆鏡教文之比。玆事漠無所知，故正法致雲後，涕泣入奏我慈聖，而聞慈聖下教，乃知其時皇兄所進御者，非東朝所送，乃御廚供進者也。我皇兄禮陟在於越五日，而以無識侍人過進之說，梟獍之輩，故諱事實，變幻做作，語逼不敢言之地。天海倡之於前，致雲結之於後，非今番，何以知此？嘻！非徒予心之痛迫，我皇兄亦必悚慽于冥冥。今不洞言，其何謂爲人子之道爲人弟之道乎？

嘻！我皇兄豈徒事我兩聖后至孝也？繼述之孝，度越百王。噫！庚子以前不逞之徒，以小人之腹，度聖人之心，敢曰自有其時, 庚子以後, 我皇兄繼述先王之志事, 於政於令, 一無更焉。至哉! 大哉!

而初年歲抄付籤, 非皇兄之有意, 昔年亦有是事, 而其時有爭執之事, 故敢因逆儉, 欲得亟停勿煩之敎。此在儉、貞交結之前, 故其計莫售。此正孔聖所謂履霜堅氷至, 而是卽予親聽逆儉之言者也。此輩不耐梟獍之心, 陰結儉、貞, 先除尹志述。噫! 以我皇兄至仁盛德, 決不爲此。此正若嘉靖皇帝非皇兄之意之敎也。計不能售, 而仙馭上賓, 以梟獍無所不至之心, 陰翳我皇兄繼述之大孝, 敢怨我慈聖諺敎定策之事, 做作罔測之說, 傳之又傳, 致雲吐其不道之說, 鏵露其不道之心。可勝痛哉! 可勝痛哉! 呼寫及此, 心焉欲墜。

此二條, 卅載欲諭不忍者, 諸臣欲爲予而痛辨, 予若徒守不忍之心, 不諭於纂修工訖之前, 其將何顏三朝我慈聖? 亦將何面歸拜我皇兄? 今者此諭, 略而盡矣, 咨纂修之臣, 其潤成焉。

輔國崇祿大夫、行知中樞府事、兼吏曹判書·知春秋館事, 臣申晩奉敎書。

綸音

噫! 堯、舜之道, 孝悌而已。爲人子弟, 勿論王公匹庶, 於不忍言者, 人雖言之, 其不忍聞, 予豈忍形諸言、登諸教, 而下纂廳之諭, 專由痛心而然矣, 不然, 非今纂輯之意也。昨聞都提調所奏, 此諭編於卷首云。從今以往, 義理將闡, 梟心可戢, 而此後則體段尤嚴, 可謂金石之案。

凡事自有規模, 又有本末。所謂規模者, 不可因此而枝蔓, 今者編錄, 只擧前後正法者。所謂本末者, 諸逆結案, 旣布朝紙, 闡義理, 其本, 載其事, 其末也。渠雖陰慘自速王章, 今年正法者、應坐者, 其幾百人? 是豈予所樂爲者哉? 此冊頒布之後, 或有不逞者猶不大覺, 被其詿誤者亦不感悟, 則是尤亘古所無之亂逆也, 隨現按法, 自有邦刑。而其若覽此鑑, 抉摘字句, 探索於他, 以爲此人名入此編, 不可不同律, 此人應入而不入, 其宜追律, 紛然葛藤, 陷人坑坎, 則此因此鑑, 將起殺戮, 是豈予之意? 是豈予之意?

何以言之? 以臺臣笏記, 卅載之後, 幾將一大紛紜。笏記猶然, 況金石之案乎? 夜分乃入, 思之及此, 寢不能寐。此豈過哉? 一人追律, 隨法幾人? 應坐亦幾人? 噫! 白首暮年, 梟獍不熄, 一年之內, 臨帳殿殆近十之八九, 而欲闡義理, 又啓殺戮, 則荊棘之開猶愼, 況加於此者乎? 此後憑此提往事而惹鬧者, 此非爲國也, 乃挾雜也。挾雜者何? 前日所惡者, 則挾雜也, 前日不惡者, 亦挾雜也。私勝公, 非挾雜而何?

漏鼓不撤，命政院、藥院入侍，使持編同入，耿耿待朝，呼寫綸音，名此編曰《闡義昭鑑》，添刪以下。何謂添刪？闡義理莫重處，當添，不緊語不緊名，當刪。

咨！纂修堂郎，體此苦心，體此苦心，而吁嗟！大小臣工亦體此諭，一公自勵，莫犯邦憲。

嘉善大夫、行龍驤衛副司直，臣南有容奉教書。

進闡義昭鑑箚子

大臣輔國崇祿大夫、領中樞府事臣金在魯，大臣輔國崇祿大夫、議政府領議政、兼領經筵弘文館藝文館春秋館觀象監事·世子師臣李天輔等伏以:

臣等猥承《闡義昭鑑》纂輯之命，始焉大慽，中焉大懼，終焉又不勝聚首而相忭也。蓋臣等事殿下幾年，不能昭伸義理，式遏凶圖，致令亂逆前唱後喁，接跡而起，是固臣等之罪，所以慽也。今因憲臣陳箚，幸值闡明之會，而識短文拙，恐未能劈破源頭，垂示後世，所以懼也。雖然，表揚三聖之盛德，扶樹萬世之綱常，使亂臣賊子無所遁其情，而天經民彝曉然於一世耳目，則亦豈非臣等之所同忭者耶?

嗚呼! 三百年宗社之得有今日，是誰之力也? 我東朝以妊、姒之德，奉寧考遺旨，翼佑我殿下，我景廟出天之孝，因心之友，保護我殿下，而我殿下孝悌至行，貫徹神明，歷艱險而彌光，履危疑而益彰，克體兩聖付畀之重。孟子曰:“聖人，人倫之至。”惟我三聖之謂也。環東土，含生之屬，夫孰不欽頌感泣? 而惟彼一種凶孼，自辛壬以來，百端誣衊，靡所不至。大統授受之正，可以建天地昭日月，而敢售其掩翳之計，凶肚逆腸，密傳潛通。雖以我殿下三十年涵貸之深，覆育之廣，猶不能化梟獍之性，逮夫前春之變，而愈往而愈熾，惟天惟祖宗，默啓聖衷，廓揮乾斷，懲討亟行，處分大定。明天理於旣晦，破賊膽於方來，而猶以爲未盡，至有纂書之命。

或者曰:“自古亂逆之起,惟誅之殛之而已,安用書爲哉?”臣等答曰:“未也。夫所謂誅殛者,不過擧國家之常典,而洩神人之同憤耳。若其醞釀之久,根蔕之固,非一朝一夕之故,苟無是書,則竊恐千百代之下,時移事往,聞見寖遠,將何以按眞案驗實迹,而覰鬼蜮之情狀也哉?況其凶言之所譸張,非但誣我殿下,至於上逼兩聖,則殿下又豈可以事關聖躬,而不爲兩聖辨之乎?於是乎殿下不得以不忍言而不言,臣等不敢以不忍書而不書,殿下流涕而言之,臣等沫血而書之,實出於痛之切憂之遠,而庶幾乎正人紀杜禍亂,未必不賴於是書,則書烏可已乎?”嗚呼!其亦悲且苦矣。

臣等受命以來,夙夜奔走,歷考鞫案及《政院日記》,撮其大者,或存或削,一聽睿裁,立綱分目,繫以斷論,而元惡巨魁正法者外,略而不錄,蓋使霜雪之威,雨露之澤,竝行於其間也。世之讀是書者,其有不歔欷憤惋扼腕而裂眥,則非仁人義士也。其有不銜恩佩德,而怳然感悟惕然懲創,則是無臣節也,無人心也。無人心,亂也;無臣節,逆也。在横目之列,而均得天畀之衷者,寧有是哉!寧有是哉!

設局五朔,始訖役,書凡四編。臣等謹拜手稽首封進焉,取進止。【手書批答見上】

進闡義昭鑑箋

大匡輔國崇祿大夫、領中樞府事臣金在魯，大匡輔國崇祿大夫、議政府領議政、兼領經筵弘文館藝文館春秋館觀象監事·世子師臣李天輔，大匡輔國崇祿大夫、議政府右議政、兼領經筵事·監春秋館事、豐恩君臣趙載浩等，誠惶誠恐稽首稽首上言:

竊以君臣之分，寔出於秉彝，義理之明，貴在於溯本。千代作鑑，一編訖工。洪惟建儲代理之正大光明，寔由聖母、景廟之盛德至友。三宗之血脈是托，孰敢異議於其間? 丁酉之節目尚存，抑亦近例之當據。攀綸札而苟不下淚，必非志士忠臣，質鬼神而可以無疑，擧仰宏圖大慮。慈化丕冒，猗歟國措於泰磐，聖心至公，允矣事光於簡冊。矧玆大策之亟決，蓋追寧考之遺音。燕翼貽謨，是知漢家之制自有，螽羽無望，固宜殷及之禮式遵。豈意鴻籙之方開，迺有梟種之傍肆! 自先朝而失志怨上，寔繁其徒，蓄異心而畫地指天，圖危國本。興言及此，痛骨如何?

耇、輝禍於箚章，轉爲妖儉之釀亂，鏡、夢肆逆於疏敎，仍有賊虎之逞凶。誣逼敢犯於儲宮，餘何足說? 怨懟至及於慈極，所不忍言。禍機滋深，宗祊凜如髮之勢，密網潛布，忠良罹駢首之冤。惟世變幾乎滔天，欸人紀將以墜地。始也秘諱聖疾，恣行蔽聰之奸，終焉鼓煽凶誣，至作稱兵之逆。輦路肆悖亂之說，誰敎汝耶? 訊庭露譸張之形，蓋有主者。第緣懲討之不早，以致根株之未除。雖天心至仁，前後涵貸之旣久，而豺牙密厲，表裏醞釀之轉深。麟、熊、亮、晟之膏血纔乾，雲、鏟、徵、緝之腸肚愈結。一種叵測之狀，前牒所無，萬古窮凶之情，後出尤憯。從來亂賊之起滅，不過鬼燐於一時，至若此輩之糾連，便成凫窟於卅載。

隄防已峻，固知名義之莫嚴，歲月寖移，或恐懲創之稍弛。因臺箚而設局，奉聖裁而分編。起自辛丑中秋，痛陳大義之頭腦，終以是歲七月，快闢一世之昏蒙。筆法昭垂，檮杌之實跡自見，虹沴消廓，日月之全體愈光。鑄神鼎而魑魅莫逃，定鐵案而刑政畢擧。遵要領必提之例，惟渠魁之悉書，體脅從罔治之仁，在枝葉則幷略。于以辨聖誣而樹國紀，于以明天理而正人心。奚但詔牖[1]當今？蓋爲傳示來後。

恭惟至行純德英謨毅烈章義弘倫光仁敦禧主上殿下，受天全付，撫運方亨。躬孝悌而爲出治之源，仁心仁聞之自洽，秉神武而行好生之德，天命天討之各當。歷險履艱而純行彌著，動心忍性而睿智益專。卓然，聖學之功！大哉，人倫之至！

肆因闡義之策，特降宣諭之文。明長樂保翼之慈，形容斯盡，彰懿陵孝友之實，陟降於昭。拔本塞源，凶徒之窩竇已破，懲前毖後，皇王之典則永垂。誦奎製而孰不隕心？播王言而咸俾歸極。

伏念臣等，俱以鹵劣，濫叨編摩。惟二聖大德之光，旣仰宸翰之昭揭，顧我后至行之懿，敢曰蕪辭之克揚？綱擧目張，所謹者春秋名分之正，金銷石泐，不泯者忠逆是非之眞。短箚告成，粗陳闡明之大旨，寶墨頒批，曷副奬勵之聖心？獻御之辰，感惶未已。

1 牖：底本에는 "牗"으로 되어 있다. 문맥을 살펴 수정하였다.

所撰《闡義昭鑑》四編，謹隨箋以聞，無任激切屛營之至。臣在魯等誠惶誠恐稽首稽首謹言。

乾隆二十年十一月日。大匡輔國崇祿大夫、領中樞府事臣金在魯等謹上箋。

闡義昭鑑凡例

一。今玆《昭鑑》之纂修，寔出於揄揚三聖之至仁盛德，闡明建儲代理之義理，昭示於天下後世者也。以前後筵敎及《政院日記》所載，撮要而謹書之。

一。疏啓、筵奏、鞫案之去取存刪，一稟聖裁，而御筆書下者及聖敎呼寫處，則懸註於下。

一。事實記載之外，逐段立論，以著闡義懲亂之法。

一。義理大關頭處，別爲立綱，特書月日干支以存謹嚴之體。

一。前後凶逆之根柢脈絡，一一昭載，而伏法者外，因聖敎竝不書。

一。戊申凶逆，旣有《勘亂錄》，因聖敎只立總論。庚戌、戊辰諸逆，取其事關辨破者，略書梗槪。此書纂輯，由於今年逆變，故今年諸逆，則備錄顚末。

一。凡斷論，於記事下，低一字書以別之。

闡義昭鑑

卷一

辛丑

景宗大王元年八月【朔己未】戊寅，上承慈敎，命冊立王世弟。

時聖候違豫，望絶斯男之慶，儲位未建，朝野深憂，而大臣諸臣未及陳請，正言李廷熽上疏言："豫建儲位，國家之大本，宗社之至計。今我主上殿下，受皇天付畀之重，承先王艱大之托，春秋鼎盛，尙無繼嗣，不徒中外臣民恤恤然隱憂永歎，竊伏想我慈聖巨創哀疚之中，必以此益加憂念，而我先王在天之靈，亦必眷顧而悶鬱矣。況我祖宗曾有已行之典，豈非今日之所當遵奉者乎？方今國勢岌嶪，人心渙散，尤宜念國家之大本，爲宗社之至計，而在大臣之列者，尙無建白，臣竊慨然也。伏願殿下亟以此上稟慈聖，下議大臣，以定社稷之大策，以繫億兆之顒望。"上卽下批，命議大臣稟處。

領議政金昌集、判中樞府事趙泰采、左議政李健命、戶曹判書閔鎭遠、工曹判書李觀命、兵曹判書李晩成、刑曹判書李宜顯、右參贊任埅、判尹李弘述、大司憲洪啓迪、大司諫洪錫輔等請對入侍。昌集曰："今國勢孤危，人心波蕩，而聖上春秋鼎盛，尙無儲嗣，宗社之憂，莫大於此，而事體重大，至今囁嚅。臺言至當，孰敢有他意乎?"泰采曰："自古人君，若無螽斯之慶，則自下請建者有之。宋仁宗春秋不至晼晩，而諫臣范鎭累疏請之，大臣文彦博等力贊定策。請亟賜處分。"健命曰："建儲，有國重事，早定然後人心可係，不宜一刻遲緩。故不計深夜，相率仰請。深加聖思，早定大計，幸甚。"諸臣亦相繼陳請。上卽從之。大臣諸臣齊聲賀曰:“此宗社無彊之福也。”昌集仍請仰稟慈旨。上許之。諸臣退坐閤外以俟。上復命入侍,授以一封書。昌集進受而奉拆,則封內有二紙,一則書當宁潛邸時爵號延礽君三字,一則慈殿諺教也。昌集又曰:“此宗社無彊之福也。”史官翻書諺教。“若曰:孝宗大王血脈,先大王骨肉,只有主上與延礽君而已,有何他意乎?予意之如此,下教于大臣宜矣。”諸臣皆泣涕曰:“承此下教,不勝悲感。”

健命請令承旨以傳旨書出。承旨趙榮福將書,顧大臣曰:“以何號書之乎?”健命請先以儲嗣書之。上曰:“唯。”榮福乃書傳旨,“以延礽君爲儲嗣”。仍請牌招禮堂擧行節目。禮曹啓:“定宗大王封太宗大王爲世子,豈以帝王家,以繼序爲重,倫次反輕而然耶?抑其時太祖大王方在上王之位,至尊所壓,無嫌於世子之稱而然耶?今日事勢,與此稍異,亦難引以爲例。自古歷代人君,立弟爲後,皆封爲太弟。今此名號,以世弟爲定,則名義禮節似皆允合,而事體至重且大,臣曹不敢擅便,請議大臣稟處。”傳曰:“允。”遂收大臣議,定爲王世弟。

嗚呼!豫建儲位,所以重宗廟社稷,固國家之本,而係神人之望也。辛丑建儲,正大光明,求諸往牒而罕覯,垂諸百代而有辭。惟我東朝以妊、姒之至仁,爲三宗血脈,體聖考遺旨,而慈教懇惻,感泣臣隣。惟我景廟以堯、舜之至公,爲宗社奉慈教而親決大策,寔追及王之殷法。惟我殿下以明陵之子、懿陵之弟,爲宗社感慈教而受命景廟,克紹三宗之丕業。夫感東朝之教,孝也;承景廟之命,悌也。我殿下孝悌之行,萬民戴焉。惟我三聖之亹亹盛德,思以揄揚於天下後世,在廷諸臣之血忱也。《詩》曰:“成王之孚，下土之式，永言孝思，孝思維則。”又曰:“則友其兄，則篤其慶。”凡厥臣民，詠歎周雅，孰不欽頌我殿下孝悌之行之至、德之純也？嗚呼，休哉！

王世弟上疏辭位。答以:“預建儲嗣，所以重宗社也。噫嘻！予以不穀，已過立年，尙無嗣續，又有奇疾，言念國事，無計可施。玆以仰稟慈聖，俯從群下之請，委以儲貳之重，小心翼翼，勤勤孜孜，以副國人之顒望。”仍遣承旨傳諭。王世弟再上疏辭。

○ 柳鳳輝【司直】上凶疏，斥建儲事。大臣、三司請鞫鳳輝，趙泰耉【右議政】筍救之。鳳輝疏言:“臣伏聞正言李廷熽請建儲，聖批以議大臣稟處爲答。臣聞來，不勝其驚遑憂惑矣。翌朝始聞大臣與諸宰入對，以亟從臺言爲請，仍請仰稟慈聖，得手筆下敎，退留閤門，及其更對，處分已定云。

有國建儲，何等重大，而猝遽忙急，略無顧念國體底意，臣未知此何擧措也。惟我殿下再聘中壼，今堇數年，嘗藥憂遑，仍居諒闇之中，嗣續有無，姑無可論。殿下寶算方盛，中壼年纔踰笄，日後螽斯之慶，擧國臣民之所顒望。或者兩宮有疾，妨於誕育，則在保護之地者，固當竭誠醫治，靡不用極，而未聞有念及於此者，乃於卽祚之元年，猝然爲此擧，此其故何哉？

始使廷熽草草疏請，有若嘗試者然，及得稟處二字之敎，乃於更鼓已深之後，登對力請，必準乃已。至若事之不可不仰稟慈聖者，則亦當以稟定之意仰達，而旣請入稟，旋請出宣，再請之啓，至謂不可淹延，便同使令，殆近催督。此眞可謂無人臣禮者耳。

曾在戊辰殿下之誕生也，仁顯王后久無嗣續，伊時立嗣，非不急矣，而前席下詢之際，諸臣以姑觀數年，正宮無斯男之慶，而王子年長，則有司自當建請爲言。當日臣子，夫豈有他意哉？蓋所謂重國本尊國體也。人臣事君之道，自當如此。而今則忙忙急急，有若不容蹉過時刻者然，使莫重莫大之擧，終至於草率之歸，國體反輕，殆不成樣，人心疑惑，久而靡定，臣誠莫曉其何以至此也。臣忽聞朝家擧措之非常，雖其成命已下，無容更議，大臣及入對諸臣愚弄迫脅之罪，不可不明正。伏願聖明繼自今凡於事爲之間，必斷自宸衷而行之，毋使威福下移，仍定大臣以下罪犯以謝國人。"

傳曰："噫！先大王以日月之明，深慮予之無嗣矣，到今予之疾恙添加，無期斯男，敬承付托之重，晝夜憂懼，不遑寧處，百爾思惟之極。日昨臺疏，無非爲宗社定國本，正合先大王盛慮及予之憂歎之志。仰稟慈聖，則曰：'孝宗大王血脈，先大王骨肉，只有予與延礽君，不出乎此也。'慈教至切，不覺涕泗。噫！予有一分嗣續之望，則有何此教？旣定儲嗣，實是宗社無疆之福，抑亦予之所大望也，柳鳳輝之疏，出於千萬意慮之外，而語涉狂妄，此何人斯，何如是乎？不可置之，卿等論以啓達。"

領、左相率三司啓："柳鳳輝之疏，敢以國家大計歸之草率之科，而構捏臣等，驅之罔測之地。臣等驚惶震怖，只當泥首俟罪，而區區私義，有不足恤，乃敢相率入來，以俟處分矣。伏承聖批，十行綸音，罔非出於爲宗社憂國本之至意。懇惻悲切，不但有以泣鬼神者，臣等聚首莊誦，不覺涕泗之汍瀾也。

噫！大殿嗣續之憂，不但殿下憂之，今奉聖旨，先王之所深慮，慈聖之所下教，則臺疏之建請，諸臣之協贊，亦云晚矣。有何忙急之失? 而鳳輝之說, 蓋出於聲罪諸臣, 網打朝著之計, 信如斯言, 臣等之罪, 不可勝誅。以人主之尊, 爲群下所愚弄迫脅, 則果何如也? 名位已定, 神人有托, 而若曰'愚弄迫脅, 成此大計', 則唯我春邸之心, 其將安乎否乎? 成命一下, 萬姓延頸, 擧國含生, 莫不歡忭慶喜, 佇見寶曆無彊之休, 彼鳳輝, 抑何心腸, 獨自驚惶憂惑, 內懷不滿, 顯有搖動國本之意? 若不嚴加懲討, 則亂臣賊子必將接跡而起。請柳鳳輝設鞫嚴問, 以正王法。" 答曰: "依啓。"

其後改命遠竄。大臣、宰臣、三司、政院、宗臣以至館學儒生, 連進啓疏, 請鞫問, 累月爭執。

泰耇箚言: "卽因司直柳鳳輝疏陳, 至有設鞫之擧, 何至於是耶? 其心出於爲國之赤忱, 斷斷無他。故相臣李敬輿, 當孝廟承儲之日, 力主守經之論, 其時雖被竄逐, 而孝廟卽祚, 首先登庸。戊辰諸臣無非體國盡忠之人, 而何嘗以一時爭論有所鞫問乎? 設令其所言雖甚狂妄, 爲國盡忠, 遽命鞫治, 豈不大有傷於聖朝容諫之道乎? 導人主而撲殺言者, 恐非聖世之美事。伏願聖明亟加三思, 特收成命[1]。"

先是, 庚子國恤時, 弔勅來, 而勅書辭語, 別致優待之意。【勅書有致祭照例外, 遣大臣二員, 馳驛往慰。這表章, 於朝鮮國王、子侄勻諭等語。】使言: "受皇旨, 請與世子、竝弟、子侄相見。" 廟議拒塞不從, 而泰耇時在畿鄕, 上疏言: "北使知會文字, 其意不可測。上國弔列國之君, 而竝及弟侄之爲陪臣者, 古無是焉。上國行之, 爲失禮; 陪臣受之, 爲冒嫌。今日王子諸宗豈敢安於此哉?" 王子

1 亟……命 : 《承政院日記》 景宗 1年 8月 24日에는 "特加三思, 亟收成命"으로 되어 있다.

卽指今上殿下，而"冒嫌"二字，陰險憯慝，語意非常。至是又力救鳳輝，奬逆爲忠，其心所在，人誰不知乎？

惟我景廟批敎中，有曰："已過立年，尙無嗣續，又有奇疾。"且敎曰："先大王以日月之明，深慮予之無嗣。到今予之疾恙添加，無期斯男。"【已上，批敎中語。】

此諸臣之所以深憂隱慮，必以早定儲嗣爲請者，而三宗血脈只有景廟與殿下耳，景廟上承慈聖之敎，冊殿下爲世弟，則其義理之正大，授受之光明，眞可謂建天地而不悖，質鬼神而無疑，百世以俟聖人而不惑者，而國本鞏固，宗社奠安，大慶方新，人心胥悅。惟彼鳳輝獨上凶疏，自首至尾，了無一句稱慶之語，憤氣溢於言表，有若懟筆彈人，而其曰"無人臣禮"，"草率不成樣"，"人心疑惑"等語，可見其將心所發。天下萬古，安有絶悖窮凶如此賊者乎？夫天下萬古之所未有，鳳輝亦豈不知？而猶敢爲此者，是由失其所圖而內懷恚恨之心，遂乃諱聖候之違豫，而外托於顒望螽斯之說，謂此可以匿己之情而眩人之聽也。

夫何謂失其所圖也？其時儲位不歸殿下而何歸？而渠乃爲此疏，則其有異心，已彰露矣。且以戊、庚諸賊之欲推戴坦與垓、圻，戊辰䌙、䅳之欲推戴壿、壆觀之，則鳳輝之同一腸肚，尤灼然矣。而儲位旣定，則是爲失其所圖也。然則鳳輝之意，不在於三宗之血脈，渠亦世祿之人，亦肅廟之臣子，何故而其心之凶至於此耶？

噫嘻！鳳輝以尙運之子，見擯於正議，久懷猜嫉忿恨之意，且自聖考之世，如鳳輝之類，多不得志，居常怏怏怨國，遂與己巳遺孼相合，必欲斥逐舊臣，變改聖考之政，而景廟繼照，遵述聖考之政，鳳輝之類又不得逞其胸臆。其所日夜圖望，惟在景廟後嗣歸於渠輩意中之宗戚，而深恨其又歸於聖考之子、景廟之弟，輝疏骨子正在於此，則是不但爲殿下之逆臣，實爲肅廟、景廟之逆臣也。

至於泰耉疏箚，前旣包藏凶心，後又與輝同情，而所引乙酉相臣李敬輿之事，全不襯着，豈可比而同之哉？耉、輝疏箚，寔同出於患得患失無所不至之心，而皆以諱聖候之違豫爲主意，故諸賊莫不因襲，遂以箚請代理之臣爲逆。嗚呼！可勝痛哉。可勝痛哉。

○ 王世弟疏曰："伏以臣區區難冒之狀，罄竭無餘，聖慈必惻然矜允，而伏承下批，辭意隆重，又不如臣之所圖，尤不勝其抑塞悶蹙之至。臣之不才，叨冒是位，早晚僨敗，已爲自料，而昨得見柳鳳輝之疏，語極危險，臣之毛骨俱竦，心膽如墜，此又臣難冒之一端。雖微官末職，旣有人言，則其在自靖之道，決不當蹲仍，況儲副之位，是誠邦國之重本，而不顧言議之峻發，怵於嚴命，冒沒承當，則臣之一身羞恥，固不足恤，而其於國家何？千思萬量，斷無承命之勢，不得不敢陳危苦之狀，五日之內，四章煩瀆宸聽，臣罪萬殞猶輕矣。

伏願聖明，上念宗社之重，俯察臣䠑䡾之情，以其諸衛之屬，亟命罷歸，仍收成命，使臣以守其分，則生當聖世之臣，死亦瞑目而歸。臣無任惶恐涕泣席藁俟罪之至。"

答以："國家莫重大事旣已完定，而明其柳鳳輝之罪狀，則狂妄之說，有何介懷？如此之時，如此之人，何代無之？少無不安之端。上以慰宗社，下副國人之顒望，更勿控辭，亟斷來章，以安予心。衛屬亦以如儀焉。”

○ 三司啓：“國本大定，神人胥悅，自非與鳳輝同一逆肝賊膽者，則孰敢有貳議於已定之大策，孰忍有他意於莫大之邦慶？而右議政趙泰耉，罔念沐浴請討之義，徒懷容護私黨之計，投進一箚，旨意叵測。誣引乙酉之事，欺罔聖聰，左袒凶逆，噫嘻！可勝痛哉。

蓋乙酉事則聖祖所詢，實在於儲位未建之時，而大臣所達，亦在於名號未定之前。今此所引，不但誣當日大臣，亦所以誣聖祖也。概其譬引專出於眩惑疑亂之計，至以爲國血忱，爲國盡忠等語，奬詡凶賊，有若忠言讜論者然，此則不但護逆而已。人心之陷溺，義理之晦塞，胡至於此極也？今日國家莫重莫大之擧，孰有急於建儲一事，而乃以動搖國本之賊，必謂之忠於殿下，寧有動搖國本，而獨忠於殿下者乎？蓋泰耉前冬疏辭中，冒嫌二字，已極非常，而今又營救凶賊，自不覺其肝肺之盡露。當此人心危疑，懲討方嚴之日，凡所挺身而爲亂賊地者，不可不明正其罪。請右議政趙泰耉，爲先削奪官爵，門外黜送。”

○ 十月【朔戊午】丁卯，上降備忘，命王世弟聽政，旋寢之。

自建儲以後，宗社有托，國本大定，而時聖候彌留，中外憂慮。執義趙聖復疏言：“伏念臣嘗閱《政院日記》，曾在先朝丁丑年間，廷臣有以引對臣隣之際，令殿下傍侍參聞，教習國事之意，上章陳請者，輒蒙嘉納之批。臣竊謂爲此言者，誠得訓迪儲君之美法也。殿下倘於臣僚引接之時，政令裁決之間，輒引世弟，侍側參聽，一以爲講確可否之道，一以爲隨事訓習之方，則其必明練於庶務，有補於國事矣。伏願殿下深留聖意，仰稟慈旨而進退焉。”批以：“所陳好矣，可不留意？”仍下備忘曰：“予有奇疾，十餘年之來，差復無期，乃先朝之軫念，酬應萬機誠難矣。往在丁酉，有聽政之命，則靜攝中爲其調便耳，至於予躬，他不暇顧。及自登極以來，夙夜憂懼，近日症勢尤爲沈痼，酬應亦難，政事多滯，言念國事，心懷罙增。今世弟年壯英明，若使聽政，則國事可有依托，予得安意調便。大小國事，令世弟裁斷焉。”是夜，因左參贊崔錫恒及入直承旨、玉堂求對，請寢。還收備忘。

嗚呼！惟我景廟至孝至友之德，凡厥臣民豈不思所以揄揚也哉？夫出天之孝，因心之友，三代聖后之令德懿行，而我景廟孝友度越百王，以至孝事我慈聖，以至友保我殿下，八域洋洋贊頌我三聖，則揚我景廟孝友之德，所以揚我東朝至慈之德，亦所以揚我聖上至孝至悌之德也。

噫！建儲代理之擧，惟我景廟深念國家大計，奉慈旨而屢降懇惻之敎，在廷群僚孰不感動？耈、輝、鏡、良諸逆跳踉前後，必欲逞凶，而朝廷無韓、杜之臣，變怪百出，宗社之危，凜乎一髮。微我景廟之盛德至善，諸逆之凶謀陰計，何所不至？《詩》云：“於戲！前王不忘。”此臣民不敢忘我景廟之盛德至善者也。

韓世良【副司果】疏言：“伏見備忘，有大小國事，竝令世弟裁斷之敎。臣讀未至半，不覺心膽如墜，涕淚無從。伏惟王世弟仁孝夙著，位號已定，國本永固，繼序有時，何殿下汲汲然遽有此非常之敎也？驚憂且惑，莫知其由。繼伏見趙聖復疏，有曰：‘政務裁決之間，輒引世弟參聽，商確可否。’噫嘻痛矣！天無二日，地無二王。北面殿下之庭者，何敢以此等語言萌於心發於口哉？雖無直請使世弟臨朝之語，而其曰‘輒引參聽，商確可否’者，非請臨朝而何？爲人臣子，而敢懷陰移天位之計，顧其罪，安得一日容息於覆載之間哉？向於儲位請建時，似指恭靖大王時事云者，蓋引以弟爲儲之意，而其末後一事，猶未免國人之疑惑，豈意聖復踵有此嘗試之疏也？此而若不夬正邦刑，則非但世弟之心無以慰安，大義滅而綱常斁，亂臣賊子其將接跡而起矣。豈不大可懼哉？”

都承旨洪啓迪啓：“副司果韓世良呈一疏，見其措語，蓋亦請討聖復之語，而或曰‘天無二日，地無二王’，或曰‘雖無直請使世弟臨朝之語，而其曰輒引參聽，商確可否者，非請臨朝而何’，或曰‘爲人臣子，而敢懷陰移天位之計’，或曰‘向於儲位請建時，似指恭靖大王時事云者，蓋引以弟爲儲之意，末後一事，猶不免國人之疑惑’云。‘天無二日’之云，援說者何？‘陰移天位’之說，指意安在？此等句語，俱極凶悖。至於‘末後一事，不免國人疑惑’等說，看來，尤不覺毛骨俱竦。所謂‘末後一事’者，果指何事？所謂‘國人疑惑’者，果有何說？妄懷危疑之心，而自不覺其語意之捱逼不敢言之地。噫！爲人臣子，其何敢以此等語萌於心發於口哉？臣實痛之，不容循例捧入。區區所懷，惶恐敢啓。”

兩司啓請世良絶島圍籬安置。後又請拿鞫嚴問。命時原任大臣、三司、二品以上來會賓廳，下備忘記：“病患漸加，酬應煩多，水剌倍前厭進。早定儲位，實欲代理。”以此稟于慈聖，仍命一依再昨備忘擧行。大臣及二品以上、三司詣閤請對者再，口啓者再，上不許，命書入所懷。

王世弟疏曰："伏以臣蔑學庸姿，猥蒙成命，冒叨是位，夙夜憂懼，若隕淵谷矣。乃於日昨，千萬意外，遽下臣子所不忍聞之教。臣驚惶罔措，將欲瀝血陳章之際，聖鑑回悟，卽賜反汗，伏不勝其欣幸頌祝，而餘悸未定之中，又伏見下賓廳之教，臣心膽俱戰，寧欲溘然而不可得也。噫！今日與丁酉時事大有所不同者。殿下春秋鼎盛，正當勵精圖治之日。雖有欠安之節，神明所佑，可臻勿藥，而遽以莫重莫大之事欲加於如臣不肖，臣旣昧學問，亦無知識，何敢望其承當於萬一乎？竊伏惟殿下今日之敎，雖出於代勞之意，恐反貽憂於聖慮也。玆敢冒死泣血，哀籲於仁覆之天。伏乞聖明上念宗社，下循群情，亟收成命，千萬幸甚。"

答以："省覽所[2]辭。予之病沈，前已詳知，而實非飾讓之比，今此國事波蕩，艱虞溢目之日，因予病痼，機務多滯，可不懼哉？不得已命爾代理，乃是祖宗朝故事，何以讓焉？嗚呼！付托至重且大，夙夜寅畏，敬之愼之，式克欽承，毋庸更辭，以副擧國臣民之望。"

其後，王世弟四上辭疏，大臣、二品以上連爲合辭，請還收備忘，而不從。【此段，御筆裁定。】宗班、蔭官、儒生等亦有啓疏，而竝不從。大臣率百官庭籲，傳曰："卿等至誠，予已知之矣。予之病勢，若可以酬應，則何至於此耶？近來火症漸升，不得覺察，一日之內頻發，故將至於使左右考例擧行之境，不如是則豈可以爲國也？此予至誠之言，左右可乎？世弟可乎？卿等思之，前下備忘擧行，與我兄弟分苦分痛，一以調便予病，一以扶將亡之國。"

•••••

2 所：《承政院日記》景宗 1年 10月 13日 기사에는 "疏"로 되어 있다.

宰臣李台佐謂戶曹判書閔鎭遠曰："顧今國事，烏可無代理之擧乎？"台佐此言，可見輿情所同矣。【矣字，御筆書下。】

領議政金昌集、領中樞府事李頤命、判中樞府事趙泰采、左議政李健命聯名陳箚，曰："臣等俱以無狀，過蒙先朝天地之大恩，常願粉骨糜身，以報我殿下，近日忽有此非常之擧，其欲竭誠匡救以副我群生之望者，庸有極哉？伏閤四日，不但不賜允兪，請對六七，牢拒愈甚，終不得一瞻淸光，只恨誠意淺薄，不能感回天心。臣等之罪，萬死猶輕，伏地俟罪，鈇鉞是所甘心。

去夜所下批旨，尤非臣子所可忍聞者。奉讀未半，不覺心膽俱墜。臣等一死猶遲，遭此罔極之境，驚惶震悸，實不知所以仰對也。第伏念當初備忘中，大小國事竝令裁斷之敎，實國朝以來所未有之事，中外臣庶之驚惑憂遑，正在於此。臣等雖萬被誅戮，決不敢奉承，而至於細務之分理，旣有丁酉之裁定，且有節目之區別，其視竝令裁斷之命，不啻有間，而況此聖敎出於至誠惻怛，則爲殿下臣庶者，亦安敢以輕遽爲拘，一竝違拒以傷我殿下之心哉？伏乞聖明亟令有司只依丁酉節目，稟旨擧行，千萬幸甚。"

箚上後，泰耉從宣仁門入，請對。政院謂臺啓方張不可稟，往復相持之際，司謁來傳上敎曰："右議政及政院、三司入侍。"又有時原任大臣及重、宰臣同入之命。入侍時，前後備忘記及去夜批旨竝還納。

嗚呼！今之聽政，卽古之監國也。惟我景廟聖候久在違豫，機務酬應有妨靜攝，此所以聽政之有命也。太子監國，朱子特書《綱目》，丁酉代理亦有先朝近例，則聽政命下，豈容稽遲，而噫！彼泰耉闖入宣仁，聽政節目終至還納。三十五年之間，聯箚一案，曰忠曰逆，水火互爭，玄黃其血。義理由此而斁塞，人心由此而陷溺，天經地緯，民彝物則，久入長夜沈晦之域。何幸皇天祖宗陰佑我邦家，乾斷廓然，諸逆伏法，處分嚴正，輿情咸服。於是焉君君臣臣之義正，而亂臣賊子亦可以知懼矣。

○ 兩司啓："卽伏聞臺論削黜罪人趙泰耉偃然着公服，自宣仁門突入云。雖未知其意，而當此臺閣討罪之日，乃敢擅入闕內，略無顧忌，古今天下安有如許變怪耶？今日國家雖無餘地，一日有國家，則何可一任其恣爲悖亂，而莫之禁乎？請趙泰耉爲先遠竄。"諫院啓："臣等伏聞右議政趙泰耉從宣仁門入來，欲爲請對，政院以臺啓方張，有難稟達之意，往復之際，俄而司謁以右議政及政院、三司入侍事，來傳上敎。夫臣隣之晉接，關由喉司者，乃三百年定規，而今者大臣未知自何私逕微稟入來乎？此路一開，則日後雖或有北門之變，無以隄防。請當該承傳色及司謁，竝命拿問嚴覈。"上允之。

○ 兩司啓："國本大定，神人胥悅，自非與鳳輝同一逆肝賊膽者，則孰敢有不滿之意於已定之大策，而右議政趙泰耉向日護逆之疏，旨意叵測。乙酉之擧，事實各異，而肆然誣引，戊辰之事，與今不襯，而故爲提說，多少譬引專出眩惑，而至以忠赤奬詡凶賊，則是其爲心，又不但護逆而已。昨年冒嫌之說，旨意有在，而今又營護凶賊，益見其肝肺之盡露。合辭請罪實出於嚴懲討杜亂萌之意，而閱月爭論，兪音尙靳，彼乃敢益懷放肆之心，視朝廷若是其無嚴乎？昨日偃然着公服，自宣仁門突入。噫！彼何符同陰釀禍亂之眞儉，奬詡危害國本之鳳輝，罪關王章，臺論方張，而及夫請對也？政院斥其不可擅請，方令往復之際，引見之命，忽下於政院。此旣政院所未稟之事，未知泰耇入來之由，從何得徹於天聽，而致有此擧耶？當該承傳色、司謁，雖已有拿覈之旨，而泰耇之平日交通宦寺之狀，昭不可掩。古語云'事關宦豎，莫不傷氣'。彼亦士夫，亦何忍身爲大臣，而甘與宦寺輩潛相干通至於此哉？內言出於外，外言入於內，自是亡國之事，而今此密開私逕，締結幽陰之跡，忽發於大臣之列，此而若不嚴覈痛懲，則國之危亂必在朝夕。請右議政趙泰耇拿覈處斷。"其後，三司合啓，改請極邊遠竄。

○ 十二月，金一鏡【司直】與朴弼夢、李眞儒、李明誼、鄭楷、尹聖時、徐宗廈等聯名疏言："噫！下有凌犯而上無按治，則君不得爲君，臣不得爲臣，亂賊肆行，社稷從而墟矣。昔孔子作《春秋》，嚴事君之義，貳則爲逆，將則必誅。今日聖復鬨於前，而顯戮之典不加，四凶肆於後，而沐浴之討未聞。向所謂'下有凌犯而上無按治'者，直是歇後語。綱旣滅矣，倫亦斁矣，社稷之爲墟，特次第事耳。

嗚呼！向日之事，宗社罔極，臣民罔極。今日廷臣苟有一分北面於殿下之心，咸伏闕庭，碎首刳肝，雖至經閱歲籥不忍遽退者，自是天常民彝之不容但已。伏閤庭籲，黽勉塞責，而止於三日者，其可忍而爲之乎？矧又聯名上箚，任自裁定曰'臣子亦安敢以輕遽爲拘，一竝違拒'，又曰'亟命有司擧行'。噫！是豈人臣所敢萌乎心，筆之書而告其君哉？其於聖復首尾和應，相爲表裏之狀，灼然可見。時刻之間，事將叵測，倘微自外新入之大臣，國之爲國，有未可料也。己巳大臣半日庭請之罪，尙斥以造、訒、仁弘之科，則今日彼輩固難逭冀、顯、莽、操之誅。罪通于天，其可赦乎?

嗚呼！齊籲之路既阻，箚請之事將行，顧瞻王室，岌岌殆哉！身佩安危之大臣，秖欲進死一步，居臺閣者，敢以有何陰機等說勒成重案，直請竄鞫，目之以締結交通，其爲設心，凶且慘矣。

今此四凶，非惟殿下之逆臣，實亦春宮之罪人。必欲令殿下孤立而乃已，不知渠輩將欲何爲？君臣分義至嚴且重，毫忽之頃，一有蹉跌，惡逆之名，簒弑之誅，有不得辭者。況彼輩積漸既久，凌犯且大，不臣之志，一箚孔彰，無君之惡，萬目難掩。《春秋》無將，不足以繩其罪，漢法不道，不足以準其律。縱殿下仁恕寬大，亦有所不可終始私庇者也。

伏願殿下特降明旨，亟擧常刑，賊復及四凶首惡，一以三尺斷之，無少饒貸，使亂賊不敢復作，忠志得以自礪，宗社綴旒之危，賴以復安。

臣等疏既具，未及上，伏覩殿下特宣德音，廣求直言。嗚呼！殿下微發其端，臣等請爲殿下申申焉。嗚呼！彼輩之於殿下，固無君臣兩全之勢。彼安則此危，此安則彼危。倘殿下奮乾剛之德，體雷發之象，夬行天討，肅淸穢惡，妖腰亂領莫敢自肆，而賊臣惡子不得干紀，則四方忠義之士，何但拭目延頸想望太平？脅從反側之徒，亦可以底定自安矣。”

噫！自有賊鏡此疏以後，非鏡之血黨，則孰不驚心痛骨，欲臠其肉，而所可痛者，一種凶譎之徒，未嘗不以鏡爲逆，而乃以爲鏡之爲逆在教文而不在此疏，此實夏徵輩凶心逆腸之所發源也。此疏中，雖無教文所引凶言，而一篇旨意曷嘗有毫分顧藉於貳極者耶？貳極之代理機務，卽先朝已行之事，而乃以奉行之臣比之冀、顯，旣曰“簒弑之誅有不得辭”，又曰“不臣之志一節孔彰”，其所臚列，無非動搖貳極之言。渠亦豈不知動搖貳極之自歸於逆，而乃敢爲此，略無顧忌，非有所恃而然乎？交結宦寺，逆謀潛通，粧置虎龍，凶書將上，而耈、輝、尙、商之屬外助聲勢，故目下遂無貳極，而其爲言自至如此，卽此一疏而鏡、夢貫盈之惡，已綻露無餘。鏡之爲逆，謂只在教文而不在此疏可乎？況荊佐之鞫招出，則可見鏡疏之源委，虎龍之急書上，則悉符鏡疏之辭意。如是而尙謂鏡之爲逆不在於疏，則是眞夏徵輩之與賊鏡同其腸肚者也。

○ 政院啓：“卽者金一鏡等憑藉求言之會，投進一疏，而滿地張皇，罔非不忍言不忍聞之凶言，臣等誠不欲逐款辨論，汚諸筆舌，而蓋[3]其指意之凶悖，不但在於戕害四大臣也。一自世良等疏出之後，已知此輩惡逆之心無所不至，而今以一鏡疏語觀之，其心所在，尤不啻[4]明若觀火。渠雖托以請罪陳節之大臣，其所怒目咬牙，果亶在於陳節一款耶？噫嘻！此等陰凶奸慝之疏，惟當斥退之不暇，而聖上亦宜親覽，而嚴加痛斥，以折奸萌，故不得不捧入。伏乞聖明卽賜處分。”【一鏡等疏入後，諸大臣胥命。是日夜，下備忘，承旨、三司、卿宰、將臣，或罷或黜或遞。以沈檀爲吏曹判書，一鏡爲吏曹參判，眞儒、明誼、弼夢、梁聖揆、李濟、尹㝘爲三司。翌日，以尹就商爲訓鍊大將。】

3 蓋：《承政院日記》景宗 1年 12月 6日 기사에는 “槪”로 되어 있다.

4 啻：《承政院日記》景宗 1年 12月 6日 기사에는 “翅”로 되어 있다.

○ 三司【眞儒、弼夢、明誼、鋌等】啓請，領議政金昌集、領中樞府事李頤命絶島圍籬安置，判中樞府事趙泰采極邊遠竄，左議政李健命待竣事回還，【時以冊封奏請赴燕。】栫棘。已而又請趙泰采栫棘。伊後竝置極律。吁嗟！其心，路人所知。【自伊至知十四字，以御筆書下。】

○ 逆賊朴尙儉、文有道、石烈、必貞等謀害東宮，事覺伏誅。

時尙儉、必貞等內外締結，逆謀甚急。王世弟引接春坊、桂坊官，下令曰："一二閹豎作俑中間，敢生除去吾身之計，今日問寢視膳亦因此輩而隔塞，予若不避此位，則必遭毒手。"仍諭以出閤辭位之意。輔德金東弼曰："閹豎事，極爲驚心，豈意聖明之世，乃有此禍人家國之變？而邸下處變之道，當開陳聖聰，出付有司，明正典刑。至於出閤辭位，有非臣子所忍聞者，雖死決不敢奉承。"桂坊諸臣亦迭陳固爭。東弼又曰："稍待明朝，招接師傅賓客而處之。"王世弟始不許，夜深後，令姑退。

大臣、二品以上、政院、三司求對，請閹豎等不待時處斬。藥房問安時，大妃殿下諺教于都提調泰耉。雖泰耉，何心奉教？【自雖至教七字，以御筆書下。】封以還納。大妃殿又下諺教。史官翻謄："若曰：儲嗣之定，卽奉先王之遺教，而大殿親書爵號，予又以諺教下于大臣而定之矣。不幸宮人及宦寺交構兩宮，欺蔽聖聰，予心常慨然。嘗招宮人，多般開諭，以爲和同之道，則敢以凶悖之說肆然於大殿及予坐之前，其罪狀必有當律。其一宮人乃締結宦寺者也，依律處置。而卿等亦宜調護我主上及東宮以保我三百年宗社，毋負我先王之遺教，是所望也。"其下，書內人石烈、必貞兩人名以下。

嗚呼！惟我東朝慈敎之懇惻，可以孚豚魚而泣鬼神也。逆宦逆婢之變，至今思之，骨寒而膽裂。內則儉、貞逞凶，外則鏡、商煽變。當是時泰耉爲當軸大臣，視若尋常，了無一分驚動之色，則其心所蓄，路人皆知。惟我東朝痛宦婢之凶逆，憫國家之凜危，至以“調護我主上及東宮以保我三百年宗社，毋負我先王遺旨”降諺敎于賓廳，凶圖逆謀因此而莫敢售焉。儲位奠安，而妖腰亂領次第就法，宮闈之間和氣融洽，無少間焉。猗我東朝盛德至仁，遠邁妊、姒，漢之明德，宋之宣仁，蓋不足多也。噫！彼群逆敢懟我慈聖，叵測凶言上逼不敢言之地，此臣民所以沫血痛辨，思欲闡揚我東朝之至仁盛德者也。

三司啓請石烈、必貞等亟正邦刑。世弟師泰耉與宮官等入對東宮。王世弟復諭以昨夜下令之意。泰耉等以爲：“宦豎乃古人所謂家奴，處之何難？聖上今已夬賜處斷，邸下尤不當留着胸中矣。”贅說“冒嫌葅”醬入之說，齗齗不已，其心可知。【自贅至知十七字，以御筆書下。】說書宋寅明備陳善處之道，令曰：“說書之言，有感動處。庶可少變初心。”仍詢陳疏當否。金東弼等對以不當陳之意。王世弟從之。兩司啓請：“有道、尙儉、石烈、必貞等設鞫得情以正典刑。”答以：“凶慘罪狀旣已現露，更無可問之事。依傳敎斯速擧行。”

義禁府啓：“必貞、石烈將決案取招，必貞押來，而石烈昨夜已斃云。石烈致斃之由，令該曹究覈，依例檢屍。”又啓：“必貞將結案取招，問其根脚，則含口結舌，終始拒逆。請嚴刑取招。”又啓：“有道、尙儉結案取招，拒逆不着名。請嚴刑取招。”又啓：“必貞拿囚後，吐瀉之物，色黃變常，仍物故。令該府依例檢屍。”

備忘記:“兩宦窮凶極惡之罪狀, 皆已現露, 予所洞知者也。更無可問之事。一刻不留, 今日內, 斯速結案取招以正王法。兩宮人徑斃未正王法, 極爲痛惡。石烈則徑斃渠家, 尤爲凶慘。必有奸狀後弊所關, 不可置之。各別嚴覈以正其罪。”

兩司又啓請:“有道、尙儉亟命設鞫得情以正典刑。”

兵曹判書宋相琦疏言:“慈教旣以兩宮人指名書下, 則誠不可一刻偃息, 而終日經夜晏然在家, 啓辭蒙允於昨日, 就囚乃在於翌日, 致令一逆徑先自斃。雖未知其間有何曲折, 而喉司、金吾顯有緩忽之意, 臣竊駭然也。噫! 惟我聖上深惟宗社之大計, 上承慈旨, 冊定儲嗣, 擧國含生莫不懽忭, 兩宮之間和氣藹洽。億萬年無彊之休, 擧皆頌祝之不暇, 而不幸妖逆之變, 遽出宦妾之中, 交亂宮闈, 震驚儲位, 若非我聖上親愛之隆, 聖斷之明, 則其禍將不知至於何地。念及於此, 毛骨俱冷。”

兩司請對, 請有道、尙儉設鞫嚴問, 上允之。刑推尙儉、有道, 其後連加刑訊, 有道尋物故, 尙儉承款, 結案招有曰:“淸暉門乃世弟問安往來之門, 開門下令, 而趁不開, 身爲內官, 豈有欲叛之心? 而曾有得罪於東宮之事, 恐有後患, 故與必貞有除去之心。謀逆遲晩。”依律正刑, 孥籍如法。

初鏡黨與逆宦暗地關通, 綢繆謀議, 尙儉則閉門以塞問寢之路, 石烈則肆其悖言於至尊之前, 凡所以害今上殿下者, 靡所不至。噫嘻! 外臣而締交宦寺, 實是國朝所未有, 宦妾而謀害東宮, 又是往牒所未有。凶逆一時湊合, 變怪疊現層出, 至今思之, 其孰不骨痛而膽裂哉?

我景廟聖德至仁, 自在春宮, 友愛純篤。嘗於丁酉聽政初朝參，殿下陞堂行禮，景廟含笑而見，嘉愛之意，藹然見於色，瞻聆莫不欽頌。【自嘗至頌，領府事金在魯所奏。在魯其時爲春坊官。】逮乎嗣位之後，每殿下進見，和樂怡怡。且常躬臨銅闈，左右欲止之，則教曰："予欲聽吾弟讀書之聲，何沮也?"【自每至也，上教。】及夫儉、烈輩逆節綻露，則聖斷赫然嚴明，出付有司，鞫問正法，若非景廟之至德，何以至此?【自若至此十一字，御筆書下。】

壬寅

二年正月, 司直鄭澔疏言: "當初建儲時, 慈敎有曰: '孝廟血脈, 先王骨肉, 只主上與延礽而已.' 只此一敎可以質天地而泣鬼神矣。不幸一種無嚴之輩, 敢懷不悅之意, 迭出敲撼, 必欲動搖而後已, 則三聖血脈, 幾何其不絶耶? 今日在廷大小臣僚, 孰非沐浴三聖之化, 而寧忍恝然於宗社之將絶乎? 今此一二宦妾遽售交構之計, 其爲妖惡宜伏常刑, 而亦豈幺麽無識者之所可獨辦者哉? 當以設鞫嚴覈, 究得情節爲請, 而乃反以徑先正刑, 齊聲力陳, 是何意思? 是何道理?"

○ 三月【朔丙戌】壬子, 王世弟冊封奏請使先來狀啓至。傳曰: "今觀使臣狀啓, 封典克完, 其幸曷已? 先來軍官、譯官等三人, 竝爲先加資。"

○ 是日, 睦虎龍上凶書, 起誣獄, 泰耉、一鏡、師尙等殺獄中上變人白望。

虎龍凶書之上也, 諸承旨請對言: "有一人自稱上變, 呈一封書, 語極凶慘。謹玆持入, 請出付王獄。" 命設鞫於內兵曹。王世弟引接宮官, 諭以欲陳疏辭位之意, 仍令勿捧朝臣肅單。蓋以虎龍叵測之誣, 至及於不敢言之地故也。鞫廳大臣泰耉、錫恒等請對, 泰耉曰: "變書無非不忍聞, 而鞫招所言, 陰凶綢繆, 皆不道之事, 所關非細, 固當嚴覈正法, 而昨伏聞, 王世弟引接宮官, 至有欲爲陳疏之教，又令不捧朝臣肅單。此乃難安而然也。古有毋究梁獄之事，今下款事，元非大段，置之勿問，何如？”錫恒曰：“春宮以此不安，驚遑之忱，何可盡達？自上必須召致臥內，多般開諭，盡其慰安之道。”泰耉曰：“自上別加慰安，而臣亦當詣東宮，陳慰勉之意。”錫恒曰：“一種陰邪之輩，敢藉不敢言之地，有此妖惡之說。此後語涉東宮者，勿登文案宜矣。”泰耉曰：“金一鏡以獄官參坐，以意外凶言，出外待命矣。”錫恒曰：“凶悖之說，旣是問目之外，則其在常規，所當不錄，而渠旣發口，亦不可掩置。蓋聞白望之爲此言，以其囚在禁府時，一鏡以府堂，治之頗峻，故以此含嫌，做出無倫不道之言，必欲擠陷。此而置之，則將無以設鞫。敦勉行公而後，少振國綱。”泰耉曰：“虎龍旣告白望，白望亦告虎龍，被告之人，嫉怨告者，有若互對報復者然，其習誠可駭痛，而白望末端之言，極爲凶悖，人臣旣聞此言，不敢參坐，故卽出待命矣。”錫恒曰：“今已開陳，更無難安之端，使卽參鞫，似無不可。”泰耉曰：“此獄元非時急之事，庭鞫過重。”仍請移本府推鞫。時白望旣告一鏡之逆，又告泰耉等。【見《政院日記》】故泰耉等次第待命，旋卽按獄，仍累刑白望而殺之。

蓋自逆宦逆婢誅死之後，鏡黨之謀計益急，而待使行先來，冊封若未準請，則欲以朝廷權勢謀動儲位，若準請，則亟造變書以上，先已募得虎龍，及聞完典之報，乃汲汲唆嗾行計。【見睦時龍推案】虎龍本無賴賤隷，薄有技能，而嘗撰《富貴發跡志贊》，居常希望非分者也。【出於筵說】其所納書與招，稱以洗東宮誣，【四字出筵說】而自做誣說。又曰：“敢知在邸時心事。”【壬寅誣獄，辛酉收議大臣諸臣，命燒案，而虎招見甲辰推案。】是卽甲辰招所謂"知殿下有泰伯、仲雍之心，臣明殿下心事於天下後世"者，而首尾語意罔非犯逼誣害之言也。一與鏡賊等疏語同意，此尤可見其陰受謀計，而其爲情狀，萬萬狡慝。嗚呼！我殿下以堯、舜之聖，承東朝、景廟之命，入承儲位。睿德日聞，萬姓延頸，而乃遭此凶賊之變，則爲臣子者所當涕泣請討，而不此之爲，【自而至爲五字，御筆書下。】至若白望爲東宮告變，而諉以亂招，急急撲殺以滅其口。噫嘻痛矣！其罪可勝誅哉！

若夫虎招三手之說，是皆構虛揑無，節節違錯，言言破綻，泰耈輩乃鍛鍊成獄，恣意屠戮，在古亂獄何限，而豈有若是之虛罔乎！先是辛丑冬，弼夢、聖時後先發啓，以爲金雲澤、民澤等二十人作爲血黨，昏夜屯聚，請遠配。其後除數人外，竝入於逆虎所告中，其指授和應之狀，此亦可見矣。蓋凶黨以虎招所告與聯箚合而爲一，惟意粧撰，其心本不止此，而以景廟盛德至仁至友，不得盡售其計。

四月，司直申鉒疏言："得聞鞫獄初設，金吾之官出於罪囚之口，迸出待命，而鞫廳不爲請拿，移鞫本府，事異常規，及其開坐也，按獄大臣又爲待命。鞫事嚴秘，未知其曲折之如何，而雖以承宣啓辭中'不忍聞'之說觀之，其亦緊出於罪人之招，槪可知矣。一番辨其虛實，在所不已，而喉司、臺閣紛然爭起，不思獄體之嚴重，至請其敦勉完獄，而三司無一言爭執。惟聖明嚴加譴斥，以勵君臣之義焉。仍伏念春宮名位一定之後，累遭罔極之變，而幸賴殿下孝友之德，凡於慰安之道，靡不用極。此實宗社之慶，擧國臣民孰不欽頌，而此後保護之道，惟在於隄防邪枉之嚴，益加省察焉。"

李師尙【大司諫】請對，啓："倫綱斁絶，亂賊橫恣，申銋一疏，略無驚動於謀弑之凶逆，乃以被告逆囚之驅逐獄官緩獄延死之亂供，欲爲擠陷朝紳沮敗鞫事之計，顯有和應之迹，苟究其情，便一白望，不可不嚴加懲討。請申銋減死，絶島圍籬安置。"

噫！申銋以先朝耆舊之臣，九耋垂死之年，憂憤陳章，而師尙汲汲求對，請投絶海，使人不敢開口，終至撲殺白望，以滅其口，而恣意鍛鍊，戕殺建策諸臣，以爲搖動國本之計，可勝痛哉！

○ 一鏡疏論李頤命、金昌集【初李頤命處斬，金昌集正刑事，依啓之後，一鏡疏，請急遣金吾郞，行到所遇地，莅斬。此卽其疏也。】等，有"懷刃鍾巫"、"置毒冀、顯"、"矯旨斯、高"等語。權益寬【副校理】疏有"幽爲三手"、"顯爲四笏"、"臺城"、"姑孰"等語。指意俱極陰慘。益寬按關北，逆節又彰露。故相臣趙顯命嘗筵達曰："益寬眞逆賊也。"

○ 九月，一鏡撰進教文，指意尤極陰慘，有"孔·汲·仇·荀"、"冀·顯·莽·操"、"豫讓塗廁"、"霍顯行杯"、"內屋戚聯"、"中權奴使"、及"宮城陳兵"、"禁庭蹀血"、"四凶聯笏"、"三手陰謀"等句語，其付標本文又有"魯翬鍾巫"、"趙高沙丘"之句.

鏡賊旣內結閹豎，通其陰謀，外於兩疏若教文，敢引用陰慘文字，忍誣慈聖與今上殿下，而播之中外，肆其獰凶悖慝之心。噫嘻痛矣！亂逆何代無之，而古今天壤之間，豈有若此類者乎？

惟我東朝仁聖慈惠之德，實是女中之堯、舜也。宮闈之事雖非外臣所知，而以其著於外者及上教推之，亦可以得其萬一。不但慈愛我景廟與殿下，出於深誠，恩意切至，凡平日裁事處物，動遵禮義，各有規矩，功化普被，八域攢祝。

惟我殿下孝悌至性，雖古篤行之君子，亦有所不能及焉。蓋自心性情意之間以至言行施爲之際，一循乎《小學》之道，既未嘗一事放過，亦未嘗一時暫弛。表裏巨細，無不盡其當然之則，造夫至善之地，而至於侍湯居恤，愼終承祭之節，所以致其誠禮者，尤懇篤纖悉，高絶卓邁，蓋非勉而爲此，卽其得於天稟者，自幼而然，則古所謂孝悌通於神明者，我殿下實有之，而盛德光輝充滿國中，凡爲臣子者，其誰不心悅而誠服，感歎而欽仰乎？

嗚呼！我慈聖、我聖上，如此之德、如此之行，雖彼凶賊亦豈有不聞不知之理？而乃忍爲此陰慘罔測之言，渠亦臣也，渠亦人也，安敢爲此，安敢爲此乎？且以代撰之文而爲此語，則是又誣我景廟，而掩蔽其至孝至友之德也。且其罔測之說，轉而爲有翼、維賢、天海之凶言，前倡後應，傳播誑誘，馴致變亂，幾危宗社。賊黨雖已就誅，而餘孼猶敢肆惡，至于今日，如致雲妖邪之類，又襲其慘毒之說，則臣子憤痛之心，直欲手臠其肉而食之，奚但沫血飮泣而已？

而此皆由於鏡賊疏語與代撰之文，噫嘻痛矣！鏡賊之罪，可勝誅哉！教文出後，見者無不駭痛，而在廷之臣，無一人聲其罪者。大司諫金東弼疏劾鏡賊，故明彦之爲吏議也，欲黜補東弼而不遂，則眞儒之入銓，乃單付出外。儒、彦之與鏡一心，又益可見矣。

○ 聖時【獻納】等請鞫問疏請代理憲臣趙聖復。其啓曰:“四凶所以謀廢君父者，無不用極，而投章直請，略無畏忌，未有若聖復也。前冬一疏首先嘗試，使聖上不得安其位，則其設心用意，可勝誅哉！以箚請節目，直欲奉行者觀之，聖復實爲四凶之前茅。請令鞫廳拿來嚴刑，夬施典刑。”屢啓，斬允。竟被栲掠，殞于獄中。

嗚呼！彼凶逆之徒，乃敢以傳禪簒奪等說，肆然書諸疏啓之間，而至請憲臣之鞫問。噫嘻痛矣！凶逆之罪，可勝誅哉！憲臣之疏，何事也？卽請代理，且引先朝丁丑近例也。最初請竄，公議慨歎，而其鞫問之啓，指意叵測，至若謀廢前茅四字凶言，凡厥臣民，孰不痛惋？

噫！彼逆徒迭出請鞫，終使請代理之憲臣殞身於誣獄之桁楊，惟我景廟斬允之至仁盛德，掩翳於群凶之螮蝀。一憲臣之死，何足道哉？聽政義理斁塞於鞫憲臣之凶啓，君綱由此紊矣，臣分由此滅矣。此諸臣所以沫血飮泣，而必欲辨忠逆之分者也。

欲辨忠逆，而不明乎義理，則忠逆必不辨矣；欲闡義理，而不究乎心術，則義理必不闡矣。當請鞫憲臣也，攘臂凶啓者，特其軍卒耳。角立血戰於代理之事，而傳授耉、輝、鏡、良之心，滋蔓逆種，釀成前後變亂者，是乃罪魁，烏可逭春秋之先誅乎？

○ 十月，以誣獄事成奏文，差送陳奏使，文則鳳輝【藝文提學】所撰，而其旨意一如虎龍急書、一鏡教文。

癸卯

三年二月，泰耉【領議政】、錫恒【右議政】入侍，論誣獄錄勳，請以虎龍爲單勳。

先是，錫恒言："虎龍安宗社，其功大。宜令該曹考例褒賞。"吏曹請勘勳。一鏡言："按獄大臣當爲元勳。"錫恒言："獄官不得錄勳，有祖宗朝成憲，不可弁髦。若錄按獄人，則一鏡當參。獨不顧嫌乎?"一鏡曰："事苟可爲，何避小嫌!"蓋自壬寅五月，議勳，經年不決，至是始定。只錄虎龍。【教書，巨源製，李行秀書。會盟誓文，聖時製。】

嗚呼！賊虎凶書，卽誣逼儲位之言，動搖國本之計。陰慘凶狡，逆節彰露，當日臣子一見其書，膽裂骨顫，必欲手磔此賊，不與俱生者，是乃秉彝之所當然。況伊時聖上聞此凶誣，至有辭位出閤之擧，則廷臣之驚遑痛迫，尤當如何？而惟彼居三司[5]者，相率登筵，只以勿書文案爲辭。噫嘻！是尙可謂有一分臣節乎?

夫爲東宮一死，沫血致討之義，固難責之於此輩，而不惟不爲致討，乃反以此賊稱有安宗社之大功，力請褒錄，如恐不及，終至侈以旂常之典，申以帶礪之盟。嗚呼！君君臣臣之大

• • • • •

5 司 : 底本에는 "事"로 되어 있다. 문맥을 살펴 수정하였다.

倫大義, 至是而斁晦無餘矣。且所謂論功之際, 或詡耆、恒, 或擧鏡、夢, 互相推引, 惟以與虎同參爲榮, 其心所在, 愈不忍正視。然旣以國賊登勳籍, 則餘何足論哉!

闡義昭鑑

卷二

甲辰

四年八月【朔辛未】乙未, 景廟昇遐。庚子, 今上殿下嗣位。

○ 九月, 命竄議藥人李公胤。

傳旨有曰: “義盈庫主簿李公胤本以狂妄之人, 每當入診, 輒事傲慢。今番玉候違豫之候, 議藥論症之際, 專不詳愼, 以致症情之轉劇。及夫大漸之夕, 憂遑焦迫, 招問症候, 則少無驚動底意, 其言動擧止無非慢蹇駭悖之狀。如此悖慢無嚴之人, 不可不重加懲治, 爲先拿鞫嚴問, 依律處斷。”

公胤原情, 判付有曰: “渠之所爲, 雖無臺啓, 伊日予亦親覩, 則費辭發明, 冀其倖免者, 已極痛惡。自先朝議藥時, 敢立己意, 症候添加之日, 妄用攻劑者, 緣何手而出乎? 言念及此, 不覺痛心。姑停刑推, 更加嚴問。” 更推後, 命島配。

其後憲府啓: “先王患候蓋非一時之症, 惟當以和平之劑, 漸次調補, 不可以攻伐之藥妄希捷效。彼公胤者不思審愼之道, 輕投峻烈之劑, 如承氣湯、龍薈丸等藥, 藥性甚峻, 凡諸疾病不敢輕試, 而公胤乃敢試之於至尊之病, 以致胃氣先壞, 眞元暗鑠, 終貽臣民無窮之痛, 其罪固不容誅。而其時廷臣惟恐延及於藥院諸臣, 不能據法爭執, 尙逭刑章, 其在國法, 斷不可容貸。請絶島定配罪人李公胤, 拿鞫嚴問, 依律處斷。”【此啓在乙巳正月。】

蓋景廟聖候違豫之中, 自癸卯夏間, 連進甘遂散、猪心湯、桃仁承氣湯, 加青黛。六月患大腫, 七月開膿, 八月始平復, 其間連進牛黃、胎水、黃連等藥。九月至十二月, 復進桃仁承氣湯, 且用當歸龍薈丸。

先是壬寅十二月, 議用龍薈丸。副提調任舜元陳疏力爭至云: "通醫理者, 莫不駭且怪曰'積年宿火, 必溫而散之, 一有當溫而涼之, 則眞元見損, 下元虛冷, 陽無止泊, 上升爲熱'。今此龍薈丸諸料, 無非通利之劑, 與溫而散之不啻相反"云。提調李台佐陳章引咎, 仍停進。其後終用之。

甲辰三月便道滑泄, 四月以後連用柴平湯、涼膈散。七月以後患候漸重, 水剌厭進, 寢睡不平, 頭部微疼, 又有寒熱之候, 自八月初八日, 藥院竝直用柴胡白虎湯。十九日, 用加味六君子湯, 繼用粟米飮、紅蛤湯, 而水剌厭進終未已。二十三日, 藥房移直廚院, 用蔘煎一兩重。二十四日, 用二兩重, 而竟未告效。蓋甘遂散、承氣湯、龍薈丸、涼膈散、柴平·白虎湯, 皆是苦寒瀉利之劑, 醫家未或輕試, 而自公胤議藥以來所進無非此等藥。聖候沈篤之後, 始用蔘補, 而公胤猶不欲多用。嗚呼! 公胤之罪上通于天矣。

公胤於宗社神人托重之聖躬, 妄用峻涼之劑, 眞元因此損虛, 而蔘附溫補, 力主防遏, 必曰"吾藥進御後用蔘劑, 則氣運通旋之道易塞"。當桂枝麻黃湯進用時, 今上殿下侍湯, 下令曰: "此何等時耶? 蔘劑奚謂不宜用? 人固有立己見處, 君父病患何等重大, 而必欲立己見, 使蔘劑不得用乎? 桂枝麻黃湯無效, 將如之何?" 桂麻湯進御後, 上鼻衄少現。藥院諸臣相顧曰: "公胤言得無驗乎?" 殿下問曰: "何謂也?" 光佐對曰: "公胤言'桂麻湯進御後, 衄血必出而仍愈'云。衄血現, 故臣等云云矣。”

時聖候漸沈篤，殿下涕泣，下令曰：“急用蔘附，予不知醫理，尙知蔘附力能回陽。昨日用而今日停，必以公胤言而不用矣。”又涕泣，令曰：“急用蔘附。”按醫書用桂麻湯者，有出汗而愈，無出血而愈。公胤乃敢創醫書所無之說，斥蔘附而進桂麻，此固通天罔赦之罪也。使公胤得參診議，恣意誤藥，藥院之臣無所逭其罪矣。當是時，朝野臣庶，誰能知公胤誤藥之罪也？聖候沈篤，諱之秘之，使朝野不得知，而況公胤用藥之誤，誰復得知乎？思之及此，不覺憤惋而痛哭也。

惟我殿下不脫冠帶，一飯亦一飯，再飯亦再飯，若武王之侍疾，凡厥臣民，孰敢不欽頌我殿下至孝至悌之盛德？而聖候大漸之時，殿下涕泣，下令曰：“聖上於予，情是兄弟，義兼父子，而遽至於斯，心神飛越，罔知所爲。祈禱雖過時，或冀萬一之效，廟社、山川祈禱，卽速擧行。”辭敎悲懇，可以感天地而格鬼神，夫爲人臣子而聽斯敎者，不知流涕，非忠信也，非孝子也。起居注書諸《日記》，則我殿下至孝至悌之盛德，可以昭垂百代之遠矣。

○ 十一月，李巨源【副校理】請對言：“李義淵疏中所謂‘半夜蒼黃’，似指左議政柳鳳輝之疏語也；‘陰移天位’，卽故監司韓世良之疏語也。鳳輝疏意，不過以其時昌集輩擧措忙遽，實非重國本之體故也。雖卜相事體不可草草，至若國本之定，是何等重事，而昌集輩之擧措如此，鳳輝疏豈有他意哉？只論其事體卒遽而已。至於世良之疏，因趙聖復而發也。世良之疏，載在《日記》，一經睿覽，則自可知矣。義淵欲殿下以此爲世良之罪，其心亦危險。

'北門潛入'云者, 卽指故相臣趙泰耉自宣仁門入來請對事也。其時大行大王御進修堂, 泰耉由宣仁門取近而入, 其所入對得請, 乃是聽政還收。擧國莫不以泰耉爲社稷臣, 而其時凶黨輩以入宣仁門, 比之於神武門之夜開, 至欲鞫問。今義淵疏語亦是一串貫來, 豈不絶痛乎?

至於'禁庭蹀血'之云, 卽指金一鏡敎文中語也。蓋頃年賊招中, 有宮城陳兵之計, 而非其黨類, 則欲盡殺之, 故有此'蹀血禁庭'之語矣。司馬光論甘露之變, 亦有'蹀[1]血禁塗'之語, 且'蹀血'多出於古文, 如'長安新蹀血'之類何限, 而義淵必欲以此構陷。在昔柳子光以文字陷人, 豈料聖明之世乃有此事也? 漢 景帝爲太子時, 召衛綰。綰不往, 似涉慢蹇, 而景帝由是愈重之, 爲漢名臣。以此觀之, 柳鳳輝等豈不爲殿下之忠臣乎? 此疏如此, 若不明正其罪, 則其爲貽累於聖德, 何如耶?" 重言複言, 徹夜力請。上以"予意已有所料, 更勿煩陳"爲敎。

巨源卽鏡黨也, 深夜求對, 力護耉、輝、鏡、良, 縱肆無畏。人皆憤之。

○ 備忘記有曰: "以一鏡事觀之, 職在經幄, 護黨如此, 此習不改, 國將何似? 金東弼疏中'衆口譁然, 指爲狂怪', 則獨於儒臣, 未能聞知耶? 宜遞其職, 以示廓公言之路。" 又曰: "'蹀血禁庭'、'懷刃鍾巫'兩句語, 《春秋》、《綱目》所書者何處? 其於大行朝盛德仁愛之事何? 昔孔子誅少正卯者, 乃其嚴防微也。所爲如是狂悖, 諫臣之言又如是嚴截, 而略無忌憚, 不可仍置。"

• • • • •

1 蹀 : 《承政院日記》 英祖 卽位年 11月 6日 기사에는 "涉"으로 되어 있다.

遂下"巨源遞差，一鏡削黜"之命。政院【李重述、明誼】覆逆。批旨有"不悛救黨之習，良可駭也"之教。【其後重述、明誼有削黜之命。乙亥因臺啓重述追奪，巨源則絶島圍籬，已而出致雲招，正法。】

○ 東學訓導李鳳鳴疏言："恭惟我殿下卽三宗血脈，先朝同氣，泰耈先以'冒嫌'等說，倡之前，逮我殿下承聖旨位貳極，鳳輝繼以'驚遑憂惑'等語，發於後。論厥凶逆，耈、輝爲魁，逆宦、妖婢表裏糾締，慘毒大禍，迫在呼吸，非賴我大行王至情曲愛，則殿下安保有是日乎？思之，不覺骨寒而膽慄也。至若一鏡，欲書厥罪，罄竹難盡。特以其向來疏語與教文事言之，一則曰'懷刃鍾巫'，一則曰'蹀血禁庭'。渠何敢引用此文字於代撰與封章，陰斥顯逼於聖躬，慘誣亦及於先朝乎？逆心賊腸，路人所知，凡有血氣者，孰不欲臠其肉寢其皮？滿廷臣僚視以例語，恬不爲愕。此輩之忘殿下而護逆鏡之罪，可勝誅哉？"

○ 李明彦【副司直】疏言："自古凶逆之徒，欲行簒奪之謀者，必援引唐、虞，動稱伊、霍，勢成威立之後，終至簒奪乃已。若漢之董卓，晉之桓溫，顧其意，何嘗在於獻、簡也哉？向日頣命輩之心，本不在殿下，而實欲假殿下爲名。設令此輩果無異心於殿下，殿下於其時卒受此輩之援立，則以殿下動遵禮法，超出百王之心，其果能安於此，而何以有辭於天下後世，天下後世其將謂殿下何如耶？臣竊矙殿下於嗣服之時，雖天人咸屬，繼序當立，而猶且涕泣固讓，哀動左右，不以大寶爲悅，則豈嘗以凶徒之所擁立，有所假貸於此輩？而此輩敢以小人之腹，妄度聖人之心。殿下於此，宜深加痛惡。"

明彦疏所謂“其果能安於此”、“天下後世將謂何如”及“援立”·“擁立”、“豈嘗假貸”等說，抑揚脅迫，陰凶獰悖，其不臣之心，於此益彰露，故相臣宋寅明之言，豈不信哉?【自故至哉十二字，因上教書之。】

○ 備忘記:“一鏡敎文之語，靜以思之，不覺心裂。敢以不忍引之辭，肆然書之於代撰之中乎? 叫號殯殿，寧欲溘然。其在嚴懲惡之道，不可削黜而止。絶島安置，當日內押送配所。”其後又命栫棘。

○ 十二月，逆賊一鏡、虎龍始伏誅。

備忘記:“噫! 今日鞫問一鏡，奚但爲誣予而已哉? 其誣大行朝盛德而極矣，若不嚴鞫，則倫常從此滅矣。他日將何面見先王在天之靈乎? 此非一時章奏間凶悖之說也，藏諸心而發諸口，其所用意明若觀火。此予所謂‘叫號殯殿，寧欲溘然’者也。欲爲親問其心，而衰麻在身，故遂不得如意。其所嚴覈，不可少忽。向以義淵事觀之，供辭不過數句語，而推案出納之際，自然遲滯，一鏡凶辭悖說，不見而可知。請刑之後，則異於常時，自本府爲之，而其所取招則不可不嚴，庭鞫爲之。”

問一鏡以:“所撰敎文中有曰‘抑何免禁庭之蹀血’，疏辭中有曰‘有若魯之鍾巫’，又曰‘冀、顯未有鍾巫之犯’，敎文改付標處本文有曰‘幾乎蹈魯 翬 鍾巫之駭機，殆亦售趙高 沙丘之餘術’，疏辭中又曰‘有若秦之斯、高’，苟非藏諸心者積蓄不道，則發諸口者何至於此?”一鏡一向抵賴，但曰:“惟在聖明生殺處分之如何。”鞫廳以其情狀痛惡請刑。連施刑訊。一鏡供辭凶悖，語犯不道。

且曰:“朝家用法自有祖宗成憲, 而殿下若欲快意, 別施於法外, 則非臣所敢知。”

親鞫一鏡。問以:“昨日更推供辭數行語, 用意尤極叵測, 凶心所在明若觀火, 與向日睦虎龍之言隱爲表裏。其間情狀, 一一直招。”一鏡供益凶悖, 有曰:“臣作此文三年矣。若有國家或以爲嫌之說, 則臣輒慨[2]然曰‘世道狹窄, 待春宮太薄’矣。”更推。

是日, 命鞫虎龍。問以:“汝變書及招辭俱極陰慘。‘敢知在邸時心事’等語, 尤陰慘。今以一鏡事觀之, 汝所言表裏相符。”虎龍供“殿下有泰伯、仲雍之心, 臣能明之, 而一鏡敎文隱然侵犯殿下, 與臣相反”云。其言若與鏡有異, 而意實相同, 極爲凶狡。

更推虎龍以:“其時罪人等招及結案元無指斥之言, 則汝之敢爲不道之說, 明若觀火, 一鏡敎文意亦相符, 表裏之說, 烏可免也? 辛丑鏡疏與汝壬寅初招語意同, 則其心相關, 據此可知。”連施刑, 未幾虎龍物故。

引見鞫廳大臣以下, 一鏡、虎龍竝以誣上不道正刑籍産。因前獻納鄭宅河疏, 命虎龍特施懸街之律, 收孥, 破家瀦澤。後又命削虎龍名於盟案。又因前都事柳應煥疏, 一鏡亦命收孥, 而其子特敎減死爲奴。其後鏡疏隨參諸賊命竝削黜。後又命島配。

2 慨 : 底本에는 “嘅”로 되어 있다. 문맥을 살펴 수정하였다.

乙巳

今上元年正月，前都事柳應煥疏言："惟我先王不幸無嗣，殿下入陞儲位，一鏡之黨已有章、蔡逞毒之計，泰耉操切於前，鳳輝指議於後，其懷異心於殿下，非一朝一夕之故。而及其冬，先王備忘及前後批旨，以患候有妨公務爲教，欲使殿下代理。則群小鬨起，謂可以乘此機會逞其凶圖，倚閣備忘於一邊，使世良繼以'陰移天位'、'末後一事'之說，日夜經營，只在於謀危殿下。於是乎一鏡挺身而出，承受諸賊之謀，招引不逞之徒，自作窩主，投陳一疏，以冀、顯等語爲說，少無顧忌，則'蹀血'、'懷刃'之誣，奚待教文而知之乎？

此疏後，不過一旬，尙儉之事出，則其締結同謀之狀，於此可知。而鏡與諸臣相率入對，力請尙儉之直斬，表裏相應之跡，尤益難掩。及白望招辭，果以一鏡締結行貨謀害兩殿之說現告，而一鏡暫時待命，旋卽自治其獄，竄逐言者，古今天下寧有是哉？尙儉之計不成，謀危之跡已露，而凶逆之心，猶未悛改，忿恨之志，弸積其中，觸處綻露，不能自隱，陰凶之言、悖逆之說，發之於疏章，書之於教文。一鏡苟不設置陰機，將欲有爲，則其敢爲此乎？

殿下之保有今日，天也，非人也。念及於此，寧不怵然？其疏曰'懷刃夜半有若魯之鍾巫，食中行毒有若漢之冀、顯'，又曰'乘喪矯旨有若秦之斯、高'，其教文又稱冀、顯之奸。而前後文字凡三用冀、顯，猶恐其言之微而不顯，又曰'內圖霍顯之行盃'，結之以'內屋戚聯'，其指意所歸，豈但章、蔡輩誣宣仁而已哉？"

○ 諫院啓:“李師尙以賊鏡之血黨, 主張凶論, 恣行胸臆, 共濟其惡, 戕害善類, 其爲國人之所共憤, 固已久矣。而昨年疏中乃敢以肅廟朝諸臣比論於昏朝凶黨, 其用意之窮凶, 遣辭之絶悖, 可勝痛哉? 至於‘日後計得矣’云者, 其心所在, 尤極叵測。此所以聖明洞燭其肝肺, 姑施薄罰。而論其罪狀, 萬萬痛惋, 不可以削黜而懲其惡。請李師尙絶島安置。”上允之。

○ 諫院又啓:“今我殿下以肅廟之子、大行大王之弟, 光御大位, 承祖宗之付托, 叶臣民之愛戴, 八域鼓舞, 一國慶頌。今日北面於殿下者, 孰敢有橫生異意於其間? 而李明彦乃敢以‘援立’、‘擁立’等語, 肆然書之於章奏之間。蓋其凶計出於脅持君父, 使不得措手。少有臣子之心, 則何敢若是其放肆無嚴耶? 如此凶悖之徒, 不可一日置之於輦轂之下。請李明彦絶島安置。”

○ 逆賊李天海伏誅。

日前上幸懿陵, 天海於駕前亂言。上親鞫。天海乃發陰慘不忍聞之凶言。累施刑訊, 而竟不直告指嗾之人, 遂正法。

其後戊申逆亂時, 任環供云:“甲辰、乙巳年間, 天海以凶言被誅, 此則有翼、維賢做出凶言而使之也。世弘、有翼內外相應後, 始發此言, 曰: ‘其時嗾天海凶言者, 今有助矣。’有翼則以爲‘維賢做出凶言, 使播閭巷’, 世弘則以爲‘維賢之凶言, 若早發覺, 則當出大事, 而幸不發覺, 可謂順成’。有翼又言: ‘維賢懷不軌之心, 欲推戴密豐, 作不忍聞之言, 欲玷汚聖德, 以煽動人心, 成其逆事。’”

又李師魯供云:“維賢以戚里可爲高官, 非此時, 宜不草草,故有此怨國之言。有翼以爲:‘如此言助播之, 則可以疑惑人心矣, 傳播甚多, 人心皆以爲然, 成此事惟在人心。’附賊之類皆知凶言之無根無據, 而牽於慾心, 同此逆謀。”又李翼觀供云:“有翼初爲此凶言, 而有翼聞於朴弼顯矣。天海初居生民洞, 後移水閣橋, 臣往來京中, 天海爲主人。而臣要給粟斗, 則天海來, 故臣兄弟夜與天海爲此言。天海素唐突, 故臣果指使。而言根又出於李日佐。日佐, 弘澤之子, 麟佐之族, 居果川, 入賊黨云。”

蓋有翼、弼顯教誘維賢做出凶言, 又與翼觀兄弟、觀孝、世弘、日佐等傳播遠近。翼觀又指嗾天海作變之狀, 至是盡露。而有翼輩之必教誘維賢做出凶言者, 以維賢戚聯王室, 故欲藉其言而眩惑人聽也。

噫嘻痛矣! 天海凶言卽今年致雲之凶言也。甲辰八月景廟違豫時, 水剌厭進之候漸加, 宮中悶迫。二十日, 御廚於水剌, 供蟹醬, 卽秋節新味, 故景廟以此多進水剌, 伊時宮中皆歡喜。其後過進之說, 流傳於外間, 有翼、弼顯輩假此而做出窮凶叵測之言, 陰嗾維賢而傳播之, 要以合於賊鏡之凶言, 又誘天海作前古所無之變。上聞此語, 駭憤痛迫, 有加於賊鏡之言。方鞫天海, 夜深親問, 都承旨固請還內, 上曰:“其言逼於不敢言之地, 爲人臣子者不可他顧也。”

夫天海凶言, 敢逼不敢言之地, 至今年, 致雲又襲天海之說, 而至於蟹醬之說, 雖以天海之凶逆, 亦所不言。噫嘻痛矣! 寧復有如此凶誣哉? 伊時東朝設有所送, 此乃當然之常事, 況所進又是御廚所供者乎?

惟我東朝止慈之心, 動合天則, 其所以眷愛我景廟與殿下者，發於深誠，盛美至善，眞可以比周妊、姒。惟我景廟，天性篤孝，粤自沖年，事我仁顯聖母，夙夜不離側。聖母嘗深嘉愛而亟稱之。自壬午以後，則又以所事仁顯聖母者，事我慈聖，至誠承奉，愛敬兩盡，洞洞屬屬，晨夕不懈。兩宮慈孝之盛德，宮中莫不感頌，而惟彼梟獍之類，敢忍做作凶言，以售其逆謀。蓋凶黨常以建儲代理之教，皆出於我慈聖，【代理之稟，有景廟下敎。】敢怨我慈聖，積懷凶逆不道之心，以至於此。可勝痛哉！可勝痛哉！

嗚呼！以我東朝至慈至愛之心，以我殿下至孝至悌之行，聞此凶言，其所以傷痛者，當復如何？而我殿下以其語逼不敢言之地，故未忍形諸辭敎者久。自有致雲之後，聖意以爲必須明言事實，以破群凶做作之情狀，然後方可以盡於孝也，仍有下敎而嗚咽流涕，曰："以予陞儲之故，而凶言逼於不敢言之地，此尤予之所傷痛也。"諸臣莫不呑聲而抆淚矣。

夫聞之至不忍而忍聞之，言之至不忍而忍言之者，是乃痛迫不得已之情也。且彼賊黨則肆爲凶言，轉相譸張，而在廷之臣則以其不忍提起，而不復詳言劈破，但曰"凶言"，則其於誅賊討罪之道，終有所不備。故今承聖敎而詳言痛辨之如此云。

○ 諫院啓："尹就商賦性陰慝，處事凶譎，貪淫驕縱，特其餘事。素與逆鏡結爲腹心，禍國戕人之謀，無不陰助，實爲千人之所指。頃年名出白望之緊招，而綢繆情節，一未覈出，國人之憤痛，爲如何哉？只以一事言之，當其被拿於鞫獄也。恚憤於捕校之依例催督，肆發憤罵之言，顯有拒逆之狀。及其被釋之後，潛囑該廳之將，捕校兩人，一時汰去。渠雖凶頑，苟有一分臣節，安敢乃爾? 在渠罪犯, 此猶細故, 而亦可見縱恣無嚴之狀。如此陰凶樂禍之人, 不可置諸輦轂之下。請行司直尹就商, 極邊遠竄。" 上允之。

就商與鏡、儉內外締結, 同一凶逆, 而只請遠配, 可謂失刑。伊後被鞫, 獰頑徑斃, 逆種未芟, 致有志、光哲之凶變。噫嘻痛矣!

○ 二月, 諫院啓: "逆鏡辛丑之疏, 實是爲人臣子之所不忍聞、所不忍言者, 而窮兇情節, 未及究得, 徑先置法, 神人之憤鬱, 已不可言。而至於疏下六人, 旣與鏡賊同聲合辭, 濟其凶逆, 則初無首從之可分, 而特以官秩之高下, 名次有先後而已, 究其心腸, 則一而二, 二而一者也。鏡賊之窮兇情節以次律, 已是失刑之大者, 況使六賊終逭天討, 罰止竄配, 則王綱何所扶植, 凶徒何所懲畏乎? 大論徑停, 輿情益激。請逆鏡疏下六賊, 亟命拿鞫嚴問, 夬正王法。"

○ 憲府啓: "向來鋒刃之慘毒, 尙忍言哉? 權益寬以逆鏡之從弟, 賦性狠毒, 處心回邪, 戕人禍國之事, 無不密贊陰助, 前後疏啓指意凶慘。其所謂'無俾易種'之說, 必欲芟夷善類, 無遺噍類而後已, 噫嘻慘矣! 至若昨冬一疏, 追提已巳之事, 已極絶痛, 而遣辭措意, 與'門生'、'國老'、'擁立'、'援立'等說, 一串貫來。其脅持聖躬、陰護逆鏡之狀, 愈益彰露, 輿情憤惋, 久而愈激。如此凶狠之人, 不可置之輦轂之下, 以貽國家之害。請前大司諫權益寬, 極邊遠竄。" 上允之。

○ 憲府啓:“訓鍊都正南泰徵陰鷙賊猾, 衆惡俱備, 締結逆宦, 主張陰謀。久爲賊鏡之腹心, 首被凶黨之獎用, 曾不踰年, 自營將超至統帥, 不久而入爲勳府有司堂上。其暗中立功, 與虎賊相爲表裏之狀, 有不可掩。前兵使朴纘新以賊鏡之爪牙, 方在喪中, 而換着軍服, 暮夜往來, 閃鑠倏忽, 神鬼莫測。其陰凶情跡, 路人皆疑與鏡、虎兩賊本是同惡, 而及夫兩賊伏法之後, 益懷疑懼, 聚首謀議, 無所不爲。決不可置之輦轂之下, 以貽國家之憂。請訓鍊都正南泰徵、前兵使朴纘新竝命極邊遠竄。”

○ 憲府啓:“義禁府都事朴弼顯卽泰春之子也。泰春以凶溥之窩主, 至被鞫廳之刑訊, 倖逭王章, 不齒人類。弼顯附麗凶黨, 濫通仕籍, 逮叨本職, 同僚羞與爲伍。且於昨冬賊鏡之拿來也, 不有嚴命, 一任稽滯, 及至近畿, 賊鏡私黨之來見者, 一不禁斷, 顯有綢繆和應之跡。物情駭憤, 久而未已。如此之人, 不可置之衣冠之列。請義禁府都事朴弼顯削去仕版。”

○ 上引見判義禁閔鎭遠等。上曰:“何待昨日入覽推案招辭, 然後知之也? 一鏡之疏卽虎龍之變書也。其陰凶指意, 表裏相應, 一串貫來, 一鏡卽虎龍也, 虎龍卽一鏡也。昨日臺批中‘一而二, 二而一’者, 政謂此也。向者親鞫時, 竝鞫虎龍者亦以此也。以此觀之, 豈無脈絡之相通乎? 向時事, 外間亦必知之矣。當初虎龍之招出也, 其爲驚心痛骨, 尙忍言哉? 以此初有引接宮僚之擧矣。渠之所言既犯惡逆, 則其在奉承大行朝德意之道, 爲臣子者, 豈可無痛懲之意乎? 且生置虎龍, 然後可尋其端緖, 而頃者設鞫正刑, 實出於迫不得已也。以鞫案觀之, 當初置而不書者, 其時委官雖或意有所在，而鞫獄事體至重，豈可以亂招而不書乎？其招亦豈可謂亂招乎？一鏡則暫時胥命，旋卽按獄，終至快於其心而後已。若求其元惡，則豈有加於逆鏡、賊虎者耶？向來人之所爲，只緣世道陷溺而至此也。自古安有三年鞫獄乎？蓋其意必欲盡殺一邊人而後已。向非大行朝至仁厚德，則在庭之臣，其餘存者幾何？今若更設鞫獄，則實未知至於何境，將何以收殺乎？初不設鞫則已，旣已設鞫，則事體重大，豈可中止乎？以向來胥命之人觀之，其曰'緩流'云者，此所謂彼善於此者也。然則其時胥命，殊未可曉也。"鎭遠曰："聖敎誠然矣。"上曰："其中鄭宇寬、金昌道之招，豈有若此之招辭乎？雖出於朝紙者，初不掛眼矣。此蓋世道陷溺，人心晦塞，而乃至於此極也。到今更起獄事，豈非重難乎？"鎭遠曰："聖敎恐有不然者矣。書曰'天討有罪'。凡討罪之際，一循天理，有罪者罪之，無罪者宥之。而亦於罪之之中，或有一分可生之道，則固當付之生議矣。如是然後，方可合於聖人好生之德。向來禍故之家，孰不刻骨痛心，而此猶私家事。至於上躬亦不免誣逼，則凡爲臣子者，莫不憤痛。今若務快其心，大行懲討，則殺戮必過多矣。臣亦知聖明所慮實在於此。臣等固宜仰體聖意，凡於推覈之道，務歸平允而已。何可徒事掩覆，不覈其逆情乎？獄體決不當如是矣。"上曰："判金吾之言可謂知予意矣。慘被其誣衊，則豈無積憤之心乎？若徒事快心，以至蔓延，則亦恐有玉石難辨之慮矣。"

○ 知經筵閔鎭遠袖箚言："粤若我大行大王，臣於昔者，六年春坊，侍講最久，伏見仁慈明睿，溫粹和易，誠是不世出之英姿也。加以學問夙成，行誼純篤。辛巳仁顯王后之上賓也，哭泣之聲，聞者莫不墮淚，其能纘肅廟之業，光肅廟之烈者，可必於他日矣。不幸中年以後，疢疾乘之，外庭諸臣，咸懷憂懼，思至誠夾輔，隨事匡救，以俟早晩平復之慶矣。先王自量證患之難强，有妨於酬應萬機，托殿下以儲嗣之重，仍命代理庶務，諸臣憂傷哀痛不忍奉承者，蓋亦有日矣。及其有'世弟可乎，左右可乎'之敎，則旨意愈益懇切，聖慮愈益深遠。而一種諸人，自生疑惕，恐其不利於己。趙泰耉不有請竄之臺啓，率其徒黨，冒入闕門，不由政院，直蒙賜對，而輒皆以宗社將亡爲言。臣未知左右用事則宗社可安，殿下代理則宗社將亡者，是果何說？

夫疾病之來，聖賢之所不免，顧何損於聖德？而一隊群奸曲諱先王之有疾，陰以自脫其欺蔽無嚴之跡，不恤其上加玷累，寧不痛心？兇徒於肅廟則直斥其大處分，謂由於積年沈痼之疾，而恣意誣毁，不少顧忌；於先王則祕諱疾患，設爲禁防，言或及此，輒指爲逆。必也明言'先王以仁孝聰睿之姿，不幸有無妄之疾，爲小人所障蔽。數年之間，變易肅廟之舊政者，一出於群邪之眩亂'。然後始可解中外之惑，釋後世之疑，而先王本然之懿德，乃得如日月之昭揭矣。

殿下近年以來，險阻艱難，亦旣備嘗之矣。自在潛邸，已遭橫逆之言【指泰耉箚】，及進儲位，又遭鳳輝之沮遏、世良之凶言，繼以有尙儉之謀害、鏡·虎之構誣，其他危動不安之端，不止一二，此輩皆宗社之罪人也。"

○ 三月，上引見諸臣。【是日，有四大臣伸冤復官之命。】

上曰："向來所謂廢立、簒逆云者，推而言之，至及於何地耶？自不覺其上逼於不敢言之地矣。大抵朝象之岐貳，在先朝不至若此之甚。始以斯文事，先王之處分至嚴，形諸文字，垂之簡冊，且於大行朝疏批，極其嚴明。故一邊之人擧懷怵畏之心，乘機而發，盡驅諸臣於惡逆之科，苟究其所以然，則果由於何地耶？其時之人疑惑層生，若論其心之所在，則必欲網打一邊之人，然後使不得措手耳。合啓，大行大王連不允從，且於向者取見鞫案，賓廳二品以上之請對也，亦不允許。大行朝靳兪之盛意，從可見矣。一鏡辛丑疏與虎龍變書，節節相符，其和應之狀，不言可知，且虎龍變書出於何時乎？若欲明言，事甚怪駭，故不言之。”禮曹判書閔鎭遠曰：“冊封先來出來後，變書卽出矣。”上曰：“予於其時，得見變書，毛骨俱竦。半夜蒼黃之中，引接宮僚，蓋以此也。其時推案雖曰拔去凶言，若深思之，至於何境耶？”右議政鄭澔曰：“爲國之道，辨邪正，明是非，然後罪者罪之，則人心自服矣。”上曰：“大臣之言是矣。”鎭遠曰：“顯忠懲惡之道，有國以來，不可偏廢者也。效忠者褒之，有罪者討之，然後紀綱振肅，人心感服。今若以前日殺戮一切爲戒，不論罪之輕重，疑之以報復，只施寬容之典，則犯罪者非但不知感激天意，抑恐反以爲吾無所犯也。如是而國可爲國乎？”吏曹判書李宜顯繼陳如鎭遠言。

○ 憲府啓：“今此六賊旣與逆鏡同罪，而殿下只誅逆鏡，姑貸六賊，實非爲宗社嚴懲討之義。夫六賊之罪，非特構諸臣也，乃所以誣殿下也，誣東朝也。爲此疏者，爲逆而已，在必討而已。且凡以疏章得罪者，只罪疏頭，蓋可施之於微眚薄過，而不可施之於犯逆之人也。況六賊攘臂擔當者，蓋知與儉賊和應約束，萬無一失故也。若此者，亦可以漫然隨參無知妄作論之乎？三尺至嚴，決不可容貸。請逆鏡疏下六賊亟命拿鞫嚴問，夬正王法。”

○ 鞫孫莿佐。【三月，始鞫虎龍、兄時龍。四月，特敎鞫莿佐。莿佐，內侍也。】

傳敎有曰：“汝與知妖儉之事，以辛丑所爲觀之，明若觀火，卽今群心拂鬱，乃由於奸狀之未破。今之推問於汝者，欲知顚末，明其處分之意。其間事狀，從實直招事，嚴問。”刑莿佐，莿佐供：“尙儉與妖惡內人必貞締結做言，以爲‘闕中有狐，着白簇道里往來’，托以捉狐多設機罟。淸暉門乃東宮問安往來之路也。尙儉欲阻遏問安之路，以圖陰凶之事，蓋換局之計也。渠之所爲，或恐東宮有所親覩，至有壅遏之擧，其謀害情跡，推此可知。其時換局由於一鏡之疏，彼此和應之狀，人皆言之矣。”加刑，莿佐供：“臣於尙儉至秘至密之情節，雖未能的知，其時每見尙儉持兩頭筆作書，而或眞書寫之，或諺書寫之，見人則驚捲其紙而深藏之。頻頻徘徊於內門帳下，或逢親密內人，則顯有授書相通之跡，內人乃是必貞。其親密隱秘之狀，闕內諸宦之所共知。尙儉自兒時受學於渠家隔墻沈成川【卽益昌】家，情好極密。聞一鏡往來沈家，與尙儉時常聚會，尙儉所爲，皆受其指揮矣。”【莿佐納招後，命島配。】

○ 鞫金吾胥隷。【書吏李晩俊·張翊漢、羅將吳弼周·朴時雄·鄭起萬也。四月，因臺啓鞫問。】

憲府啓：“壬寅誣獄之百般粧撰一例虛僞者，卽聖明之所洞燭也。其中所謂承服者，或誘以如是納供則可生之意，納供後，仍作結案者有之；或旣書承服招辭，卷其上端，不令罪人知之，勒令着名，作爲結案者有之；或以承服議啓，而物故啓隨上者有之；或以他罪人拿來間停刑爲啓，而旋以承服結案書出者有之；或已被十餘次刑，全無知覺，而若其所謂承服之招，則縷縷詳悉，決非垂死人之言者有之。凡此數款，極涉殊常，中外疑惑，至今未已。誣告情節，今方究問，則此等教誘粧撰之跡，亦不可不明覈。請令鞫廳摘發其可疑者，考其日子，其日執事書吏、羅將，竝嚴問得情。"

李晩俊供："承服議啓而物故啓隨上者，張世相也。世相累受刑，精神慌亂，問目累問，而終不能仰對，喉間僅作遲晩之語，故以問目及遲晩二字，作爲主意，以成招辭。他罪人拿來間停刑爲啓，而旋以承服結案書出者，李宇恒也。其時他罪人未及拿來前，病勢危重，慮其徑斃，卽爲遲晩取招，而罪人氣息奄奄，不能成言，亦以問目及遲晩二字，作爲招辭，未及結案而物故矣。"【晩俊直招，故放諸胥隷。】

○ 鞫徐斗昌。【四月，因臺啓鞫問。】

憲府啓："妖巫之子徐斗昌，卽賊商之傔從，必貞之至親也。向來凶黨之締結宦妾，恣行凶謀，斗昌母子實爲其蹊逕，內外和應之陰凶情節，畢露於宇寬之招。而賊商就拿之後，亦不敢諱其帶率之狀，則究覈斗昌，獄體當然。而其時乍逮卽釋，端緖未露，輿情憤惋，久而愈激。請斗昌亟令拿覈。"累加刑訊，杖斃。

○ 鞫沈廷玉。廷玉，益昌之子，時益昌已死，因臺啓問廷玉。【四月】

廷玉供："臣與元徽爲異姓再從，不可謂不知。一鏡卽臣前母之從弟。一鏡少時追遊臣父，而所謂凶謀及辛丑十二月初六日擇日之說，臣不知矣。"刑訊，廷玉供："妖儉是寧邊人也。一鏡、元徽皆經寧邊府使，故與妖儉情密者久。辛丑七月晦間夜三更許，尙儉家忽映火光，有開大門聲，追後聞之，則一鏡來也。 蓋一鏡之如是往來，非止一再矣。"加刑，廷玉供："臣問尙儉曰：'金參議卽朝士，何故來耶？' 尙儉曰：'金參議言：「吾方欲應旨陳疏，批答何以則速下？若遲下則事無益矣。」吾曰「城主分付如此，若預知疏入時，則出納之際，當有周旋之道」云矣。' 元徽以平兵下直時，臣問：'前所欲爲者，今乃爲之，果好乎？' 徽曰：'好矣。' 仍曰：'一鏡輩當局，欲蕩平天下，所謂蕩平，欲盡殺老論，專用南、少矣。' 元一瑞與尙儉交結往來之狀，人孰不知？尙儉家有客，每夜來到，臣問尙儉，則曰：'元徽、尹就商、睦天任、元一瑞往來謀議，而換局後，就商爲訓將，元徽爲平兵，睦天任速爲陞遷，且復其祖官爵等事。' 此乃辛丑至月後臘月初間事也。"

因廷玉招問廷玉弟廷紳，更推廷玉。廷玉供："辛丑至月晦臘月初，臣謂尙儉曰：'就商、徽等所圖之事，既是重大，所與同議者，必不止四五人，汝須言之。' 尙儉曰：'金參議言圖得疏批之外，疏下六人，必須竝卽除職之意，縷縷懇托矣。'" 將加刑，廷玉供："辛丑九月間，一鏡以書邀臣，其後數日，臣果與尙儉偕到一鏡家。一鏡曰：'以吾之文，製疏以進，而少有尙儉之周旋，則豈有不成之事乎？' 臣與尙儉笑曰：'令監之言皆好矣。' 其後臣與尙儉偕往一鏡家爲三矣，一鏡來尙儉家累矣。臣與一鏡同會尙儉家爲一矣，一鏡之來訪臣家亦一矣。前後聚會謀議皆是疏批速下，換局速成之事而已。一鏡之疏乃其肯綮，而在內主張圖出疏批者，尙儉也。凡老論疏章，欲爲從中沮遏，而主張此事者，有道也。"加刑，廷玉供："辛丑十月初二日夜初昏，臣往尙儉家，尙儉方與一人坐於門左邊軒上， 密密相語。臣曰：'汝與誰相語，至夜深耶?’尙儉曰:‘吾與前所云尹先達【蓋以隱語指就商】相語矣。’就商先去,臣遂起來。尙儉以切勿宣泄之意,握手申戒矣。”後命廷玉減死島配,廷紳定配。

○ 鞫尹就商。【五月】

鞫廳啓:“罪人尹就商之招因巫女締結石烈一款,以宇寬之其時誣服爲自明之端,其言不足取信。尙儉家往來聚會事,縷縷發明,別無指的。其所以爲緊證者,以病廢出入爲言,而辛丑以後,累年從仕,出入無碍,則病廢云者全不成說。且明白發告者,廷玉,而不請與廷玉面質,欲與廷玉之諸弟對辨者,必知其敎誘變辭之曲折,而【時廷紳書通廷玉,使之變辭。】爲此圖脫之計。請以此發問目,更推。”

傳敎有曰:“觀此所供,其爲自明,都不成說。廷玉之初問也,不擧某人之名,而渠自納供數人,而就商之名亦在其中。以伊時事言之,其所脈絡與逆鏡相符,而今乃不知妖儉之在於何洞、門在何處之說,極涉凶狡。渠以世祿之臣,身居將臣,不思報國之道,敢生患得之計,與一小豎綢繆謀議。患得之心,推之於大聖人斷案如何?此正是可忍之類也。今以推問於渠者絶痛,表裏綢繆之狀與國朝所無之事,不待究問,而直爲正法,渠何冤屈?若復牢諱,不爲吐實,則三尺之法,不用於就商,而復用於何人乎?嚴加盤問。而廷玉之只言往來之人,而與渠綢繆之狀,不爲吐實,果如啓辭,更爲嚴問,而若不直招,則更加嚴訊事,分付。”

更推就商,廷玉、就商面質。鞫廳議啓就商請刑推。答曰:“依啓。就商以白首武弁,累經將任,又至正卿,則於分足矣。有何不足之心,而忘國恩之難酬,生患失之鄙志,暗附逆鏡,潛結妖儉，起無前之變怪，亂國家之三尺？其心如此，甚事不做？何待面質而後可知逆節，而日昨下教，蓋出曲恕，則嚴問之下，終不吐實。今於廷玉以目覩爲說，則非比所聞者，而尙不吐實。若不嚴處，則無以懲亂賊，亦何防後弊乎？各別嚴刑，期於取服。”累加刑訊，尋物故。

○ 兩司啓：“世良辛丑之疏，逆心彰著。其所謂‘天無二日’、‘陰移天位’等說，窮凶絶慝，肆然誣逼於不敢言之地，實與鏡、虎兩賊根株相連，脈絡相貫，通天之罪，本無異同。而莫施兩觀之誅，遽斃牖戶之下，神人之憤，庸有極哉？今雖不能肆其尸於市朝，若其孥籍一款，係是當施之律，斷不可以其身之已骨而廢之。請命有司亟行世良孥籍之典，以伸王法。”

○ 備忘記：“噫！昔年先朝處分至嚴且明，而大行朝繼述之意，藹然於絲綸之間，而逞憾之輩恣意網打，構誣大臣、廷臣於惡逆之科。噫嘻痛矣！黨錮害人，何代無之，而未有如此輩之毒手。若非大行朝至仁盛德，則於廷臣，保生者其幾人耶？逆鏡倡之於先爲前鋒，賊虎應之於後爲聲援。其間十一人事發啓者，乃鏡、虎之掎角也，至於妖儉，是鏡、虎之爪牙也。上賴祖宗朝默佑，又被大行朝至友至愛之盛意，纔除妖惡。一種狠毒之輩大生疑懗，陰使虎賊遽上變辭後，鍛鍊獄事，恣行誅戮，世間天下豈有閱歲鞫獄者哉？吁亦慘矣！非大行朝欽恤寬大之盛澤，則其將快心而盡戮，奚至於兩年而已哉？旣曰‘搢紳疏’，則何只七人？疏中所論與賊虎之言，何爲其相符耶？指謂此疏曰‘爲世弟者’，乃妖儉從中之說也，故是予所以請其奸惡之罪於大行朝矣。由此觀之，表裏相符，明若觀火。

噫嘻！四大臣以爲國之忠，慘被其誣，於今彰大行朝德意，伸大臣之冤枉。其所誣陷諸人，竄而殛之，未爲不可，而予不深治者，亦有意見。然明其是非，乃人主之所管也。尤不可不使中外曉然知向日奸凶誤國之事，少無貽累於大行朝盛德矣。至於誣服而成其奸凶之計者，斷不假貸，使圖生陷人者懲畏而戒焉。咨爾喉舌之臣，承此予意，其令館閣之臣作文頒示，咸使中外洞然知處分。”

○ 上命疏決誣獄。

右議政閔鎭遠、判義禁洪致中入侍。上曰：“今日備忘，已言其大概矣。虎龍上變後，有引見宮僚事矣，其後凶言，多不忍聞。雖匹夫猶不忍以汚辱加於其身，況予受先朝遺體，其何忍當此汚衊之名乎？黨論何代無之，而萬古天下豈有如壬寅事者乎？如非大行王至仁盛德，今日廷臣豈有得全者？虎賊變書中，乃曰‘洗東宮難洗之誣’，而實則渠以難洗之名加之於予也。其時予則自劃，曾有上書，而宮僚亦不見矣。賊虎旣加予以陰凶之言，則按獄之臣請治可也，而只以拔去此一段爲請。拔去云者，外爲好言，而其計尤巧，豈非絶痛之甚者乎？如欲究問，則獄事不成，故只請拔去，其可忍此哉？予於昨年已言之矣。雖史冊上有如此說，則予不欲見，豈意於予身，反受此罔測之誣乎？鏡之辛丑疏與虎變書一也。‘搢紳疏’云者，滿朝同參之謂也，只止七人，而謂之搢紳疏何也？彼中亦豈無知其凶慘者？怵於鏡之威勢，無一人言者，寧不痛哉？以鏡疏謂之爲東宮疏者，卽妖儉幻弄之說也。此予之所以請其罪於大行朝者也，如非大行王友愛，則何能有今日？儉事不成，變書乃出，一邊廷臣盡欲屠戮而後已，慘矣！三手中所謂劍者，豈可以此謂之逆乎？頃閱推案，見贈劍條，固已疑矣，今聞大臣之言，誠可笑也。人之相贈以劍者多矣，此不過龍澤偶以劍贈白望，而虎龍仍以湊成者也。以此言之，劍之一說已落空矣。以藥[3]言之，爽實尤甚。至於池烈，先朝老尙宮也。渠以老宮人，有何希冀，而乃爲逆耶？適爲虎所知，故引以爲證耳。渠安敢乘喪矯詔耶？渠之爲人，予知之，決[4]非爲逆之人。且其時已死，旣骨之後，雖欲爲逆得乎？宮城扈衛之說，以物議觀之，已知其誣，今又聞之，益知其妄矣。至若誣告者，承望風旨，妄希生全，專欲歸罪於諸臣，而以爲自脫之計，其情態絶痛矣。”鎭遠曰：“壬寅獄事，旣知其構誣陷害，則削勳一節不可已。雖以虎龍單錄，不成錄勳貌樣，而不可仍存也。”上允之曰：“反案後，削勳一節，次第事也。”

○ 憲臣筵請就商子志絶島安置，有曰：“以‘父子竝竄不忍’爲教，此甚不然。此漢陰凶之狀已陳於啓辭。渠以其父之獨子，棄其父於謫所，忙急上來，其罪旣大。來後出沒閃忽，蹤跡詭秘，人心危懼，國言喧藉，實是國家之憂。安置之請，恐不可不從矣。”

○ 五月，諫院啓請師尙亟正邦刑。

○ 七月，傳旨：“安置罪人師尙，拔身之初，已爲名義之罪人。 立

3 藥：底本에는 “樂”으로 되어 있다. 문맥을 살펴 수정하였다.

4 決：底本에는 “泆”로 되어 있다. 문맥을 살펴 수정하였다.

朝以後，專事凶譎之伎倆，唆嗾凶溥，倖漏罪網，鴆殺林演，圖絶禍根。先場代製[5]，竊占兩子之科名，密地經營，久主凶黨之陰謀，其處心行事，何莫非窮凶極惡，而此於渠，猶是薄物細故。

試以其最難容貸者言之，厥有三大罪焉。曾按嶺臬，政當廚院移直之日，肆爲宴飮張樂之戲，臺章峻發，罪名狼藉。惟我聖考深惡久錮，終不收錄，慍懟之志，實深於此。及其兩子贓科之特命削去也，怨毒之心，尤[6]益次骨，挾贊群凶，作爲囮主，吠日射天之計，無不攘臂擔當。頃年一疏，至擧昏朝之時，敢擬寧考之聖世：其罪一也。

白望之上變，實告謀害國本之賊，而不待鞫究，挺身入對，狙擊請覈之老臣，以絶保護東宮之路，聲援待命之群孼，終售撲殺告者之謀：此其罪二也。

向者大臣之聯箚，不過請遵丁酉之舊例，則苟有一分臣子之心者，宜無異視於前後，而至謂之簒奪凶逆，必加以慘刑極律。此其意豈但在於諸大臣？而況其在外而未入也，以先除大臣不可遺一之說，貽書賊鏡，大播都下。旣有先除之謀，則後所欲爲者，灼然可知。宗社之得有今日，豈非天歟：此其罪三也。

爲人臣而有一於此，固難一刻容息於覆載之間，況有此三大罪乎？又況與賊鏡，身二而卽一心腸，姓異而便同兄弟，一動一靜，無不相關，片言半辭，無不同響，而賊鏡所製敎文，無非師尙

• • • • •

5 先場代製 : 底本에는 "先□代製"로 되어 있다. 동일계열 본인 규장각 소장《闡義昭鑑》(奎1177)과《闡義昭鑑諺解》에 근거하여 보충하였다.

6 尤 : 底本에는 "九"로 되어 있다. 동일계열 본인 규장각 소장《闡義昭鑑》(奎1177)과《闡義昭鑑諺解》에 근거하여 수정하였다.

之所與知。賊鏡招中，或者之或，賣友之友，蓋指此等人者，明若觀火。逆鏡既伏王法，則此賊豈有獨逭之理乎？神人共憤，擧國同仇，不可以絶島安置，而懲其貫盈之罪。

大抵論罪之道，得其端緖，始乃鞫問，而鞫廳之規，必待面質更推後，乃爲加刑，實出於審愼之道也。先除大臣之語，雖極凶慘，此乃私家文字，則不可以是直用一律矣。至於其子削科事，乃是先朝特敎，則渠等復科之後，揚揚自得，縱恣無忌，未復科之時，其心可知矣。且取考《政院日記》，則其疏意，向與逆鏡無異。逆鏡正法之後，渠作哀冊文，若有一分嚴畏之意，則何敢用如許文字乎？其後更爲付標以入，【本文'莽、卓既誅'，改以'凶徒就戮'。】尤可見其意之凶慘也。

先朝曾有師尙用意不正之敎，予於今日，有所愴感處矣。近來黨習益痼，而未有如一鏡、師尙之甚者也。一鏡既已見誅，而師尙不爲正法，則後世必無懲畏之道，處絞，其子獻章極邊定配。"

○ 八月，頒敎中外大小臣僚、耆老、軍民、閑良等。"王若曰：嗚呼！向年之事，尙復忍言之哉？奸凶堵立，謀計憯巧，構成大獄，草薙士類，苟求其心之所抵，蓋不但止於是而已，至今思之，寢夢猶驚。今當維新之日，公議幸已快伸，玆將前後事端，洞溯源委，以布諭于有衆，其尙明聽之無譁。洪惟我肅宗大王，仁明剛大，天命自度，其於斯文之事、倫義之重，尤兢兢致意。肆辛巳、丙申兩處分，至正至嚴，可以建天地而不悖矣。而惟彼凶黨之心，與此背戾，固已有素，則安得無怵畏疑駭之意耶？蓄憾積怨，思欲一逞，而未有會也。

先王初年，儲位見虛，人心靡依，付托無所，深惟宗社之重，爰策眇末之身。奸黨乘此時，肆其凶圖。冒嫌之言，爲其張本，疑惑之說，繼又危動，與夫夜半叩閤、北門潛入之事，其意至凶，其計至密。而至於天無二日之語、陰移天位之云，尤極慘毒，有不忍見。卒之逆鏡驅率六賊，倡上凶疏，作前茅於外；妖儉以鏡爪翼，陰斡密機，爲蟊蠹於內，表裏煽俑，禍迫頃刻。幸賴先大王友悌篤至，不得逞志，儉旋就戮。自是之後，凶逆之儔，大生疑㤼，爲計日深，遂乃唆嗾虎賊，亟上變書。書中誣及予身，語極陰慝，旨意所注，路人亦知。且其上變，不先不後，必於使价竣還之翌日，則渠輩肝腑，於此益復呈露難掩矣。獄事纔起，庭鞫有命，則慮其奸情之易透，汲汲求對，移鞫於本府，操縱伸縮，惟意所欲，而又請勿問勿書，置予於黯黮之中，仍復捌出三手之說。

所謂三手，一則劍，一則藥，一則乘喪矯旨也。劍則不過折溢之常刃，謂之匕首，萬不近似。藥則其謂買之者姓字違反，用之者日月錯盭，至於矯旨云者，以出森爲忠兵，作一大關棙，而代授者又擬出外，則其言自歸破綻。又做宮城扈衛之說，作一肯綮，而其謂同議之大臣，實已出疆有月，則構虛揑無之狀，於此益自彰著。彼輩所指而爲逆者，輒稱三手，而惟此三事，率皆無所着落，其稱承款者，又多强押於死後。自古以來，亂獄何限，而豈有如許虛罔之獄事乎?

嗚呼! 四大臣以先朝舊德，不顧一身之死生，惟務徇國而盡忠。臨危定策，丹衷炳然，此可與伏節死義者比論。至若枉罹慘酷秉志不變者，亦皆貞亮忠純之臣，而備加淫刑，次第殄戮，天下寧有是耶? 尤可痛者，稱以討逆，至錄虎賊於勳籍，强要千乘之尊，乃與賤隸同歃盟盤之血，侮弄君父，矯誣上穹，略無所顧憚。至於逆鏡所撰文字中'鍾巫'、'蹀血'等語，愈益凶慘，悖逆絶理，窮凶極惡，胡至於此？蓋其設心造意，實在於捏成罔測之案，盡殺保護諸臣，因以作上侵之階，以快售其原初陰計。而乃若'門生'、'國老'之喩，其意指悖慢，尤非臣子所敢言者。

嗚呼！大舜處畎畝之中，有成邑成都之效，孚應之不忒，有如是夫！而顧予平日素蔑自修之工，德不足見孚，誠未能有格，以致狼心未悛，蛇舌愈閃，終底於忠賢駢命，國脈澌盡，剪焉有傾覆之勢，予身亦在朝夕危懍之境。向微我祖宗默佑於上，先大王至仁盛德，有以全安而扶翼之，則予安得有今日乎？原始而論之，惟此一種奸凶之輩，俱以肅廟大正斯文後棄斥之人，百計凌逼於不敢言之地，必使社稷顚危，以洩宿怨。故其日夜所經營，惟在此耳，罪惡之貫盈，實前史所未見也。

嗚呼！惟我先大王慈仁，愛人好生之意，藹然於綵綸之間，當兩大臣之被極禍也，卽降還收之音，間以災咎，頻命疏放，聖意所在，卽此可見。向來禍變，雖靡所不有，豈以此貽累我聖德也？肆予追先王遺意，旣命伸故相臣金昌集、李頤命、趙泰采、李健命之冤，復其官爵，賜以美諡，李晩成、洪啓迪、金雲澤、金民澤、金濟謙、趙聖復、李弘述、尹慤、白時耉、李尙馦、金時泰等，還其職牒，贈爵秩。逆賊金一鏡、睦虎龍等，竝依法正刑，李師尙姑從末減之律，參酌處絞，革罷扶社功臣，收其錄券。其餘凶賊，或竄或黜或囚鞫。誅討之典，雖姑稽於今日，順逆之辨，庶少慰於神人。方當蕩廓之餘，可無播告之脩。咨爾中外臣庶，咸知予意，斥邪佑正，永肩乃心，以保乂于邦家。於戲！伸冤討罪，遹循天理之公，開國承家，永絶小人之禍，故玆敎示，想宜知悉。"【大提學李宜顯所製也。】

闡義昭鑑

卷三

戊申

四年三月，逆賊麟佐、希亮、弼夢等擧兵叛，王師討平之，諸賊悉伏誅。

初鏡、夢、虎龍等譸張凶言，謀害上躬，而賴景廟仁聖未售其計。及至甲辰，鏡、虎誅而夢配絶島，凶黨之爲計日深。李有翼、朴弼顯密嗾沈維賢，做出陰慘不忍聞之說，以暗應鏡賊教文中凶言，而逞其不軌之圖。蓋維賢爲人，妖邪傾險，與有翼、弼顯及弼夢子師寬等爲死友，國家以維賢戚聯王室，待之優厚，而猶以不得高官，常怏怏怨望。有翼等諸賊因以慫恿激發其邪心，遂使之造言先倡，而往來京外相與傳播煽惑。於是群不逞怨國之徒，靡然而動，如宗道、義徵餘孽類，聲氣相連，合勢締謀，釀成滔天之變。噫嘻！尚忍言哉！

亂作之後，諸賊之供皆以有翼、維賢爲言，至李師魯、任環之招出，而有翼等教誘維賢之狀，尤畢露無餘矣。前秋冬間，繹騷日起，至是年春益甚，而連有掛書之變。掛於全州者，宋賀、李世龍也；掛於南原者、鄭倬也；【全、南兩掛書，弼顯作，宋賀從姪書。】掛於京城西門者，翼觀、順觀也，【翼觀作，順觀書。】其言皆窮凶叵測。至是李麟佐陷淸州，遂投凶檄於列邑，稱推戴宗室坦，兵犯畿甸；鄭希亮、李熊輔擧兵於嶺南；李思晟以平安兵使，方圖繼起；南泰徵以禁軍別將，約爲內應。危亡之機，迫在呼吸，而卒乃聖武英斷，宗祊再安者，天也。征討鞫治之始末，詳載《勘亂錄》。

噫! 粤自輝、耉疏箚之後, 逆黨之爲計日深, 鏡疏、虎書互相和應, 其所以圖害聖躬者, 靡所不至, 而賴景廟睿聖仁友之德, 終莫能盡售其計。則賊鏡乃於代撰之文, 敢肆其凶言誣說, 以逞其不道之心, 通天之罪, 亘古之惡, 人孰不扼腕而切齒哉?

逮乎甲辰, 被鞫伏法之後, 餘黨遺孼, 其宜懲懼戢伏, 而敢蓄怨懟之心, 猶襲悖慝之言。始焉有天海之變, 繼而有掛書之變, 終而有稱兵犯畿之變, 幸賴皇天祖宗默佑陰騭, 諸賊次第就捕, 而凶言來歷、逆謀根脈一一綻露於賊招之中。

蓋天海之凶言, 有翼、弼顯之所做出; 維賢之所倡言, 順觀之所指使。而有翼、弼顯之必使維賢倡言者, 以維賢戚聯王室, 其言易以惑人故也。維賢之所以同情合謀者, 本以輕儇妖邪之性, 被其利誘, 動其逆心也。順觀之掛書, 卽觀孝、有翼、弼顯之所指揮, 而一從逆鏡教文之言也。麟佐、熊輔、希亮、崇坤等諸賊之構亂, 是亦有翼、弼顯、維賢之所慫慂也。有翼、弼顯、維賢又皆以弼夢爲宗主, 鏡與夢卽身二而心一者也。

凡此構亂之類, 或以逆豎凶黨之餘孼, 廢棄鄕里, 而敢懷讎國之心; 或以患得患失之邪心, 無所不至, 而遂肆無君之惡。謂"天地可侮", 謂"日月可翳", 而造作陰慘罔測之誣說, 輾轉流播, 以應逆鏡甲辰前誣上之凶言者, 罔非推戴逆宗貪饕富貴之計。而或陰主而密煽, 或雄唱而雌和, 以致逆黨滋熾, 叛氣連亘。自有天地君臣以來, 凶腸逆節豈有如此賊輩者乎?

蓋自天海凶言之後, 一國臣民沫血飮泣, 必欲得其造言指嗾之人, 而魑魅之情狀莫測, 梟獍之窩窟未破, 輿情之哀痛, 未嘗一日暫弛。乃者凶魁醜類自吐情節, 妖腰亂領咸伏斧鑕, 神人之憤, 可以少洩。而至于今年, 又有致雲、鏟、夏徵、志等之逆變。人心之陷溺，豺性之難化，一至此哉？一至此哉？噫噫痛矣！噫噫痛矣！

《勘亂錄》，宰臣宋寅明、朴師洙之承命編次者也。【五月有命】始以逆鏡教文爲始之意稟定。

司諫李世璡陳疏言："今此《勘亂錄》以逆鏡教文爲首，蓋逆鏡教文實爲夢、顯之前茅。鳳輝之疏又爲賊鏡之資斧，必以此疏起頭，然後本末該備，亦可使觀者懲創。請命《勘亂錄》以鳳輝疏起頭。"【李世璡疏在己酉九月】後命以三月上變起頭。

《勘亂錄》既成，宣懿王后始詳知逆黨凶言，下教曰："世道若此，做出窮凶叵測之言，此非但誣當宁，反以衊先王，可勝痛哉？可勝痛哉？"【見《行錄》】其後吏曹判書朴弼周疏中，擧此而言之曰"眞女中堯、舜之言也"。

庚戌

六年三月。命鞫逆賊垓、圻、羅弘彦等，諸罪人皆伏誅。

弘彦，以戊申賊崇坤、崇大之至親，思孝之友壻，凶謀陰計無不與同，其冊子所錄犯上不道之言尤凶悖。諸賊之所推戴卽垓、圻也。垓、圻，楨、柟之從孫，閔就道之外孫，兄弟俱出銀貨助逆，而賊徒稱"圻爲人勝於垓，眞推戴在圻"云。問垓、圻，竝施刑。鏡疏下三賊亦鞫問。

傳旨："罪人垓、圻身居宗籍，不思朝家前後曲保之恩，締結凶徒，交通貨賂，互入推戴，爲其謀主，自戊申至今日，窮凶極惡，至妖且慘之變，專是倚恃於此賊兄弟，則此實逆之魁禍之根。神人交憤，王法至嚴，所當明正典刑，而磬甸自有古法，酌量處決亦有我朝已行之典，特爲參酌處絞。"

問弘彦："以汝子啓泰拿來時搜得文書中有汝所錄冊子，而其中有不忍聞、不忍道之言。末梢有侵犯景廟不道之言。此必庚子以後，一種怨國之類敢生讎國之意，刱出不忍聞、不忍道之說，作爲不軌之階梯。而以其不得志敢爲慍憾之說，至及於不敢言之地者，尤若觀火。諸他凶說俱在汝冊子中，雖不忍提說於問目中，其所聞年月及其傳說者，從頭至尾一一直招。"弘彦供："所錄中'毛髮凜然'云者，聞於羅斗冬；所謂'節義凜凜'者，亦聞於流傳。逆鏡、賊虎不稱臣而稱進賜，聞於崇訓之兩弟崇誼、崇說。哭班往來之際，羅斗秋兄弟傳此言。金南復言天海事，朴哥之所傳，金履輅亦嘗傳言矣。"

傳旨:“罪人弘彦以逆賊崇坤、晩致之切族，每懷怨國讎君之心，欲售詬天罵日之計，陰與凶徒做成凶言，轉相傳播。而至於冊子所記之語，尤極凶慘。誣逼景廟，語涉不道，此已窮凶極惡。而若其奬鏡、虎以節義，詡天海以義士，其心所在，萬萬叵測，實爲掛書之根柢、凶檄之嚆矢，與戊申凶賊腸肚相連。而渠旣自服以大逆不道，現告其傳說諸賊，則凶逆情節彰露無餘。如此凶賊，不可以循例結案而處之，依弼夢例擧行。”

垓、圻兄弟以廢錮餘孼，復通屬籍，竝厠崇列，恩至渥也，而猶不悛其惡，乃於戊申，與逆坦互入凶賊之推戴，而倖蒙曲貸。至是爲計益急，凡道隆、道昌等放火埋凶之謀，無不主張指劃，至於出銀貨行賂而助成之。亂臣賊子何代無之，而其設計造意之妖凶陰慝，豈有如此賊者哉？雖情節旋露，竝伏常刑，而追思肘腋潛伏之危機、呼吸垂發之急變，不覺體慄而膽寒。尙忍言哉？

若夫弘彦以戊申羅族中漏網者，潛伏鄕閭，肆爲陰慘叵測之說，其凶心逆節，視鏡、海諸逆，殆有甚焉。何幸天討夬行，輿情少洩。而此莫非逆脈相貫、義理斁滅之致。噫嘻痛哉!

傳旨:“絶島定配罪人李眞儒、尹聖時、徐宗廈等辛丑一疏，昨秋下敎‘鏡、儉締結之狀’，於渠斷案也，其何更問者？而此啓不允，予意在焉，非曰三賊之無罪也。若是相持，王綱漸解，時象之相阻，由此特甚。竝令王府爲先設鞫嚴問，果與鏡、儉一心腸也，則夬正王法，懲勵世道。竝拿來。”先是四月，諫臣啓請疏下三賊嚴鞫正法，至是有是命。

鞫廳啓:“罪人眞儒、聖時、宗廈更推嚴問之下, 敢爲抵賴, 情節絶痛。請竝刑推。”答曰:“依啓。眞儒等三賊, 祈雪備忘, 渠何以先知而呈疏乎? 此與妖儉相應之狀, 明若觀火, 而雖以妖儉正法時陳達之辭, 欲爲發明, 其時雖逆鏡當之, 非作叛之前, 豈無此言耶? 況其後相異, 亦因宦慾相不平者。爲賊鏡之疏下, 爲賊鏡而右袒, 此可謂無所不至者。宗廈招中, 猶稱'討逆', 尤極痛駭。以此添問目。”其後三賊竝累施刑訊杖斃。

庚申

十六年五月, 三司啓請鳳輝、泰耈追奪, 光佐姑先罷職。

乙丑

二十一年九月，逆賊翼觀、順觀從子嗇以誣罔朝廷杖斃。憲臣以大逆不道請施孥籍之典。

嗚呼！戊申平亂之後，逆黨謂已鋤盡，而逆嗇招誘十魁餘孼，又謀不軌，逆種滋蔓，逮夫今年，而變亂至於滔天。噫嘻，可勝痛哉！

丙寅

二十二年九月，憲府啓：“逆鏡疏下諸賊，其通天之罪，同一心腸，而天網高懸，鬼蜮莫逃，或伏典刑，或斃杖下，而獨鄭楷牖下之死，在於戊申之前，顯戮莫行，官秩自如。刑政有斑駁之歎，神人激憤惋之情。請鄭楷追奪官爵。

益寬卽辛壬凶徒之一，而鏡、虎諸賊之謀，無不通關而幇助。至若‘問寢、視膳’之說，足爲渠斷案。而其危逼侮蔑之狀，實與耉、輝無異，已極萬萬凶悖。而及夫戊申變亂之初，按節北藩，與昌悌、黃溥、聖欽輩綢繆密議，海島造艦之狀，營下鍊卒之跡，醬汁之漬於綿布，營廩之糜爲乾糒，按撫查狀旣爲昭著，渠之疏供亦不能自掩，則其南應麟·亮、西嚮思晟之逆節，彰露無餘。而特以攀援有力，刑法不加，暫時薄竄，先被陰誅，官秩至今自如，輿情久而益激。請權益寬追奪官爵。”上允之。

○ 三司合啓輝、耉、恒事。藥房入侍，傳曰：“趙泰耉、崔錫恒事，予意有下教者，待其快愈，當召大小諸臣，上下問難後，當處分。而觀今世道可謂寒心，聞大臣陳達於柳鳳輝事，恒日持難者，于今釋然。莫重懲討，不可一例依違，太阿在手，何待苟且湊合而爲請乎？特允三司之請。”翌日藥房入侍有傳敎，泰耉、錫恒特施削爵之典。

戊辰

二十四年十一月，鞫權纘、權嵇等，竝杖斃。

問嵇，嵇供："今月初三日，臣婢世分忽得書以示臣，其書有曰'索辭于增，愼獻于天'。臣持示臣叔權纘曰：'此天書乎？人書乎？'纘曰：'此非難知之事，而極異常矣。以文理言之，增字似指驪川。'【驪川卽逆增爵號】臣初未覺'增'字之似屬驪川，及聞纘言而知之。臣曰：'驪川家若有此等訓辭，則誠爲異常矣。'纘曰：'何以知之？'臣自初三日連宿於纘家。纘曰：'汝知此書天作耶？人作耶？'臣曰'天何以成言？紅綿布【妖書書於紅綿布，故云。】亦何以在天乎'云，則纘曰：'吾意亦然矣。'初六日臣往驪川家，問於驪川曰：'有先訓乎？'曰：'無。'又問曰：'有何夢兆乎？'曰：'無。'又問曰：'有何異常之事乎？'曰：'無。'臣曰：'吾初三日忽得異書，辭意異常，此處若無他可徵事，則不涉於此家矣。'驪川執手而問曰：'吾視汝若親子弟，汝不視我猶父兄，可慨！汝有所懷，第言之。'臣早孤，聞其言感悟，仍以書中所見者告之矣。臣初欲以三條設問之意，問於纘。則纘曰：'汝欲問則問，任意爲之。凡與人言，雖恐動之，難得使人直告，汝之先發必易矣。'"

問纘，纘供："嵇果以三條欲問之說來言，故從容開說，使勿過動矣。'增'字之義，嵇果不知，而臣言之'臣心以爲似是驪川名字'矣。"更推，纘供："心動之說，臣全然未覺矣。嵇以爲'觀其擧動，則可知'云。而驚心則有動矣。動與靜爲對，動於中則謂之心動，動於外則謂之擧動，有於中則必著於外，而根本則心也。問字、知字之間，分數有之。'問'字則上教以'陰慘之事，問之何意'爲教，故臣以'知'字爲對矣。臣以'知'字爲言，則似不至於陰慘之境，而使嵇往知者，非陰慘之事也，只欲知驪川家投書與否耳。"纅又供："嵇則驪川火下所見書，雖不知爲投書，而以驪川之愁色，疑其殊常。臣則斟酌知其與嵇家所得者一般矣。"纅又供："驪川若不知嵇家亦有此書，則豈不愍然乎？驪川向日亦有愁色云。今往問而又有愁色，則可知其心動，故果使往問矣。三條非他說，則投書中辭意，而以祖訓言之，其問亦足成說矣。"

問權繕，繕供："臣往宿驪善【卽增弟，逆學爵號。】家，海恩【增之庶叔，名爣。】與驪善言曰：'有慶事矣。'臣問：'何慶？'對曰：'吾家有投書事，汝家亦有投書事，而筵對處分俱無事矣。'驪善曰：'初二日時祭時，入祠堂，則有投書之變，罪人斯得，然後可達。其後嵇言「渠家亦有投書」云，故有請對之擧矣。'驪善又曰：'汝家有此事，而汝嫡從【卽纅】使嵇探問於西學洞【增家】云云。'故臣問于嵇曰：'其欲往知者，何意？'嵇曰：'往問驪川，而驪川若有心動，則吾當絶跡矣。'臣還家，則驪川急送人邀臣，故往見。則驪川曰：'安國洞【纅家】使嵇來問我之說是乎？吾豈爲逼人之言乎？'驪川仍使臣往傳於安國洞，故臣往問纅。則纅曰：'使汝知之之說，吾果爲之矣。'"

纅卽益寬之族，一鏡之外黨，而爲人妖邪狠毒，曾爲臺職，疏訐大臣宋寅明，竄極邊蒙放，而亦枳廢多年，故居常怨國爲計，無所不至。嵇者，纅之從姪，自幼被育於纅，而與增爲中表叔姪，增又纅之所嘗深交者也。增家嘗行時祭，祠中忽得妖書。其時親戚參祀者，惟嵇兄弟，則非嵇兄弟而誰爲此乎？此已可疑。增、壆之就火見書也，嵇從家隅窺見，則其自爲投書而覘察增、壆之狀，又可推知。其後嵇往見增，佯若不知增家之有投書，只發三條之問，而仍言渠家有投書，其辭意如此如此者，欲使增異其書意之相合動其非分之心也，其所設心用計誠萬萬妖凶。而嵇則年少稚騃，凡事皆聽於纅，則此其爲纅之所嗾使，又灼然矣。增則得妖書，與壆及爟、爣同看，而及其筵對，稱以卽付火。嵇之三問有非人臣所敢聞，苟非與之同情合謀者，孰不卽捕以告？而增乃於事發數日之後，始請對，而語多不實，及壆之乙亥被鞫也，逆節尤彰露。【詳見下壆事】蓋纅、嵇凶計與戊庚諸賊之推戴坦、垓、圻，同一心腸，而爲乙亥群逆之根柢矣。

闡義昭鑑

卷四

乙亥

三十一年二月。全羅道觀察使趙雲逵馳啓羅州掛書【有"奸臣滿朝，民陷塗炭，擧兵"等語。】之變。詗得尹志及諸罪人可疑狀，又狀聞。上命拿鞫。志等竝伏誅。

○ 問林天大，天大供："臣以羅州下吏，正月二十四日，場市歸路，見客舍望華樓東邊第二柱有掛書一張。朴順己摘下，臣奪取，傳給于座首柳頤泰。適逢下吏李孝植，言及其事，則孝植問其書如何，臣答其書如此。孝植曰：'頃見尹志寫出殊常文字，聞汝所傳，此必志所爲也。'"

刑推，天大供："臣與志同稧。二十二日夜，志在其內房，招臣入而語之曰：'吾以訓鍊大將之子，二十年在謫，不得蒙放，等是死耳。欲爲掛書，動搖人心。人心動搖，然後方可有爲矣。'當初志與金沆兄弟、林國薰父子、李齊春、羅貴永、奇彦杓、吳時大父子、李宗茂、李孝植諸人，同爲謀議。昨年六月，稧會後，臣夜見志，志曰：'此處兩班、常漢皆矜我之久謫，欲與同事。吾若犯國，則汝亦肯同心乎？'臣曰：'事成，則豈不好乎？'其後又往見志，志曰'今則吾家所親人，幾盡締結，而只是三十人。以此三十人，何事可爲乎？人少則事不可成，以作稧爲名，三十人又各得數十人，則可以爲之。李孝植、羅貴永、李齊春、奇彦杓諸人方各隨其力，募得同事之人。汝亦募入，而相親某某人處，皆言之可也。先爲掛書，騷動人心，乘此時爲之，豈不好乎？此事頗有可成之勢。財力則官吏皆掌倉庫，可以取用；軍器則稱以庫中失火，偸用爲可'云矣。" 累加刑訊，終定配。【以志逆節因天大招盡露，命赦死定配。】

○ 問李孝植，孝植供："正月念間，往志家，則志獨在寫書，而見臣，握於手中之際，見'奸臣'二字。其時泛然見之矣。二十四日場市，林天大謄凶書，示臣曰：'汝見此乎？' 臣見之，辭意凶慘。故問其何以處之，則答以摘給座首。臣見'奸臣'二字相合，故以爲'必是志所爲'云，而以給座首爲善處矣。志於丙辰自濟州來，住於臣洞內。臣學《通鑑》於志矣。"

更推，孝植供："臣與志子光哲等結稧事，果有之。志作稧聚錢以爲'前頭財多，則有可使處'云。臣因與其子同爲謀計矣。志以久未解謫，欲爲賊，財物則將用於軍糧，今番掛書，欲動搖人心之計矣。昨年六月，臣與林天大、李宗茂、金沆會於隣德亭，達曉而罷。掛書時，志以掛書示臣，曰：'欲以此給林天大，使掛之動搖人心，將以謀逆也。吾久在謫未放，前頭或有使汝之事，汝無異家人，着實爲之可也。' 臣問何事，則志曰：'與汝雖死事，當爲之。若謀逆得成，則當使爲羅州牧使矣。' 掛書其時已書置四行，紙則狀紙，而大於手掌，字大於各邑報狀字，字畫黑。林國薰、奇彦杓皆知此事矣。"

刑推，孝植供："臣與賊志父子相爲交結，有若父子奴主。今正月念間，賊志手書凶書之時，果爲目見之狀，前已直招。臣雖言于天大，旣未及告官。知情不告遲晩。" 正刑。

○ 問林國薰，國薰供："意外羅州有怪事，臣父曰：'羅州漢必無在羅州爲之之理，此必有怨國之徒爲之。' 監司入羅州時，志奴負籠來臣家。志曾有稧案冊，而不入籠中。臣無一拔出者，旣見之後，更爲縛閉，納于監營。被拿時，來到公州客舍，志書示'冊'字，臣答以盡納官家，則志大驚曰：'其中多有得罪時象之語。' 臣旣曰'無遺盡納'云，而志則猶疑臣之或有所拔矣。許多文書，必不盡藏於小籠，或分送於他處矣。"

刑推，國薰供："志父子之與京人相親者，臣不知，而夏徵曾與志相親，夏徵在羅州時，志之子常在衙中。鄕人相親者林徵遠【被鞫杖斃】，而柳尙轉、柳鳳泰【尙轉是鳳輝之族，前此已故；鳳泰卽尙轉之子，被鞫杖斃。】數三往來志家矣。京人李姓字躋伯【卽師尙孫修敬】者亦與志相親。庚午年臣來京中志家時，躋伯者來，觀其酬酢，似親密矣。其時坐客，則希哲妻娚李姓人。臣留希哲家數日，而兩李數來矣。希哲妻娚兄弟多輪回往來，而其中名明祚爲普昱之繼子者，在羅州時，相親往來矣。今番金溝道中，孝植以爲'吾則知掛書幾微'云矣。"

國薰又供："所謂尹修撰，不知其名，所謂序文，不知其意，而題則《夢錦堂序》，夢錦是志之堂號也。所謂夏徵之壻，夏徵喪妻時，來志家矣。志聞馬虎之災，無憂喜。而曾有星隕故，志以爲'此天鼓星也。壬辰年前有此變，今聞有此變，年數若滿，則亦必有亂，若有亂，則吾必放還'云矣。務安 玉山洞居尹哥【卽應振。被鞫杖斃。】，兩班，名不知，年近六十，善推數。曾來羅州，謂臣曰'某年朝廷必有變，彼此間一邊人必多死'云。故臣以此言于光哲，則光哲頗有喜色。"

國薰又供："嘗往志家，則志以爲'忠淸道多失火藥，故有騷屑'云，仍言秘記中語。渠必有意而言之矣。志嘗傷腰病臥曰'吾之不死，誠不緊，但欲久生，覽時人之出場'云。此蓋引用屈原《遠遊賦》之意也。志又以爲'時勢漸非，彼此相合。吾則永塞之外，無他道'云。光哲則以爲'京中人心世道，無可爲'云矣。志之妾卽羅允學之婢。允學亦與志相親。【允學被鞫酌處】光哲稱以山訟，昨年上京，而兄弟離其老父，一年不歸，事涉殊常。"國薰又供："李萬江【被鞫杖斃】謫中與志書札往復之狀，臣亦知之矣。"

國薰、尹應振面質，國薰曰："汝往來羅州時，言吾身數三年不好。又言某年一邊人多死云。故吾曰：'某邊耶？'汝曰：'某邊。而方來某年，或後某年，有此事矣。光哲推數，曾聞光哲之言，因人爲之云矣。'"應振曰："只言汝之身數某年不好而已。元無一邊人多死之說矣。"國薰以知情不告遲晚，正刑。後又命下送首級於湖南，懸營門三日。

○ 刑訊禿同【志之妾娚】，禿同供："臣付榜於羅州客舍大門。紙不及半張，可爲三折之一，而廣則頗廣，行則當爲三行。字大小，小於錢葉，而大於棋子。曉頭付之，而日子似是正月二十二日矣。志使其奴介奉招臣，翌曉進去，則志明燈，而使臣掛書。其時李孝植、李齊春、松峴居林哥、李鼎夏【被鞫正刑】同在。志曰：'久在謫所，欲爲解謫，而懸榜矣。'又曰：'此是重大必死之事，勿爲洩言。死則吾死矣，決不推諉於汝矣。'臣旣付之後，往言于志曰'無一人見之'云，則志以爲極善云。又曰：'汝必不洩言，故使汝矣。'"後禿同物故。

○ 問尹志以："汝卽逆商之子，尙容食息，已是寬典，而敢懷怨國之心，掛書於望華樓，陰慘情節綻露無餘。想必有綢繆者然後爲此。況書籠傳藏於林國薰家，國薰現納，雖欲欺，焉可得？”志供：“李孝植以爲見臣潛書‘奸臣’二字，而此乃孝植之事，非臣之爲也。孝植以死中求生之計爲此矣。”刑推，更推以：“林天大招云，汝與天大托稧名，募人交結，或令天大求得，狡惡之狀益彰，而且謂天大曰：‘事成則當以爲營將。’此可謂麟佐、希亮復生，而先掛書動人心，次第欲遂其意者，此正學戊申之逆也。”志供：“臣之子光哲與境內人等作稧，而天大、孝植爲下稧，金沆、林國薰爲上稧矣。”

加刑，志與天大面質，天大曰：“昨年六月，稧會臨罷，汝留我言‘吾之居謫二十餘年，豈有如許事？何以則多得人，爲好事乎？汝雖啣前，若爲右營將，豈不好乎’云耶？”又曰：“孝植謂我以尹持平有所言乎云云。二十二日，豈不招我有所言乎？”志曰：“吾於其時，落傷臥內室。”天大曰：“汝於其時，果落傷而臥，招我計議矣。”志曰：“汝於近來，歲拜亦不爲之，豈來見我乎？”天大曰：“庚午以後，連爲歲拜。大事則昨年六月，始議。今年歲拜時，妓生及鄭成敎、羅卜世，豈不同坐乎？”志曰：“入稧後，始爲歲拜，而其前汝豈來乎？”天大曰：“告汝前後情節者，非但吾也。孝植之言，豈不爲證參乎？”又曰：“汝已入於監司廉問中，故先爲捉囚，豈待孝植之言乎？孝植受學於汝者十年，汝若無此事，則孝植豈誣汝乎？昨年九月、十月，汝連招我，謀議凶事，吾旣盡告，汝安敢欺乎？汝對孝植，豈無凶言乎？羅貴永於獄中謂我曰：‘今則無可奈何。’貴永若來，豈無可知之事乎？李鼎夏亦參聽矣。”志曰：“二十二日夕，吾病臥，何暇寫掛書乎？”天大曰：“暫時寫字，豈以胸腹痛而不能乎？大事謀議時，汝之長子送于忠淸道募人之說，亦豈不言乎？今年我爲歲拜，則汝豈不曰‘今年歲時, 則心事別樣好'云乎? 貴永、孝植同心爲之, 汝今豈有可言乎? 汝謂我曰'吾輩十餘人托稧聚人, 各以口辯求募, 而情義相合, 然後以實告之'云矣。" 志語多屈。

志、孝植面質。孝植曰: "正月二十日, 吾往汝家, 汝書示掛書, 而謂可以搖動民心。" 志曰: "汝於監營納招時, 以爲見吾方書而縮之, 故只見上頭'奸臣'二字。今則曰'我直言掛書事於汝'云, 供辭相左矣。" 孝植曰: "吾已臨死, 豈可欺罔君父乎?" 又曰: "汝又豈不曰'事成則以我爲羅州牧使'乎? 使我掌軍糧分饋, 以其功爲牧使云矣。" 志曰: "何年何日何處, 爲此言乎?" 孝植曰: "與汝洞內, 故閑時則往見, 汝豈不爲此言乎? 稧穀及年年所聚穀, 欲以爲軍糧者非耶?" 志曰: "何時有此言?" 孝植曰: "昨年, 每月一二往見, 汝輒言之矣。" 志語多屈。

志物故。三司啓: "逆賊志, 以逆商之子, 積蓄不軌之心, 肆爲掛書之變。結募排布, 陰謀綢繆之狀, 狼藉於天大諸逆之招。至於虎賊凶言之書, 置於篋中, 渠亦無辭遲晩。而特以其凶頑獰慝, 忍杖徑斃, 不得與逆徵同施肆市之典, 神人之憤, 無以少洩。踣斬之刑, 雖不得行, 瀦孥之法, 不容暫緩。臣等以爲逆志宜令王府以大逆律擧行。" 上允之。

○ 問尹光哲, 光哲供: "臣祖疏章等文字, 送置相親家, 而臣祖家狀及年譜中, 有觸諱時象之語, 故臣父以此爲慮。所謂稧案, 卽臣與林國薰、金沆爲稧, 而衙前數人爲下稧矣。" 光哲又供: "臣求序文於尹尙白, 尙白製給矣。所謂箕叟, 尹得九之字, 卽澶之子, 聖時之孫, 堤川 李哥之壻也。臣與得九相知十餘年。得三是得九之兄, 而李夏徵之壻也。得九或來臣家, 作詩矣。務安術士尹應振則未見，而曾爲推數矣。臣昨年來京時，見分撥而知有虎災。甲子年，見朝報及狀啓，知有星隕之說，而天鼓星之說，臣不爲也。”

光哲、國薰面質。國薰曰：“汝自京下來時，豈不爲虎入之說乎？”光哲曰：“果言之矣。”國薰曰：“汝又不爲馬入之說乎？”光哲曰：“此則吾何嘗言乎？”國薰曰：“汝豈不曰‘虎入馬入大變怪’乎？其時有星隕，故汝又以爲‘壬辰前星隕，其後有亂，趙重峯前期知之。自甲子計至幾年，則必有事’云矣。”光哲曰：“星隕之說，吾何嘗酬酢乎？”彼此互相爭詰。光哲曰：“汝曾有靈巖人預爲避亂之言，故吾責其妄言，豈以有亂之說言於汝乎？”國薰曰：“其時汝來小房，明言之。又豈不曰‘非久當有亂離，吾當放歸’乎？”國薰又曰：“其時吾傳尹哥之言以爲‘某年朝廷必有變，彼此間一邊人盡死’云，汝豈不聳聞其言乎？”光哲曰：“汝言於吾，故吾曰‘如此言易生事，不可妄說。應振曾謂吾必有官厄，而吾豈有官厄乎？應振之言，不驗’云矣。”

光哲、國薰又面質。光哲曰：“洛陽三月草如茵云云絶句，汝曾不誦傳於我耶？”國薰曰：“此詩三句，吾聞於和順居崔彦恒，而出處則漠然不知矣。”

蓋光哲獰頑有甚於志，搜探文書中又有凶詩，而終擧麗末之詩，意甚叵測。上卽命結案取招。其招云：“臣以逆商之孫、逆志之子，凶謀逆節極其狼藉，而又不勝逆心，嚴問之下，敢以麗末詩句罔測比擬。大逆不道遲晩。”上卽親臨崇禮門樓，命序立百官，斬光哲於靑坡前路，孥籍如法。後又命首級肢脚傳示，一依逆徵例擧行。【徵事見下】

○ 林國薰所納志文書籠中，羅州前牧使李夏徵書札最多。綢繆親密，無異骨肉，至稱志所自稱之別號，又與志書云"夢拜先大監【指就商】"。又一鏡伏法後，以聖時之孫爲女壻。上始命配夏徵極邊，更命拿鞫。問以："就商、志父子罪狀，國人所知，汝以何心腸，與之綢繆親密乎?"夏徵供："就商之爲逆，臣果未詳知，而其父雖爲逆，其子亦豈爲逆乎?"刑推後，更推加刑，供："臣則以爲有一鏡疏，然後始可謂有臣節。"仍以大逆不道遲晩。正刑，孥籍如法。命懸首於羅州官門三日，兩臂分送湖南左右沿海，兩脚分送嶺南左右。

噫！賊徵以明誼、明彦之至親，貌狀妖怪，內包凶臆，欺人匿情，混齒恒人之類，人莫之覺。及其就鞫也，與賊志爲死友，來往昵密，綢繆陰秘之情節，畢露無餘。至敢以逆商爲非逆，以逆鏡之疏謂有臣節，窮凶極悖亂逆不道之語，至此而狼藉，其包藏陰巧，爂慝凶厲，殆有浮於鏡、夢諸賊。於是乎夬施典刑，輿憤少洩。蓋商、志父子雖在逆節未盡露，王章未及加之前，人之視之者，若垢穢之或襯於體，皆所避遠不欲近者。而乃自處以密友，略無忌畏，以別號稱凶志，至曰"夢拜逆商"云，則其心跡之凶穢，於此尤可見矣。特其潛形遁情，出入蔭途，人所鄙夷者，只謂其狗蠅之賤，而不能察梟獍之凶，以致潛伏之逆節，今始彰露。肆市之典，其亦晩矣，寧不痛哉!

○ 問金沆，沆供："庚午年，臣與林國薰、尹光哲、李孝植、林天大五人作稧，士人不能拮据錢穀，故入官吏二人矣。"沆與介奉【志奴】面質。介奉曰："汝與孝植、天大稱以稧會，連夜來會。今年正月夜亦來會，夜分而歸。羅州一城中人皆以爲其相親殊常矣。”沆與天大面質。天大曰：“去十二月屠牛時，諸人欲飮酒出去後，汝謂我以‘汝與我皆親於尹持平家，而志頻頻以不緊語語我，其事亦不妨，故我方募人，而汝亦能得幾人耶？得人之道，實不在他，稱結稧聚多人好矣’。我云‘求之固難，而試當求募矣’。”沆曰：“屠牛事，果有之，而其日大風雪，何可爲此言乎？”天大曰：“其時汝豈不謂我以‘尹持平以無端事久謫。他人皆解謫，而彼獨未解，可矜。其所言頗無妨，而擧事不可獨爲，吾方求得人。汝亦求得可也’乎？”沆曰：“設有是事，酒會中豈爲此言乎？”天大曰：“志常謂我云‘汝亦須得人如金生員稧’。而庚午結稧，始不過殖錢而已，自昨年後，始有此議。汝豈可謂不知乎？”

刑推，沆與天大又面質。天大曰：“汝之夜不來志家云者，千萬無據。正月喫牛肉之日，獨非夜會耶？”又曰：“去臘月，汝與孝植夜會志家，仍與同歸。非但夜往，晝亦無日不往。志常處於內舍廊，汝往則必引入從容。一日吾欲尋汝，則汝在於志之內舍廊。夜或逢汝問之，則以爲自尹持平家來矣。”沆曰：“稧會不過一年二次，以此謂我常往乎？”天大曰：“稧會二次，是常行之事，而其外又不知其幾次往來矣。”沆語屈。加刑，肆惡不着名，書刑殺二字，意極獰悖。尋物故。兩司啓請孥籍，上命依亂言律，只籍産。【天大所引沆兄浚、國薰父柱岳及齊春、貴永、宗茂、時大子永瑾竝被鞫杖斃。時大自縊死，彥杓酌處。】

○ 初，夏徵囚招後，左議政金尙魯備陳駭痛憂憤之意，且曰：“夏徵之逆與辛壬諸賊脈絡相貫，前此討逆，實未痛治其本，乃使此輩無所懲戢，以至於斯。請泰耉、鳳輝、就商、師尙、一鏡疏下賊竝先追施大逆律。”上是之。

○ 三月, 三司啓: “治逆之法, 宜嚴於誅魁; 折奸之方, 莫先於鋤根。今者徵、志之凶逆, 卽是神人之所共憤者, 而苟究其本, 實源於辛壬諸賊。蓋賊鏡疏下爲逆徵凶言之前茅, 師尙、就商爲逆志陰謀之根柢, 而耉、輝等群凶爲前後諸賊之窩窟嚆矢。秖緣天網太恢, 王討尙稽, 致使亂逆莫懲, 凶變層生, 以至於今日而極矣。日昨大僚懲討之請, 實採擧國共公之議, 而側聽累日, 尙無下詢之擧, 群情久鬱, 輿論渠激。臣等忝居三司之列, 不勝憂憤之忱, 敢此齊聲仰請。伏願廓揮乾斷, 亟賜詢問, 而嚴處焉。”上曰: “當下詢而處之矣。”仍下詢諸禁堂、問郞, 以至侍衛之列。諸臣合辭同請, 已而搢紳聯名陳疏, 請亟從大臣所請。仍請嚴討光佐、錫恒之罪。始右議政趙載浩筵陳光佐之罪, 至是諸臣又有此論, 上優批開納。

○ 傳曰: “于今夏徵之外, 若有一分秉彝之心, 豈敢顧藉鏡、夢與疏下及就商、師尙者, 而逆徵、逆志之自犯其逆, 乃敢怨國, 專由於隄防之不嚴。于今徵、志正法之後, 若大夢之乃覺, 自謂曰: ‘此乃由於懲討不嚴之致。’今者逆徵之自犯惡逆, 逆志之恣意跳踉, 使無識鄕民被脅至此, 此正惜一人而刑百人者也。其本淆雜, 豈能治末歟!

頃於戊申梟示泰徵, 都下帖然。今鎭日親鞫, 雖不能鉤得窩主, 不可不有處分。此可以墜亂逆不軌之心, 正君君臣臣之義。頃者右相所奏, 予則曰過矣, 今覽卽景, 一至于此, 乃覺前日刑政之太寬。

遍問入侍文、蔭、武，逮于軍兵，而咸無異辭，此所謂國人皆曰可殺也。況其本卽耈、輝也！此則上所云'不治本而治末者，予莫之聞也'。鳳輝、泰耈、就商、師尙、疏下諸賊，追施逆律之請，誠是矣誠是矣。鏡、夢、虎龍旣施逆律，而就商、師尙、逆鏡疏下眞儒·明誼·楷·聖時·宗廈等及鳳輝、泰耈竝追施逆律。

李光佐任用已久，其心無他。到于今日，逆徵之稱臣節，懲討不嚴之致，非光佐，何以致此？況其本卽泰耈之箚，鳳輝之疏。以此之故，莫敢誰何，以至今日。何幸乾道昭昭，逆徵自吐，輿情齊騰。徵旣正法，而不嚴其本，則徵雖陰凶，刑政亦豈可倒置乎哉？此所以輝、耈一體追施逆律者也。而光佐豈曰無辜？況一邊之陷溺，專由光佐！特允三司之請。

趙泰億，其知熟矣，無光佐，決不陷此。然此等之日，其宜嚴懲，特收其牒。崔錫恒則雖不若耈、輝，所犯不下光佐，復官過矣。竝與光佐施行。

噫！卅載斬兪，其何意乎？乃重人命也。待年追律，旣是法外，則況追施逆律，及於其子乎！雖施逆律，一依年不滿之律，竝止爲奴。噫！今日處分之後，君綱快擧，義理乃正。吁嗟！大小臣工，咸須知悉，而將此意播告中外。"

惟我聖上大處分至嚴至正，君綱立而國是定矣。義理始晦而終明，人心昔迷而今悟。嗚呼！三十年詿誤世道，果誰之罪也？於是焉，光佐無所逃其誅矣。

蓋光佐本一死黨喜權之類，而主張其論，久作一邊之魁。當建儲代理之日，必欲角勝正議，公肆悖言，陰主耈、輝之計，助成鏡、夢之勢。及夫復拜相職也，力請聯箚四臣之還置一律，疏下五賊之移出陸地。而晟、徵諸賊，其亦誰薦？其心所在，益爲世指目。

然若使光佐於戊申逆變之後，己酉閉閤之日，革心改圖，泥首自列，則群不逞之以光佐爲依歸者，擧將渙然解散，悚然懲畏，庶可爲永杜亂萌之一大機。而陰鷙之性，至死執迷，致令變怪相續，至於今番諸賊而極矣。嗚呼！"旣治其本，光佐焉逭"之聖敎，昭載絲綸，炳若日星，永爲爲人臣不忠者之戒。其若律之以春秋之法，則光佐烏得免首惡之罪哉？

○ 親鞫時，東宮侍坐。憲臣陳前達夏宅【明彦子。曾入鞫獄島配。】、畜、濂【與賊畜謀逆，承款徑斃。】孥籍事。上允之。

○ 命明彦追施逆律。從李裕身等聯名疏中所請也。

○ 傳曰："噫！其人若在，則爲國之道，爭之可也，其人旣無，則有何爭執於特放？昨日已諭頃者垂涕之意，而至於爟事，其於[1]相持而經年，不若允從而收殺，故代元良特允。而更以思之，爟、爣，一也，竝允臺請。爟 端川府定配，爣 洪原縣定配。"【爟、爣以干連嵇、纅之獄，憲府發達請遠配，至是蒙允。】

○ 憲府啓請："鳳輝、泰耉、就商、師尙、眞儒、明誼、楷、聖時、宗廈等孥戮之典，亟令王府擧行。"上始不從，後允之。

• • • • •

1 其於 : 《英祖實錄》31年 3月 3日 기사에는 "與其"로 되어 있다.

○ 問尹尙白【尙白, 竪之子, 濬之從子。竪、濬俱入戊申逆獄。】, 刑推。更推, 尙白供: "臣果與光哲往來相親。志之父子謀逆, 多聚鄕人以爲腹心, 光哲往來京中, 亦多締結之人。統制使金潤及上年秋間全羅左水使、羅州營將及朴纘新、趙東夏、閔厚基、閔孝達【被鞫酌處】、金柱天、李時熙【被鞫杖斃】、李明祚是也。光哲言'此皆與渠同謀者, 或求兵糧, 或求軍器。大綱排置如此'云矣。"

更推, 尙白供: "臣亦同入其中, 臣與光哲爲魁。昨年八月, 光哲上來以爲與其父將擧事云。光哲又見金潤之子而勸之。李明祚則臣使其弟陽祚【被鞫酌處】勸入矣。今年春初, 臣往趙東鼎家, 語及此事曰: '南土有興兵之事, 君亦欲爲內起乎?' 東鼎答以觀勢爲也。東鼎方爲訓局中軍, 故臣之意, 欲令東鼎率其管下爲內應。申致雲深入矣。"

更推, 尙白供: "夏徵覓給軍器事, 聞於光哲矣。致雲則落拓坎軻, 故欲圖公卿, 入於此事。臣之心與致雲何異乎? 臣以書相約於致雲曰'南土有謫客父子, 合謀動兵, 糧餉等事, 兄亦着實顧助'云矣。纘新同入之說, 聞於希哲矣。"

後尙白物故。三司啓: "尙白以竪、濬子姪, 不思聖上寬貸之恩, 逆腸難化, 梟性不悛, 乃與逆志父子締結京外, 綢繆謀逆。前後納招, 渠旣自服, 雖因情節未盡究覈, 不得卽施典刑, 仍致徑斃, 而逆節承款之後, 則不可以其未及正法而不施當律。請逆賊尙白, 亟命王府以大逆律擧行。" 上允之。

○ 兩司啓: "世良疏中'四字凶言'實自耉翁、輝疏一串貫來, 而神人之憤, 尙未快洩。請以大逆律擧行。益寬凶謀逆節狼藉於其時安撫使之狀, 而天網太疎, 王法未行。請以大逆律擧行。嵇、絳妖逆，前古所無，而凶頑徑斃，天誅未加，神人之憤，冞久冞切。論以王法，自有當施。請以大逆律擧行。”上竝允之。

○ 問金柱天，柱天供：“臣與光哲隣居五六年，自然相知矣。”刑推，柱天供：“李修敬【被鞫杖斃】·修範、尹得貞·得明·得三·得九【得貞、得明、得九被鞫以緣坐安置，得三杖斃。】、李載夏【被鞫酌處，後杖斃。】、閔孝達、尹尙白俱是臣等徒黨，與光哲綢繆同謀，欲除一邊之人。四五年前，臣往光哲家，修敬與光哲相語，見臣而止之。臣曰：‘君輩爲何言耶？’光哲曰：‘如汝庸軍，何必知此？方今彼此按劍相視，不可不除去一邊，而除去之道，爲不軌外，無他策矣。’尙白、孝達亦曾逢見於光哲家。光哲口指臣，而言於得貞兄弟曰：‘吾輩所爲，此君亦知之。’臣見尹得三、得九兄弟，則曰：‘爾聞光哲之言乎？’臣曰：‘乃是欲除一邊之計矣。’得三戒勿輕言。光哲於羅州已盡締結，而京中則尙白、得貞、修敬諸人主張募人。光哲云：‘吾輩所憎人，掛榜則好矣。’且欲締結明火賊，偸出軍器，擧事之期則只欲積年經營，而初不約日矣。臣善飮酒，故此輩慮其漏洩於醉談之際，每外待，不言裏面事矣。”

更推，柱天供：“光哲謂臣曰：‘汝必漏洩。’臣曰：‘吾豈漏洩者乎？厥事果何如？’光哲曰：‘吾當於湖南締結草賊，汝旣在京，主張凡事爲宜。’故臣亦欲出錢財而圖之矣。”柱天又供：“光哲以爲‘渠之家價當爲六百兩，尙白田畓所出穀作錢之數亦多’云矣。閔孝達以爲：‘吾見光哲，則光哲曰：「汝亦何不賣畓同事乎？」吾答以「通津畓價甚歇，何以速賣」云矣。’”柱天又供：“光哲正法，希哲物故之後，臣往見閔孝達時，顯有慌忙之色，云者果如孝達之言矣。”以知情不告遲晩。正刑。

○ 三司啓:“賊浩之窮凶情節, 狼藉畢露於其子杜天現捉文書中。賊鏡逆節旣彰之後, 稱丫稱台, 已極萬萬凶慘。而至若賊鏡伏法之日, 以‘不待結案’四字, 肆然書之於冊子, 潛藏篋笥, 父子相傳。況其詩句指意極爲凶慘! 究厥心腸, 凶慝無比, 生前之未施顯戮, 已切神人之憤。今日之亟行追討, 庶爲亂賊之懼, 請浩依大逆律擧行。”上允之。

○ 問朴纘新以:“汝以帶礪勳臣, 年至白首, 其君何負, 而與逆賊綢繆謀議乎? 頃年一句奏語, 已知無臣節, 而含容不言。頃日就捕也, 特爲分揀放釋, 汝少有秉彝之心, 其時推問也, 當涕泣洞陳本事, 而其招已涉驕蹇。于今尙白之招, 非比書籠所得者, 汝若無恒日不滿之心, 其豈無風生浪乎?”更問以:“勳臣事體異於他人, 養閑勳府以終其年, 道理當然。不此之爲, 門外車騎日紛, 酬應日沓, 此已非老勳臣處身之義。而昔之高允不欺君, 況汝所處若何, 而幾番嚴問, 終不直陳, 臣節都無。逆志家之借朝報, 汝則全然欺諱, 今則證左詳備。所謂來弔之人, 亦有直招者, 其人何人? 所謂炬燭行下者, 其亦何人?”纘新供:“臣之子婦喪時來弔云者, 必是志壻洪哥也。洪哥與臣爲三從, 子婦喪果來弔。炬燭行下, 來求者甚多。洪哥亦必得去, 而不能記矣。志家之借朝報, 臣奴招, 雖言告知, 而借送實是謬言。尙白則臣本不知, 尙白家炬燭行下, 使人轉請而成送矣。”其供辭多窘遁, 刑推。更問以:“朝報許示, 旣已綻露。尙白來弔, 證左俱備, 而亦不直招。炬燭行下, 雖不敢欺隱, 托以連臂, 亦涉巧惡。所謂證左, 皆汝傔僕, 疑以益源所告, 自吐上下不知之益源, 此乃蒼蒼昭昭, 不問自綻者也。”加刑更推。

傳曰:“罪人朴纘新以帶礪勳臣, 曾經將臣, 受國厚恩, 而猶有不足之心, 頃年奏對, 已無臣節。而敢與逆志、光哲締交綢繆, 陰謀不軌之狀, 逆賊尙白旣已箇箇直招。而帳殿親問之下, 不爲承款, 尋常借朝報行下事, 亦爲隱諱, 而納供之際, 言辭悖慢。

罪人趙東鼎【東鼎事見下】身爲亞將, 手擁重兵, 與光哲陰謀綢繆之狀, 逆白旣已直招, 此亦於渠, 卽其狀綻露者, 而帳殿侍衛擧止惝恍, 其於諸囚, 不忍正視, 而不滿之心, 難掩其顏面, 已涉殊常矣。及其親問, 乃曰‘屛門逢着夏徵’云云, 重臣所不奏之事, 而自曰親聞, 諸臣不酬酢之事, 亦曰目覩, 手脚忙亂, 十目難掩。而非徒此也, 非下敎者, 而亦敢曰聞也, 非散魂收魄者, 決不爲此。此無他, 昭昭彼蒼, 特收東鼎之魄, 使渠自當直招。況所入之門, 自有其門, 則以何心乃入北門, 而自吐於親問之下, 敢請一律? 非器遠之心, 決不如此。

纘新、東鼎欲依戊申泰徵例, 令都監闕門外梟示, 而東鼎旣半承款, 故欲爲盤問, 其不下敎。今則東鼎已物故, 纘新若又物故, 此等之人, 不爲正法, 將何以慴人心? 今則扈衛已撤, 朴纘新令訓局卽爲南門外梟示。”

○ 問趙東鼎。初東鼎以摠管入侍, 見柱天之就鞫, 前陳“柱天本是虛悖之人”云, 而擧措惝恍, 人皆怪之。至是以尙白所告被鞫, 刑推, 更推加刑。東鼎供: “臣以偏論之武弁, 有黨心, 故有不滿之色矣。臣於二十三日入直之路, 逢見徵賊, 方以行刑出去。臣入闕以泥濘之故, 從帳殿後門立於侍衛班, 則兵判及諸問郞之視臣者, 旣似有意, 且都承旨問臣之何日出直, 禁衛大將問臣之立於何處者, 亦似有意。藥房提調告以入直時暫見, 承旨告以‘訓局與他有異'云云者，又皆似指臣，故臣果以此有所酬酢。臣若誤聽，則必是死期將迫，自生疑惻，面色之惝恍，如聖教矣。"更問以:"諸臣不達之事、不酬酢之說，自歉于心，疑以有意，卽此一事於汝斷案，焉敢欺乎?"東鼎供:"臣之從後門迴入，卽臣罪案，故自生慌惻之心矣。藥房提調之所陳，臣似是聽瑩，臣自然生疑而然矣。禁將入來，問臣何在，則都承旨指示之，諸問郞又皆越視之，故心動而然矣。作門便是宮墻，而臣敢踰入，罪當斬矣。"加刑。尋物故。

問申景勳。景勳卽訓局將校，而東鼎就拿之日，景勳之父自縊死，情節可疑，故問之。景勳供:"臣本不知東鼎，而二月初，東鼎招臣，使爲渠身命占，仍問宦路。故臣答以'於南於北，無不可'云，則東鼎曰'統制使亦可做乎'，臣答以'可做'云。則東鼎又曰'大將、兵判、政丞皆可做乎'，臣答以'無所不可'。東鼎又以爲'訓將先爲除去，然後可以爲之。或値擧動之時，訓將宿於帳幕，汝以守廳執事，乘時殺害，則來頭自然有好事機'。臣曰'吾以幕裨，不忍爲之'云，則東鼎曰'此可徐徐爲之，其間豈不得人乎'云矣。東鼎又曰'北兵使趙東夏是吾至親，統制使金潤是吾親友，各在南北。一自南來，一自北來，吾又內應，則可以成事。汝當差中軍'云矣。"以知情不告遲晩。正刑。

三司啓:"東鼎逆情旣已綻露於賊白之招，而當其侍衛之時，其先自疑惻，恇亂失措之狀，渠又一一自服於親問之下，則此已足爲渠之斷案。而只緣凶譎呑吐，不盡輸款，遽致徑斃，未正典刑，王章未伸，輿憤益切。及景勳之招出，而其締結排布，潛圖不軌之跡，愈益狼藉，彰露無餘，則當施之律，不可一刻少緩。請逆賊東鼎亟命王府依大逆律擧行。"上允之。

○ 問趙東夏。東夏供有"偏論"字，命刑訊，更問："以初再招終不直招，已涉痛駭，而今則南有金潤，北有趙東夏，相約擧兵，逆賊東鼎內應謀逆之狀，今已綻露。逆鼎既施逆律，汝雖陰慘，今焉敢欺？" 東夏供"臣常以東鼎行事爲未便"云，而供中有"國家枉殺忠良"之語，加刑更推。本府推鞫，更問："以汝與光哲綢繆爛熳陰謀之狀，已悉於尙白之招，北有東夏，可與謀事之說，發於東鼎之口，而出於景勳之招。且以纘奴之招觀之，汝往見纘新，相與酬酢，可見舊習，而敢以枉殺忠良等說，肆然發口者，尤萬萬獰悖。" 加刑，尋物故。憲府達請孥籍。

○ 問閔厚基。刑推，厚基供："臣爲興德縣監，往聖堂倉時，尙白來會。其後又往倉，前後凡三見尙白，而尙白與臣同爲謀逆。尙白云'八路皆起，汝亦不可不入'，又以爲'汝亦得壯丁五十名，則可爲'云。臣亦以募得爲答矣。過一望後，尙白又來言'今則事機稍緩，不可急圖'云。而其後事將現露，故渠亦不復言，此是壬子、癸丑年間酬酢矣。" 未幾厚基物故，諫院達請以同參律擧行。

○ 問李修範【師尙之孫】。刑推，修範供："再昨年，光哲來見臣以爲'其父居謫三十年，不能堪，欲有變通之道'云。臣問何以變通，則光哲曰'羅州傍邑多相知之人，皆入於吾之圈內，如有相應之意，則當以書相通'云矣。光哲京中親舊比臣倍多，與李匡師【被鞫以緣坐定配】爲莫逆交。淸州亦有親舊十餘人，而希哲及渠之查頓主張收合，無可慮云矣。" 累加刑，尋物故。

○ 問金潤。潤以統制使，緊出賊招，故累加刑訊，杖斃。潤子柱泰杖配。憲府達請潤孥籍。

○ 五月，設討逆慶科。上親臨春塘臺試士，有一試劵，始若製科賦，而其下數幅作蠅頭字，無非亂言悖說。考官前陳狀，上命坼封，卽沈鼎衍【戊申杖斃罪人成衍之弟】也，命卽搜捉以待。旣又衛所下吏試劵作軸時，見一紙，不作科題，首行云"上變書"，而無其名。吏以給部將，部將納於兵曹判書洪象漢，象漢大駭之，亟趨告而上之。上覽未訖，拍案流涕。大臣請聞其略，上曰："滿紙張皇，陰慘叵測，非但不忍正視，心若隕墜。肆[2]然書諱，何足說也?"【自上覽至說也，上呼寫。】諸臣承諭，知其有絶悖窮凶之說，咸憤痛欲死，而旣匿其名，未易斯得。上命象漢及三軍門大將金聖應、洪鳳漢、具善行卽譏捕。象漢等筵陳鼎衍之可疑，上曰："其凶書與試劵末端所書，語意多相同，此誠可疑。"卽親鞫。

○ 問鼎衍以："親臨試士，事體若何? 而應製之外，敢以添納，隱然挾雜，已涉無嚴。汝兄，成衍、益衍，汝之此擧，尤爲痛駭。"鼎衍供："此乃臣一生心草，故未入場，已書之矣。鎭紀逃而不能捉，若有明牒[3]，可捕，故有所云云矣。"刑推後，更推，鼎衍供："《金山寺創業宴記》，只見諺冊矣。勅使來接處有慕華館、弘濟院，故南別宮則不能卽對矣。【凶書辭意似《創業宴記》，且擧南別宮爲言。故初以汝曾見此記與否及勅使接待何處爲問，而供稱曾見其記，至於南別宮則不擧。情狀尤極可疑，故再問，而所供如此。】臣之恐㥘之狀，俄聞匿

2 肆 : 《承政院日記》 英祖 31年 7月 25日에는 앞에 "至於"가 더 있다.

3 牒 : 底本에는 "諜"으로 되어 있다. 《英祖實錄》 31年 5月 3日에 근거하여 수정하였다.

名投書事，心膽戰慄，自然如此矣。"更推加刑，鼎衍供："匿名書臣果爲之，其中數人卽臣之讎也。臣以成衍、益衍之弟，有怨國心，故勳戚之人、眷遇之臣，幷嫉之而欲先除去，爲此陰慘罔測之計矣。臣與逆志族惠【就商弟五商繼子懃之弟】同謀，惠卽春川人柳明斗之女壻也。逆鏡之從孫道【卽道成】爲窩主，與惠書此文，給臣使呈。而臣欲謀逆，旣呈匿名書，又以臣名書呈經綸，欲掩匿名書之跡矣。逆鏡之從孫，又有變姓名爲僧者。又有事機之時急者，惠方聚軍謀逆於春川矣。"

其結案招有曰："科前作文，書于桃洞。"又曰："欲除勳戚、眷遇之臣，誣此人等。"又曰："陰慘不忍道之說，向[4]上罔測之計，臣之凶肚綻露。大逆不道遲晩。" 金吾堂上承上敎，監刑於崇禮門外戊申受誠處，孥籍如法。

鼎衍以成衍、益衍之弟，常懷怨國之心，與致雲、惠、道成等謀作凶書，投諸亂券之中，又作科題呈券，欲掩其投書之跡。而及其事覺被鞫，凶謀逆節狼藉發露，噫嘻痛矣！人誰不欲食其肉哉？世人常謂"理有不可諶者"，而今以衍事觀之，天道尤可驗矣。始衍之投書也，自謂"鬼神莫測，天地可欺"，曾不旋踵，拿入鞫獄，自吐情節，凶逆畢彰，身膏斧鑕，罪及妻孥。此非天也耶？古之聖賢論天甚詳，有若"赫赫帝君，監之在上，聽之在傍"，此蓋洞見天人之理而然也。況夫凶逆之類，其爲悖理蔑倫，天下莫加焉！雖使暗地謀計至密至秘，冥冥之中，夫

4 向 : 底本에는 "同"으로 되어 있다.《英祖實錄》31年 5月 4日,《闡義昭鑑諺解》卷4에 근거하여 수정하였다.

豈無鬼惡神嫉，而不知不覺之間，驅而納諸刀鋸鼎鑊者耶？此理至明，古今不忒，凡世之孼臣亂賊，其亦可以知懼也夫！

○ 刑訊尹惠。其搜探文書，有日記冊，其中所錄，有犯上絶悖之事。上卽親臨崇禮門樓，更推加刑，惠供："凶書衍作而臣書。"大逆不道遲晩。命百官序立，使訓局梟示。行受馘儀，孥籍如法。【惠之兄慹、憙及就商庶從子憋亦被鞫杖斃。】

○ 刑訊姜夢恊，仍與白六昌【六昌卽鼎衍食主人】、柳鳳麟面質，語多屈。鳳麟曰："夢恊與鼎衍相親，數往來同謀逆。鼎衍爲將，夢恊爲副將，謀擧事，殺牛於沙幕洞，欲擧兵向京城，聚六十餘人，欲載船而往云矣。"加刑，夢恊供："鼎衍、惠怨國爲逆，而臣與此怨國之漢相親，參涉凶言，是臣死罪。而旣屠牛犒軍，欲爲火賊攻春川府，得軍器來矣。凶書書頭，臣記得其'上書于'三字矣。"加刑，夢恊供："臣與衍、惠等，綢繆相結，同爲凶謀，且參凶書。"大逆同參遲晩。正刑，孥籍如法。夢恊子鶴壽亦與鼎衍同入場屋，故被鞫杖斃。供稱"常聞鼎衍怨國之言"云。【夢恊從弟夢相亦以大逆同參遲晩。正刑。】

○ 刑訊柳明斗，明斗供："惠與鼎衍同爲謀逆，李夏徵、尹志亦同入。臣之子，惠欲驅入矣。"更推，明斗供："夏徵爲南中守令，欲與志領軍上來，糧食、軍器取用於羅州云。而夏徵曾在春川，故春川人無不知之矣。"加刑，明斗供："鼎衍與惠同爲凶書，而鼎衍作之，惠書之云。鼎衍及惠常以爲'生於斯世，不能爲官，生亦何爲'云，而今科鼎衍投呈凶書以售其心矣。"又加刑，尋物故。【明斗

子鳳麟以知情不告遲晩。正刑。】

○ 刑訊金道成，道成供："臣與鼎衍相知，同爲凶書，而凶書中第一不道之言出於臣，臣實主張。至於鼎衍試券，今春動駕時，鼎衍欲以此上疏而未果，今科乃書試券以呈矣。"加刑，道成供："凶書中多誣陷朝廷之語。其草本，臣見之於二橋項 鼎衍所寓旅客主人之家，臣有所添入於凶書中間矣。鼎衍以臣是逆家人，故來言之。且與申致雲同爲之，蓋鼎衍有氣，故主張之，致雲雖不製文，而與之相議。臣則自甲辰前，與致雲相知。尹惠亦盡知凶書矣。凶書欲於二月動駕時，呈於上言中，因志事出，未果矣。同爲凶書，大逆遲晩。"正刑，孥籍如法。

○ 上以逆惠罪狀異於他賊，命卽行告廟、頒教。

○ 問金寅濟【逆鏡從子】。寅濟供："以世交之故，蛤洞居李大運及陽川居呂光學，至今相親，而呼字爾汝。大運卽埈之子也。【大運緣坐處絞】臣發配時，埈父子來見以爲'初以出繼不施當律，而今始緣坐，卽是法外'，光學則以臣謂之可矜矣。"刑推，寅濟供："臣發配時，光學以爲'汝之從兄弟四五人僅餘存，而今乃定配，金哥亡矣。豈非可矜乎'云。埈常稱逆鏡以'丫洞'矣。"更推，寅濟供："臣發配時，埈書一札，使臣傳於臣兄，故果持去。而埈曉頭貰馬來，別謂臣曰'汝輩曖昧被配'云。又聞埈語善餘曰'今番疏下諸賊籍沒太過'，多發怨國之言，至於發啓諸臣，則辱之以可殺云。而置怨而用之之說，埈爲之矣。"連施刑，寅濟承服招："國家使臣家至此，故臣常懷怨國之心，與埈等締交往來，多發怨國之言，共爲不軌之謀。始欲與夏徵同事，夏徵伏法，未及遂計。而臣之親舊雖少，埈則多親舊，故臣與埈合謀，約以八月內擧兵犯闕。而埈以爲‘渠每往致雲家，同爲逆謀’云矣。臣以賊鏡之姪島配，故埈來見臣，相與酬酢，以爲‘今此處分，乃是法外’，又以爲‘自有放還之時’，此無非出於陰凶不測之心。”謀逆同參遲晚。正刑，孥籍如法。

○ 刑訊李埈，更推以：“今番大處分之後，逆鏡種子，雖施逆适之律，夫孰曰過矣？而敢稱法外。戊申以後諸賊之陰計，不過募得强盜之類。而書籠中有强盜方言，題目尤涉叵測。搜捉贓物若是狼藉，則非問汝而誰？”埈供：“寅濟自幼時，便同養育，發配時往見。與逆種相交遲晚。此札卽臣與寅濟之兄者，而‘不言中云云’之語，偶然書之矣。”

加刑，直招，結案後，傳曰：“罪人李埈敢於逆鏡之猶子、堯鏡之子，養育親密，無異骨肉。及其應坐定配時，放恣慰問，謂以法外，亦曰‘自有放時’。堯鏡之子有濟則以書慰問，其中‘不言中’三字，非徒語意叵測，與‘自有放時’四字，語脈相貫。且今番大處分之後，以輝、耈、疏下賊追施逆律，懷不滿之心，與善餘輩恣意酬酢之狀，寅濟、善餘旣已箇箇直招。而面質時，不敢自掩，渠亦遲晚侤音。而其書籠冊子中，强盜方言尤涉陰慘。此等之時，其在嚴隄防、嚴義理、嚴國法之道，不可以已捧之結案處之，以傳旨不待時亟正邦刑，使海東臣子咸知有君有臣焉。”又傳曰：“正法罪人埈以本事謂之，宜施逆律，而參酌，只施護逆之律。于今以逆佺罔測不道之言觀之，其逆則埈也。令該府亟施大逆律。”

【佺事見下】

○ 問李佺。佺供:“臣果與埈相親, 埈常時偏論甚峻。呂光學果知之, 善餘逐日往來於埈家, 故亦見之。呂哥往來時, 埈每發怨國之言。臣亦同爲怨國, 朝家動靜政事, 每相與疵議。以此遲晩。” 仍爲罔測不道之言, 刑訊後, 傳曰:“罪人佺帳殿親問之下, 肆然罔測不道之言。令兵判爲先南門外梟示, 肢解及逆律, 一依逆惠例擧行。”

○ 問呂善餘。善餘供:“臣妻家在芹洞, 鏡賊之姪在近處, 故與之相知, 罪當死矣。李大運曾與相知矣。” 更推, 善餘供:“埈與趙楡【被鞫徑斃, 追施逆律。】相親, 李遇【卽佺初名】者與埈親密往來, 呫囁傳世上所聞矣。”

刑推後, 善餘、埈面質, 埈曰:“吾之爲偏論, 汝何以知之乎?” 善餘曰:“汝子大得常戒汝, 以今世不可爲少論, 則汝不責之乎? 寅濟亦謂汝以峻論矣。” 善餘又供:“寅濟卽臣妻娚之妻娚, 逆鏡是臣父之遠戚。與埈綢繆者李遇, 而有面分矣。” 善餘又供:“埈、佺或爲時象語, 而隱密之語則但聞埈與佺爲之。埈家往來人, 埈之從弟李墉【被鞫杖斃】外, 不知矣。鄭權【被鞫杖斃】是楷之族, 而有翼之妹壻。或來埈家, 從容相語, 與寅濟亦相知。與埈、佺相會, 而寅濟亦或相會矣。” 加刑, 善餘又供:“臣逐日一再往埈家, 趙楡寄在於金天柱家云矣。” 連施刑訊, 善餘又供:“臣與埈曾有同爲謀逆之言, 往來於怨國之埈家, 此是逆賊矣。” 傳曰:“罪人善餘以埈之腹心, 爛熳綢繆之狀, 綻露無餘。不待結案, 亟正邦刑。”【善餘之父光學亦以同參, 被鞫徑斃。後因臺請, 追施逆律。】

○ 問宋秀岳。秀岳供:“臣寓居於埈家, 趙楡頻來。呂光學、善餘皆知之，而光學居陽川。鄭權居埈之洞內，李世鉉亦知其在芹[5]洞矣。寅濟在埈家，故見之，而云是鏡賊之姪矣。”

更推加刑，秀岳承服招：“臣年前來接於逆埈家，與埈親密。逆埈常以爲‘逆鏡敎文雖未善爲，而辛丑疏，非一鏡則不能爲，誠有其功。而逆鏡族屬皆爲廢棄，是甚可矜’之說，臣及埈子大運同坐聽之。埈、寅濟兄弟及一鏡族屬居豐壤者五六家【一鏡從子有濟·寅濟·德濟·弘濟·大再·佑海、從孫天柱·耀白·耀采·耀玉·耀德等，前以鼎衍招竝逮鞫。寅濟承款正刑，耀白、耀采與逆惠同梟示，其餘俱杖斃。】、一鏡外從呂光學等相與綢繆同謀，趙掄亦同入的實。北道則北兵使趙東夏應之，春川則鼎衍、夢協、夢相等亦應之云。而鼎衍則以其兄成衍、益衍之故，常怨國，爲此不軌之謀。渠輩擧事，則鼎衍當爲大將云。軍兵則渠輩竝奴屬各自募聚，軍器則鼎衍、夢協等欲圖得於鄉中哨軍。約以今年八月間，以明火賊樣，乘夜先犯春川府，掠取軍器，又犯金化、狼川、鐵原，仍爲上京之說，臣果得聞。埈家有火賊方言冊題以《妙法》者，臣果目覩。而埈以爲‘此則擧事時，當以軍號用之’。自初謀議時，臣以爲‘不參於此等事’云，則埈輩每笑曰：‘汝豈忠臣乎？云云。’臣旣知埈等逆謀，不卽發告，知情不告遲晩。”正刑。

兩司啓：“秀岳同參謀逆情節，雖以渠之招辭觀之，綻露無餘，而知情之律，未免失刑。請秀岳亟令王府以同參律擧行。”上允之。

5 芹：底本에는 “近”으로 되어 있다.《推案及鞫案》21冊,《英祖實錄》31年 5月 21日에 근거하여 수정하였다.

○ 問申致雲。始尙白承服之招，引致雲，致雲被鞫，其供辭妖詐誕妄。及刑訊，稱謀逆同參遲晩，而不告情節。命配興海，諫院請更鞫，至是又出於道成之招，被拿刑推。又稱遲晩，而猶呑吐。加刑，致雲供："臣逆心當盡達之矣。鼎衍投書，臣果同議，同臣心事者，柳鳳輝、朴師緝也。"其他凶言逆節，若戊申弼夢、順觀等被訊時肆惡之狀。上卽親臨崇禮門樓，又加刑，致雲供："臣同黨又有李巨源。"傳曰："罪人致雲帳殿親問之時，敢忍復提戊申逆賊罔測之說，今番鼎衍凶書，渠以主張自服。其他陰慘不道之說，亦不忍諭也。以逆律正法，其妻孥以逆适例擧行。"

致雲自出身之初，諂附鏡、夢，受其卵翼。夢之主史薦，至以致雲爲末薦。致雲性本狠毒妖僭，其爲臺官也，醜誣先正，得罪斯文，益爲世擯斥。遂怏怏怨望，陰蓄異志，與逆孼廢族尙白、道成、鼎衍輩，締結謀逆。尙白供所謂"致雲落拓坎軻，欲圖卿相"云者，卽實狀也。始被鞫，佯作風啞狀，及再鞫，自知難免，乃襲天海不忍聞之凶言，以逞其逆心。始鏡、夢敢肆誣逼，醞釀逆謀於甲辰之前；翼、賢做作凶言，敎誘賊海於甲辰之後。其根柢脈絡，本自如此。致雲旣是鏡、夢之腹心，翼、賢之死友。而渠供又言"與鳳輝心同"，則其肆凶於被訊將斃之際者，可見亂逆心術之同出一圈矣。尤可痛者，渠旣與聞於戊申通告文撰進之時，今乃以千古所無之大逆，自干天誅。梟性豺腸固自難化，而亦豈有若此賊之陰慘叵測者哉？

○ 傳曰："罪人世鉉以庸騃無識之徒，鷹犬逆輩，與致雲爲金蘭，令其子而受學。商楫與夢恊爲娚妹，綢繆陰謀，名入逆稧。瑞五投書帳殿，與鼎衍身雖二，心則一也。竝不待結案，亟正邦刑。”

李世鉉曾經臺職，而與埈、光學同里綢繆情節，多可疑。且與致雲相親，而納招時，始諱之，末乃現發。金商楫以夢恊妹壻，相與結稧，送錢貿穀，以爲軍糧之說，發於鳳星【柳鳳星被鞫正法】之招。卞瑞五以清州人，鼎衍投書時，亦呈券，而不製科題，張皇雜語，又變名逃躱，蹤跡極殊常。竝累施刑訊，至是與致雲同誅。

○ 傳曰：“噫！李公胤之甲辰八月二十四日環翠亭一語，陰慘叵測。而渠雖無狀，亦一臣子，意謂‘豈有他意？不過狂悖所致’云。戊申維賢之後，心竊疑之，而關係莫重，泯默不忍諭。今覽逆賊致雲之供，其脈絡相貫，綻露於今日。公胤其令該府亟施逆律。”

○ 問朴師緝。師緝供：“弼顯、弼夢卽臣從叔，泰徵卽臣內舅，而致雲自少親密矣。”刑推，師緝供：“致雲是机上肉，故敢爲凶言，常稱道鏡、夢、耉、煇及疏下諸賊，以爲非逆。其凶言不敢達於帳殿，而虎龍、弼夢等凶言，致雲皆爲之。鏡賊凶疏，稱有忠節，若夏徵之言。臣以爲‘吾見亦然，爾言皆是矣’。致雲恒言‘峻論中大者，光佐鉅偉，沈錐必能立節，雖如鏡疏，亦可爲之’。又大讚李巨源伸救一鏡事，而錐、巨源尤其屢稱者也。臣與致雲爲凶言時，其弟致恒、致興【竝以逆雲弟，依适例正刑。】及李巨源、巨源子運和、金浩、金弘錫、柳壽垣同坐酬酢，此等凶言，豈可言於人人乎？尙白及弘錫之孫正履皆其血黨，巨源、壽垣乃其一生親舊。正履則凶言酬酢時，雖不同參，致雲常譽之以爲‘毋論某事，皆能爲之’云矣。”以大逆同參遲晩。正刑，孥籍如法。

○ 問柳壽垣以:“汝亦一臣子, 有何心腸受逆輝之指揮, 放恣寫疏? 究其心, 已涉無狀, 而與逆賊致雲、師緝, 共蓄逆鏡陰慘叵測之心, 爛熳綢繆之狀, 逆緝之招, 綻露無餘。汝身爲從班, 祖述逆鏡, 節節痛駭。” 更推刑推, 壽垣承服招:“臣與致雲、師緝交結親密, 其所沈滯與致雲無異者, 此專由於調劑之致。故上而訕上, 下而辱調劑諸臣, 陰蓄怨國之心。每與相對時, 多發凶言悖說, 如鏡、夢之爲, 時或有加於鏡、夢, 而臣輒與之爛熳酬酢。蓋臣於諸賊, 非徒不以凶賊知之, 此實由於黨峻之心, 至於怨國; 以怨國之心, 至於常道罔測之悖說。” 大逆不道遲晩。正刑, 孥籍如法。

○ 問沈鏽以:“今番逆賊, 非戊申比。而其首倡者, 怨國之徒, 梟獍之種, 逆賊致雲、師緝祖述逆鏡陰慘叵測之說, 而汝之名亦在其中。噫! 汝以何心腸, 而與逆賊綢繆, 陰蓄叵測之心乎? 今番處分後上書亦涉殊常。將此心, 爛熳逆賊, 此正所由來漸者也。” 鏽供:“致雲年來四五次來見, 昨冬渠自金海遞來時, 阻雪留宿於臣家而去矣。” 更推, 鏽供:“耉、輝爲徵、志之根本, 大處分之後, 何敢以非根本之說仰達乎? 第不能一刀割斷, 是臣之罪矣。臣今者以有查滓之說, 仰達於處分之後, 則臣與耉、輝同歸, 故不忍達之矣。戊申後耉、輝之罪, 豈不知之, 而泛忽之故, 特未能形言於外矣。”

更問以:“師緝之招, 致雲常稱汝當伏節云。逆賊致雲稱逆賊鏡、夢爲忠, 而稱汝以伏節。師緝亦曰‘逆鏡陰慘不道之說, 汝亦爲之’云。身爲宰列, 懷此陰心, 今此賊魁, 非汝而誰?” 刑推後, 更推加刑, 鏽供:“壽垣正刑, 臣知其由於凶言, 而不知以大逆正法矣。臣以壽垣逆節，謂之向國有誠；以壽垣之凶言，謂非大逆。護逆遲晩。"

結案取招後，鏟又曰："與壽垣同歸，死亦可樂矣。"卽正刑。諫院箚言："鏟之陰慘情節，已盡輸款，謂凶言以非大逆，稱賊垣以有精誠。且其同歸可樂之說，尤可見腸肚之相連於凶賊。渠本以凶狠之性，常懷怨國之心，潛包陰蓄者，今始畢露。臣謂賊鏟亟命王府施以大逆之律。"上允之。

鏟薄有文墨之技，喜爲堅僻之行，少日虛譽，便同汝立。而惟其賦性狠拗，言議悖戾，與失志怨國之壽垣，結爲死友，指劃天地，互相推奬。人皆怪之。曾在丙辰，以臺官疏斥四大臣聯箚事，其意已極叵測。而及夫拿鞫也，平日蘊蓄之凶心，始盡彰露。至以壽垣之凶言，謂非大逆，而甘與同歸。噫嘻痛矣！亂賊從古何限？而豈有以從逆爲樂，如鏟之爲者哉？梟獍之心，難以常理測度，而若究其本，則原初路脈旣差，心術壞喪，輾轉沈痼，以至此耳。可勝痛哉！【"可勝痛哉"[6]四字，以[7]御筆書下。】

○ 刑訊金湆【浩從弟】，湆供："致雲有族誼，且經鐵原倅，故與之親熟，師緝則平生同接矣。臣曾往致雲、師緝座上，則渠輩有所看之文，而見臣匿之。此必是謀逆之事，臣問'汝輩所看何文？想是怪異之文，吾雖見之，豈言於人乎'云矣。致雲以不得好官，

6 可勝痛哉：底本에는 "自可至哉"로 되어 있다.《闡義昭鑑諺解》(奎2214)에 근거하여 수정하였다.

7 以：底本에는 1자가 빠져 있다. 문맥을 살펴 수정하였다.

有怨國之言，師緝亦有怨國之心，常指天劃地。臣問其故，師緝以爲：'吾欲復爲戊申顯賊之事。'臣問：'今則形勢異於戊申，欲何以爲之?'師緝曰：'雖如此，第當爲之。'仍爲維賢之凶言。臣曰'維賢旣以誣上不道自服，汝何爲此言？雖然，吾亦當同入'云。謀逆遲晩。"傳曰："罪人湝與逆賊致雲、師緝，戊申陰慘不道之說，爛熳酬酢，箇箇遲晩。依逆佺例，令兵判水口門外先梟示，肢解後，竝下送江原監營，懸首十日，道內回示。令該府施以大逆律。"

○ 問金正觀。連施刑，正觀供："臣祖弘錫及壽垣、鏟、致雲等嘗以一鏡爲非逆矣。臣與李夏集、李址恒【夏集，夏徵之族弟；址恒，夏集之從子。竝被鞫杖斃。】亦有酬酢，而夏集、址恒等每稱一鏡冤死。臣與逆賊致雲、師緝、壽垣等相親，以鏡疏爲義理，爛熳逆心。"遲晩。正刑，孥籍如法。

○ 憲府啓："逆賊弘錫本以鏡、夢之血黨，老死牖下，尙漏天網，王章未伸，輿憤久切。今以逆賊師緝、其孫正觀之招觀之，以凶疏爲義理，賊鏡爲非逆，締結諸賊，酬酢凶言之狀，綻露無餘。當此嚴懲討、鋤亂本之時，不可不亟施當律，請逆賊弘錫，亟令王府以大逆律擧行。"上允之。

○ 問金光秀。光秀供："鳳輝之疏，似是逆矣。若以輝疏似逆之語，謂臣以逆，則臣願被逆律矣。"傳曰："罪人金光秀以弘錫之子，弘錫以鏡疏爲義理，與逆賊致雲，陰慘不道之說，爛熳酬酢之狀，綻露於諸招。臺臣旣以逆律爲請，允從。而渠亦嚴問之下，以逆輝置之於似逆非逆之間，綻露逆心，不可以應坐律施行。不待時亟正邦刑。”

○ 六月，問壆。壆卽增之弟也。始兩司啓請壆絶島安置，旣而又啓：“增家妖書，增與壆之所共見，而掩置累日，不卽上聞，其心所在，有不可測。增已徑斃海島，陰凶情節之鉤得，惟在於壆。請設鞫嚴問。”上從之。

至是壆被鞫，壆供：“戊辰至月，臣兄家行時祭，邀嵇兄弟，行祭訖。臣兄奉主入廟，還出擧火，呼臣出一書封示之。其書封外，書以‘看標信使吳命恒奉教敬封’。其日入參冬至問安，還家後，臣兄又招臣語之曰：‘此書中「風雲變化象」云者，極怪異，宜燒火。’當初臣兄弟看此書之際，嵇兄弟立於家隅而窺見。初四日，嵇忽來，問臣兄曰：‘家中有傳來家訓乎？有夢兆乎？得天書乎？’此卽所謂三條設問，而初五日，臣兄請對奏達矣。”更推，壆供：“其書外封一邊，書以‘看標信使吳命恒奉教敬封’，一邊書以‘風雲變化象’。又書以‘開則萬人和悅，不開則一人自靜’。其時臣兄以直爲投火仰達，故臣初敢欺隱，今乃直告矣。其書裏面，臣果見之。”仍稱以誦陳書中語，而所擧數句，有若自做者然。始上之問壆也，不忍臨視，閉牖而坐。而壆少無兢惶之意，辭氣甚狠毒。且自謂誦陳妖書，而語意至爲陰凶，逆節尤彰露，其於嵇、纅亦顯有顧惜之意。

三司啓：“今番凶賊往牒所無。窩窟雖露，根柢未究，神人憂憤，去而益深。今日帳殿親問之時，逆壆兄弟締結嵇、纅，粧出妖書，陰圖不軌之狀，已盡昭著。況以逆壆納供時擧措觀之，其悖慢凶狠，益彰不臣之心。招中罔測之說與今番凶書，脈絡相貫，熷死之後，渠爲諸賊之所推戴者，綻露無餘。王章至嚴，決不可一刻置之。請壆亟令王府依律處斷。"上從之，命依垓、圻例擧行。【處絞後，孥籍如法。】三司又啓："請熷亦亟施大逆律。"上從之。

上又以爟、爣同見妖書，與知陰謀，不可只施緣坐本律。命竝處絞。兩司箚："請逆坦亟施孥籍之典。"批以："幾十年相持，不耐愴心之故。于今壆後，終難强拂，抑心勉允焉。"【坦之弟姪，竝絶島安置。】

○ 七月，問李巨源。巨源供："臣果與致雲親熟。而虎龍教書事，朝家若以此罪臣，則臣願伏法矣。"巨源嘗製逆虎僞勳教書，甲辰冬，以玉堂請對，力救耈、輝、鏡、良諸賊。而將逆鏡教文中凶言，註釋分疏，至以討鏡之人，比諸柳子光，凶逆心腸已盡綻露。乙巳，臺啓論罪遠竄，今年三月，又因諫臣所論，特命栫棘旌義。

已而緊出於致雲之招，情節更無可問，故刑推後，傳曰："罪人巨源以製逆虎教書之人，敢護逆鏡，請討逆鏡之人，比之子光。逆賊致雲 南門末招，亦以同一心腸自服，而今日親問之下，乃敢忍杖不服。令兵判卽爲水口門外梟示，逆律擧行。"巨源子宇和、世和先已被鞫杖斃，運和至是被刑，以緣坐本律處絞。

○ 問金正履。連施刑，正履供："臣與師緝最相親，故相與爲凶言，以耈、輝、鏡、夢爲非逆。今年正月，與師緝、致雲、鏵相逢於巨源家，又以此酬酢，師緝、巨[8]源以爲'耈、輝箚疏皆是善爲之事，一鏡教文及弼夢作賊亦皆是'云，故臣亦以爲'汝言皆是'。又

8 巨 : 底本에는 "臣"으로 되어 있다. 문맥을 살펴 수정하였다.

與李明祚爲此等言。蓋巨源、師緝、致雲、宇和、明祚與臣同一心腸，欲與賊志擧兵爲逆。而志則遠在，故臣未及與之相見。明祚則其父爲世齮齕，故欲爲此事矣。”以大逆不道遲晩。正刑，孥藉如法。

○ 問李明祚。初，明祚書送筵說於光哲，見捉於搜探文書，諫院啓請鞫問。明祚供辭，推諉於其父。上以明祚雖無干連逆節，而推諉其父，有關風敎，命配機張。旋以尙白招更鞫，累加刑訊，更命配巨濟。至是又以正履招刑訊，明祚供：“正履則果與頻數相從，致雲、師緝亦果相親矣。致雲以渠不得做官，有怨國之語，以爲‘吾爲人不下於人，而不遇時節，不得做官’云。時節之‘時’字，卽時運之謂也。‘時運’卽君子小人消長進退之謂也。致雲以爲‘卽今朝廷，奸臣多而君子少’云，此與賊志掛書中‘奸臣滿朝’之語一串貫來。而致雲、師緝常爲侵逼國家之語，臣皆與之爛熳酬酢矣。光哲往來京中時，輒來臣家，同爲逆謀，光哲謂臣以‘汝則內應可矣’。”以謀逆同參遲晩。正刑，孥籍如法。

嗚呼！諸臣所以纂修《昭鑑》者，亶出於哀痛憤迫之忱也。上而未能揄揚三聖之至仁盛德，則非所以盡臣分也；下而未能劈破諸賊之凶心逆節，則非所以嚴君綱也。

義理頭腦寔在於建儲代理，而耉、輝、鏡、夢、尙、良爲群逆之魁，鍛鍊誣獄，而鏡、虎陰慘叵測之言，前茅於海、順、賢、翼，滋蔓於彦、畬、嵇、纘，懷襄於緝、湝、壽、鏟，滔天凶逆結之於致雲。首尾三十餘年之間，腸肚互貫，脈絡相連，變亂層生，倫彝斁滅。此環東土臣子痛哭而膽裂者也。

惟我聖上以堯、舜孝悌之心，勉抑不忍諭之痛，而親降絲綸，彰明我東朝至慈之仁，發揮我景廟至孝至友之德。辭旨之惻怛，感泣鬼神；事實之光明，昭揭日月。豈但纂修諸臣奉讀血涕而已？苟有秉彝之天者，孰不崩心而痛骨也哉？

噫！諸臣既聽聖諭之後，惟知欽頌我兩聖之至慈至孝至友，而不思所以爲君父洙血痛辨，使我聖上通神格天之至行懿德，昭垂於天下萬世，則其敢曰有臣乎？此諸臣所以逐段論撰[9]，闡明義理，俾三綱、九法不至隳壞於宇宙，而亂臣賊子有所知懼者也。

9 撰 : 底本에는 "譔"으로 되어 있다. 문맥을 살펴 수정하였다.

闡義昭鑑跋

是書何爲而作也? 懲亂賊、正倫綱而作也。罪人斯得, 天討旣行, 宜若無待乎是書者。然此賊通天之惡, 專在於凶言之相譸張也, 妖孼之相糾結也。能明其譸張之跡、糾結之情, 從流而溯源, 探微而究顯, 使天下之人擧知亂賊之無所逃、倫綱之終不泯, 則簡編之功, 實與鈇鉞竝行, 信乎書之不可已也。書共四編, 起自辛丑迄于乙亥, 垂四十年, 而中間亂逆之作凡六七矣。

梟鴟以惡音相應, 而所噓吸者一腸肚也; 魑魅以陰氣相聚, 而所呼嘯者一窩窟也。可畏非天, 謂可以詬之; 可愛非君, 謂可以誣之。旣誣我聖躬, 以及我東朝暨景廟, 陰相傳述, 式至于玆。其興訛也轉憯, 其煽亂也愈棘, 而天經民彝殆乎其墜地矣。嗚呼! 我三聖深仁至德, 億兆咸戴, 獨何負於此賊, 而肆行誣逼, 必欲逞其凶圖者, 豈一朝一夕之故哉?

蓋此一種悖義之徒, 粵自先朝失志蓄怨, 欲一售其禍心者, 厥有素矣。迨夫景廟遵遺旨, 奉慈教, 儲位一定, 國勢永固。則謀所以危動之者, 不一其方, 而授受光明, 無間可投。則乃敢揑造至不道之說, 誑惑群不逞之輩, 自生枝葉, 階禍至今。噫嘻痛矣! 是豈一國臣民之讎哉? 實萬世共討之賊也。

幸賴我聖上孝友之德孚格于上, 祖宗陟降之靈鑑臨于下, 陰謀所萌, 鬼得以覺之; 醜類所萃, 天得以蒐之。舊逆新凶咸伏典章, 而今又著其刑名, 刊之編冊, 使天下後世, 人得以誅之。臣綱由是益闡, 邦命由是益鞏。於乎休哉! 天道之不可誣也, 如是夫!

書既成，以臣曾忝館閣也，俾撰跋尾之文。臣辭不獲命，敢爲之說如右，若乃纂輯義例，悉稟聖裁，芟煩就約，而諸賊斷律者外，竝勿書云爾。

上之三十一年乙亥仲冬上澣，嘉善大夫、行龍驤衛副司直臣南有容拜手稽首奉教跋。

奉教纂修諸臣

大匡輔國崇祿大夫、領中樞府事臣金在魯

大匡輔國崇祿大夫、議政府領議政、兼領經筵弘文館藝文館春秋館觀象監事·世子師臣李天輔

大匡輔國崇祿大夫、議政府右議政、兼領經筵事·監春秋館事、豐恩君臣趙載浩

輔國崇祿大夫、行知中樞府事臣元景夏

輔國崇祿大夫、行知中樞府事、兼吏曹判書·知春秋館事臣申晩

正憲大夫、知中樞府事、兼世子右賓客臣洪啓禧

正憲大夫、兵曹判書、兼知經筵事臣洪鳳漢

正憲大夫、禮曹判書、兼世子左副賓客臣李鼎輔

資憲大夫、議政府左參贊、兼知經筵事臣徐宗伋

資憲大夫、行龍驤衛副司直臣徐命彬

資憲大夫、議政府右參贊、兼世子右副賓客臣趙榮國

資憲大夫、知中樞府事、兼知春秋館事·同知成均館事臣李成中

資憲大夫、刑曹判書、兼藝文館提學·同知成均館事臣趙明履

資憲大夫、工曹判書、兼同知經筵春秋館事·弘文館提學臣鄭翬良

嘉善大夫、行龍驤衛副司直臣南有容

嘉善大夫、行忠武衛副司直臣權相一

嘉善大夫、行龍驤衛副司直臣吳遂采

嘉善大夫、行龍驤衛副司直臣南泰齊

禦侮將軍、行龍驤衛副司果臣李亮天

通訓大夫、掌樂院正臣洪名漢

通訓大夫、行司憲府執義臣徐命膺

通訓大夫、行世子侍講院弼善、兼春秋館編修官臣黃仁儉

通訓大夫、行弘文館修撰知製敎、兼經筵檢討官·春秋館記事官臣李最中

禦侮將軍、行龍驤衛副司果臣宋文載

通訓大夫、行司憲府掌令臣李吉輔

建功將軍、行龍驤衛副司果臣洪麟漢

保功將軍、行龍驤衛副司果臣洪景海

通訓大夫、行弘文館副校理知製敎、兼經筵侍讀官·春秋館記注官臣南泰著

保功將軍、行龍驤衛副司果臣元仁孫

禦侮將軍、行龍驤衛副司果臣李星慶

通訓大夫、行兵曹正郎、兼漢學敎授臣徐命天

奉列大夫、行弘文館副校理知製敎、兼經筵侍讀官·春秋館記注官臣鄭尙淳

通訓大夫、行弘文館副修撰知製敎、兼經筵檢討官·春秋館記事官臣洪準海

通訓大夫、行弘文館校理知製敎、兼經筵侍讀官·春秋館記注官臣趙曮

昭威將軍、行龍驤衛副司果臣鄭光漢

禦侮將軍、行龍驤衛副司果臣尹得雨

保功將軍、行龍驤衛副司果臣鄭存謙

通訓大夫、行司憲府持平、兼南學教授臣李世澤

禦侮將軍、行龍驤衛副司果臣李尙允

乾隆二十年十一月二十六日

內賜鼎足山城

《闡義昭鑑》一件

右承旨臣李〔手決〕

찾아보기

ㄱ

ㄴ

ㄷ

ㅁ

ㅂ

ㅅ

ㅇ

ㅈ

ㅊ

ㅌ

ㅍ

ㅎ

옮긴이

박헌순(朴憲淳)

한국외대 한국어교육과를 졸업하고, 고려대학교 대학원 고전번역협동과정을 수료하였다. 민족문화추진회 국역연수원 상임연구부를 졸업하고, 다년간 번역에 종사하였다. 민족문화추진회 국역실장, 한국고전번역원 번역사업 본부장 등을 역임하고 고전번역교육원 교수로 재직 중이다. 역주서로 《기재기이》, 《논어집주》 등이 있고, 번역서로 《광해군일기》, 《효종실록》, 《정조실록》, 《갈암집》, 《매천집》, 《미수기언》, 《사가집》, 《승정원일기》, 《홍재전서》, 《경모궁의궤》, 《통색촬요》 등이 있다.

남지만(南智萬)

고려대학교 철학과를 졸업하고, 동 대학원에서 동양철학으로 박사 학위를 취득하였으며, 태동고전연구소에서 수학하였다. 한국고전번역원 연구원으로 재직 중이다. 번역서로 《성학십도》, 《주자문록》, 《통색촬요》 등이 있다.

오세옥(吳世玉)

성신여자대학교 국어교육과를 졸업하고, 연세대학교 대학원 국문과에서 석사 학위를 받았다. 민족문화추진회 국역연수원 상임연구부를 졸업하였고, 한국고전번역원 책임연구원으로 재직 중이다. 번역서로 《승정원일기》, 《명재유고》, 《사직서의궤》, 《경모궁의궤》, 《천의소감찬수청의궤》 등이 있고, 한국문집총간 해제를 집필하였다.

천의소감
박헌순 남지만 오세옥 옮김

2017년 12월 30일 초판 1쇄 발행

발행인 신승운 | 발행처 한국고전번역원
등록 2008. 3. 12. 제300-2008-22호
주소 (03000) 서울시 종로구 비봉길 1
전화 02-6263-0464 | 팩스 02-6339-0724 | 홈페이지 www.itkc.or.kr

번역 박헌순(권수, 권1) 남지만(권2~권3) 오세옥(권4, 발문, 봉교찬수제신)
교점 박헌순(권수, 권1) 오세옥(권2~권4, 발문, 봉교찬수제신)

연구총괄 이기찬 | 연구기획 이신경

책임편집 한문희 | 편집진행 박정열
편집교정 송숙희 박현진 | 제작 김형석
디자인 황재성 | 인쇄 (주)완산정판

값 20,000원
ISBN 978-89-284-0493-3 93910

* 이 책은 2017년도 교육부 고전번역사업비로 출간한 것임.